国家社会科学基金项目成果

新媒体环境下网络档案信息检索创新发展研究

赵屹 等 著

华南理工大学出版社
SOUTH CHINA UNIVERSITY OF TECHNOLOGY PRESS
·广州·

图书在版编目（CIP）数据

新媒体环境下网络档案信息检索创新发展研究 / 赵屹等著. —广州：华南理工大学出版社，2024.1
ISBN 978-7-5623-7458-9

Ⅰ.①新…　Ⅱ.①赵…　Ⅲ.①互联网络-应用-档案-信息检索-研究　Ⅳ.①G273.4-39

中国国家版本馆CIP数据核字（2023）第237504号

Xin Meiti Huanjing Xia Wangluo Dang'an Xinxi Jiansuo Chuangxin Fazhan Yanjiu
新媒体环境下网络档案信息检索创新发展研究
赵屹 等 著

出版人：柯 宁
出版发行：华南理工大学出版社
　　　　　（广州五山华南理工大学17号楼，邮编510640）
　　　　　http://hg.cb.scut.edu.cn　E-mail: scutc13@scut.edu.cn
　　　　　营销部电话：020-87113487　87111048（传真）
责任编辑：黄冰莹
责任校对：王洪霞
印 刷 者：广东虎彩云印刷有限公司
开　　本：787mm×1092mm　1/16　印张：23.75　字数：492千
版　　次：2024年1月第1版　印次：2024年1月第1次印刷
定　　价：98.00元

版权所有　盗版必究　印装差错　负责调换

序

　　档案检索是档案管理业务的重要组成部分，也是档案学研究中的一个重要分支。在我国档案学研究和档案学专业教育中，档案检索方面的专著、教材一度非常丰富。档案检索与技术发展紧密相关，近年来检索技术特别是网络检索技术快速发展；然而，相较于实践，档案检索研究及著作的出版明显滞后，关于新媒体环境下档案信息检索和网络档案信息检索方面的著作迄今空白。

　　《新媒体环境下网络档案信息检索创新发展研究》内容厘清了新媒体环境下网络档案信息在检索需求、工具平台、检索功能、应用技术、理论模型、保障条件、优化对策等方面的发展脉络，为网络档案信息检索的创新发展描摹了预期和愿景，也为网络档案信息的检索和资源共享提供了理论依据。本著作的出版，在丰富档案检索理论方面具有独到学术价值，填补了自2016年以来档案学界尚未出版新的档案检索理论著作的空白。

　　本著作是赵屹教授主持的国家社会科学基金项目的研究成果，著作内容在宏观、中观、微观三个层面展开创新性研究。宏观层面从整体上构建了新媒体环境下网络档案信息检索创新发展的研究体系，该研究体系包括检索需求的新发展、检索工具与平台的创新发展、检索功能的创新发展、检索中新技术的应用、检索理论的创新发展、检索保障工作的新发展、检索创新发展优化对策七个方面，并就每个方面展开详细论述，体系全面，内容新颖。中观层面的探讨始于第五章，论著将新媒体环境下网络档案信息检索功能的创新归结为九个方面：一是传统功能的应用与加强，二是网络档案信息检索从二次信息到一次信息的提升，三是超文本检索功能的实现，四是从文字到多媒体检索的发展，五是知识检索功能的落地，六是基于信息推送从无差别服务到个性化服务的转变，七是移动检索使得网络信息检索从无墙发展

1

到无界，八是对检索结果的多元化操作，九是交互功能的运用使参考咨询服务从面对面转变为键对键。上述归纳总结全面、系统，在学界未有前例。微观层面的创新集中在第六章第四节对信息检索可视化技术应用的研究，该节研究归纳了档案信息检索可视化的内容，包括档案资源分布可视化、检索提问可视化、查检过程可视化、检索结果可视化、交互可视化、利用者分析可视化、档案检索统计可视化七个方面。研究还构建了档案信息检索可视化流程，包括确定可视化对象、转换可视化信息、构建可视化结构、生成可视化视图四个步骤，并对应信息处理技术、映射处理技术、视图生成技术、人机交互技术四种技术。上述将档案信息检索可视化内容归纳为七个方面，构建"四步骤＋四技术"的可视化流程不仅具有很强的现实指导意义，更具学术创新价值。

此外，本著作在网络档案信息集成检索平台的集成方式与集成范围、跨媒体智能检索技术的应用、电子文件著录理论和元数据理论对网络档案信息检索的影响、网络档案信息检索需求分析方法、网络档案信息检索模型构建、检索理论的实证分析与验证、网络档案信息检索优化对策等方面的研究均有拓展、建树。

本著作的学术价值和现实意义显而易见。在实践方面，它将为新媒体环境下网络档案信息检索的实现和检索工具平台的建设提供理论依据和应用指导，提高档案机构检索工具的建设水平和检索效率。在学术方面，它确立了新技术环境下档案检索研究的范式、内容体系和发展方向，丰富了档案信息化研究的领域。对于档案教学，本著作可为档案学专业提供最新教材。冀望于此，我对本书的出版充满期待，并积极推荐。

苏州大学教授

张照余

2024 年 1 月 1 日

目 录

第一章 绪 论 ·· 1
  第一节 研究背景 ·· 1
  第二节 研究对象 ·· 4
  第三节 研究思路 ·· 8
  第四节 研究内容 ·· 9
  第五节 研究方法 ··· 10
  第六节 研究创新 ··· 12
  第七节 研究意义 ··· 13
  第八节 研究应用 ··· 14

第二章 新媒体环境下网络档案信息检索实践与研究发展 ·············· 15
  第一节 实践发展现状 ··· 15
  第二节 研究文献综述 ··· 27
  第三节 本书研究的内容定位 ··· 55

第三章 新媒体环境下网络档案信息检索需求的新发展 ·················· 58
  第一节 需求主体多样化 ·· 58
  第二节 需求类型细分化 ·· 59
  第三节 检索客体多元化 ·· 65
  第四节 检索任务纵深化 ·· 69
  第五节 需求表达自由化 ·· 71
  第六节 效率指标差异化 ·· 73

第四章 新媒体环境下网络档案信息检索工具与平台的创新发展 ······ 79
  第一节 网络档案信息检索系统 ·· 79
  第二节 网络档案专题数据库 ··· 92
  第三节 网络信息检索工具 ··· 104
  第四节 网络档案信息集成检索平台 ·· 114

第五章 新媒体环境下网络档案信息检索功能的创新发展 ·············· 130
  第一节 传统功能的应用与加强 ··· 130
  第二节 从二次信息到一次信息：内容检索功能 ·························· 133
  第三节 从文本到超文本：超文本检索功能 ································ 135

第四节　从文字到多媒体：多媒体检索功能 …………………… 138
第五节　从信息到知识：知识检索功能 …………………………… 141
第六节　从无差别服务到个性化服务：信息推送功能 ………… 154
第七节　从无墙到无界：移动检索功能 …………………………… 156
第八节　从显示到操作：检索结果处理功能 …………………… 160
第九节　从面对面到键对键：交互功能 …………………………… 166

第六章　新媒体环境下网络档案信息检索中新技术的应用 …… 170
第一节　网络档案信息检索技术概述 …………………………… 170
第二节　全文检索技术应用 ………………………………………… 172
第三节　多媒体检索技术应用 ……………………………………… 186
第四节　信息检索可视化技术应用 ……………………………… 201
第五节　跨媒体智能技术应用 ……………………………………… 220

第七章　新媒体环境下网络档案信息检索理论的创新发展 …… 231
第一节　网络档案信息检索理论发展概述 ……………………… 231
第二节　电子文件著录理论 ………………………………………… 233
第三节　电子文件元数据理论 ……………………………………… 239
第四节　档案信息组织理论 ………………………………………… 249
第五节　档案知识服务理论 ………………………………………… 257

第八章　新媒体环境下网络档案信息检索保障工作的新发展 …… 264
第一节　检索资源保障 ……………………………………………… 264
第二节　工具平台研发 ……………………………………………… 277
第三节　档案利用者分析 …………………………………………… 280
第四节　保障机制建设 ……………………………………………… 288

第九章　新媒体环境下网络档案信息检索创新发展优化对策 …… 290
第一节　对策提出的理论逻辑 ……………………………………… 290
第二节　对策提出的实证研究 ……………………………………… 309
第三节　创新发展具体优化建议 ………………………………… 325
第四节　创新发展整体优化对策 ………………………………… 341

结束语 ……………………………………………………………………… 349
参考文献 …………………………………………………………………… 350
附录　网络档案信息检索问卷调查 …………………………………… 363
后记 ………………………………………………………………………… 373

第一章 绪 论

第一节 研究背景

一、新媒体环境的形成与发展

当前，整个社会的信息存储、传播与利用均处于新媒体（new media）环境之中。"新媒体"一词中的"新"是与"旧"相对而言的，是相对于期刊、报纸、书籍等纸质平面媒体以及广播、电视这些传统的"旧"媒体。新媒体主要是指数字新媒体、网络新媒体与移动新媒体。其中，数字新媒体是指纸质平面媒体、广播、电视这些传统媒体融合数字技术创新升级而成的数字期刊、数字报纸、电子书、数字广播、数字电视等媒体；网络新媒体是指网络发展到 Web 2.0 架构之后，以微博等社交软件为核心的新一代互联网；移动新媒体是指基于移动网络的、以手机等移动视听设备为终端的无线通信网络媒体。[①]

其中，率先拉开新媒体序幕的是网络新媒体。在网络环境中，随着 Web 2.0 技术的兴起，各类社交媒体、移动互联平台、新媒体服务如雨后春笋般发展起来并融入人们的日常生活中。鉴于网络新媒体具有极大的普及性和极高的便捷性，传统媒体为了实现网络化而不断融合数字技术，从而形成数字新媒体。同时，人们对网络的泛在性提出更高的需求，移动新媒体便应运而生。

新媒体概念首现于 1967 年，美国哥伦比亚广播电视网技术研究所所长戈德马克（P.Goldmark）率先将电子录像称为新媒体。2010 年，"新媒体"一词开始在我国出现，随即便迅猛广泛使用，中国成为世界新媒体用户第一大国[②]。2011 年，被誉为我国的"微博之年"，微博进一步促进了新媒体的发展。新媒体发展持续推进，快速地从仅为少数文化素质较高的专业人士使用的精英媒体发展为广大群众普遍使用的大众媒体。

新媒体是数字技术、网络技术、计算机技术与现代通信技术不断整合发展和融通创新的结果，具有网络化、个性化、多样化、参与性、互动性、对等性、实时性等特点。网络化是指新媒体以网络为基础的传输媒介，包括有线网络与无线网络；个性化是指无论作为受众还是信息发布者，每个人均可从新媒体中获得个人所需信息或信息服务，同时均可向新媒体表达个人的观点或见解；多样化是指新媒体上信息的内容、

---

① 赵屹，汪艳. 新媒体环境下的档案信息服务 [M]. 上海：上海世纪图书出版公司，2015：15-17.
② 尹韵公等. 中国新媒体发展报告（2011）[M]. 上海：社会科学文献出版社，2011.

来源、种类、表达形式多种多样、多姿多彩；参与性是指新媒体实现了广大社会公众参与信息发布，每个人均可主导个性化内容信息的生成并参与传播、交流与共享；互动性是指新媒体的信息传播是双向互动的，可以实时双向互相反馈信息。每一机构或个人既是在新媒体上获取信息的接收者，也是信息的发布者。这种互动性不仅存在于媒体与受众之间，也存在于受众与受众之间；对等性是指在新媒体上的传播行为是多点对多点的，点与点间均是对等的，信息传播者和接受者处于对等的位置；实时性是指新媒体的使用不受时间与空间限制，在时间上具有即时性，在空间上具有广泛性，实现了全天候与全覆盖，消解了各种传统的时间周期与实体边界。

由于新媒体具有上述特点，同时，随着新媒体的通信成本不断降低，新媒体上的中文信息资源不断增长、渐趋丰裕，新媒体环境已臻成熟。当前，"两微一端"或"两微一抖"成为新媒体的典型代表。"两微一端"是指微博、微信和新闻客户端，"两微一抖"是指微博、微信和抖音。新媒体已经逐步从精英媒体、大众媒体发展到个人媒体阶段，泛在化、平民化、个性化的特点日趋明显，个体的观点与见解得以通过新媒体平台广泛传播，差异化、分众化传播渐成趋势。在新媒体环境下，各级政府机关、企事业单位纷纷加入"两微一端"或"两微一抖"的建设大军，社会公共服务体系也日益趋向新媒体化。自2020年新型冠状病毒感染疫情暴发以来，基于新媒体的网络事务办理与信息获取更加普及，并逐渐发展为"刚需"。

新媒体环境改变了整个社会信息存在、传播与获取的方式，给人类社会的方方面面带来了全方位的冲击。它不仅冲击了传统的媒体结构，而且由此改变着媒体的价值形态和社会的话语权结构，促使各个领域发生了显著变化。在新媒体环境下，各行各业、每项工作都应顺势而为，学会借助新媒体，增强参与意识、重塑信息思维、抓住发展时机、把握优势要点、制定升级策略，创新领域工作内容，档案工作也不例外。随着新媒体环境的形成，网络档案信息检索的价值与作用日益凸显。网络档案信息检索一头连着档案信息，需要对档案信息进行著录标引和组织，另一头连着档案利用者，需要为利用者提供全而准的档案信息，成为连接档案工作与档案利用者之间的桥梁。技术引领需求、技术改变传统，在新媒体环境下，网络档案信息检索必须实现创新发展。作为档案工作中重要的业务环节之一，档案检索应该适应信息技术发展新常态，借助新媒体的发展，推动面向利用者的检索服务体系优化升级，开创网络档案信息检索的新局面。

二、档案检索实践与研究发展

档案业务工作有收集、整理、鉴定、保管、检索、编研、统计、利用八大环节，档案检索是其中之一。情报语言学开拓者张琪玉将其定位为"使档案资源得到充分开发、利用的基本措施"①。可见，档案检索是档案信息传播的要道、提供档案利用的基础，是沟通利用者的利用需求与满足需求的档案资源之间的舟车、拐杖与桥梁，是使作为国家遗产的档案中所蕴含的凭证价值和情报价值得以实现的必经途径，对档案价值的发挥效率具有重要而深刻的影响。

我国档案检索实践发展与理论研究可追溯至 20 世纪 80 年代。1980 年 5 月，中共中央书记处提出开放历史档案的方针，档案进一步在社会生产和生活中全领域、全方位地发挥作用。此后，档案检索和编研从利用环节中独立出来，档案管理业务工作由收集、整理、鉴定、保管、统计、利用六个传统环节拓展为八个环节。与此同时，我国也开始加强对档案检索的理论研究。1985 年邓绍兴所著的《档案检索》是早期具代表性的研究成果。同年，国家标准 GB/T 3792.5—1985《档案著录规则》正式发布，标识着我国档案检索开始步入标准化、规范化轨道。1986 年《中国档案分类法》、1989 年《中国档案主题词表》相继编制完成，档案检索实践开创了新局面。档案检索工作在档案利用工作中的地位不断加强，同时，档案检索理论的研究也不断深入，形成了一个档案检索理论研究的小高潮。

20 世纪 80 年代末，档案检索开始迈进计算机辅助检索时代，基于数据库技术基础之上开发的各类档案信息检索系统大量投入使用。由此，档案检索由传统的手工检索转变为现代的机械化、半自动化检索，档案信息传递速度前所未有地加快，档案检索工具编制时间也大大缩短，档案检索产生划时代的变革。

20 世纪 90 年代中期，随着网络技术的发展，档案检索开始迈进网络检索时代，各类档案信息检索系统不仅有单机版供本地利用者使用，还提供了网络版以供远程利用者检索利用。网络版档案信息检索系统主要以各档案网站为平台进行发布。1996 年，北京市档案馆在因特网中建立主页。1998 年，上海市档案局（馆）在因特网中建立网站，这是我国较早建立的两个档案网站。2002 年，国家档案局和中央档案馆发布《全国档案信息化建设实施纲要》，其中对全国档案馆建立网站提出指导意见，各档案馆纷纷开始建立档案网站。在建立网站过程中，部分档案网站组织建设了网络档案信息检索系统，例如，北京市档案信息网提供的网络档案信息检索系统具有目录检索和全文阅览功能，上海档案信息网提供的网络档案信息检索系统具有浏览检索和专题检索功能等。2010 年，在全国档案局（馆）长会议上，时任国家档案局局长杨冬权提出"进一步提高档案部门远程服务的能力……建设覆盖广泛、利用快捷的方便人民群众的档案利用体系"。新媒体时代档案信息检索的方式依旧是网络检索，提高档案部门远程服务的能力必须创新发展网络档案信息检索，提高其服务水平。

随着计算机技术的应用，档案检索理论研究也不断深化，形成了一批档案检索

---

① 张琪玉.档案检索［M］.北京：书目文献出版社，1993：前言.

的理论著作[①]，为档案检索的发展奠定了坚实的理论基础。1993年张琪玉主编的《档案检索》、1999年冯惠玲主编的《档案文献检索》，都是其中的典型代表。

进入21世纪以后，档案检索理论研究发展趋缓，研究内容多是对手工检索经验的总结，技术研究中关于档案数据库的构建、数据库技术的应用所占比例偏大，关于电子文件对档案检索影响的研究理论缺乏总结，关于各种新技术发展在档案检索中应用引发的理论问题的研究数量偏少甚至是空白。

在新媒体环境下，信息技术飞速发展，推动互联网技术（internet technology, IT）领域的信息检索技术日新月异，图书馆领域的文献检索技术应用异彩纷呈，这些都对网络档案信息检索产生极大影响。国际档案机构已经在网络检索中应用了IT界的新工具和新技术。随着技术及其标准的不断推陈出新，网络档案信息检索创新是必不可少的，档案检索的理论研究也需要进一步发展和深化。同时，随着新媒体影响力的不断增强，人们对包括档案信息在内的各类信息获取的需求发生了新的变化。新媒体环境是网络化的环境，促使人们对档案信息利用的便捷性、高效性有了更高要求。随着新媒体环境下的网络档案信息利用需求不断变化，网络档案检索工具必须以满足这些需求为目标并大量应用新技术、提供新功能。网络档案检索理论研究必须跳出传统档案工作研究视域，对新媒体环境下网络档案信息检索的新现象和新问题进行分析和阐释。可见，档案检索及其研究必须随环境的发展不断创新发展。

在新媒体环境下，档案检索的理论研究与技术应用必须创新、不断向前发展才能满足档案工作参考借鉴的需要、满足档案学学科发展的需要、满足社会对档案利用的需求。在这种背景下，网络档案信息检索需要如何应对并取得创新发展，以便面向社会提供高效便捷的档案信息检索服务是本书所要研究和解决的问题。

第二节　研究对象

一、档案检索

档案检索是八大档案业务工作环节之一，如图1-1所示内容包括对档案信息进行系统存储和根据需要进行档案信息查找两个方面，可以概括为档案信息存储和档案信息查找。

[①] 参见本书"第七章 新媒体环境下网络档案信息检索理论的创新发展——第一节 网络档案信息检索理论发展概述——表7-1 我国档案检索著作一览表"。

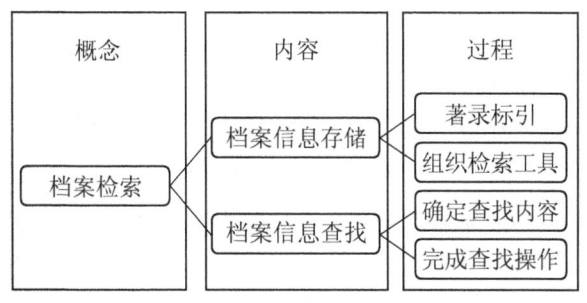

图 1-1　档案检索概念示意图

档案信息存储是将具有检索意义的档案内容特征和形式特征标识出来，编制检索工具的过程。内容特征主要有分类号、主题词、提要等，用于揭示档案的内容。形式特征主要有题名、责任者、形成时间、地区、档号、文种、载体、保管期限、密级等，用于表达档案的外在形式。

档案信息存储包括著录标引和组织检索工具两部分内容。档案著录是"对档案的内容和形式特征进行分析、选择和记录的过程"[①]。档案标引是用统一的人工语言，按照一定的方法和规则，对档案中具有检索意义的主题内容进行分析、描述和记录，使档案具有统一的检索标识的过程。标引需要将反映档案主题的概念借助分类表、主题词表等检索语言转换为规范化的检索标识。组织检索工具是档案工作者在著录标引的基础上对著录标引结果进行系统排列，形成可供查找档案和档案信息的各种工具。检索工具可分为手工检索工具和计算机档案信息检索系统两大类型。手工检索工具主要是各种档案目录，形式上有卡片式、书本式；计算机档案信息检索系统简称档案信息检索系统，是一套计算机软件，能够自动或半自动地进行档案信息的整理、存储、加工、查检、输出。

档案信息查找是指根据利用需求，制定合理的检索策略，利用检索工具形成正确的检索表达式（简称检索式），根据检索式查找匹配所需档案或档案信息的过程。

档案信息查找包括确定查找内容和完成查找操作两部分内容。确定查找内容是指由档案工作者或是档案信息检索系统分析利用者的检索需求，明确其所需档案的实质，选择合适的检索途径输入检索词，借助规范化的检索语言，将利用者的表达转换成标准的检索标识，形成检索式。完成查找操作是指将表达利用者需求的检索式与存储在检索工具中的档案信息数据进行相符性比较，将匹配的信息查检出来传递给利用者。这其中还包括对获得的检索结果进行再次修正、调整，在所获信息的基础上进行缩减性或扩展性检索。

---

① 冯惠玲. 档案文献检索［M］. 北京：高等教育出版社，1999：97.

二、档案实体检索与档案信息检索

本书结合新媒体环境研究档案检索问题。因为新媒体是信息传播的媒体,所以本书研究的是档案信息检索,又由于新媒体环境是网络化的环境,所以本书主要研究网络档案信息检索。

档案检索是为利用者快速、准确、完整地找到所需的档案实体或档案信息。在不同的时代,档案检索的任务存在一定的差异。根据档案检索最终任务的不同,可以将其分为档案实体检索与档案信息检索。

(一)档案实体检索

档案实体检索是以档案文献实体本身为检索对象的档案检索,最终任务是到库房中调出所需档案。它利用适当的方法与手段,在存储档案内容特征和形式特征的检索工具中查检利用者在特定的时间内所需的特定条件的档案。其检索结果是与利用者需求相关的档案的基本著录信息及档案的典藏地址,根据典藏地址调用档案实体。

(二)档案信息检索

档案信息检索是以档案信息为检索对象的档案检索,最终任务是通过检索工具查找到所需档案信息即可满足利用需求,不再需要到库房中调档。其中,档案信息既指档案的内容信息,又包括档案的形式方面的信息及档案载体方面的信息。刘丽云①以公式形式表达档案信息,即"档案信息=档案内容与载体的原生信息+档案内容与载体的派生信息"。档案信息以文字、图形、标记、符号等予以表达。

(三)档案实体检索与档案信息检索的关系

档案实体检索与档案信息检索的关系及其随时代发展的变化如图1-2所示。

在传统的手工管理时代,档案检索主要是为了从库房中调阅档案原件,即检索结果是为了得到档案实体。其检索主要是利用全引目录等手工检索工具,历经全宗—类别(年度、机构、问题等)—案卷目录—卷内文件目录—档案等查找过程,到库房中调阅一份或多份档案。在有了计算机辅助检索的初期,传统档案检索过程变为三个步骤:一是对档案实体进行著录标引,分析、选择和记录档案的内容特征和形式特征,从而得到档案的二次信息;二是根据利用者的需求制定检索策略,对二次信息展开查检,得到档案实体线索;三是根据得到的实体线索到库房中调档,将档案实体提供给利用者。其中,前两步属于档案信息检索,第三步是档案实体检索。此时,整个检索的最终结果是档案实体,所以整体上的三个步骤也可以认为是档案实体检索。可以说,此时,档案实体检索与档案信息检索的关系是通过档案信息检索实现档案实体检索,即档案实体检索中包含档案信息检索。

---

① 刘丽云.档案信息资源开发——社会可持续发展的基础工程[J].当代建设,2000(3):60-61.

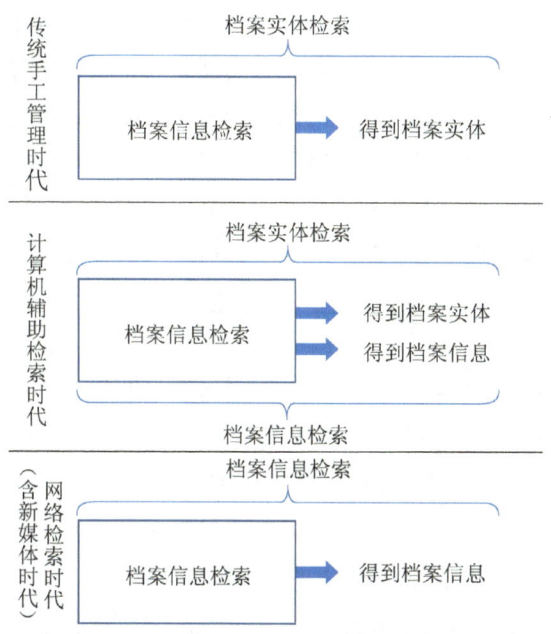

图 1-2　档案实体检索与档案信息检索的关系及其随时代发展的变化

当计算机辅助检索成为主流、迈进计算机辅助检索时代之后，档案检索的结果发生变化。此时，主要的检索对象还是档案实体，但也有部分检索止步于档案信息，即查检到特定的档案信息之后，利用者不需要调阅档案原件，而是直接利用找到的档案信息发挥其参考价值。此时，档案实体检索与档案信息检索的关系是并列关系，即一部分档案检索的结果是档案信息，另一部分档案检索的结果是档案实体。

在新媒体环境下，档案检索的对象进一步发生变化。馆藏档案基本实现数字化，并且开始接收电子档案进馆。档案检索可以在计算机等设备上直接查阅档案的原文信息，除了个别特殊情况，已经不再需要到库房调阅档案实体。此时，档案检索已经等同于档案信息检索，档案信息检索能够满足传统的档案实体检索的任务和目的，基本上不用到库房调档了，档案实体检索变得弱化且边缘化，也可以说此时档案信息检索涵盖了档案实体检索。

三、网络档案信息检索

20 世纪 90 年代中期，互联网的迅猛发展为档案信息检索开创了新局面，使之迈进网络检索时代。网络是发挥档案作用的重要途径，新时期的档案利用必须实现网络服务，而优质高效的网络服务的实现依赖高效的网络档案信息检索。由此，网络档案信息检索开始进入档案检索的研究视野。

网络档案信息检索是指档案利用者为了特定目的在网络环境中利用特定的检索工具查找、识别、获取相关档案信息的活动及过程。本书所称网络环境是指 Web 2.0

以上即第二代互联网之后的网络与移动网络，即网络新媒体与移动新媒体。从档案检索利用的角度看，可以将网络新媒体划分为互联网、政务外网、政务内网、内部局域网。内部局域网包括档案馆内部局域网和单位内部的业务网。这些网络的共同特点是：网络中某个节点或某些节点存有档案信息资源，其档案信息能够在网络的一定范围内进行传输共享，利用者通过某个节点或某些节点与存有档案信息资源的节点之间可以交互传递档案信息检索需求和检索结果。

第三节　研究思路

本书以新媒体环境下档案信息检索的发展变化与创新发展为研究内容。新媒体环境下的档案信息检索以网络为主要传播途径，为此，本书的研究聚焦于网络档案信息检索的创新发展。研究思路为提出问题、分析问题、解决问题，其路线图如图 1-3 所示。

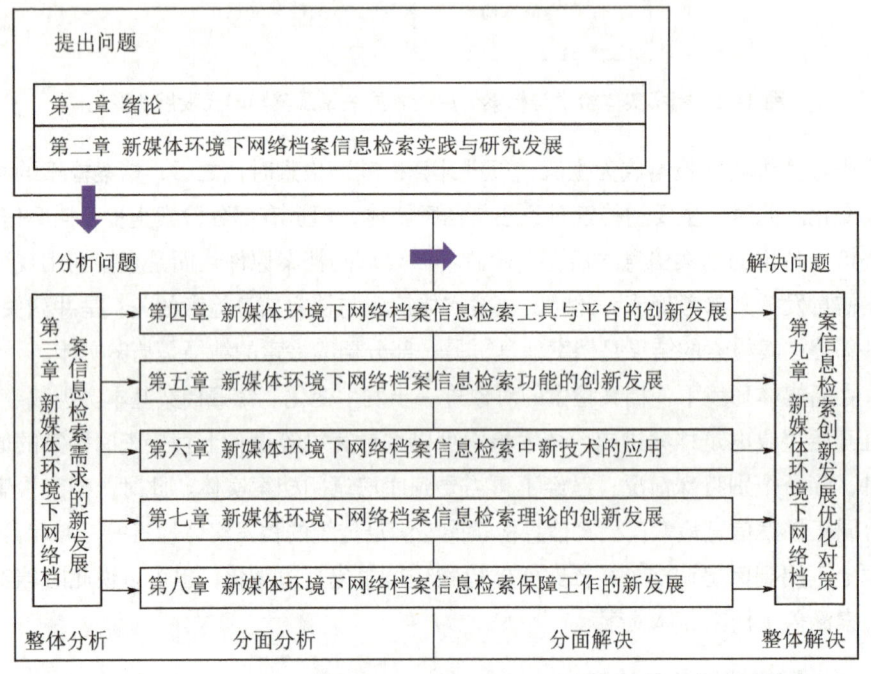

图 1-3　研究思路

首先，提出问题。通过第一章研究新媒体环境的形成与发展、档案检索实践与研究发展，发现新媒体环境对档案检索实践与研究产生冲击并带来发展机遇。通过厘清网络档案信息检索的概念，分析新媒体环境的发展对网络档案信息检索的影响。通过第二章对新媒体环境下网络档案信息检索实践发展与研究发展的调查总结，探讨当前实践发展状况与存在的不足，从而提出问题——新媒体环境下网络档案信息检索是如何创新发展的、创新发展到了什么程度、应该怎样优化创新发展。

其次，分析问题。一是整体分析，第三章研究分析在新媒体环境下网络档案信息检索需求有了哪些新发展。正是由于这些需求的新发展促使网络档案信息检索需要全面创新发展；二是分面分析，第四章至第八章分别从检索工具平台、检索功能、检索技术、检索理论、检索保障工作五个方面分析新媒体环境下网络档案信息检索创新发展的现状。

最后，解决问题。一是分面解决，第四章至第八章分别针对检索工具平台、检索功能、检索技术、检索理论、检索保障工作五个方面进行分析，边分析边提出在这五个方面取得了哪些创新发展，还应该如何创新发展；二是整体解决，第九章提出具有可行性的新媒体环境下网络档案信息检索创新发展的具体优化建议和整体优化对策。

第四节 研究内容

相较于已有的档案检索研究，本书研究内容紧密结合新媒体发展的大趋势和大背景，研究网络档案信息检索的创新发展。

第一章绪论，阐明研究背景、研究对象、研究思路、研究内容、研究方法、研究创新、研究意义与研究应用。其中，研究背景关于新媒体环境的形成与发展、档案检索实践与研究发展；研究对象关于网络档案信息检索概念的阐述，也提出了新媒体环境下网络档案信息检索应创新发展的问题。

第二章新媒体环境下网络档案信息检索实践与研究发展，属于提出问题部分。第一节首先调查研究具有代表性的国外新媒体环境下网络档案信息检索实践的发展，勾勒出较为完善的网络档案信息检索工具的概貌。接着较为全面地调查研究我国新媒体环境下网络档案信息检索实践的发展，总结取得的成果和有待解决的问题。第二节对新媒体环境下网络档案信息检索研究发展进行了文献综述。第三节基于前两节实践发展和研究发展提出研究的内容定位。

第三章新媒体环境下网络档案信息检索需求的新发展，属于从整体上分析问题部分。提出新媒体环境下网络档案信息检索需求较之传统的档案利用检索需求发生了变化，包括需求主体多样化、需求类型细分化、检索客体多元化、检索任务纵深化、需求表达自由化、效率指标差异化。这些变化是促使新媒体环境下网络档案信息检索创新发展的原动力。

第四章至第八章，分析问题的同时也解决问题。这五章从检索工具平台、检索功能、检索技术、检索理论、检索保障工作五个方面分析新媒体环境下网络档案信息检索创新发展的现状、已经取得的创新发展和未来创新发展的方向与趋势。第四章网络档案信息检索工具与平台的创新发展，分析了网络档案信息检索系统、网络档案专题数据库、网络信息检索工具三种网络档案信息检索工具，研究各类检索工具的含义、结构、功能、原理、开发、使用、特点。最后从新媒体环境审视,研究集成检索工具和其他功能的网络档案信息集成检索平台。第五章新媒体环境下网络档案信息检索功能的创新发展,从传统功能的应用与加强、内容检索功能、超文本检索功能、多媒体检索功能、知识检索功能、信息推送功能、移动检索功能、检索结果处理功能、交互功能等全面研究检索功能的创新发展。第六章新媒体环境下网络档案信息检索中新技术的应用,概括了网络档案信息检索技术体系,重点研究全文检索技术、多媒体检索技术、信息检索可视化技术、跨媒体智能检索技术在网络档案信息检索中的应用。第七章新媒体环境下网络档案信息检索理论的创新发展,对网络档案信息检索理论发展做了概述,重点研究电子文件著录理论、电子文件元数据理论、档案信息组织理论、档案知识服务理论的发展简况、主要内容及其对网络档案信息检索的指导和影响。第八章新媒体环境下网络档案信息检索保障工作的新发展,从检索资源保障、工具平台研发、档案利用者分析、保障机制建设四个方面探讨了检索保障工作的新发展。

第九章新媒体环境下网络档案信息检索创新发展优化对策,为整体解决问题部分。引入KANO需求分析模型、构建网络档案信息检索模型,在此基础上提出网络档案信息检索利用者需求分析方法并进一步对该方法进行实证研究,然后提出新媒体环境下网络档案信息检索创新发展的具体优化建议和整体优化对策。

第五节 研究方法

一、文献研究法

文献研究法是指"对文献资料的检索、搜集、鉴别、整理、分析,形成事实科学认识的方法"①。本书第二章第二节新媒体环境下网络档案信息研究发展部分,采用文献研究法做文献综述,调查研究与新媒体环境下网络档案信息检索有关的国内外文献,充分了解相关研究领域的研究情况和研究内容。通过文献研究了解当前研究的现状和不足,从而提出本书研究内容的定位。

二、调查研究法

调查研究法是指深入现场调研考察,通过调查第一手资料探索客观事物的真相、性质和发展规律。它与文献研究法相互补充。本书采用的调查研究法:一是实地调查。本书研究撰写期间,笔者调查走访了很多档案馆和单位档案室,组织召开专家咨询会,全面获取一手材料,了解了新媒体环境下网络档案信息检索的发展状况。

---

① 杜晓利.富有生命力的文献研究法[J].上海教育科研,2013(10):1.

二是网络调查。笔者在线访问国内外网络档案信息检索工具和平台,从利用者角度了解和掌握其建设情况与利用情况。三是问卷调查法。本书第九章提出新媒体环境下网络档案信息检索创新发展优化对策时,采用问卷调查法收集研究数据。根据数据反映的现实情况,明确网络档案信息检索的需求,提出优化建议。

三、案例分析法

案例分析法是指选用与研究问题密切相关的一个典型对象进行分析和考察,引出或论证有关见解与观点。本书多处采用案例分析方法,以引证、支撑或证明相关观点,或是表述实践发展情况。

四、比较研究法

比较研究法是指为了获取事物或现象间的相似性或差异性而对多个事物或现象进行比较。本书多处采用比较研究法,进行国内外比较、理论比较、方法比较等,以研究相同问题的不同侧面。

五、模型构建法

模型构建法是指以观察和实验为基础,采用理想化的办法创造可以再现事物本质和内在特性的模型。本书第六章对档案信息可视化技术的研究中构建了档案信息检索可视化模型。第九章采用模型构建法提出新媒体环境下网络档案信息检索创新发展的优化对策。借鉴行为学的 KANO 模型进行网络档案信息检索利用者需求分析,在分析过程中基于传播学的贝罗传播模式构建网络档案信息检索模型,从而规范研究手段,开拓研究思路。

六、实证分析法

实证分析法是指着眼于当前社会或学科现实,通过事例和经验等从理论上推理说明。本书第九章采用实证分析法,以"北京市档案信息网"为实证对象对网络档案信息检索模型和需求分析方法进行实证分析,以此为基础提出新媒体环境下网络档案信息检索创新发展的优化对策。

七、可视化分析法

可视化分析法是将数据用计算机图形学和图像处理技术转换为图形或图像进行展示和分析。本书第二章第二节的文献综述采用可视化形式进行计量统计,分析文献基本情况。研究内容中对于网络档案信息集成检索平台技术架构、档案知识库建构与检索实现框架、档案信息检索可视化的流程及其技术、网络档案信息检索系统结构等均采用可视化方法作出示意图。

第六节 研究创新

本书研究创新主要体现在宏观、中观、微观三个层面。

一、宏观层面的创新

宏观层面的创新是从整体上构建了新媒体环境下网络档案信息检索创新发展的研究体系。该研究体系包括检索需求的新发展、检索工具与平台的创新发展、检索功能的创新发展、检索中新技术的应用、检索理论的创新发展、检索保障工作的新发展、检索创新发展优化对策七个方面，并就每一个方面展开详细研究和论述。研究体系系统性强，内容新颖，具有创新性。

二、中观层面的创新

中观层面的创新在第五章首次对新媒体环境下网络档案信息检索功能的创新发展进行了全面的归纳和概括总结。将其功能创新归结为九个方面：一是传统功能的应用与加强；二是内容检索功能实现网络档案信息从二次信息到一次信息的检索；三是超文本检索功能实现网络档案信息从文本到超文本的检索；四是多媒体检索功能实现网络档案信息从文字到多媒体的检索；五是知识检索功能实现网络档案信息从信息到知识的检索；六是信息推送功能实现网络档案信息检索从无差别服务到个性化服务的转变；七是移动检索功能使网络档案信息检索从无墙发展到无界；八是检索结果处理功能从仅仅显示检索结果到可以对检索结果进行多种操作；九是交互功能使网络档案信息检索的参考咨询从面对面转变为"键对键"。这种对新媒体环境下网络档案信息检索功能创新发展的全面归纳和总结是前所未有的，填补了此类研究的空白。

三、微观层面的创新

微观层面的创新主要是第六章第四节对信息检索可视化技术在网络档案信息检索中应用研究的创新。研究归纳了档案信息检索可视化的内容，包括档案资源分布可视化、检索提问可视化、查检过程可视化、检索结果可视化、交互可视化、利用者分析可视化、档案检索统计可视化七个方面。研究还构建了档案信息检索可视化流程，包括确定可视化对象、转换可视化信息、构建可视化结构、生成可视化视图四个步骤，对应信息处理技术、映射处理技术、视图生成技术、人机交互技术四种技术。上述将档案信息检索可视化内容归纳为七个方面、构建"四步骤＋四技术"的可视化流程，属于前人未涉及的内容，具有创新性。

上述三个方面的创新委托国家一级科技查新咨询单位上海科学技术情报研究所进行查新，查新范围为国内外，查新报告编号为20221028，查新结论为："查新点

1：宏观层面是从整体上构建了新媒体环境下网络档案信息检索创新发展的研究体系；查新点 2：中观层面是对新媒体环境下网络档案信息检索功能的创新发展进行了归纳和概括总结；查新点 3：微观层面主要是对信息检索可视化技术在网络档案信息检索中的应用进行了研究。上述查新点在国内外未见相同文献报道，具有新颖性。"

除上述三个方面创新外，本书在紧密结合新媒体环境的发展进行研究、网络档案信息集成检索平台的集成方式与集成范围研究、跨媒体智能检索技术应用研究、总结电子文件著录理论和元数据理论对网络档案信息检索的影响、提出网络档案信息检索利用者需求分析方法、构建网络档案信息检索模型、通过实证分析验证理论方法、提出网络档案信息检索创新发展具体优化建议和整体优化对策等方面的研究均具有一定创新性。

第七节　研究意义

一、促进网络档案信息检索实践发展

本书为新媒体环境下网络档案信息检索的实现和检索工具与平台建设提供理论与实践方面的参考和借鉴，促进网络档案信息检索实践发展。

通过第二章对国内外新媒体环境下网络档案信息检索发展实践的调查发现，我国网络档案信息检索还存在检索资源不充分、检索功能不完善、检索效率非高效、检索工作有待深入推进等问题。本书在理论上基于信息传播过程构建网络档案信息检索模型，在实践上对网络档案信息检索进行需求分析，提出可行的、具体的优化建议，有助于促进档案机构在实践中对网络档案信息检索工具进行优化和改进，进一步增强检索功能，从而提高网络档案信息检索服务的质量和水平，满足新形势下社会对档案信息资源的检索利用需求，加快新媒体环境下档案信息资源共享，促进档案在整个社会中全方位发挥作用，更好地服务于党和国家各项事业的建设。

二、丰富网络档案信息检索理论

档案检索是档案学研究中的一个分支学科和重要内容。厘清新媒体环境下网络档案信息检索需求的新发展、工具与平台的创新发展、功能的创新发展、新技术的应用、理论的创新发展、保障工作的新发展、创新发展优化对策，可以为网络档案信息检索创新发展提供预期和愿景，为网络档案信息检索和资源共建共享提供理论依据，在档案检索理论的发展方面具有独到的学术价值。

本书有助于创新网络档案信息检索研究的分析思路和研究范式，为其理论研究提供模型、思路和对策，为档案学基础理论研究提供内容、参考和借鉴，丰富档案检索理论的研究内容。

第八节 研究应用

基于研究意义，本书研究成果主要应用在两个方面。

一、实践应用

本书具有促进网络档案信息检索实践发展的意义。在实践中，可以为档案机构网络档案信息检索工具和平台的建设及其发展方向的预期提供参考与借鉴，有助于提高档案机构检索工具的建设水平和检索效率，更高效地服务于社会取得良好社会效益。

二、理论应用

本书具有丰富网络档案信息检索理论的意义。在理论应用方面，可以为各院校档案学专业教育提供教材。档案检索是档案学的一个分支学科，是一个独立的研究方向。自2016年以来，网络档案信息检索实践快速发展，但是，理论界没有出版新的档案检索理论著作[①]，关于新媒体环境下档案信息检索和网络档案信息检索的研究内容多为空白，本书在这方面取得了新的进展。

---

① 参见本书"第七章 新媒体环境下网络档案信息检索理论的创新发展——第一节 网络档案信息检索理论发展概述"。

第二章 新媒体环境下网络档案信息检索实践与研究发展

第一节 实践发展现状

一、国外实践发展现状调查

国外网络档案信息检索实践起步较早，发展较快。其中，一些国家档案馆的网络档案信息检索水平较高。本书依据国家级、典型性、代表性、先进性原则，选择了四个国家档案馆，从档案利用者角度调查其新媒体环境下网络档案信息检索实践发展情况。调查内容集中在四个方面：一是检索资源调查，包括范围、类型、信息组织方式；二是检索工具调查，主要调查检索工具的检索方式、检索途径；三是检索结果处理功能调查，包括检索结果显示级次、筛选功能、排序功能；四是检索帮助调查，包括检索工具指南、FAQs、参考咨询方式。

（一）调查对象基本情况

以美国、英国、澳大利亚、新加坡四个国家档案馆网络档案信息检索的主要工具作为国外调查对象。

1. 美国国家档案馆的 NAC

美国国家档案馆（National Archives of the United States，简称NA）建于1934年，负责保管美国联邦政府的档案，隶属于美国国家档案与文件署（National Archives and Records Administration，简称NARA）。

国家档案目录（National Archives Catalog，简称NAC）是NA网络档案信息检索的主要工具，可检索NARA拥有的多种资源，包括所有授权的网络档案目录、电子文件以及NARA官网和美国总统图书馆的所有网页[①]。

2. 英国国家档案馆的 Discovery

英国国家档案馆（The National Archives，简称TNA）建于1838年，始称英国公共档案馆；2003年，它与皇家历史手稿委员会合并为国家档案馆，后又兼并皇家出版局和公共部门信息办公室。TNA既是英国政府的官方档案馆，又是英国政府的独立部门，负责政府信息管理并负责领导全英国的档案机构[②]。

---

① NARA.What is the National Archives Catalog［EB/OL］.［2019-06-20］. https://www.archives.gov/research/catalog/help/search-tips.html#opasearch.

② TNA.About our role［EB/OL］.［2019-06-05］. http://www.nationalarchives.gov.uk/about/our-role/.

Discovery 是 TNA 网络档案信息检索的主要工具，可检索 TNA 和英国境内各级档案馆的档案信息①。

3.澳大利亚国家档案馆的 RecordSearch

澳大利亚国家档案馆（National Archives of Australia，简称 NAA）建于 1961 年，由主馆和各州分馆组成，负责保管澳大利亚政府档案。

RecordSearch 是 NAA 网络档案信息检索的主要工具，可检索馆藏档案的著录信息、照片等。

4.新加坡国家档案馆的 OneSearch

新加坡国家档案馆（National Archives of Singapore，简称 NAS）建于 1968 年，负责保管新加坡政府各部门档案，隶属于新加坡国家图书馆管理局（National Library Board，简称 NLB）。

OneSearch 是 NLB 和新加坡国家遗产管理局（National Heritage Board，简称 NHB）联合开发的检索工具，可检索 NLB 和 NHB 的政府档案、口述历史、书籍、杂志、照片等各类数字信息资源②。本书仅关注其中档案信息检索部分。

（二）检索资源调查

1.检索资源范围

调查对象的检索资源范围各不相同。

NAC 检索资源包括四个部分：一是 NA 及其所辖各分馆的档案目录信息；二是各类电子文件信息；三是档案利用数据库中的档案信息；四是 NARA 和美国总统图书馆的网页信息③。其范围涵盖 NARA 的 95% 的档案信息资源④。

Discovery 检索资源包括三个部分：一是 TNA 馆藏档案的信息；二是除 TNA 外全英国境内档案馆馆藏档案的信息；三是其他国家部分档案机构馆藏档案的信息⑤。其范围涵盖 3200 余万条政府档案和公共档案目录信息，其中约有 900 万条目录可下载对应档案的数字复制件，这些目录信息涉及的档案馆超过 2500 余个⑥。

RecordSearch 检索资源包括六个部分：一是基本检索；二是高级检索；三是人名检索；四是照片检索；五是乘客名单检索；六是新近数字化档案检索。其范围涵

---

① TNA.Discovery finding archives［EB/OL］.［2019-06-20］.https://blog.nationalarchives.gov.uk/blog/discovery-finding-archives/.

② NLB.Frequently Asked Questions［EB/OL］.［2019-06-20］.http://search.nlb.gov.sg/FAQs.

③ NARA.Online Tools.［2019-06-05］.https://www.archives.gov/research/start/online-tools.

④ NARA.What is the National Archives Catalog［EB/OL］.［2019-06-20］.https://www.archives.gov/research/catalog/help/search-tips.html#opasearch.

⑤ TNA.Discovery Help［EB/OL］.［2019-06-05］.http://www.nationalarchives.gov.uk/help-with-your-research/discovery-help/.

⑥ TNA.Bigger Bolder Better［EB/OL］.［2019-06-05］.https://blog.nationalarchives.gov.uk/blog/discovery-bigger-bolder-better/.

盖 9000 个机构和个人产生的约 800 万条档案目录信息，约占馆藏的 20% 且每年增加几十万条，并且包括 16 万份照片、声像档案。①

OneSearch 检索资源包括两大部分：一是 NLB 的图书、档案数据库；二是 NHB 的文物、艺术品数据库②。其中，档案信息检索资源范围涵盖八个数据库：一是照片数据库；二是口述历史数据库；三是声像档案数据库；四是演讲和新闻稿数据库；五是地图和建筑规划数据库；六是海报数据库；七是英属海峡殖民地档案、海外档案和私人档案数据库；八是政府档案数据库。

2. 检索资源类型

本书调查主要针对文本档案、照片档案、音频档案、视频档案、网页档案五种类型的检索资源。调查对象检索资源类型分布略有差异，如表 2-1 所示。

表 2-1　网络档案信息检索资源类型调查情况表

网络档案信息检索工具	文本档案	照片档案	音频档案	视频档案	网页档案
NAC	有	有	有	有	有
Discovery	有	有	—	—	有
RecordSearch	有	有	有	有	—
OneSearch	有	有	有	有	有

NAC 和 OneSearch 可供检索的资源类型齐全，五种类型皆有。Discovery 未提供音频和视频类的档案检索资源。RecordSearch 未提供网页类档案检索资源。

3. 检索资源信息组织方式

各调查对象检索资源的信息组织方式均基于数据库方式③，采用目录组织法④，即对档案信息进行著录标引后形成结构化的档案目录信息，而后将其存储进数据库中进行检索和访问。

根据检索资源是存于同一数据库还是存于不同数据库，其信息组织方式又可分为单一数据库组织方式和跨库组织方式。单一数据库组织方式是将所有作为检索资源的档案信息集中存储同一数据库当中。其优势在于数据库的设计与实现较为简单方便，只需要建设一个数据库即可汇集多个档案机构信息。劣势在于数据收录、更新、维护任务较重。

---

① NAA. About RecordSearch［EB/OL］.［2021-11-06］. http://recordsearch.naa.gov.au/SearchNRetrieve/Interface/HelpRecordSearch.aspx.
② NAS.About Us［EB/OL］.［2019-04-19］. http://www.nas.gov.sg/About-Us/Mandate.
③ 参见本书"第七章 新媒体环境下网络档案信息检索理论的创新发展——第四节 档案信息组织理论——一、档案信息组织理论简述"。
④ 参见本书"第八章 新媒体环境下网络档案信息检索保障工作的新发展——第一节 检索资源保障——一、档案信息资源建设——（四）档案信息组织"。

跨库组织方式是指检索资源分别存储于不同的数据库中。检索时检索工具调用不同数据库中的数据，将其通过字段映射的方式统一起来，并统一显示检索结果。其实质是一次性登录多个数据库跨库检索。其优势在于可基于已有数据库检索，投入较低；劣势在于稳定性较差，如果检索资源数据量大则运行效率会大大降低，如果数据库升级改造则检索工具要进行同步更新。Discovery 和 OneSearch 对于非本馆的档案信息采用跨库组织方式提供目录信息检索。

在检索资源信息组织中还涉及全文信息的组织调用问题，即对于不同数据源的全文信息是否进行统一处理整合到同一检索工具中。NAC 和 RecordSearch 对全文信息进行了整合，即将所有数据源的全文信息集中在一起，其检索结果不仅能够跨馆展示各馆馆藏的目录信息，还可以提供全文信息。这种全文信息的组织方式优势在于集中了所有全文信息，方便流程管控和使用。后台只需要一个服务器，就可以面向多馆利用者提供检索服务；劣势在于需要持续不断地投入来维护好中心服务器，在组织管理上难度较大。Discovery 和 OneSearch 没有对全文信息进行整合，除本馆馆藏档案信息外，对非本馆的馆藏档案信息无法提供全文。

（三）检索工具调查

1. 检索方式

调查对象的检索方式大致相同，均提供简单检索、高级检索两种方式用于输入检索提问，有的还提供网络目录浏览方式，如表 2-2 所示。

表 2-2 调查对象网络档案信息检索方式

检索工具	简单检索	高级检索	网络目录
NAC	有	有	—
Discovery	有	有	有
RecordSearch	有	有	—
OneSearch	有	有	—

所有调查对象均提供简单检索和高级检索两种检索方式。Discovery 还提供网络目录浏览的检索方式，为不了解检索的档案利用者提供了一种方便快捷获取档案信息的方式。Discovery 的网络目录浏览提供了较为详细的分类，可以选择某一类后仅针对该类进行浏览。

2. 检索途径

检索途径是利用者检索的入口。利用者根据所需档案信息的某方面特征选择对应的检索途径，将检索需求的档案特征标识表述为检索词输入该检索途径，从而进行检索。各检索工具所能提供的检索途径与档案著录标引项目密切相关，著录标引项目不同，提供的检索途径则不同。调查对象提供的检索途径如表 2-3 所示。

第二章 新媒体环境下网络档案信息检索实践与研究发展

表 2-3 调查对象提供的检索途径一览表

检索工具	简单检索	高级检索		
		需要输入检索词的途径	用字典选择检索词的检索途径	其他途径
NAC	关键词	主题词（search term） 全宗号（record group number） 个人或组织名称（person or organization name） 标签（tags） 题名（title） 位置参照（geographic references） 责任者（creator） 著录标识（description identifier）	日期（dates） 档案材料类型（type of archival materials） 著录级别（level of descriptions） 档案著录文件格式（file format of archival descriptions） 档案典藏地（location of archival materials） 国会文件（congressional records）	限定检索对象 档案摘要（archival descriptions） 在线档案资料（archival materials online） 授权档案（authority records） 网页（web pages）
Discovery	关键词	针对档案的高级检索	针对档案责任者的高级检索	
		关键词（key word） 日期（date） 典藏地（held by）	关键词 日期 责任者类型（creator type）	
RecordSearch	关键词 日期区间	针对文件检索	针对系列检索	针对机构检索	针对部门检索	针对职能检索	针对英联邦人士检索
		题名关键词（keyword in title） 系列号（series number） 控制符（control symbol） 文号（item id） 日期（date） 物理格式（physical format） 典藏地（location of items） 开放状态（access status）	略	略	略	略	略
OneSearch	关键词	主要检索途径		其他检索途径
		关键词（keyword） 题名（title） 责任者（creator） 出版者（publisher） 主题（subject）		限定所检索的数据库

由表 2-3 可见，关键词检索途径是网络档案信息检索的基本途径，四个调查对象的简单检索方式均提供关键词检索途径，在该途径内可输入多个关键词。RecordSearch 在简单检索方式下还提供日期区间途径；四个调查对象在高级检索方式下检索途径各不相同。

NAC 的高级检索共提供 14 个检索途径，其中，主题词、全宗号、个人或组织名称、标签、题名、位置参照、责任者、著录标识 8 个检索途径可供利用者输入检索词进行检索。日期、档案材料类型、著录级别、档案著录文件格式、档案典藏地、国会文件 6 个检索途径提供字典供利用者直接选择检索词，不需要手工输入。在高

19

级检索中，还可以限定检索对象，可以限定对档案摘要、在线档案资料、授权档案、网页中的一种或多种进行检索。

　　Discovery 的高级检索方式分为针对档案的检索和针对档案责任者的检索。针对档案的检索有关键词、日期和典藏地 3 个检索途径，每个途径下又细分出检索途径。针对档案责任者的检索有关键词、日期和责任者类型 3 个检索途径，每个途径下细分的检索途径与针对档案的检索基本相同。Discovery 还有网络目录可供检索，网络目录分为档案网络目录和档案责任者网络目录两种。档案网络目录按照档案来源的政府部门分类，类目下按照政府部门参考号的英文字顺排序。档案责任者网络目录按照档案责任者类型分类，分为组织（organization）、企业（business）、庄园（manor）、个人（person）、家庭（family）五类，每类按照档案责任者名称的英文字顺排序。

　　RecordSearch 的高级检索针对文件检索、系列检索、机构检索、部门检索、职能检索、英联邦人士检索提供不同的检索途径。其中，针对文件检索提供题名关键词、系列号、控制符、文号、日期、物理格式、典藏地、开放状态 8 个检索途径。

　　OneSearch 的高级检索共提供关键词、题名、责任者、出版者和主题 5 个检索途径，用于直接输入检索词进行检索。因其是跨库检索，可以在其所跨数据库中限定其中一个或几个进行检索，各库检索途径相同。

　　从总体上看，简单检索提供关键词途径是基本共识。关键词途径与百度、谷歌等搜索引擎的搜索途径类似，且使用自然语言检索，简单易用。高级检索提供的检索途径各有千秋且较为丰富，有利于利用者精确查找所需网络档案信息。各高级检索方式基本都对检索途径进行了分类。NAC 分为需要利用者输入检索词的途径和直接用字典选择检索词的途径，并提供了限定检索途径。Discovery 分为针对档案的检索途径和针对档案责任者的检索途径。RecordSearch 分为针对文件检索的途径、针对系列检索的途径、针对机构检索的途径、针对部门检索的途径、针对职能检索的途径、针对英联邦人士检索的途径。OneSearch 在主要检索途径外也提供限定检索途径。从检索途径数量上看，NAC 的最多，OneSearch 的最少。

　　（四）检索结果处理功能调查

　　从检索结果的显示级次上看，各调查对象的检索结果都提供简要级次、详细级次、内容级次（全文）的检索结果显示。

　　从功能上看，网络档案信息检索经常会出现检索结果数量较大的情况，筛选功能可以缩小检索结果范围，排序功能可以帮助利用者快速定位到所需档案信息。对于检索结果，各调查对象针对著录项都提供筛选功能、排序功能，只是筛选、排序的方法有所差别，如表 2-4 所示。

表 2-4 调查对象筛选、排序方法一览表

检索工具	筛选功能	排序功能
NAC	全宗（record group） 日期（date） 文件格式（file format） 数据源（data source） 材料类型（type of materials） 典藏地（location）	相关度（relevance） 国家档案标识（national archives identifier） 题名（title） HMS 编目号（HMS entry number） 典藏地标识（local identifier）
Discovery	日期（date） 主题（subject） 目录级别（catalogue levels） 典藏地（held by） 文件汇集（collection） 档案开放日期（record opening date） 档案封闭状态（record closure status）	相关度（relevance） 参考号（reference number） 题名（title） 日期（date）
RecordSearch	收录日期（date of decision） 登记日期（date registered） 开放状态（access status） 典藏地（location） 物理格式（physical format） 有原文的档案（digital copies only）	控制符（control symbol） 系列号（series number） 文件题名（item title） 文号（item ID） 日期（date） 物理格式（format） 数字化文件（digitised item） 典藏地（location of items） 开放状态（access status）
OneSearch	主题（subject） 责任者（creator） 日期（date） 来源（source） 类型（type） 资源类型（resource type） 文件汇集（collection） 出版者（publisher） 系列名称（series title） 语言（language）	相关度（relevance） 题名（title） 责任者（creator） 日期（date）

NAC 可以通过全宗、日期、文件格式、数据源、材料类型、典藏地对检索结果进行筛选。可以按相关度、国家档案标识、题名、HMS 编目号、典藏地标识对检索结果进行排序。

Discovery 对英国国家档案馆的档案信息可以按日期、主题、目录级别、典藏地、文件汇集、档案开放日期、档案封闭状态对检索结果进行筛选。可以按相关度、参考号、题名、日期对检索结果进行排序。其中题名、日期有升序、降序两种

排序方法。对于非英国国家档案馆的档案信息仅提供典藏地和日期两种检索结果筛选功能。

RecordSearch 可以通过收录日期、登记日期、开放状态、典藏地、物理格式、有原文的档案对检索结果进行筛选。在检索结果简要级次的显示中，每一个著录项目都具有排序功能，包括控制符、系列号、文件题名、文号、日期、物理格式、数字化文件、典藏地、开放状态均可对检索结果进行排序。

OneSearch 可以通过主题、责任者、日期、来源、类型、资源类型、文件汇集、出版者、系列名称、语言对检索结果进行筛选。还可以选择数据库筛选检索结果。可以按相关度、题名、责任者、日期对检索结果进行排序。

从总体上看，各调查对象都提供了充分的筛选功能。排序功能尽管各有不同，但相关度排序、日期排序是基本的排序方法。有的调查对象在显示检索结果时还提供了其他功能，例如 NAC 可以将检索词高亮显示，方便查看，有原文的可下载原文。

（五）检索帮助调查

检索帮助协助利用者更好地使用检索工具。各调查对象对网络档案信息检索都提供检索帮助，主要帮助方式有检索工具指南、FAQs（Frequently Asked Questions，常见问题解答）、多种参考咨询方式，如表 2-5 所示。

表 2-5　调查对象提供的检索帮助

检索工具	检索工具指南	FAQs	即时在线咨询	异步在线咨询	邮件咨询	信件咨询	电话咨询
Discovery	有	有	有	—	有	有	有
NAC	有	有	—	有	—	有	有
RecordSearch	有	有	—	有	有	—	有
OneSearch	有	有	—	有	有	—	有

检索工具指南、FAQs 各调查对象均有提供。检索工具指南用于向利用者介绍检索工具的概况及其提供的服务，供利用者快速了解检索工具、掌握操作方法。FAQs 为利用者解答多数人会遇到的共性问题，降低档案参考咨询的接待压力。各调查对象提供的参考咨询方式略有不同，异步在线咨询、电话咨询和邮件咨询较常用，仅有 Discovery 提供即时在线咨询功能。

（六）国外实践发展现状调查情况总结

因为对于国外新媒体环境下网络档案信息检索实践调查对象的选取是基于国家级、典型性、代表性、先进性原则，所以调查结果较为类似，它们共同代表了功能较为完善的网络档案信息检索工具的概貌。其功能的完善性主要体现在以下七个方面：一是检索资源范围广泛。各调查对象的检索资源覆盖范围都较为广泛，美国的

NAC 覆盖联邦政府和多个州档案馆，英国的 Discovery、澳大利亚的 RecordSearch 覆盖全国，新加坡的 OneSearch 不仅可以检索网络档案信息，还可以在线检索图书信息、文物与艺术品的信息。二是检索资源类型多样。检索资源中都涉及文本档案、照片档案、音频档案、视频档案、网页档案。这只是总体分类，细分还有很多资源类型，澳大利亚的 RecordSearch 检索资源还包括画报、地图、胶片等。三是检索资源组织形式以元数据为基础并有效组织全文信息。澳大利亚基于元数据 EAD 和国际档案著录标准 ISDA（G）组织网络档案检索资源。四个调查对象均提供全文检索。四是检索方式较为全面。四个调查对象均提供简单检索、高级检索方式，英国的 Discovery 还提供网络目录浏览方式。五是检索途径多样。四个调查对象都有关键词检索，除此之外，检索途径差异较大，但都较为多样。六是检索结果处理功能多样。筛选和排序基本都提供，而且方法多样。七是检索帮助渠道多样。英国的 Discovery 提供即时在线咨询，给利用者提供了非常大的便利。

二、国内实践发展现状调查

随着档案信息化建设的深入，提供网络档案信息检索成为我国档案部门创新服务的重要举措。很多档案馆（室）建成网络档案信息检索资源库以及检索工具。本书依据多级别、全面性原则，从国家级层面、省级层面、其他档案机构层面多级别展开调查，力图勾勒全貌。

（一）国家级检索工具调查

我国有三个中央级档案馆，中国第一历史档案馆、中国第二历史档案馆和中央档案馆，代表国家级水平。其中，中国第一历史档案馆提供网络档案信息检索。它提供档案全文检索和档案目录查询两个网络档案信息检索工具。档案全文检索提供关键词检索途径，检索结果可查看原文，但访问速度较慢。档案目录查询提供档案目录、题名、档号、官职爵位、责任者、原纪年 6 个检索途径。其中档案目录可显示全宗目录树供利用者选择，输入方便，且方便利用者一览馆藏概貌。

在国家层面，国家档案局曾立项于 2013 年开始建设全国开放档案信息资源共享平台。至 2018 年，该平台数据达 102 万条、专题 170 多个。明清、民国、革命历史 3 个全国档案目录中心汇集的文件级目录分别达 17 万条、1042 万条、54 万条。[①] 该平台是一个集成平台，其档案信息来源于 40 多家档案馆，初步实现了档案部门间的业务协同。但该平台目前处于停止服务状态。

（二）省级档案馆检索工具调查

2015 年底，我国副省级市以上档案部门初步建成以局域网、政务网、因特网为

---

① 李明华. 在全国档案局长馆长会议上的讲话［N］. 中国档案报，2019-04-11（2）.

平台的工作体系①。在此基础上，我国网络档案信息检索服务进一步开展。笔者以内地31个省级档案局（馆）②档案网站提供的档案信息检索工具为调查对象，从档案利用者角度调查其新媒体环境下网络档案信息检索实践发展情况。

1. 检索工具提供情况调查

在31个调查对象中，有23个提供网络档案信息检索工具③，其余8个未提供，具体参见表2-6中"网络档案信息检索工具"一列，检索工具提供率为74.19%。

表2-6 调查对象提供网络档案信息检索工具情况与除关键词外的检索途径情况

局（馆）名称	网络档案信息检索工具	除关键词外其他检索途径
北京档案局（馆）	有	档号
天津档案局（馆）	有	档号
河北档案局（馆）	—	—
山西档案局（馆）	—	—
内蒙古档案局（馆）	有	年度、全宗号
辽宁档案局（馆）	有	责任者、档号、公元纪年
吉林档案局（馆）	有	责任者、归档年度
黑龙江档案局（馆）	有	档案号、责任者、文号、文件年代
上海档案局（馆）	有	起始时间、终止时间、保管期限、档号、责任者、主题词、档案价值等级
江苏档案局（馆）	有	档号
浙江档案局（馆）	有	无
安徽档案局（馆）	有	档号、起始年份、终止年份
福建档案局（馆）	有	无
江西档案局（馆）	有	无
山东档案局（馆）	有	成文时间、责任者
河南档案局（馆）	有	责任者、时间
湖北档案局（馆）	有	档号、密级、起时间、止时间、主题词
湖南档案局（馆）	有	全宗号、文号、责任者、成文时间
广东档案局（馆）	有	无
广西档案局（馆）	有	无

① 华春雨."十二五"时期我国档案信息化建设快速发展［EB/OL］.［2018-10-02］.http://www.gov.cn/xinwen/201512/28/content_5028625.htm.

② 调查时间为2017年下半年至2018年初，当时各省档案局馆尚未分离。港澳台地区与内地档案事业发展存在差异，未列入调查范围。

③ 山西档案局（馆）提供有检索工具，但因检不出数据而归入无。

第二章　新媒体环境下网络档案信息检索实践与研究发展

续表 2-6

局（馆）名称	网络档案信息检索工具	除关键词外其他检索途径
海南档案局（馆）	—	—
重庆档案局（馆）	—	—
四川档案局（馆）	有	无
贵州档案局（馆）	有	档号、全宗号
云南档案局（馆）	—	—
西藏档案局（馆）	—	—
陕西档案局（馆）	有	全宗号、年份
甘肃档案局（馆）	有	责任者、成文日期、档号、全宗号、文件编号
青海档案局（馆）	—	—
宁夏档案局（馆）	—	—
新疆档案局（馆）	有	无

2. 检索途径调查

提供网络档案信息检索工具的 23 个调查对象均提供关键词检索途径。除关键词途径外，是否提供其他检索途径差异较大，具体参见表 2-6 的"除关键词外其他检索途径"一列。其中，上海档案局（馆）提供的检索途径最多，有 7 个。最少的是不提供关键词以外的检索途径。仅有 5 个调查对象的检索工具提供 3 个以上检索途径。

3. 检索资源调查

提供网络档案信息检索工具的 23 个调查对象，检索资源均以本馆馆藏信息为主。北京档案局（馆）、天津档案局（馆）、黑龙江档案局（馆）、陕西档案局（馆）集成了区域内全部或部分其他档案馆的档案信息。

23 个调查对象提供的均为目录信息检索工具。其中，北京档案局（馆）、天津档案局（馆）、内蒙古档案局（馆）、吉林档案局（馆）、上海档案局（馆）、福建档案局（馆）、广东档案局（馆）、甘肃档案局（馆）、青海档案局（馆）、宁夏档案局（馆）、新疆档案局（馆）11 个调查对象的检索工具可提供部分全文。

北京档案局（馆）提供部分照片，但有时访问异常。天津档案局（馆）提供部分照片。上海档案局（馆）提供部分照片和音视频。

4. 检索结果处理功能调查

提供网络档案信息检索工具的 23 个调查对象，检索结果处理功能较弱，仅有北京档案局（馆）、内蒙古档案局（馆）可对检索结果实现排序。北京档案局（馆）有题名排序和档号排序。内蒙古档案局（馆）有评分排序、时间排序、浏览频率排序。仅有内蒙古档案局（馆）提供筛选功能，可按归档时间筛选。

（三）其他档案机构检索工具调查

除中央级档案馆、省级档案馆外，还有众多市、县级档案馆，专业档案馆，企事业单位档案馆以及众多档案室提供档案检索工具。其中有些档案机构检索工具较为先进。

青岛市档案馆2001年启动数字档案馆建设并在国内第一个投入运行。其数字档案馆平台集成了检索功能，检索资源覆盖全市13个综合档案馆馆藏档案信息。提供的检索途径包括关键词、区域档案馆、类别、来源、文号、时间、专题等。检索资源较为丰富、功能较完备。

北京市丰台区人民法院在"北京法院审判信息网"①提供档案检索服务。检索资源为2005年以后的刑事、民事、行政、执行、国家赔偿案件的电子档案五十余万卷。利用者完成注册、登录后填写"查阅申请"并预留手机号码，申请通过审核后手机上会收到审核结果通知，进而可以检索、下载并打印档案。②

一些企业的网络档案信息检索快速发展。从2016年起，国家档案局先后选定几批电子文件归档与电子档案管理试点单位，这些单位的电子文件管理系统集成了检索功能且较为先进，但大部分是在内部局域网上开展检索服务。其中大部分实现了全文检索功能，部分应用了可视化技术，有些检索结果中提供关联推荐。③相关实例在后文列举。

网络档案信息检索还开始向移动服务方向发展。众多档案机构的微信公众号和App提供查档指南和查档预约。例如上海"浦东档案"微信公众号的在线服务栏目提供档案信息检索。

（四）国内实践发展现状调查情况总结

因为对于国内新媒体环境下网络档案信息检索实践的调查是基于多级别、全面性原则，调查结果力图反映我国网络档案信息检索的概貌。调查发现，新媒体环境下我国网络档案信息检索实践发展不平衡，既取得了一定成果，也存在一些问题有待进一步改进。

在新媒体环境下，众多档案机构开始认识到网络档案信息检索的重要作用，大多数开展了网络档案信息检索服务，这些服务分布在互联网、政务外网、政务内网、内部局域网等不同网络中。仅就互联网而言，仍有很多档案机构还没有"触网"，例如前文"（二）省级档案馆检索工具调查"发现，在省级档案馆未开通互联网档案

---

① 网址为http://www.bjcourt.gov.cn.
② 北京丰台法院."云查档"疫情期间档案工作不断档［EB/OL］.（2020-06-10）［2022-01-30］. https://mp.weixin.qq.com/s?__biz=MzA5NzA2MzI1MA==&mid=2649980799&idx=2&sn=3b06134ca9a985f451ac50f469d534c6&chksm=88a14742bfd6ce54cde8cb55dbf7b6dfa4771efddd0d074e0d26b3e8cefaa60796201.
③ 国家档案局经科司.企业电子文件归档和电子档案管理试点技术系统卷［M］.北京：中国文史出版社，2021.

信息检索的比例达 25.81%。可见，网络档案信息检索工作仍需要继续深入推进。

网络档案信息检索中以目录信息检索为主，资源覆盖不全面。检索资源相对国外而言还较为单薄且缺乏集成，还处在各自为战的局面，缺乏顶层设计和标准规范。

在功能上，关键词成为基本的检索途径。各档案机构检索途径和检索结果处理功能差距较大，涌现了一批先进的检索工具，但也存在功能薄弱、效率不高的检索工具。

档案信息检索通过网络提供服务后，丰富了档案利用服务的内容和方式，并切实取得了一定的成效。例如，2003 年 7 月，天津市档案馆开通网站"天津档案网"，其中提供档案信息检索和网上展厅，检索资源包括数字化历史档案 170 万多页，每天检索查询量达 5000 多人次。[①] 但是，总体而言，不能提供网络检索服务、检索资源不充分、检索效率差的问题还普遍存在。

综上所述，当前开展新媒体环境下网络档案信息检索的研究对于我国档案检索的实践发展具有重要指导和借鉴意义。

第二节　研究文献综述

一、文献检索与数据处理

（一）文献时间的划定

在中国知网"中国学术文献网络出版总库"中，以"档案"*"检索"为检索式、"篇名"为途径进行检索。由检索结果可知，国内关于档案检索研究的第一篇文献出现于 1981 年，田原[②] 介绍了美国西卡罗莱纳大学档案馆改进档案检索方法的情况，主要内容摘译自《美国档案工作者》。同年，常志[③] 在档案检索的主流方式仍是手工方式的背景下，比较了全息照相存储信息的计算机检索与缩微照相存储信息的计算机检索，建议对后者展开研究。此后，档案检索研究开始发展，至 1996 年以年论文数 26 篇达到第一个高潮。1996 年至 2000 年间档案检索研究文章数量相对平稳，每年发表论文数 10 篇左右。但是，2000 年之前，受限于网络的发展，在档案检索研究中，涉及网络档案检索或网络档案信息检索（检索式为"档案"*"网络"*"检索"）的文章几乎没有。

因特网自 1994 年开始在我国普及。1996 年在北京经济信息网上建主页并于 1998 年申请独立域名正式建站的北京市档案馆网站和 1998 年在上海科技信息网正

---

① 梁永军.立足津门 服务一方——天津市档案部门档案开放鉴定工作侧记 [J].中国档案，2016（11）：33-35.

② 田原.西卡罗莱纳大学档案馆改进档案检索方法 [J].档案学通讯，1981（3）：82.

③ 常志.谈我国档案存贮和检索的现代化——对全息存贮和电子检索的一点浅见 [J].档案学通讯，1981（4）：65-66.

式建站的上海市档案局（馆）网站是最早在因特网上建立网站的档案机构[①]。1999年，我国开始建设"政府上网工程"，各级政府机关纷纷在因特网上建立网站。档案机构和档案工作在各级人民政府的领导下，随着"政府上网工程"的开展，档案信息的网络发布随之展开。2000年底，北京市档案馆网站开始提供档案目录信息检索，可供检索的目录信息达52万条[②]。2002年，国家档案局和中央档案馆发布《全国档案信息化建设实施纲要》，强调要充分发挥网站作用并明确提出全国档案网站开通时间表。该份文件极大地促进了我国各级各类档案网站的建设，网络档案信息检索问题亦随之逐步走进研究者的视野。

而新媒体的发展主要起步于网络新媒体。当网络步入Web 2.0时代才真正拉开了新媒体的序幕。2005年，Web 2.0概念正式出现。Blogger Don在其《Web 2.0概念诠释》中阐述了Web 2.0概念。如同前文[③]所述，"新媒体"一词2010年才开始在我国出现，基于新媒体的各项研究开始正式展开。

有鉴于网络与新媒体实践的发展情况和相关研究的开展情况，本文献综述对于所检索的文献时间的确定是将具体文献检索时间跨度定为2000年1月1日至2021年11月16日。2000年之后，关于新媒体环境下网络档案信息的检索问题才逐步展开研究，因而，时间跨度的起始时间为2000年1月1日。而时间跨度的结束时间2021年11月16日是本书开始正式写作文献综述内容的时间。

（二）文献数据库选择

笔者考察了CNKI中国知网、维普中文期刊服务平台、万方数据知识服务平台等文献数据库。经过检索实验发现，与本次检索相关的结果均可在CNKI中国知网获得，维普中文期刊服务平台、万方数据知识服务平台等数据库的数据补充效果不显著。因此本文献综述选择了CNKI中国知网作为中文文献检索数据库，同时经过检索实验，筛选了其中的CNKI学术期刊库、CNKI会议论文库、CNKI博硕士论文库、CNKI报纸文献库四个子库作为数据来源。外文文献选取ProQuest/Library & Information Science Abstracts（LISA）这一图书情报与档案管理学科领域知名数据库进行检索。

（三）检索途径的确定

经多次实验和对比，笔者发现若采用中国知网提供的"关键词""篇名"途径进行检索，检索结果比较少；但若采用"全文"途径进行检索，检索结果又比较庞大。最终笔者选择主题（subject，简写为SU）作为检索途径进行检索。主题检索针对中国知网主题著录项目，包含一篇文献的所有主题特征，在全文检索的检全率、关键词与题名检索的检准率之间找到平衡。主题检索具有较为完善的检索式构造功能，

---

① 杨公之.档案信息化建设实务［M］.北京：中国档案出版社，2003：222.
② 赵屹.我国档案网站建设情况综述［J］.档案学研究，2013，（4）：56.
③ 参见本书"第一章 绪论——第一节 研究背景——一、新媒体环境的形成与发展"。

后台嵌入主题词表、停用词表、专业词典、中英对照词典等规范化语言工具,并可进行截词检索。外文文献也从"主题"途径进行检索,出版物类型的选择为学术期刊和学位论文。

(四)检索策略的制定

通过前期的检索尝试,笔者最终确定的检索技术路线为"先大后小,二次筛选",也即以"档案检索"这一上位类检索词检索,进而再从检索结果中二次检索筛选与本书主题关联度高的结果。具体检索时间为 2021 年 11 月 16 日,文献来源的时间跨度为 2000 年 1 月 1 日至 2021 年 11 月 16 日,采用"高级检索"模块进行检索,其中 CNKI 数据库的第一次检索式为:SU="档案"*"检索"+"档案"*"查询",共获取 5426 条文献数据;后续二次检索的主题词包括"新媒体""社交媒体""社会化媒体""网络档案"等。LISA 数据库的具体检索式为:SU((records OR archive))AND SU((retrial OR search OR find OR finding aids))AND stype.exact("Scholarly Journals" OR "Dissertations & Theses"),共获取 1371 条文献数据;二次检索的主题词包括"social media""new media""internet""network"等。

(五)检索结果的优化

检索结果优化基于以下考虑:首先,由于本书涉及的是"网络档案信息检索""新媒体档案信息检索"等,这些领域研究尚处于起步阶段,关联度高的文献不多,检索结果中有不少噪声数据,因此需要人工干预筛选;其次,CNKI 存在数据不全问题,例如其并未收录近年《情报学报》的文献数据,笔者利用引文网络通过 HistCite 软件进行分析补充,数据来源于万方、维普等数据库;最后,剔除重复信息、新闻资讯、公告报道、征文启示等无关数据。最终,在 CNKI 获得文献数据 348 篇,由维普和万方数据库补充文献数据 4 篇,获取中文文献数据共计 352 篇;LISA 数据库获取外文文献数据 361 篇;中文文献数据与外文文献数据总计 713 篇,具体结果如表 2-7 所示。

表 2-7 文献数据检索结果

	检索策略	检索式	来源数据库	检索结果
中文文献数据	首次检索	SU="档案"*"检索"+"档案"*"查询" 时间跨度:2000.1.1-2021.11.16	CNKI 学术期刊库 CNKI 会议论文库 CNKI 博硕士论文库 CNKI 报纸文献库	5426
	二次检索 (在结果中检索)	SU="新媒体"+"社交媒体"+"社会化媒体"+"网络档案"+"著录"+"标引"+"组织"		733
	最终筛选结果	人工干预 (剔除重复信息、新闻资讯、公告报道、征文启示等关联度低数据)		348
	数据补充	题名或关键词="档案"*"检索"+"档案"*"查询" 时间跨度:2000.1.1-2021.11.16	维普、万方数据库	4

续表 2-7

检索策略	检索式	来源数据库	检索结果
首次检索	SU（(records OR archive)）AND SU（(retrial OR search OR find OR finding aids)）AND stype.exact（"Scholarly Journals" OR "Dissertations & Theses"）Time=2000.1.1–2021.11.16	ProQuest/Library & Information Science Abstracts（LISA）	1371
外文文献数据 二次检索（在结果中检索）	SU（social media）OR（new media）OR（internet）OR（network）OR（information organization）		796
最终筛选结果	人工干预（剔除重复信息、新闻资讯、公告报道、征文启示等关联度低数据）		361
总计（最终获取有效数据）			713

（六）数据下载和清洗

将筛选后的文献以 Refworks 格式下载导出，包含题名、作者、机构、关键词、发表时间等著录项目。为了便于后续的主题分析，笔者对数据进行了清洗处理等工作。

1. 统一机构名称

一些机构在发展过程中使用过不同的名称。统一机构名称首先是将机构改革历程中不同时期使用的名称予以统一，例如，将"中国人民大学档案学院"统一为"中国人民大学信息资源管理学院"，"南京政治学院""南京政治学院上海校区""南京政治学院上海分院"统一为"国防大学政治学院"。

其次，将机构名称的详细程度进行规范统一，例如，将"云南大学文秘与档案学系""云南大学公共管理学院情报与档案学系"统一为"云南大学公共管理学院"，"吉林大学管理学院信息管理系"统一为"吉林大学管理学院"等。

2. 统一文本格式

包括统一英文关键词大小写的格式，统一标点符号等。以统一标点符号为例，相同的关键词在一些文献数据中带有引号、书名号等，而其他文献数据则没有这些符号，是否带符号予以统一。

3. 修改错乱信息

下载的文献数据中会出现乱码、著录文本内容错位等信息，对这些信息进行人工修改和删减。

4. 合并同义词

文献数据中涉及的关键词等会有许多不同表述表达的是同一含义的概念，需要将这些同义词合并。例如，将"城市建设档案馆"统一为"城建档案馆"，"主题词标引"统一为"主题标引","微信平台""微信公众号"统一为"微信"等。

5. 拆解组合词

文献数据中涉及的部分关键词使用组合词,需要将其拆解实现语义细粒度化。例如,将"中美加澳"拆解为"中国、美国、加拿大、澳大利亚"。

6. 重新标注

对部分关键词进行修改和人工重新标注。两条报纸文献数据没有自带关键词,笔者进行了人工标注。部分时间较早的文献关键词为机器自动分词标出,比较杂乱,笔者也进行了重新标注,例如,将"网络环境下"修改为"网络环境"等。对部分关键词较少、给出的关键词欠准确等的文献也进行了重新修改和标注。

二、文献基本情况分析

笔者对研究新媒体环境下网络档案信息检索的相关文献的基本情况从文献数量、来源期刊、作者、作者机构、作者国籍、主题词六个方面进行分析。

(一)文献数量分析

不同类型的文献数量分布不均匀。囿于文献数据库选择的原因,不同文献类型的数量差异较大,其中期刊文献最多,其次是学位论文和会议论文,最后为报纸文献。具体而言,在中文文献数据中,期刊论文276篇、博硕士学位论文65篇、会议论文9篇、报纸文献2篇;外文文献数据中,期刊论文270篇、会议论文75篇、学位论文16篇。

中文、外文文献数量分布规律基本一致。图2-1按照年度展示了中、外文相关文献数量的分布情况。可见,2000年至2021年间中文、外文文献的数量虽有所不同,但呈现出比较一致的分布规律。例如,2003年至2005年、2013年至2019年文献数量均较多,呈现出研究高潮;而2006年至2008年,中文、外文文献数量均较少,档案信息检索领域研究出现疲乏状态,正在酝酿新的突破口。拟合曲线(虚线)也基本展示了文献分布的情况,呈现出波浪式前进的分布规律。

数量高潮年份研究主题存在差异。根据图2-1初步分析中文、外文文献数据可知,2000年至2021年间出现了多个研究热点和高潮。2003年至2005年出现了第一个研究高潮,学者们关注的热点主要包括档案著录、档案标引、检索工具、计算机辅助著录和标引等。尔后文献数量有所回落。2013年开始伴随语义网和本体技术的兴起,档案信息检索出现了新的研究突破进而迎来一波新的研究高潮,主要的热点包括语义网、本体、档案网络信息组织、信息集成(融汇、整合)、档案标准等。2017年开始,随着社交媒体和互联网+的兴起,档案信息检索领域在持续关注语义网、本体、元数据等热点的基础上,开始探索档案网站的信息检索、档案资源的开发、档案利用服务、档案知识库构建、基于社交媒体和移动互联网的档案服务、关联数据、知识图谱技术在档案领域的应用等。数量高潮年份各研究主题具体的量化分析后文"（六）主题词分析"将进一步予以阐释。

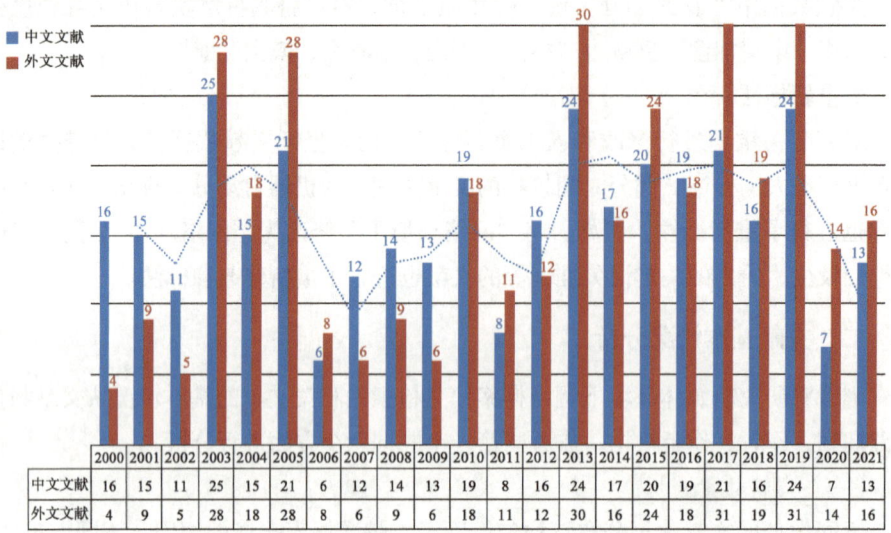

图 2-1 各年度中文、外文相关文献数量分布图

（二）来源期刊分析

表 2-8 展示了获取文献数量排名前 10 的中文期刊与外文期刊的分布情况。

表 2-8 文献数量排名前 10 的来源期刊数据情况

中文文献数据		外文文献数据	
兰台世界	24	Library Hi Tech	50
档案学通讯	18	Online Information Review	37
山西档案	15	New Library World	23
档案管理	14	Library Management	19
北京档案	12	Interlending & Document Supply	17
档案学研究	12	PLoS One	16
档案与建设	10	Information Technology and Libraries	15
机电兵船档案	10	Journal of the American Society for Information Science and Technology	13
浙江档案	10	Journal of Documentation	13
中国档案	9	Archives of Control Science	12

中文文献数据中，数据来源最多的期刊为《兰台世界》，文献检索获取该刊物24篇文献，这与该刊在研究时间段内出刊频率密集有一定关联；其次为《档案学通讯》，获取18篇文献；获取文献数量超过10篇的还包括《山西档案》《档案管理》《北京档案》《档案学研究》《档案与建设》《机电兵船档案》《浙江档案》等，除了《机电

兵船档案》为专业领域的档案期刊外，其他刊物均为档案领域的核心刊物。

外文文献数据中，数据来源最多的刊物为 *Library Hi Tech*（《图书馆高科技研究》），文献检索获取该刊物 50 篇文献，其次为 *Online Information Review*（《在线信息评论》）获取 37 篇文献，*New Library World*（《图书馆新世界》）获取 23 篇文献。其余刊物获取的文献数量也均超过 10 篇。

中文文献大多来源于档案领域专业期刊，而外文文献则分布较广，多数来源于图书情报学科（LIS）刊物。分析数据可知，中文文献数据中排名前 10 的刊物均为档案领域专业刊物，此外也有部分数据来源于图情领域的期刊，例如《情报学报》获取 6 篇文献、《办公室业务》获取 4 篇文献、《图书情报工作》获取 3 篇文献。而外文文献数据中，来源期刊分布较广，涉及图书情报领域、信息技术领域等，排名前 10 的档案领域刊物仅有 *Journal of Documentation*（《文献杂志》，系图情档综合刊物）和 *Archives of Control Science*（《控制科学档案》）。外文文献来源于档案领域刊物的数量少，一方面与国外档案期刊较少、LISA 数据库收录档案期刊不全有一定关系，另一方面也展示了档案信息检索领域的研究具有很强的交叉性、包容性和生命力，在国外具有各行业、各专业领域对其展开研究的积极态势。

（三）作者分析

表 2-9 展示了中文文献数据中发文数量排名前 15 的作者情况。

表 2-9 发文数量排名前 15 的作者

作者	发文量	获取数据中第一篇论文信息
王兰成	9	《基于中国档案主题词表的自动标引控制研究》（2002）
周铭	8	《论公文与档案主题标引》（2001）
段荣婷	7	《浅谈网络环境下的档案著录》（2000）
张文友	5	《档案检索工具上网的最新标准——〈档案编码著录（EAD）〉标准的制定》（2001）
赵屹	5	《美国网络档案信息检索系统 ARC》（2003）
王萍	4	《编码档案著录标准（EAD）的开发、实施和评价》（2004）
吕元智	3	《数字档案资源体系的语义互操作实现研究》（2013）
魏扣	3	《基于档案知识库的档案知识服务研究》（2016）
田梅	3	《基于中国档案主题词表的自动标引控制研究》（2002）
冯文杰	3	《基于中国档案主题词表的自动标引控制研究》（2002）
吴修芹	3	《对公文主题词标引改革的几点思考》（2006）
张正强	3	《计算机档案著录的执行格式》（2001）
史晓康	3	《英国国家档案馆的网络档案信息检索》（2018）
张斌	3	《基于档案知识库的档案知识服务研究》（2016）
刘晓亮	3	《基于知识服务的档案网站构建分析与探讨》（2010）

从发表文献的数量看，发文最多的作者为国防大学政治学院王兰成，共发表相关论文9篇。其中，最早的一篇文献为王兰成与冯文杰、田梅于2002年在《情报学报》发表的《基于中国档案主题词表的自动标引控制研究》。云南大学公共管理学院的周铭发表相关论文8篇，居第二位，其最早的文献《论公文与档案主题标引》于2001年发表于《浙江档案》。此外，国防大学政治学院段荣婷、张文友、赵屺发文数量超过5篇。需要说明的是，表中15名该领域的核心作者中，王兰成、段荣婷、张文友、赵屺、田梅、冯文杰、张正强、史晓康、刘晓亮9人均为国防大学政治学院相关团队成员。

从核心作者的首发文时间看，10名核心作者的首发文在2006年以前，研究的议题主要是档案标引、档案著录、计算机辅助标引、档案信息检索系统等；其余5名作者的首发文在2010年以后，探索的议题包括档案网站、档案知识库、语义网、档案知识服务等。其中核心作者史晓康的首发文时间最近，其2018年开始探索网络档案信息检索等领域。这侧面体现了研究议题的演进过程。

图2-2展示了外文文献数据中作者的合作网络。从发文数量看，发文最多的为Guallar Javier，共发表相关文献8篇，在图中节点最大；其次为Jacsó Péter，发表相关文献7篇；Ashcroft Linda发表文献6篇，居第三位。从合作网络看，网络比较稀疏，网络中的节点大多处于零散状态，连线较少，表明合作关系不多。

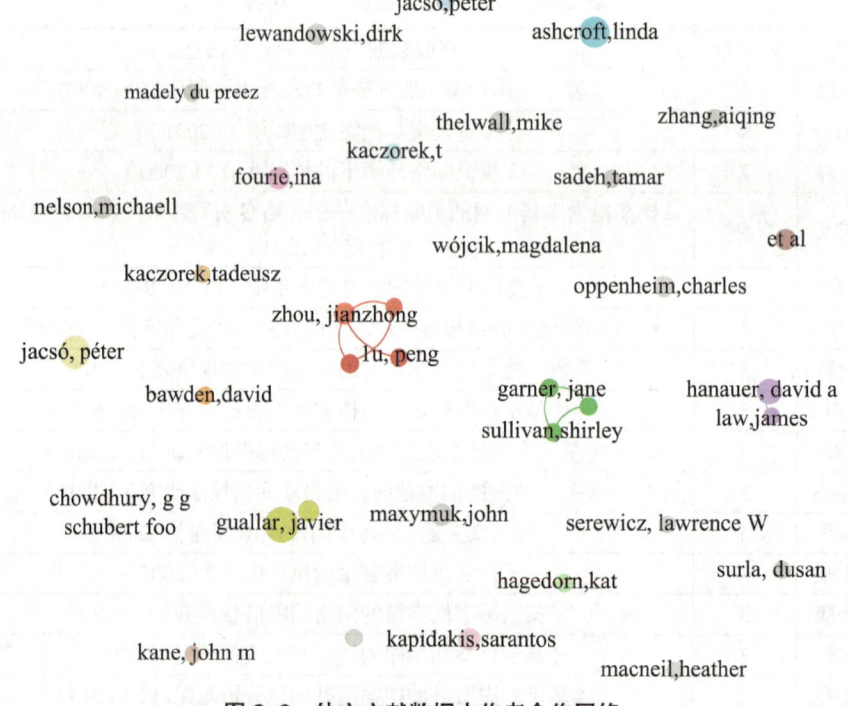

图2-2 外文文献数据中作者合作网络

（四）作者机构分析

表2-10展示了文献数据中发文数量排名前10的机构分布情况。

表2-10 发文数量排名前10的机构情况

机构	中文文献数据		外文文献数据	
	国防大学政治学院	38	Google Inc	28
	中国人民大学信息资源管理学院	10	Library of Congress	7
	云南大学公共管理学院	8	Online Computer Library Center	7
	安徽大学管理学院	5	Internet Archive	4
	南京大学信息管理学院	5	Wikipedia	4
	上海大学图书情报档案系	5	British Library	4
	吉林大学管理学院	5	University of Michigan	4
	中国人民大学数据工程与知识工程教育部重点实验室	4	D-Lib Magazine	3
	大庆市让胡路区怡园社区工作站	3	European Union	3
	上海师范大学人文与传播学院信息管理系	3	Microsoft Corp	3
			National Institutes of Health	3

中文文献数据中，发文数量最多的机构为国防大学政治学院，共38篇，该机构在信息组织与信息检索领域具有传统的学科研究优势；其次是中国人民大学信息资源管理学院，共10篇；发文数量超过5篇的机构还包括云南大学公共管理学院、安徽大学管理学院、南京大学信息管理学院、上海大学图书情报档案系、吉林大学管理学院等。可见，发文数量呈现一定的聚集性，成果主要集中在少数长期关注档案信息检索领域的教学科研机构。

外文文献数据中，发文数量最多的机构为Google Inc（谷歌公司），发文28篇，谷歌公司不仅重视信息检索的应用实践，也长期耕耘于信息检索领域，成果十分丰硕；其次是Library of Congress（美国国会图书馆）和Online Computer Library Center（在线计算机图书馆中心，简称OCLC），各发文7篇。综上，外文文献数据中，档案信息检索相关的文献并非如同国内一样主要来自于院校、科研院所等教学科研机构，而是大多来源于检索行业的相关企业、非营利性组织等，体现出国外研究成果具有较强的应用实践导向。

（五）作者国籍分析

表2-11分别展示了中文文献数据中文献数量排名前4的作者国籍的分布情况，以及外文文献数据中文献数量排名前5的作者国籍的分布情况。

表 2–11　不同国籍作者发文数量情况

国籍	中文文献数据		外文文献数据	
	中国	391	United States	128
	美国	1	United Kingdom	34
	加拿大	2	India	14
	法国	2	Canada	11
			China	10

中文文献数据中只有 5 位作者是外国国籍，他们的研究成果被国内学者翻译为中文发表在中文期刊上，从而被收入中文文献数据库。这些作者分别是：加拿大英属哥伦比亚大学詹妮弗·道格拉斯（Jennifer Douglas）和希瑟·麦克尼尔（Heather MacNeil），他们的文章《从年表到目录：1882—1975 年加拿大公共档案馆检索工具的体裁演变》由武汉大学许晓彤①译成中文刊于《档案管理》杂志；美国密歇根大学本特利历史图书馆助理馆员奥尔加·弗拉科夫斯卡娅（Olga Virakhovskaya），2013 年 5 月她在国家档案局、美国密歇根大学本特利历史图书馆共同举办的"中美数字档案学术研讨会"上所作报告由杨太阳②翻译整理成《从关联的信息到关联的数据：为未来著录档案》一文，刊于《中国档案报》；法国蓬皮杜艺术中心登记著录办公室主任、法国著录师协会的埃莱娜·瓦萨尔（Hélène Vassal）和卢浮宫博物馆埃及古珍部的著录师苏菲·戴纳 - 迪亚洛（Sophie Daynes-Diallo），他们的论文《从职能到行业：欧洲著录师行业的兴起与发展》由周宇芬③翻译成中文刊于《国际博物馆（中文版）》。

外文文献数据中，发文最多的国家为美国，共 128 篇，其次是英国，发文 34 篇。印度、加拿大、中国发文的数量也超过 10 篇。

（六）主题词分析

主题词在一篇文章中所占篇幅虽然不大，但却是对文章核心内容的高度概括和凝练，因此常通过分析论文的主题词或关键词等著录项目来确定一个领域的研究主题、研究热点和研究前沿④。对文献数据中"主题词""关键词"著录项目经过前文所

---

①　詹妮弗·道格拉斯, 希瑟·麦克尼尔. 从年表到目录：1882—1975 年加拿大公共档案馆检索工具的体裁演变 [J]. 许晓彤, 译. 档案管理, 2019（2）：4.

②　奥尔加·弗拉科夫斯卡娅. 从关联的信息到关联的数据：为未来著录档案 [N]. 杨太阳, 编译. 中国档案报, 2014-01-24（3）.

③　埃莱娜·瓦萨尔, 苏菲·戴纳 - 迪亚洛, 周宇芬. 从职能到行业：欧洲著录师行业的兴起与发展 [J]. 周宇芬, 译. 国际博物馆（中文版）, 2017（Z2）：54-63.

④　Bailón-Moreno, R., Jurado-Alameda, E., Ruiz-Baños, R., et al. Analysis of the field of physical chemistry of surfactants with the Unified Scientometric Model. Fit of relational and activity indicators [J]. Scientometrics, 2005, 63（2）：259-276.

述的统一格式、合并同义词、重新标注等清洗处理后，中文文献数据以 CiteSpace 软件进行运算和可视化分析，外文文献数据以 VOSview 软件进行运算和可视化分析，表 2-12 展示了高频主题词的基本情况。

表 2-12　高频主题词词频排序

中文文献数据		外文文献数据	
主题词	词频	主题词	词频
档案著录	70	search engines	146
档案检索	51	libraries and archives	101
主题标引	31	library and information sciences	90
档案网站	24	archives	81
检索系统	23	digital libraries	61
EAD	17	academic libraries	56
网络档案信息	16	internet publishing and broadcasting and web search portals	53
检索工具	15	internet	46
档案信息	14	information retrieval	46
数字档案馆	14	metadata	46
档案馆	13	United States	40
元数据	13	algorithms	38
档案管理系统	13	databases	36
系统设计	13	internet resources	34
档案标引	13	electronic publishing	32
档案服务	12	searching	32
知识服务	12	queries	32
信息组织	11	finding aids	31
主题词	11	library catalogs	31
知识组织	10	web site	28
质量控制	10	access to information	28
中国档案主题词表	10	socialnetworks	26

1. 词频分析

表 2-12 展示的中文文献数据中，频次超过 10 次的主题词分布中，频次最高的主题词为"档案著录"，共出现 70 次；其次是"档案检索"，出现 51 次。频次超过 15 次的主题词还有"主题标引""档案网站""检索系统""EAD""网络档案信息""检

索工具"等。外文文献数据中，频次超过 25 次的主题词分布中，频次最高的主题词为"search engines（搜索引擎）"，共出现 146 次；其次是"libraries and archives（图书馆和档案馆）"，共出现 101 次。频次超过 50 次的主题词还包括"library and information sciences（图书情报科学）""archives（档案馆）""digital libraries（数字图书馆）""academic libraries（高校图书馆）""internet publishing and broadcasting and web search portals（互联网出版、广播及网络搜索门户）"等。

2. 中心度分析

中文文献数据中，中心度最高的主题词为"档案检索"，中心度为 0.42，其次是"档案著录"，中心度为 0.41。中心度超过 0.1 的主题词还包括"检索系统""档案服务""主题标引""档案馆""EAD""档案网站""信息化""档案管理系统""信息组织""元数据""社会化媒体"等，表明这些主题词在共词网络中占有重要位置。上述词汇代表了本研究领域的重要研究方向、解决问题的思路等。上述词汇中，"信息化"和"社会化媒体"未出现在表 2-12 所示的高频词汇中，"信息化"的频次为 6 次，"社会化媒体"的频次为 9 次。这种情况表明，一方面虽然"信息化"和"社会化媒体"出现的频次不算高，但它们在共词网络中仍然具有重要的地位；另一方面频次低的原因表明它们可能是近年新出现的研究领域。鉴于它们在网络中的位置较重要，可视为研究前沿的发展方向之一。

外文文献数据中，中心度的排序与词频排序基本一致，因此不再进行专门分析。

3. 主题词年度分析

前文已经对文献数量的年度分布进行了初步分析，延续这一规律和思路，笔者将主题词的分布划分为四个阶段：2000—2005 年、2006—2010 年、2011—2015 年、2016—2021 年。表 2-13 展示了不同阶段高频主题词的基本情况。

表 2-13 高频主题词年度分布情况

年度	主题词	词频	首次出现年份	年度	主题词	词频	首次出现年份
2000 ｜ 2005	档案著录	27	2000	2006 ｜ 2010	档案检索	13	2006
	档案检索	16	2000		主题标引	10	2006
	主题标引	14	2000		档案著录	10	2006
	检索系统	11	2000		档案网站	7	2007
	EAD	10	2001		元数据	5	2007
	检索工具	10	2001		检索系统	5	2006
	主题词	8	2000		知识组织	4	2008
	主题概念	6	2000		信息化	4	2008
	网络档案信息	6	2001		中国档案主题词表	4	2006

续表 2-13

年度	主题词	词频	首次出现年份	年度	主题词	词频	首次出现年份
2011 — 2015	档案著录	17	2011	2016 — 2021	档案著录	16	2016
	档案网站	11	2011		档案检索	12	2016
	档案检索	10	2011		档案服务	9	2016
	档案信息	7	2013		知识服务	9	2016
	信息组织	6	2011		民国档案	8	2017
	数字档案馆	5	2011		社会化媒体	8	2016
	检索系统	5	2011		档案管理系统	8	2016
	主题标引	5	2011		档案馆	6	2017
	档案标引	5	2012		档案知识库	6	2016
					信息服务	6	2017

由表 2-13 分析可知：

（1）"档案著录""档案检索"等主题词在各阶段频次均较高，这与前文主题词总体分布相一致。"主题标引""检索系统"在前三个阶段（2000年至2015年）频次均较高。"档案网站"在中间两个阶段（2006年至2015年）频次较高。"元数据""信息组织""知识组织"等主题词主要从2006年开始出现，并受到较长时间关注。

（2）2000—2005年，是主要关注传统的档案信息检索领域，例如档案著录、档案标引、检索工具、主题标引、EAD 等。

（3）2006—2010年，除了传统的档案信息检索、著录、标引受到关注外，开始出现对档案网站、元数据、信息化、知识组织等方面的研究。

（4）2011—2015年，基本与2006—2010年的研究情况相似，重点关注档案网站、档案信息检索、著录、标引等研究，同时也开始出现对数字档案馆中档案信息检索、本体、关联数据等领域的探索。

（5）2016—2021年，新出现的主题词包括"知识服务""社会化媒体""档案知识库""档案管理系统"等，表明近几年档案信息检索领域开始关注档案管理系统的设计与研发、社会化媒体环境下档案信息检索的创新与发展、档案知识库的建设、档案的利用与服务等。

4. 研究热点分布

综合分析表 2-12 和表 2-13，可判断出研究热点主要分布在以下六个方面：

（1）检索工具/系统/平台方面的研究，热点主题词有"检索工具""EAD""检索系统""search engines""library catalogs"等。

（2）档案著录与标引方面的研究，热点主题词有"档案著录""档案标引""主题标引""主题词""中国档案主题词表""质量控制"等。

（3）档案信息组织方面的研究，热点主题词有"元数据""信息组织""知识组织"等。

（4）档案利用服务方面的研究，热点主题词有"信息服务""知识服务""档案服务""档案知识库""档案检索""档案馆""libraries and archives""archives"等。

（5）档案信息化发展中档案信息检索方面的研究，热点主题词有"信息化""档案网站""数字档案馆""档案管理系统""系统设计""algorithms""databases"等。

（6）新媒体环境下档案信息检索发展的研究，热点主题词有"社会化媒体""网络档案信息""social networks"等。

值得说明的是，不少主题词代表多个研究领域，具有一定的交叉性，并非就是特指某一研究热点。

三、文献研究内容综述

2009年，云南大学周铭[①]等在探索档案检索学科的形成与发展时，将档案检索的研究领域概括为档案检索一般问题、档案著录、档案检索语言、《中国档案分类法》、《中国档案主题词表》、档案标引、档案检索工具体系、档案检索法、档案检索工作组织、档案资源共享中的检索、档案信息检索系统、网络环境下的档案检索、档案检索技术13个方面。2014年，辽宁大学刘华珍[②]的硕士学位论文对档案信息检索相关论文与著作成果进行量化统计分析，研究梳理出档案信息检索原理、档案检索语言、档案著录、档案标引、档案检索工具五个关于档案信息检索的主题。2016年，王燕静[③]通过分析期刊、学位论文、会议论文、著作、论文集、专利、标准六大类研究成果，认为档案检索学科研究内容分布不均，基础理论研究成果较少。

本书研究对中外文相关文献的研究主题进行了提炼。图2-3和图2-4所示分别为中文文献和外文文献中主题词共词网络知识图谱。图中节点越大代表该主题词的词频数量和中心度值越高，节点之间的连线越粗表示两个节点上的主题同时出现的次数越多。图2-3、图2-4中突出节点是经过CiteSpace、VOSview的运算，在整个网络中占据重要位置的主题词节点，其主题词在一定程度上代表该领域的研究热点。

吸收已有研究者对档案信息检索研究内容的划分成果，结合本书对档案信息检索研究热点分布的提炼梳理，本书将新媒体环境下网络档案信息检索相关文献的研究内容归纳概括为网络档案信息及其检索研究、档案信息检索工作实践研究、档案信息检索工具平台研究、档案信息检索技术应用研究、档案信息检索基础理论研究、档案信息检索标准规范研究六个方面。

---

① 周铭，康蠡，王娅.档案检索学科形成与发展刍议［J］.档案学通讯，2009（6）：27-30.
② 刘华珍.档案信息检索研究成果的统计分析［D］.沈阳：辽宁大学硕士学位论文，2014.
③ 王燕静.我国档案检索学科研究进展分析［D］.昆明：云南大学硕士学位论文，2016.

图 2-3　中文文献数据主题词共词网络知识图谱

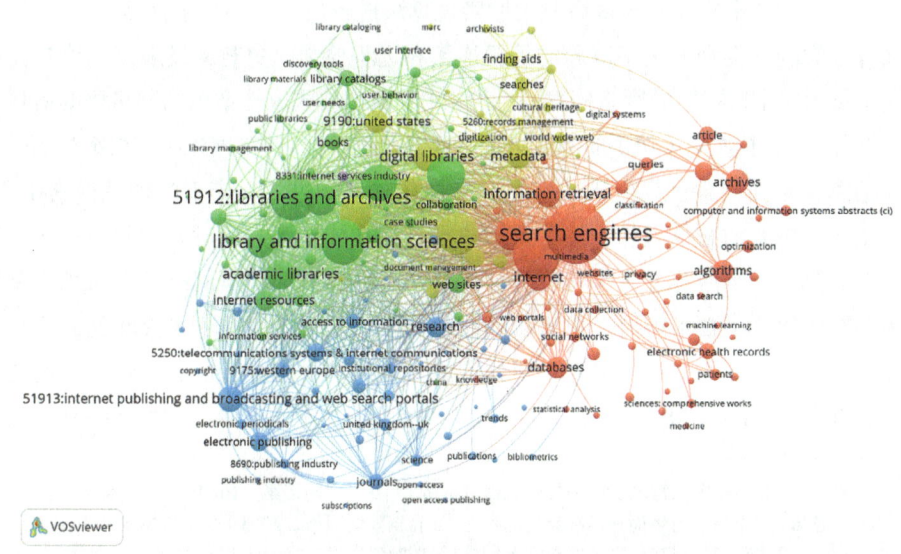

图 2-4　外文文献数据主题词共词网络知识图谱

（一）网络档案信息及其检索研究

随着网络新媒体的发展，档案信息检索与利用服务已经逐步跳出传统的封闭的单机数据库系统，通过档案网站融入各类网络。而伴随移动新媒体的兴起，档案信息的检索与利用服务进一步融入"两微一端"或"两微一抖"等平台，集聚了一定的利用者群体并且收获了好评。在此背景下，网络档案信息研究一直是学界和业界关注的热点，研究成果比较丰硕，年度跨度也较大。在网络档案信息研究中，有部分研究涉及网络档案信息检索，更多的研究是关于网络档案信息建设或网络档案信息服务的。在研究网络档案信息建设或网络档案信息服务的文献中，一部分主要研究档案网站的建设与服务，另一部分研究除档案网站外社交媒体、"两微一抖"等新媒体平台上档案信息的建设与服务。

1. 网络档案信息检索

网络档案信息检索的研究起步很早，时间跨度也较长。2000年，刘静一[①]研究在因特网中查找档案信息资源的文章首次在网络环境背景下开展档案检索研究，是网络档案信息检索研究的起步文章，其内容主要探讨如何在网络中查找获取国外的档案信息资源。刘越男[②]在2003年刊文从为何（why）、是何（what）、如何（how）三个视角讨论了因特网环境中档案信息检索标准的建设问题，呼吁进行内容标准、结构标准和数据值标准的建设，从而提升网络档案信息质量，提升档案检索的质量；赵屹[③]在2004年发表的论文指出实现网络档案信息检索需要依赖搜索引擎和网络档案计算机检索系统两种工具；李晓玲等[④]研究在互联网上检索档案信息的方法，将其归结为分类目录和搜索引擎两种。王兰成等[⑤]对中国档案MARC信息组织的计算机系统、多级著录的格式控制与多级检索的实现算法进行研究，实现了多级Web信息检索文件—案卷—类别—全宗双向的等级连接和远程检索。史晓康发表多篇论文先后研究了英国国家档案馆的网络档案信息检索[⑥]、新加坡国家档案馆的网络档案信息检索[⑦]和我国省级档案局（馆）的网络档案信息检索服务[⑧]，认为国外国家档案馆的网络档案信息检索在档案信息资源的整合、多样化的检索方式、丰富的辅助检索手段、以利用者为中心的服务理念、注重系统建设、标准统一等方面对我国网络档案信息检索发展具有启示借鉴意义。李晓艳等[⑨]总结了新媒体环境下网络档案信息检索发展中存在的检全率技术障碍、检索内容技术局限以及响应时间不足等问题，有针对性地提出智能化搜索引擎、信息集成处理能力以及基于内容特征的多媒体检索技术等发展方向。Shikhar Shrivastav等[⑩]提出了一个利用文本、音频、图像等多种信息源

---

① 刘静一. 如何检索因特网上的国外档案信息资源？[J]. 中国档案, 2000 (1): 48-49.
② 刘越男. 关于档案网络检索标准建设的思考[J]. 档案学通讯, 2003 (6): 37-40.
③ 赵屹. 网络环境下档案信息的发布和利用[J]. 档案学通讯, 2004 (4): 53-57.
④ 李晓玲, 李小冰, 崔利云. 论互联网档案信息检索方法[J]. 档案, 2002 (6): 17-19.
⑤ 王兰成, 冯文杰, 田梅. 基于档案MARC元数据实现多级WEB信息检索的研究[J]. 情报学报, 2003, 22 (2): 136-141.
⑥ 史晓康. 英国国家档案馆的网络档案信息检索[J]. 兰台世界, 2018 (9): 44-47.
⑦ 史晓康. 新加坡国家档案馆的网络档案信息检索[J]. 山西档案, 2019 (4): 99-108.
⑧ 史晓康. 网络档案信息检索服务调查分析——以省级档案局（馆）为例[J]. 山西档案, 2019 (3): 23-28.
⑨ 李晓艳, 陈晓媛. 新媒体环境下网络档案信息检索的创新[J]. 山西档案, 2018 (3): 45-47.
⑩ Shrivastav S, Kumar S, Kumar K. Towards an ontology based framework for searching multimedia contents on the web [J]. Multimedia Tools and Applications, 2017, 76 (18): 18657-18686.

的框架，其能够根据用户输入的描述、嵌入式音频、图像分析、光学字符识别等内容生成注释，最后从 Web 收集更多信息从而实现多种选项的搜索功能。

2. 档案网站建设与服务

赵屹等[①]从整体建设水平、网络档案信息检索系统、在线档案展览、多类型机构共建网站、多语种网站、关注和应用新技术、人性化服务、网站细节八个方面分析了国外若干档案网站的特色，为我国档案网站的建设拓展了思路；裴燕生[②]提出应建成具有全面检索功能的档案网站，建设技术和措施包括建立动态的站点和数据库，建立系统 DSN，创建档案信息浏览页和详细信息页等。蒋冠等[③]从数据库检索服务、在线展览服务和深度服务三个方面调查分析了美、英、澳三国国家档案馆网站数字档案资源服务情况；丁立新等[④]基于信息构建理论提出优化档案网站检索系统的对策建议，主要有优化检索内容组织、界面设计和结果呈现，目的是提升网络检索用户体验。赵雪[⑤]分析我国档案网站的检索服务情况，针对仅有少量档案网站提供有限档案信息检索服务的情况，提出建设"信息仓库"、优化检索界面、选择合适技术三项措施提升网站档案检索服务水平。张妍妍[⑥]研究澳大利亚国家档案馆网站的网络档案信息检索，重点研究档案信息著录标准、著录方式和检索利用情况。仇芮珍[⑦]分析我国各省档案网站的检索系统建设情况；曹航等[⑧]则从用户体验的视角研究我国省级档案信息网站建设问题。

3. 除档案网站外各类新媒体平台档案信息建设与服务

现有研究主要关注不同种类的新媒体平台上档案信息建设与利用服务的实践。部分研究关注微信平台的档案信息建设与利用服务，孙大东等[⑨]调查了我国省级综合档案馆通过微信公众号开展档案查询、档案展厅、档案资讯、互动交流等移动服务的现状并提出优化策略。部分研究关注社交媒体平台的档案信息建设与利用服务，黄霄羽[⑩]等

---

① 赵屹，陈晓晖. 可资借鉴的国外档案网站特色分析［J］. 档案管理，2010（1）：68-72.
② 裴燕生. 档案网站检索查询功能的建设［J］. 机电兵船档案，2004（6）：34-38.
③ 蒋冠，李晓. 美、英、澳三国国家档案馆网站数字档案资源服务情况调查与分析［J］. 档案学研究，2013（5）：82-90.
④ 丁立新，祝鑫一. 信息构建对档案网站检索系统建设的启示［J］. 兰台世界，2011（24）：47.
⑤ 赵雪. 从检索服务角度分析我国档案网站的现状及发展［J］. 北京档案，2002（9）：18-20.
⑥ 张妍妍. 澳大利亚国家档案馆网站档案著录与检索初探［J］. 北京档案，2015（3）：39-41.
⑦ 仇芮珍. 档案馆网站档案检索系统探究［J］. 四川档案，2010（2）：40-41.
⑧ 曹航，陈燕萍. 基于用户体验的省级档案信息网站 Web 界面优化研究［J］. 山西档案，2016（5）：53-55.
⑨ 孙大东，李真儿. 问题与策略：我国省级综合档案馆微信公众号移动服务研究［J］. 档案管理，2021（2）：100-102.
⑩ 黄霄羽，郭煜晗，王丹，等. 档案馆应用社交媒体创新档案服务的内容［J］. 北京档案，2017（1）：15-19.

探索了档案馆应用社交媒体创新档案服务的内容，熊回香[1]等设计了一种包含五个层次的基于社交媒体的档案服务平台架构。部分研究关注移动服务平台的档案信息建设与利用服务，吴楠[2]在其硕士学位论文中指出，移动智能终端的档案信息服务需要从新的技术视角出发，实现全文检索服务、个性定制服务、到馆导航服务、高效查档服务和信息传播服务的功能。此类研究中，有部分研究内容涉及档案信息检索服务，但整体看此类研究内容占比非常小。

4. 网络档案信息服务

赵屹[3]研究了美国国家档案与文件署的Web 2.0应用，提出借助外部社会力量采用新的网络服务模式推进档案信息、档案意识的传播，开拓档案信息网络服务的新局面。梁丽婷[4]在其硕士学位论文中提出，在网络环境下发展和创新档案信息服务是一种内在要求，唯有如此才能满足档案利用者多样化和个性化的信息需求。王劲松[5]对于开展网络档案信息服务提出加快档案信息资源数据库建设、通过网上交流答疑解难、掌握利用者需求和使用习惯等建议。

（二）档案信息检索工作实践研究

档案信息检索工作实践内容比较多，主要包括档案著录、档案标引、索引等检索工具编制、档案信息存储等。马仁杰等[6]系统分析了我国档案检索工作在著录标引、信息整合、概念转换、检索工具、反馈机制等方面的问题，从主观认识、著录规则、利用者三个方面分析原因，提出全面著录与标引档案内容、档案检索工作应贴近群众、提高档案检索工作的标准化程度、加强档案检索工作的合作、建立完善的更新与反馈机制五个对策。其他关于档案信息检索工作实践的具体研究还包括以下五个方面：

1. 档案著录

在档案著录理论方面，刘㛃[7]提出应用本体论的思路和方法开展数字化档案著录，马寅源[8]从著录规则、著录实践、著录流程等方面对比分析了国内外档案多级著录的现状、问题和对策，美国密歇根大学本特利历史图书馆助理馆员奥尔加·弗拉科夫斯卡娅（Olga Virakhovskaya）从关联的信息到关联的数据提出了档案著录的

---

[1] 熊回香，施旖.基于社交媒体的档案服务研究[J].档案学研究，2016（4）：63-68.
[2] 吴楠.基于移动智能终端的档案信息服务研究[D].南宁：广西民族大学硕士学位论文，2016.
[3] 赵屹.Web 2.0应用：网络档案信息服务的新模式——以美国国家档案与文件署NARA为例[J].档案学研究，2013（5）：74-81.
[4] 梁丽婷.网络环境下档案信息服务创新研究[D].合肥：安徽大学硕士学位论文，2013.
[5] 王劲松.开展网络档案信息服务的几点建议[J].中国地名，2010（10）：60.
[6] 马仁杰，谭亚楠，王沐辉.论我国档案检索工作中存在的问题与改进对策[J].档案学通讯，2016（3）：42-45.
[7] 刘㛃.数字化档案著录的新方法——本体论[J].浙江档案，2006（10）：34-35.
[8] 马寅源.国内外档案多级著录的比较研究[J].档案学研究，2017（2）：51-56.

发展方向。在档案著录应用方面,相关的研究覆盖到诸多领域,例如,电力科研院所历史档案著录①、民国档案文件级目录著录②、科研档案著录③等。

2. 档案标引

档案标引是对档案内容的揭示,可分为自由标引与受控标引,受控标引需要借助分类表、主题词表等检索语言词典。不少研究聚焦于公文主题词的标引,李喜萍④论述了主题词标引在公文与档案检索中的作用及其对检索的影响,赵建国等⑤总结了军队机关公文主题词标引的发展历史,探讨了自然语言与人工语言、关键词检索与主题词检索的特点,提出了改进标引工作的措施。王兰成⑥提出并实现了一种基于《中国档案主题词表》的自动标引控制方法。Joorabchi⑦等根据图书馆控制的词汇表(例如 DDC 和 FAST),设计和开发一种新型的主题和分类标引系统,用于科学数字图书馆和知识库中研究文献的自动分类和主题索引。赵生辉⑧探索了"多民族语言档案主题词表"编制问题。

3. 著录标引质量控制

著录标引的质量关系检索数据库的数据质量并直接影响检索的效率,因此不少研究结合实践工作围绕这一问题进行了探索。张雪艳⑨提出从准确性、完备性和可检索性三方面提高标引质量。苏丽梅⑩则从标引的网罗度、专指度、一致度三个方面评价标引的质量。蒋卉⑪结合业务实践分析了归档文件目录著录的具体问题与常见错误,并提出了具体的改进措施。

4. 索引等检索工具编制

索引是"将档案及其组合的某一内部或外部特征和它们的出处按照一定的原则和方法排列起来的检索工具"⑫。索引是众多检索工具的一种,在此以一代全、管中窥

---

① 李建锋,朱亚楠,陈丽萍.电力科研院所历史档案著录实践[J].中国档案,2021(9):62-63.

② 胡瑞.民国档案文件级目录著录探析:以永康为例[J].浙江档案,2021(3):52-53.

③ 吴永琪.科研档案的著录及计算机处理[J].北京档案,2003(4):26-27.

④ 李喜萍.试论主题词标引在公文与档案检索中的作用及其对检索的影响[J].档案学研究,2009(2):29-30,25.

⑤ 赵建国,周健.军队机关公文主题词标引:问题、分析与对策[J].数字图书馆论坛,2015(10):58-62.

⑥ 王兰成,冯文杰,田梅.基于中国档案主题词表的自动标引控制研究[J].情报学报,2002(2):177-180.

⑦ Joorabchi, Arash, Mahdi, et al. Classification of scientific publications according to library controlled vocabularies [J]. Library Hi Tech, 2013, 10(1):57-72.

⑧ 赵生辉."多民族语言档案主题词表"编制建议及构想[J].档案,2019(5):16-22.

⑨ 张雪艳.浅析档案著录标引质量的"三性"[C].中国档案学会第六次全国档案学术讨论会论文集,2002:105.

⑩ 苏丽梅.浅谈档案著录标引的质量指标[J].档案管理,2002(1):27.

⑪ 蒋卉.归档文件目录著录质量分析和业务操作[J].档案与建设,2013(11):67-68.

⑫ 冯惠玲.档案文献检索[M].北京:高等教育出版社,1999:153.

豹地展示对检索工具编制实践的研究情况。周铭等①总结梳理了人名索引、地名索引、机构名索引、文号索引等的具体编制方法。崔屏②介绍了美国国家档案馆 ARC 检索系统中专名索引的具体情况，并结合现状提出完善我国专名索引的若干策略。赵广才等③研究了奖励申报书作者索引、科研奖励索引等专题索引的标识选择问题。

5. 特定领域的检索工作

档案信息检索根植于各行各业的档案利用服务活动中，各领域的档案检索可能又有其自身特点，因此不少研究聚焦特定领域的档案信息检索工作。例如，固定资产投资项目的档案信息检索④、日记档案信息的检索⑤、照片档案数据库检索⑥等。

（三）档案信息检索工具平台研究

档案信息检索工具是档案信息存储结果的最终体现和实现查找的必要条件，因而始终是业界和学界探索的重要方向。现代信息条件下，档案信息检索工具以检索系统为主，功能全面的检索系统将形成具有一定覆盖面的检索平台。有鉴于此，文献研究不仅聚焦于检索工具，还聚焦于档案信息资源整合、专题数据库建设、检索系统功能、检索系统设计与开发、各类检索平台建设等诸多方面。

1. 检索工具

陈海岩⑦介绍了基层单位档案室全宗介绍、案卷目录、卷内目录、著录卡片四种检索工具。张晓等⑧阐述数字档案馆检索工具的原理和功能，并将其与搜索引擎进行对比分析二者的区别。尹林梅⑨根据载体形式、编制方法、功能、体例系统论述了档案信息检索工具的分类体系。加拿大英属哥伦比亚大学的 Jennifer Douglas 等在《美国档案工作者》发表的文章 *The Generic Evolution of Calendars and Inventories at the Public Archives of Canada, 1882-CA. 1975*⑩，运用修辞体裁研究中的组织结构法从文本特征、编制过程、阅读实践、社会角色四个维度解析了加拿大公共档案馆检索工具从年表到目录的演变。

2. 检索系统

---

① 周铭，黄燕玲.谈谈几种常用档案索引的编制方法［J］.云南档案，2007（1）：14-16.
② 崔屏.美国国家档案馆 ARC 检索系统的专名索引研究［J］.兰台世界，2004（12）：26-30.
③ 赵广才，刘凯旋.专题索引的标识选择［J］.机电兵船档案，2000（2）：37-38.
④ 刘国宇，刘锐凤，徐璇.固定资产投资项目档案检索［J］.兰台世界，2021（S1）：53-54.
⑤ 黄丽香.日记档案信息的检索与利用［J］.兰台世界，2019（S1）：131-132.
⑥ 马凌云.基于 Web 的照片档案数据库建设研究［D］.武汉：武汉大学硕士学位论文，2004.
⑦ 陈海岩.基层单位档案室检索工具体系［J］.中国医药指南，2011，9（22）：353-354.
⑧ 张晓，汤莉华.数字档案馆检索工具［J］.档案管理，2003（6）：14.
⑨ 尹林梅.档案检索工具及其体系探讨［J］.黑龙江史志，2013（23）：105.
⑩ Douglas J, Macneil H . The Generic Evolution of Calendars and Inventories at the Public Archives of Canada, 1882-ca. 1975［J］.American Archivist，2014，77（1）：151-174.

赵屹 2003 年发文[①]全面研究了美国网络档案信息检索系统 ARC 的特点、功能等，2014 年又继续刊文[②]以美国国家档案馆的 ARC 系统作为参照，指出我国档案网站检索系统现存数据量规模小、数据著录标引质量低、检索对象缺乏一次信息、检索途径设计不合理、功能设计不完善、检索结果形式单一、缺乏必要的指南和帮助等的不足，并提出了诸多改进策略。黄如花[③]对美国国家档案馆的档案数据库检索系统进行研究分析，为档案数据库检索系统建设提供借鉴。国外关于检索系统研究起步较早。早在 1993 年，Katherine Chiang 等[④]研究了构建交互式数字检索系统的基本原理，并探索将该系统接入康奈尔大学曼恩图书馆开展服务。2005 年，Worring M 等[⑤]通过对 22 对参与者在交互式检索过程中的表现开展实验研究，提出了一个基于"索引—过滤—浏览—排序"四个步骤的交互式检索系统，并以录像档案的交互式检索系统为实证，研究和探索档案检索系统模式的发展。2015 年，Cobarzan C 等[⑥]针对录像档案设计了一个合作浏览检索的系统。系统根据前端利用者群体，在后端服务器实现利用者之间的交流和档案划分。同时，利用者通过移动客户端功能可以辅助系统的设计和提升优化。

3. 功能设计

不同的检索工具具有不同的功能。对于检索工具、检索系统的功能分析与设计也是档案信息检索研究的重要内容。孙雪霞[⑦]在对我国档案网站检索功能调查的基础上，论证检索服务的必要性，提出建好后台数据库、优化检索界面、按密级设权限、编制档案网站搜索引擎等检索功能提升对策。李华[⑧]在对我国档案网站检索功能调查的基础上，指出检索功能存在的问题，提出加快馆藏档案数字化、提供分类目录、开展检索咨询服务、加强多媒体技术研究四项检索功能提升对策。王晨[⑨]基于对我国省级档案网站建设情况及其档案资源检索功能的调查分析，提出档案网站上两成检索系统的检索功能过于简单、八成过于专业，应向全文检索转变、向服务普通用户转变的建议。

[①] 赵屹，陈晓晖.美国网络档案信息检索系统 ARC［J］.北京档案，2003（7）：44-45.
[②] 赵屹.我国档案网站检索系统的不足与发展策略——以美国国家档案馆的 ARC 系统为参照［J］.档案学研究，2014（2）：57-64.
[③] 黄如花.美国国家档案馆档案数据库检索系统的检索［J］.图书情报知识，2004（5）：39-40.
[④] Chiang K, Olsen J, Garrison W V, et al. Beyond the Data Archive: The Creation of an Interactive Numeric File Retrieval System［J］. Library Hi Tech, 1993, 11（3）: 57-72.
[⑤] Worring M, Nguyen G P, Hollink L, et al. Accessing video archives using interactive search［C］// IEEE International Conference on Multimedia and Expo. IEEE, 2005: 297-300.
[⑥] Cobarzan C, Fabro M D, Schoeffmann K. Collaborative Browsing and Search in Video Archives with Mobile Clients［C］// International Conference on Multimedia Modelling. 2015: 266-271.
[⑦] 孙雪霞.档案网站检索策略研究［J］.科技信息（科学教研），2007（23）：254.
[⑧] 李华.关于我国档案网站检索查询功能的调查分析［J］.黑龙江科技信息，2011（23）：142.
[⑨] 王晨.省级档案网站资源检索现状及其问题研究［J］.浙江档案，2016（9）：10-12.

4. 系统设计

档案信息检索系统的设计与实现是网络档案信息检索的关键。早在2004年，王兰成等[①]发现国内档案置标著录的Web检索系统是个空白，便对中国档案置标著录（CNEAD）的计算机信息系统进行研究，架构了在Microsoft.NET框架上的CNEAD系统功能设计、数据库设计、定义文档结构的XML Schema模式设计、多途径和多入口的Web检索、全宗—类别—案卷—文件的树型结构级联检索等；随着新媒体环境的发展，2015年王兰成继续探索新媒体档案信息资源开发及交流平台的设计[②]。李培峰等[③]基于分布对象技术设计了可以集成多种关系数据库和文档数据库的数据集成平台模型，同时以某大学电子档案检索系统（DARS）进行实证。温涛[④]在其硕士学位论文中探索了基于B/S的多层次体系架构的数字档案馆档案编目和著录系统的设计与实现。张蕾[⑤]的硕士学位论文研究了搜索引擎的工作原理，将开源的全文检索软件包Lucene的技术引入档案检索，设计出包括异构文档解析、数据处理、文档索引、文档搜索、用户检索服务五个功能模块的站内档案检索系统。王上铭[⑥]的博士学位论文探索了专题档案资源库的设计与实现。Ray与Uzwyshyn[⑦]设计了一个数字档案馆多媒体信息可视化检索交互系统的构建方案，该系统探索将简单基于文本的信息检索数据库系统扩展到多媒体信息。卞咸杰[⑧]梳理基于LINQ技术建设档案检索系统的过程和步骤，分析系统性能，阐述基于该技术建设档案检索系统的优势。吴具植[⑨]研究一种新型档案检索系统，该系统基于ASP和Indexing Service进行设计，简单实用。

5. 平台集成

实现集成是档案信息资源建设和档案信息利用服务的重要思路，档案信息检索工具平台亦以实现集成为最终目标。其集成包括二层含义：一是实现档案信息资源的整合；二是实现检索功能的集成。

---

① 王兰成，张文友，田梅.中国档案置标著录Web检索系统的研究与实现［J］.情报学报，2004，23（5）：600-604.

② 王兰成，刘晓亮.数字档案环境下新媒体资源开发及交流平台构建研究［J］.浙江档案，2015（12）：8-10.

③ 李培峰，朱巧明，杨季文.基于异构数据库的档案检索系统的设计与实现［J］.情报学报，2005，24（1）：47-52.

④ 温涛.数字档案馆档案编目和资料著录系统的构建［D］.西安：陕西师范大学硕士学位论文，2014.

⑤ 张蕾.基于Lucene的电子档案检索系统的设计与实现［D］.西安：西安电子科技大学，2010.

⑥ 王上铭.专题档案资源库建设研究［D］.南京：南京大学博士学位论文，2015.

⑦ Ray, Uzwyshyn. Multimedia visualization and interactive systems［J］. Library Hi Tech，2007（6）：16.

⑧ 卞咸杰.基于LINQ技术的数字档案检索研究［J］.档案学研究，2012（2）：69-72.

⑨ 吴具植.用ASP+Indexing Service自建档案信息检索系统［J］.中文信息，2003（4）：100-102.

在理论研究方面，王兰成先后探索了异构档案信息互操作及其自动转换器[①]、科技档案异构数据整合及其检索[②]、实现异构档案信息整合的信息组织与检索技术[③]等。黄永勤[④]借鉴文件管理体系国际标准、开放档案信息系统参考模型（OAIS）等成果的思想提出从顶层视角设计档案社会化媒体信息集成、分析与服务框架。魏扣等[⑤]探索了社交媒体环境下档案知识聚合服务的实现。

在应用实践方面，相关的研究主题涉及政府信息与网络档案信息资源整合[⑥]、省域异构数字档案馆整合与检索利用[⑦]、图博档数字资源统一组织与服务模式融合[⑧]、图书档案资源数字化融合[⑨]、档案信息融汇服务系统平台建设[⑩]等。

（四）档案信息检索技术应用研究

现有研究成果中，档案信息检索涉及的技术主要是知识组织方面的技术，包括元数据、本体、关联数据、知识图谱、知识库构建等，也有研究者开始关注数据挖掘技术、云计算技术、人工智能技术、可视化技术等主题，但研究成果较为稀缺。

1. 元数据

元数据是档案信息组织与检索的重要基础，也是实现网络档案信息检索的前提。王萍等[⑪]研究了档案元数据EAD的开发工具及其应用方法；赵屹[⑫]针对网络档案信息检索的元数据提出参考现有的各类元数据标准例如EAD标准、DA/T46—2009《文书类电子文件元数据方案》、ISO 15489-1：redline：2016《信息与文献——文件管理——第1部分：概念与原则》等进行设计。Mark Jordan[⑬]为研究开放档案计划元数据的获取，探索利用卡尔元数据开展收割和检索服务。Taheri Sayyed等[⑭]探索使

---

① 王兰成.异构档案信息互操作及其自动转换器的研究［J］.情报学报，2002（3）：278-283.
② 王兰成.科技档案异构数据整合及其检索的研究［J］.中国科技资源导刊，2009，41（5）：36-41.
③ 王兰成.论实现异构档案信息整合的信息组织与检索技术［J］.档案学研究，2011（2）：55-59.
④ 黄永勤.档案社会化媒体信息资源整合框架设计研究［J］.档案学通讯，2016（4）：74-80.
⑤ 魏扣，李子林，金畅.社交媒体环境下档案知识聚合服务实现架构研究［J］.档案学通讯，2018（6）：61-66.
⑥ 王艳.论政府信息公开与网络档案信息资源整合［J］.办公室业务，2012（07）：74.
⑦ 刘虎.省域异构数字档案馆建设［D］.济南：山东大学硕士学位论文，2013.
⑧ 穆向阳.图博档数字资源统一组织与服务模式融合研究［D］.南京：南京大学博士学位论文，2014.
⑨ 赵红颖.图书档案资源数字化融合服务实现研究［D］.长春：吉林大学博士学位论文，2015.
⑩ 屠跃明，杨福平.档案信息融汇服务系统平台建设中几个关键问题的思考［J］.档案与建设，2014（3）：4-7.
⑪ 王萍，宋雪雁.档案元数据（EAD）开发工具及其应用评价［J］.图书情报工作，2009（6）：139-142.
⑫ 赵屹.网络档案信息检索的元数据设计［J］.山西档案，2020（1）：54-61.
⑬ Mark Jordan. The CARL metadata harvester and search service［J］. Library Hi Tech，2006，24（2）：197-210.
⑭ Sayyed, Rahmatolah, Fattahi, et al. Using data island method for creating metadata records with indexability and visibility of tag names in web search engines［J］. Library Hi Tech，2014，32（1）：83-97.

用数据岛方法在创建基于 DCXML、MARCXML 和 MODS 的元数据记录时，这些元数据记录在 Web 搜索引擎中具有可索引性和元素标记名的可见性。

2. 本体

本体技术因其推理能力可提升档案信息检索的成效。相关研究主要聚焦领域本体的构建。张园[1]基于领域本体研究了档案信息检索系统的构建。熊华兰[2]研究了基于语义本体的数字档案资源知识管理模型。陆铭[3]探索了基于本体的档案馆藏资源语义知识库构建。宋志萍[4]探索了政务档案领域本体的构建。牛力等[5]从数字人文视角研究了典藏资源多维度标签本体构建。Saiful Khan 等[6]基于本体理论和可视化技术提出搜索源图（SPG）的概念，并提出一种映射搜索结果以及外部化搜索过程源技术，用以提高大型工程企业的文档管理。

3. 关联数据/语义网

Neubert[7]等提出用关联数据作为语义网构建的主干。吉林大学贾琼[8]在其博士学位论文中针对历史档案资源研究关联数据技术驱动下的资源聚合框架，构建了数据关联模型，设计了关联数据的语义化操作与发布流程，提出聚合服务的主要功能和基于关联数据的资源聚合的实施策略等。云南大学刘为[9]在其博士学位论文中针对傣族历史档案信息资源从微观、中观、宏观三个层面提出利用语义网方法与技术进行开发和管理，其中微观层面设计了傣族历史档案信息资源元数据方案，中观层面构建基于关联数据的傣族历史档案信息资源整合模型，实现了傣族历史档案信息资源在档案馆之间、档案馆与其他信息机构之间，以及语义网信息空间中的其他信息源之间的资源整合与知识融合。

4. 知识图谱

中国科学院大学武华维[10]在其博士学位论文中针对非结构化公文的主题分析和

---

[1] 张园.基于领域本体的档案信息检索系统构建研究[J].中国档案，2013（3）：69-71.

[2] 熊华兰.基于语义本体的数字档案资源知识管理模型研究[D].沈阳：辽宁大学硕士学位论文，2019.

[3] 陆铭.基于本体的档案馆藏资源语义知识库构建研究[D].长春：吉林大学硕士学位论文，2019.

[4] 宋志萍.政务档案领域本体构建研究[D].沈阳：辽宁大学硕士学位论文，2021.

[5] 牛力，刘慧琳，王保国.数字人文视角下典藏资源多维度标签本体构建[J].情报科学，2021，39（11）：30-37，59.

[6] Khan S，Kanturska U，Waters T，et al. Ontology-assisted provenance visualization for supporting enterprise search of engineering and business files [J]. Advanced Engineering Informatics，2016，30（2）：244-257.

[7] Neubert J，Tochtermann K. Linked Library Data：Offering a Backbone for the Semantic Web [C] // Knowledge Technology Week. Springer，Berlin，Heidelberg，2011.

[8] 贾琼.基于关联数据的历史档案资源聚合研究[D].长春：吉林大学博士学位论文，2021.

[9] 刘为.基于语义网的傣族历史档案信息资源开发研究[D].昆明：云南大学博士学位论文，2018.

[10] 武华维.基于主题模型与知识图谱的电子公文主题标引方法研究[D].北京：中国科学院大学博士学位论文，2020.

标引问题提出一种融合主题模型和知识图谱技术的电子公文主题自动标引、主题词表语义自动转换的方法。雷洁等[①]探索了科研档案管理的知识图谱构建与应用，理论层面将知识单元在知识语义层面实现串联，实践上基于科研档案管理知识图谱实现知识导航、智能检索以及知识推荐等应用。Jiyu Shin[②]等设计一个基于主题地图的高校档案检索系统，优化了分类、组织和导航，提高了大规模档案的检索效率。

5. 知识库

张斌等阐述了面向决策的档案知识库的构建[③]、基于档案知识库的档案知识服务[④]等主题，提出档案知识库构建过程的四个阶段，即知识单元的准备、知识单元的描述与揭示、知识单元的再组织、知识单元的评价和存储，指明档案知识检索是基于档案知识库提供档案知识服务的主要手段，同时设计基于本体知识网络呈现检索结果的档案知识检索系统。此外，张斌等提出档案知识工程的理论问题[⑤]，从知识对象、知识关联与知识应用三个维度阐释了档案的知识获取、知识表示、知识组织、知识推理、知识检索及知识可视化等具体方法。蓝天[⑥]分析评估我国档案网站的档案检索服务，从知识检索角度提出其知识检索功能建设亟待加强。

6. 新技术

Gary Price[⑦]指出美国国家档案馆探索利用人工智能改进"简单搜索"并创建"自我描述记录"，探索分析利用者如何搜索数字档案，同时将这些搜索词与适当的档案相关联。沙洲[⑧]提出人工智能将在网络档案信息资源智能收集、数字档案信息资源智能分类与检索、智能化档案价值鉴定、智能化档案安全管理、智能化档案提供利用服务等方面发挥重要作用。吕元智[⑨]依据 Linked Data 和多媒体检索技术从理论

---

① 雷洁，李思经，赵瑞雪，等.面向科研档案管理的知识图谱构建与应用研究[J].数字图书馆论坛，2020（5）：8-15.

② Shin J, Jung Y. A Study on the Design of a Topic Map-based Retrieval System for the Academic Administration Records of Universities [J]. Journal of Korean Society of Archives & Records Management, 2016, 16（1）: 175-193.

③ 张斌，魏扣，郝琦.面向决策的档案知识库构建研究[J].图书情报工作，2016，60（5）：118-124.

④ 张斌，郝琦，魏扣.基于档案知识库的档案知识服务研究[J].档案学通讯，2016（3）：51-58.

⑤ 张斌，高晨翔，牛力.对象、结构与价值：档案知识工程的基础问题探究[J].档案学通讯，2021（3）：18-26.

⑥ 蓝天.对档案网站知识检索系统现状的分析[J].档案与建设，2009（9）：25-26.

⑦ Gary Price. National Archives Wants to Use AI to Improve 'Unsophisticated Search' and Create 'Self-Describing Records'［R/OL］.（2021-4-16）[2021-12-26]. https://www.infodocket.com/2021/04/16/report-national-archives-wants-to-use-ai-to-improve-unsophisticated-search-and-create-self-describing-records/.

⑧ 沙洲.人工智能在档案工作中的应用研究[J].档案与建设，2018（2）：36-39.

⑨ 吕元智.数字档案资源跨媒体语义检索实现框架与关键问题研究[J].档案学研究，2014（2）：65-70.

上设计了数字档案资源跨媒体语义检索实现功能框架和过程框架。赵进龙[1]等研究RFID技术在档案检索领域的应用，梳理相关问题、提出应用对策、进行前景展望。杨晶晶[2]通过构建基于文献主体内容的勘察设计项目档案知识仓库和知识网络实现档案知识的主动服务及智能服务。

（五）档案信息检索基础理论研究

正如前文所述，档案信息检索理论方面的相关研究较欠缺，近年更是注重吸收和借鉴计算机领域检索理论方面的成果，档案信息检索领域的原创性理论成果不多。主要分布在以下四个方面：

1. 检索语言

肖秋会在《档案信息检索》中指出"检索语言的主要作用是作为概念转换的依据，与图书情报和计算机领域的信息检索有很强的关联性"[3]。朱水芳等[4]对图书情报检索语言与档案检索语言开展了比较研究。周铭等[5]论述了我国档案界对情报语言学发展的理论贡献，具体包括在情报检索语言的编制理论上有所突破和创新、促进了情报检索语言的标准化和兼容化、进一步验证了自然语言应用于情报检索的可行性，同时提出了检索信息语言分类主题一体化、计算机化、标准化、自然语言化四个方面的发展趋势[6]，魏艳平等[7]学者也赞同档案信息检索语言分类主题一体化的发展趋势。

2. 检索效率

检索效率是检索者与检索工具提供方共同关注的问题，主要通过检全率和检准率来衡量。云南大学仝艳锋等[8]基于信息检索效率理论，提出采取两方面措施评价档案信息检索效率，一是舍弃漏检率、误检率，二是改进检全率为相对检全率、检准率为相对检准率；王泳霁[9]则从系统相关性预测和用户相关性判断、检全率和检准率两对矛盾论述了档案文献检索系统的评价标准。Wang Meng等[10]设计并开发了第一

---

[1] 赵进龙，霍明明. RFID技术在档案信息检索中的应用研究［J］. 电子世界，2016（14）：53.
[2] 杨晶晶. 港航工程项目档案知识智能服务［J］. 中国档案，2017（4）：60-61.
[3] 肖秋会. 档案信息检索［M］. 武汉：武汉大学出版社，2011：25.
[4] 朱水芳，童海. 图书情报检索语言与档案检索语言之比较［J］. 科技信息，2013（1）：248-249，266.
[5] 周铭，赵慧慧，应海燕. 论我国档案界对情报语言学发展的理论贡献［J］. 档案学通讯，2008（3）：25-27.
[6] 周铭，彭文英. 档案检索语言发展趋势论略［J］. 云南档案，2005（3）：15-17.
[7] 魏艳平，苏建功. 分类主题一体化是档案检索语言的发展趋势［J］. 山西档案，2005（S1）：25-26.
[8] 仝艳锋，张志军，乐淑芳. 档案检索效率评价指标献疑［J］. 兰台世界，2006（24）：14-15.
[9] 王泳霁. 档案文献检索系统的评价标准与检索效率［J］. 知识文库，2015（20）：15.
[10] Wang M, Chen L. The General Higher-Order Neural Network Model and Its Application to the Archive Retrieval in Modern Guangdong Customs Archives［J］. IEEE Access, 2020（99）：1.

个通用的档案高阶神经网络模型,并采用 B/S 开发模式,将相关性排序权重算法应用到档案综合检索活动中,提高了档案检索的智能性和效率。Weerkamp W 等[1]提出根据上下文信息提升对电子邮件类档案的检索能力,通过邮寄列表、社区信息等不同等级的内容拓展原始检索范围,通过上下文信息的关联改进档案检索效率,拓展档案检索能力。Leong HU 等[2]研究标准数据库排序,根据档案数据的特点,将经典 TOP-K 排序聚集算法改进为一个特殊的索引算法,提高匹配运算的效率。

3. 检索服务

检索是从档案利用环节中独立出来的业务环节,从本质上看,档案检索是档案利用服务的重要组成部分,因此,不少研究者从服务角度开展对档案信息检索的研究,是为检索服务。袁顺佳[3]对我国十家数字档案馆的检索服务开展调研,从档案信息资源建设现状、档案著录标引、档案信息分类组织、检索方式、检索结果的处理等方面总结了现存不足。高彩燕[4]在其硕士学位论文中从在线信息服务的导航、档案馆服务信息、在线检索、Web 2.0 应用等方面进行对比,分析了美国、英国、澳大利亚、加拿大、中国等国家公共档案馆的在线信息服务,为我国档案馆开展档案信息在线服务提供借鉴。还有论文借鉴众包[5]、用户感知[6]等理论探索检索服务的实现及其质量的测评等内容。

4. 信息组织 / 知识组织

信息组织与检索常常放在同一个理论框架下开展研究,因为二者几乎是相辅相成、形影不离的。贺缠虎[7]探索了分类法在数字档案信息资源组织中的应用。赵大辉[8]认为档案分类法在网络信息组织中亦可发挥重要价值。张洁[9]等学者基于图书馆学与档案学双重视角探索科学手稿的编码、分类、元数据模型构建、检索点选取及著录

---

[1] Weerkamp W, Balog K, Rijke M. Using Contextual Information to Improve Search in Email Archives [C] // European Conference on Ir Research on Advances in Information Retrieval. Springer-Verlag, 2009: 400-411.

[2] Leong HU, Mamoulis N, Berberich K, et al. Durable top-k search in document archives [C] // ACM SIGMOD International Conference on Management of Data, SIGMOD 2010, Indianapolis, Indiana, USA, June. DBLP, 2010: 555-566.

[3] 袁顺佳.我国数字档案馆检索服务调研——以 10 家数字档案馆为重点调研对象 [J].兰台内外,2019(6):21-22.

[4] 高彩燕.中外公共档案馆在线信息服务的比较研究 [D].太原:山西大学硕士学位论文,2015.

[5] 郑博.我国档案众包实现研究 [D].保定:河北大学硕士学位论文,2017.

[6] 邓君,盛盼盼,王阮,等.用户感知视角下档案网站服务质量测评实证研究 [J].图书情报工作,2018,62(1):33-39.

[7] 贺缠虎.分类法在数字档案信息资源组织中的应用 [J].兰台世界,2015(8):28-29.

[8] 赵大辉.档案分类法在网络信息组织中的作用 [J].民营科技,2012(7):154.

[9] 张洁,彭佳,郑巧英.图书馆学与档案学双重视角下的科学手稿组织方法研究 [J].图书馆杂志,2016,35(3):74-79.

等一系列组织过程和方法，并进行了具体的实证研究。王应解[①]探索了数字档案馆的知识组织。李婉月等[②]对档案信息的知识组织方法和技术进行了研究。

（六）档案信息检索标准规范研究

档案信息检索的标准化工作一直是档案学界、业界关注的重点。档案界通过制定相关的标准来规范档案的著录、标引等工作，从而提高检索效率。随着信息技术的发展和档案信息利用的拓展，档案信息检索标准也从传统的著录、标引逐步向网络化、新媒体化方向演进。迄今为止，新媒体环境下网络档案信息检索在标准规范方面的研究主要集中在以下四个方面：

1. 档案著录标准

档案著录的相关标准数量较多，档案著录标准的相关研究成果亦十分丰硕。部分成果研究ISAD（G）[③]、ISAAR（CPF）[④]、EAD[⑤]等国际标准的基本情况和内容。早在2001年，李建立[⑥]就将EAD作为美国档案信息全文著录系统进行研究；张文友[⑦]结合EAD的结构特点总结我国电子检索工具置标存在的问题，针对问题提出解决对策。部分成果进一步开展对比研究，例如对比分析国内外档案著录准则[⑧]、档案著录标准MARC AMC与EAD[⑨]、中国档案著录标准与国际档案著录标准必著项[⑩]等。王大青[⑪]从顶层视角研究了国际档案著录标准体系的总体架构、基本功能和特点、制定原则等，对我国档案著录系列标准的体系设计有很好的参考意义。

2. 档案信息分类标准

仇芮珍[⑫]在其硕士学位论文中以《中国档案分类法》为研究对象阐述了信息分类、信息分类法的基础理论、《中国档案分类法》的体系结构和现存问题，并提出了主题分类合一、电子版开发、索引编制等改进思路。

---

① 王应解. 基于数字档案馆的知识组织［J］. 北京档案，2008（1）：23-26.

② 李婉月，张薇，潘亚男. 档案知识组织方法与技术探讨［J］. 档案，2014（3）：56-58.

③ 张正强. 论《国际标准——档案著录规则（总则）》的主要著录规则、特点及启示［J］. 档案学研究，2013（3）：75-80.

④ 张文友，徐维.《国际标准——团体、个人和家族档案规范记录著录规则》的制定及其结构特点［J］. 档案与建设，2001（2）：55-56.

⑤ 叶培华，王萍. 编码档案著录标准（EAD）的开发、实施和评价［J］. 现代图书情报技术，2004（3）：25-28.

⑥ 李建立. 美国档案信息全文著录系统——EAD的形成与发展［J］. 中国档案，2001（10）：48-50.

⑦ 张文友. 论网上档案电子检索工具标准——《档案置标著录（EAD）》［J］. 档案学通讯，2001（3）：22-24.

⑧ 尚珊，高文静. 国内外档案著录准则比较研究［J］. 档案学通讯，2014（2）：100-104.

⑨ 段荣婷. MARC AMC与EAD档案著录标准比较研究［J］. 情报学报，2003，22（3）：329-335.

⑩ 张战争，王大青，赵爱萍. 中国档案著录标准与国际档案著录标准必著项比较［J］. 档案管理，2013（4）：27-29.

⑪ 王大青. 国际档案著录标准体系研究［J］. 档案与建设，2013（3）：23-27.

⑫ 仇芮珍. 我国档案信息分类标准研究［D］. 合肥：安徽大学硕士学位论文，2010.

第二章　新媒体环境下网络档案信息检索实践与研究发展

3. 档案数据描述标准

陈芙蓉等[①]从数据内容标准、数据价值标准、数据结构标准三个层次对档案信息化建设中所涉及的数据描述标准进行系统总结。其中，数据内容标准对比分析了ISAD（G）、APPM、《档案著录规则》三个标准，数据价值标准对比分析了《中国档案分类法》《中国档案主题词表》和LCNAF，数据结构标准对比分析了MARC、USMARC AMC、《中国档案机读目录》和EAD。

4. 标准的网络化探索

现有不少研究成果[②③]提出利用和改造EAD标准探索网络环境下的档案著录问题。段荣婷[④]以《中国档案主题词表》为例，提出了基于简约知识组织系统（SKOS）的主题词表语义网络化应用思路。孙洋洋[⑤]也在梳理我国现行档案著录标准《档案著录规则》发展脉络和现实需求的基础上，提出借鉴RiC标准的本体模型RiC-O的思路，使档案著录信息在互联的开放的在线域中可见。

第三节　本书研究的内容定位

一、树立新媒体观，广泛拓宽研究视野

文献综述部分结合笔者的预备研究内容开展了广泛的文献调研。事实上，真正切合新媒体环境下网络档案信息检索的研究并不多。2022年5月6日，在CNKI上以"网络"*"档案"*"检索"为检索词，以篇名为检索途径，检索结果仅有学术期刊论文15篇和硕士论文1篇。以"新媒体"*"档案"*"检索"为检索词，以篇名为检索途径，检索结果仅得到1篇学术期刊论文。可见，将档案信息检索与网络结合开展研究的并不多，而与新媒体结合研究网络档案信息检索的更是凤毛麟角。

在已有研究中，内容多是对档案信息检索与网络结合的探讨和思考，无论是中文还是外文的研究成果，以个别项目、典型场景为主，侧重于对细节的关注和研究，缺乏对新媒体环境下网络档案信息检索的全局审视。本书研究树立起新媒体观，结合新媒体环境的形成与发展及其新特点、新变化研究网络档案信息检索创新问题。本书在新媒体观下广泛拓宽研究视野，从全局把网络档案信息检索作为一个整体审

---

① 陈芙蓉，武永娜. 档案信息化建设中数据描述标准研究［J］. 档案学研究，2005（3）：24-28.

② 于进川，姚乐野. EAD标准及其改进设计——网络环境下档案著录标准研究［J］. 情报杂志，2003（10）：109-110，113.

③ 于文斌. 网络环境下档案著录标准分析——以档案编码著录标准（EAD）为例［D］. 济南：山东大学硕士学位论文，2009.

④ 段荣婷. 基于简约知识组织系统的主题词表语义网络化研究——以《中国档案主题词表》为例［J］. 中国图书馆学报，2011，37（3）：54-65.

⑤ 孙洋洋.《档案著录规则》（GB/T18—1999）的对比研究和修订建议［J］. 北京档案，2020（8）：19-23.

视,从实践问题入手,将研究范围拓展推宽,并关注到每一个具体的方面和细节以及各种细节之间的关联。例如关于检索工具创新发展的研究,本书拓宽研究视野,站在全局研究网络档案信息检索的检索工具分类,将其分为特定范围的检索工具和不确定范围的检索工具,概括检索工具的主要类型包括网络档案信息检索系统、网络档案专题数据库、网络信息检索工具,研究各类检索工具含义、结构、功能、原理、开发、使用、特点,并将其放到新媒体环境中审视,研究网络档案信息集成检索平台。

二、引入系统思维,完整构建研究体系

在已有研究中,多数为从实际出发,在日常工作中发现档案信息检索的问题并研究问题,从而对档案信息检索开展研究。关于新媒体环境下网络档案信息检索的研究分散、散落在不同的研究领域和技术领域,呈现"散点式""多主题""小领域"的特征。各项研究独立性较强,多是研究者根据自身工作经验或个人观察进行特定问题的研究,研究之间关联性不强,尚未形成系统的研究体系。

本书研究在拓宽研究视野的基础上引入系统思维,采用系统分析方法按照网络档案信息检索的系统性,运用系统原理对其因素、环境进行深入研究,根据新的技术环境和新的需求重新审视,通过结构分析设计与构建新媒体环境下网络档案信息检索的完整研究体系,从检索需求的新发展、检索工具与平台的创新发展、检索功能的创新发展、检索中新技术的应用、检索理论的创新发展、检索保障工作的新发展、检索创新发展优化对策七个方面完整地分析新媒体环境下网络档案信息检索创新发展情况,使得对新媒体环境下网络档案信息检索的研究从实践上升到理论、从传统走向现代、从早期网络发展到新媒体网络。当前,这种成体系地对新媒体环境下网络档案信息检索展开研究仍是空白。

三、紧跟技术前沿,深入探索理论发展

在已有研究中,国外相关研究技术性倾向较为明显,多通过特定系统或技术的设计切入网络档案信息检索,技术层面说明较多。而国内档案信息检索理论方面的相关研究不够充分,主要吸收和借鉴计算机领域检索理论方面的成果,结合档案理论的原创性档案信息检索领域的理论成果则较为缺乏。

新媒体环境对档案信息检索影响巨大,网络档案信息检索又具有很多新的特点和新的发展,目前急需总结相关理论,实现理论与实践的互促共进。本书研究一方面紧跟技术前沿,研究前沿技术在新媒体环境下网络档案信息检索的应用;另一方面对技术发展促发的新媒体环境下网络档案信息检索理论的创新发展进行研究。紧跟技术前沿研究全文检索技术、多媒体检索技术、信息检索可视化技术、跨媒体智

能技术在新媒体环境下网络档案信息检索中的应用。其中，关于信息检索可视化技术应用、跨媒体智能技术应用的研究属于内容创新。本书探索理论发展，总结电子文件著录理论、电子文件元数据理论、档案信息组织理论和档案知识服务理论，研究上述理论的发展简况、主要内容和对新媒体环境下网络档案信息检索的影响。这些对技术与理论的研究、总结与展望从先进技术应用发展到先进的理论理念，将促进新媒体环境下网络档案信息检索的发展。

四、构建检索模型，全面提出优化对策

在已有研究中，对新媒体环境下网络档案信息检索创新发展的优化研究整体不足。研究者普遍从实际工作出发对网络档案信息检索提出改进意见，这些意见从资源、标准、系统、经费方面提得较多，但多数意见线条较粗，鲜有从档案机构和管理角度探讨优化对策的研究。同时，缺少与网络档案信息检索模型相结合的研究，此类模型应能对网络档案信息检索进行全面阐释。不同于传统档案检索，网络档案信息检索由于加入了网络元素，内容更加丰富，结构更加复杂，但相关研究尚未建模开展研究。

本书研究以问题驱动、以需求牵引构建网络档案信息检索模型，用以整体把握、精确分析网络环境的特点，创新检索理念。基于模型开展实证研究，将模型在实践中加以检验和验证，进而提出具有可行性的新媒体环境下网络档案信息检索创新发展的具体优化建议和整体优化对策，探索新媒体环境下网络档案信息检索的落地实现，满足网络档案信息检索工作现代化、信息化、网络化的需求，推动新媒体环境下网络档案信息检索由点及面逐步发展并形成规模，迎接新媒体时代的冲击挑战并抓住新媒体时代的发展机遇。

第三章　新媒体环境下网络档案信息检索需求的新发展

新媒体环境的发展日新月异。正如前文[①]所述，当前"新媒体已经逐步从精英媒体、大众媒体发展到个人媒体阶段"。在这样的新媒体环境下，人们已经熟悉和习惯通过网络查找和获取所需信息，网络与社会公众日常工作、生活的紧密程度不断加深，众多事务办理从线下转移到线上，网络的黏度系数日益增大，网络已经成为信息传播和获取的主要途径。

根据 CNNIC 数据统计，截至 2021 年 12 月，我国网民人数达 10.32 亿，互联网普及率达 73.0%[②]。在这种环境下，人们一旦有对档案信息检索的需求，更倾向于通过网络能及时得以满足。

同时，新媒体改变了传统媒体一点对多点的单向传播方式，使得信息传播变为基于网络的多点对多点的双向互动式传播，每个网络用户都具有信息获取者和发布者的双重身份。在此环境下，网络档案利用者在档案信息检索过程中具有较强的自我意识，自主性更加凸显，在对档案信息的检索过程中是积极且有主见的。他们不仅对网络档案信息检索具有较高的期待，希望个人的检索需求能够通过网络检索即时得到满足，也希望能够在一定程度上较为明确地表达个人检索需求并且积极开展档案信息检索。由此，网络档案信息检索需求较之传统的档案利用检索需求发生了一定变化，具有新的发展。这些新发展主要表现在需求主体多样化、需求类型细分化、检索客体多元化、检索任务纵深化、需求表达自由化、效率指标差异化六个方面。

第一节　需求主体多样化

在新媒体环境下，网络档案信息检索需求的主体发生了很大变化，主体多样化是其显著特征。多样化的主体包括档案机构和利用者两大类。

[①] 参见本书"第一章 绪论——第一节 研究背景——一、新媒体环境的形成与发展"。
[②] 腾讯网. CNNIC 发布第 49 次中国互联网络报告［EB/OL］.［2022-03-18］. http://wx.qq.com/cmsid/20220316A00F8R00.

一、档案机构检索需求的多样化

首先,档案机构是网络档案信息检索的主体。传统的档案检索几乎都是在档案馆(室)内由档案机构执行,而档案机构执行检索的主要任务是帮助利用者找到所需档案。在新媒体环境下,档案机构也开始执行网络档案信息检索。此时,其检索任务不仅限于帮助利用者找到所需档案或档案信息,还要更好地、更广泛地开展档案工作。例如,为了开展档案收集执行网络档案信息检索、为了开展档案的划控鉴定执行网络档案信息检索、为了开展智能编研执行网络档案信息检索、为了管理多媒体档案执行网络档案信息检索等。

二、档案利用者的多样化

其次,网络档案信息检索的主体主要是各类档案利用者。在本书中,档案利用者专指对档案信息有需求,并通过网络档案信息检索获取档案信息以满足其需求的组织或个人。

传统档案检索以服务机关和团体利用为主,其检索主体以查询档案作凭证的利用者和编史修志的利用者为主,一般限定在特定地区、特定系统内,较为稳定和单一。但是,在新媒体环境下,网络档案利用者范围横向扩大,只要是能够进行网络交互访问的任何人,都有可能成为网络档案信息检索的主体。政府机关工作人员、社会组织成员、企事业单位工作人员、专家学者、研究者、工人、农民、学生、普通公众……档案利用者的范围扩大到全网络,档案信息检索主体呈现出多样化、社会化的发展趋势。

第二节 需求类型细分化

近些年,对网络档案信息的检索需求日趋旺盛。无论是档案机构还是利用者,不同的主体检索目的千差万别。出于不同的工作领域、不同的工作需要、不同的职业、不同的爱好、不同的经历等,每一主体的每一次检索对网络档案信息的需求都是不同的,由此造成网络档案信息检索的需求类型细分化。

对网络档案信息检索需求类型的细分可以从不同角度分为不同类型。如图3-1所示,本书将其从档案工作角度分为利用型、收集型、鉴定型、编研型,其中,利用型又根据利用目的不同分为凭证型、参考型、研究型和休闲型。利用型、编研型亦是传统档案检索的需求类型,收集型、鉴定型是新媒体环境下随着档案工作发展而衍生出的新的网络档案信息检索需求类型。

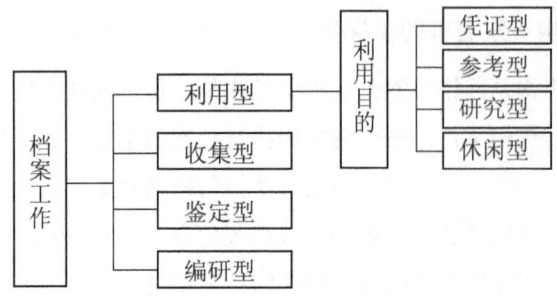

图 3-1　网络档案信息检索需求类型细分示意图

一、利用型

在档案工作的业务环节由六个环节变为八个环节的过程中，检索环节是从利用环节中独立出来的。为利用而开展检索是档案检索的"初心"，网络档案信息检索延续了这种"初心"，检索需求首先是那些满足档案利用需求的档案信息，主要是档案著录信息和内容信息。

吴宝康先生曾指出："档案资源除了具有'凭证价值'和'参考价值'以外，还具有'综合贡献力'。"[①]在新媒体环境下，档案的利用范围逐渐扩大，网络档案信息检索需求与需求主体同时多样化。人们在网络上检索档案信息，不再局限于传统的为作凭证和编史修志而利用档案信息，在工作参考、各项研究、文化休闲方面，人们对档案信息的需求也在不断增长。由此，网络档案信息检索需求可以划分为凭证型、参考型、研究型和休闲型。

（一）凭证型

凭证型是指人们在网络上检索档案信息是为了发挥其凭证作用。档案是当时、当地、当事人在各项社会活动中直接形成的，其本质属性是原始记录性，凭证作用是档案的本质作用。

凭证型档案信息既是传统档案检索的主要需求类型，也是网络档案信息检索的主要需求类型。对凭证型档案信息检索的最终目的或是作为历史凭证去印证某一历史事实，或是作为法律凭证用以解决查考、研究、争辩、处理的各种问题。

近些年，民生档案信息成为重要的凭证型检索需求类型。社会公众在办理房产事项、办理落户事宜、开具婚姻证明、领取补贴等诸多事项时对房地产权证档案、土地档案、婚姻档案、独生子女证档案、知青档案、医疗改革档案等各类民生档案的检索利用需求一直呈现大幅度稳定增长的趋势，而且人们热切盼望这些民生档案能够通过网络方便快捷地检索到。以上海市嘉定区档案馆 2018 年档案利用情况为例，民生档案是检索利用的主体，在全年利用总量中占比接近 98%。利用人次较多的有：婚姻档案 6432 人次、农民建房审批档案 2713 人次、独生子女证档案 2103 人

---

① 吴宝康. 档案学概论 [M]. 北京：中国人民大学出版社，1998：57.

第三章 新媒体环境下网络档案信息检索需求的新发展

次、复员退伍军人和兵役档案 372 人次、动拆迁档案 83 人次。这些档案均通过"全市通办"平台和嘉定区远程利用平台查阅,其中,远程检索利用人数占全部查档量的 59.3%。①

(二)参考型

参考型是指人们在网络上检索档案信息是为了发挥其参考作用,为现实工作、生产和生活中的各项事务或活动提供依据。档案可以直接服务于现实工作、生产和生活,其参考作用的范围是多方面的,作用程度是巨大的,可以产生经济效益、技术效益和管理效益。工作参考是机关、单位等团体利用者检索利用档案信息的主要目的之一。

参考型档案信息与凭证型档案信息一样,既是传统档案检索的主要需求类型,也是网络档案信息检索的主要需求类型。能够找到相宜的参考型档案信息,各项工作、生产和生活事务或活动就可以有秩序地、高效地进行,没有适宜的参考型档案信息,工作、生产和生活事务或活动就会失去依据,受到影响,造成损失。

参考型档案信息的检索需求主体一般是机关、企事业单位的工作人员。例如,公检法机关、律师事务所等单位为办理相关案件需要检索参考型档案信息,企业为施工检索竣工档案信息等。

(三)研究型

研究型是指人们在网络上检索档案信息是为其历史研究、科技研究或专业研究提供研究资料和研究基础。其中,编史修志是机关、单位等团体利用者检索利用档案信息的主要目的之一。

档案是人们有意识地保留下来的真实历史记录,在众多学科领域中,无论是历史研究、科技研究,还是各类专业研究,档案信息都是记录领域发展、总结经验的珍贵研究资料,为各项研究提供研究基础。基于已有档案信息开展新的研究,可以理清发展脉络、还原真实面貌、填补研究空白。

随着我国科技的发展,基于利用者不同的研究方向、知识水平和知识结构,对研究型档案信息的质量和数量都提出了越来越高的要求。例如,在科技研究中,对科技活动文件、科技会议记录、技术标准、科技报告、专利文献等各类研究资料的需求和检索明显增加。

(四)休闲型

休闲型是指人们在网络上检索档案信息是为了满足其文化、休闲与娱乐方面的需求。自 2000 年在第十四届国际档案大会上《档案在休闲社会中的作用》作为主报告发布以来,档案与休闲就开始紧密联系,让档案在休闲中发挥作用、开辟新的档

---

① 上海档案信息网.嘉定区档案馆 2018 年档案利用分析报告[EB/OL].(2019-03-20)[2022-01-30]. https://www.archives.sh.cn/bbdt/201903/t20190320_44057.html.

案服务领域和服务产品就始终是档案界研究和努力的方向。

2021年，十三届全国人民代表大会第四次会议政府工作报告提出，要"更好满足人民群众精神文化需求。……繁荣新闻出版、广播影视、文学艺术、哲学社会科学和档案等事业。加强互联网内容建设和管理，发展积极健康的网络文化"①。该报告对进一步促进休闲型网络档案信息的检索利用具有重要指导意义。

在新媒体环境下，随着档案开放程度不断加深、档案信息交流日益频繁，休闲型档案信息检索需求日渐突出。而档案中蕴含的本地历史、地方风情、古城旧影、乡土文化、名人轶事、特色美食、当地特产、特有民俗、家族谱牒等众多历史文化信息，可以充分满足休闲型档案信息检索需求。这些检索需求在传统环境下也存在，但是，很少人为了满足此类检索需求到档案馆进行查档。在新媒体环境下，网络前所未有地对满足此类检索需求创造了良好条件，对于促进公众获得高质量的文化休闲信息、了解本地民俗风情、满足精神层面的追求、提高文化素养具有重要作用。同时，满足此类检索需求还可以吸引那些以前不了解档案和档案工作，但因兴趣或巧合无意检索到此类档案信息的潜在的利用者，其影响力不容小觑。

二、收集型

收集型检索需求类型是为了进行档案收集而在网络上检索的档案信息。主要是需要归档的网络信息或信息线索。

在新媒体环境下，网络信息的归档问题成为档案收集的重要问题。以政府信息为例，随着1999年"政府上网"工程启动、2015年"互联网+"被首次写入政府工作报告等，网络上的政府信息急剧增长。在政府通过政府网站网页、社交媒体网页发布信息公告、行使行政职能、处理行政事务过程中，形成大量需要归档的网络信息。同理，除政府信息外，在通过网络办理业务事项过程中，各种各样的专业信息也大量生成并需要归档。同时，一些档案馆还会通过网络征集档案，或是征集网络档案信息。由此，需要归档的网络信息急剧增加。由于网络信息分布广泛，同时各档案馆都有特定的收集范围，在档案收集过程中就有可能需要首先按照归档范围或征集范围进行检索，从分散的、大规模的、原始的网络信息中快速、准确、全面地获取应归档信息，由此产生了收集型检索需求类型。

收集型检索需求类型要针对不同信息源的网络信息，预先设定一整套检索规则和策略。例如，设定特定的机构、特定的内容或特定的格式，从而明确哪些信息是归档信息，而后自动执行检索。对于检索结果，结合人工智能的智能代理（agent）智能地、自主地从信息源收集档案。

---

① 佚名.2021全国两会，"档案事业"写进政府工作报告［EB/OL］.（2021-03-06）［2022-01-30］.https://new.qq.com/omn/20210306/20210306A01UKI00.html.

三、鉴定型

鉴定型检索需求类型是为了开展档案划控鉴定而检索的档案信息，主要是档案信息中的敏感信息。

档案划控鉴定是确定馆藏档案信息对社会开放的范围，即判定保管期满的档案材料是否适宜向社会开放，对不适宜开放的确定其划控标识。档案中如果含有保管期满但不宜向社会开放的内容，就应划入"控制使用"的范围。

档案是具有原始记录性的文献，当中包含众多政治、经济、军事、文化、商业、个人的敏感信息。所谓敏感信息是指一旦非法外泄会对国家安全、国家利益、社会稳定、公共财产、工作机密、商业秘密、个人隐私造成严重威胁的档案信息。含有此类信息的档案，即使保管期限届满也不能完全向社会开放，而是需要控制使用。档案划控鉴定的主要任务是区分馆藏档案信息哪些可以向社会开放，哪些需要控制使用，所以又被称为档案开放鉴定。它是各级各类档案馆档案鉴定的内容之一，是档案开放前的必要工作程序。我国各级各类档案馆开展档案划控鉴定的依据主要是《中华人民共和国档案法》《中华人民共和国保守国家秘密法》《中华人民共和国档案法实施办法》《中华人民共和国保守国家秘密法实施条例》《中华人民共和国政府信息公开条例》《各级国家档案馆开放档案办法》《各级国家档案馆馆藏档案解密和划分控制使用范围的暂行规定》以及各档案馆制定的档案划控鉴定实施细则。

近些年，随着人们对档案开放利用需求的增加，档案划控鉴定的任务日趋繁重。尤其是2020年修订的《中华人民共和国档案法》颁布后，将档案的封闭期由原来的30年改为25年，相较于以往，保管期满的档案数量急剧增长。但是，当前的档案划控鉴定仍处于全手工操作、全人工检查的传统鉴定阶段，鉴定工作周期冗长、工作量大、效率低下，严重影响了档案的开放利用。

由此，档案工作者在鉴定工作中对于档案检索提出新的要求，即能够自动检索识别档案信息中的敏感信息，高效辅助档案划控鉴定工作。

要满足鉴定型档案信息检索需求，需要对《中华人民共和国档案法》《中华人民共和国保守国家秘密法》《中华人民共和国档案法实施办法》《中华人民共和国保守国家秘密法实施条例》《中华人民共和国政府信息公开条例》《各级国家档案馆开放档案办法》《各级国家档案馆馆藏档案解密和划分控制使用范围的暂行规定》以及各档案馆制定的档案划控鉴定实施细则等逐条逐款进行细致的分析和解读，对涉密、涉军、涉外、涉宗教、涉民族、涉隐私等敏感信息涉及的控制范围准确归类，厘清逻辑关系，从档案的来源、题名、文种、密级、关键词等多维度予以分析，提炼检索途径，积累敏感词并生成对应的敏感词库，依其对档案信息进行自动化或半自动化检索，标识出敏感信息，通过丰富的数据支持提供划控鉴定建议，辅助人工划控鉴定乃至完成自动化划控鉴定。

鉴定型档案信息检索需求已经引起了一些档案馆的重视，并开始探索满足此类需求的路径。例如，青岛市档案馆"组织力量编制了敏感词库，开发了计算机软件，通过敏感词对档案目录进行扫描。对带有敏感词的档案由鉴定工作人员进行复核，经核实档案内容确有控制因素，则正式列入控制范围"。①今后，此类探索还需要进一步加深，不仅实现对目录的鉴定检索，还要实现对全文进行鉴定检索；不仅实现对文本信息的鉴定检索，还要结合人工智能技术，通过机器学习和识别，实现对照片、录音、录像等多媒体档案的鉴定检索。

此外，现有的档案划控鉴定依赖鉴定工作人员的经验并据其经验开展研究分析，主观性较大。不同档案馆、不同鉴定工作人员对划控鉴定的规定和细则的解读不尽相同，尤其是当档案内容较为复杂时，划控鉴定结果差异较大。如果基于敏感词库等数据支持，再结合人工智能的学习功能不断积累，可以逐渐实现基于检索的公式化鉴定，提高档案划控鉴定工作的准确率，更好地完成档案开放这一国家法律赋予档案馆的职责。

四、编研型

编研型检索需求类型是为了开展档案编研而检索的档案信息，这些档案信息与编研题目相关。

档案编研是档案部门以主动提供和报道档案信息内容为主要目的，以馆（室）藏档案为主要对象并适当结合其他机构的档案信息或其他信息，按照一定的题目开展编辑、研究工作，对档案信息进行不同层次的加工，以多种形式提供利用的工作。档案编研首先是选题，其次是选材。档案编研选材需要围绕编研题目查找大量的档案信息，其检索需求不可忽略。档案选材分为查找阶段和选定阶段，在查找阶段对检索的需求量大，并对检全率和检准率都有较高的要求。

档案编研的选材以本馆（室）藏档案为主要对象，对本馆（室）藏档案信息的检索是重要内容。当前，绝大多数档案馆（室）都建有目录检索系统乃至全文检索系统，并在馆（室）局域网内实现共享。通过这些检索系统可以摸清馆藏对档案编研开展选题策划，并迅速围绕编研题目进行馆藏的摸底和选材。

档案编研的选材除本馆（室）藏档案之外，还需要辅之以其他途径。在新媒体环境下，很多档案编研突破一个馆（室）的范围，通过网络远程检索编研材料，即围绕编研题目从网络数字档案馆、网络档案信息检索平台，或其他档案馆的网络数据库查找档案信息作为编研材料，实现馆际档案信息的集成、交流与互补，极大地

---

① 青岛市档案馆.不断探索档案开放鉴定的新路径［EB/OL］.（2016-11-21）［2022-02-05］. https://www.saac.gov.cn/daj/c100302/201611/23ecbb8570134609bf6c57263166373f.shtml.

丰富档案编研内容。

鉴于档案工作者工作量的增长以及信息技术的发展，近些年，编研工作逐步向网络编研、智能编研方向发展。而无论是网络编研还是智能编研，其中均需要完成大量的检索工作。

档案网络编研是利用网络作为选材的途径和交流反馈的手段改善编研的条件和过程，缩短编辑加工时间、拓展编研材料范围，及时高效地开发档案信息资源。在网络编研中，编研的选材对象扩展到所有的网络档案信息，需要通过多种检索手段多方选材，丰富编研内容。国内外各级各类档案网站发布的档案目录、全文信息，以及各类网站发布的与编研题目相关的专业档案信息，均可通过相关性检索成为编研材料。此时，就涉及广泛应用检索技术对互联网等各种网络开展档案信息检索。

档案智能编研是一个崭新的发展方向，也是当前档案编研工作的一大难题。它是指围绕编研题目结合人工智能技术、云计算技术等信息技术，对内容广泛、种类繁多的档案信息自动进行检索、分类、排序、汇编。这对检索技术提出了更高的要求。

编研型档案信息检索需求同样已经引起了一些档案馆（室）的重视，并有档案机构联合信息技术公司开始探索满足此类需求的路径。例如，上海市黄浦区档案馆正在联合某科技公司应用智能编研技术开发编研成果云展示系统，该系统"是专门用于档案专题汇编、发布以及展示的 SAAS 云平台，通过将日常工作中产生的档案素材，如图片、电子书、音视频等材料统一收录到系统中按照文件类型进行分类保管，在进行专题编研时，通过输入某一专题的关键词对全库进行检索，可快速查找与该专题有关的素材，再经过一键合成专题功能，可将选择的素材按照时间线的方式组成专题用于展示利用"。基于该系统开展智能编研，首先是通过关键词检索途径实现对专题的全库检索，编研型档案信息检索需求的满足和检索技术是系统的重要内容。该系统于 2020 年在黄浦区某企业集团开展试点，与该系统类似的编研型档案信息检索需求已经是一种"刚需"并迅猛发展。

第三节　检索客体多元化

档案不仅只是以文件形式存在，还有众多的照片档案、工程图纸档案、录音档案、录像档案等具有独特内容和形式的档案。在传统档案检索中，检索客体基本上是档案目录，即档案的形式无论是文件，还是照片、工程图纸、录音、录像，只能对其通过著录、编目等工作得到的目录进行检索。

在新媒体环境下，仅对目录进行检索已经不能满足各类档案检索需求，网络档案信息检索客体变得多元化，包括档案目录、档案全文、图形图像档案、音频档案、视频档案等。此外，针对网络信息进行检索，检索客体还包括超文本，同时针对两种或两种以上媒体形式进行检索使得多媒体检索亦可列入检索客体之列。

一、档案目录检索

档案目录是由档案馆（室）通过著录、编目等工作得到的并按一定次序编排好的揭示与报道档案内容和特征的信息。档案目录的种类包括案卷目录、文件目录、分类目录、主题目录、专题目录、人名目录等。档案目录是传统的检索工具，依赖其完成档案检索。发展到计算机检索和网络检索阶段，依赖数据库技术将各类档案目录信息录入数据库中，转换为目录数据库。档案目录数据库是可以共享的具有共同存取方式和一定组织方式的档案目录数据的集合。基于档案目录数据库，依赖对应的数据库管理系统或专门编制的档案信息检索系统实现对档案目录的检索。

数据库具有结构化、高集成度、低冗余度、数据独立性高的特点。由于档案目录属于结构化数据，用数据库管理是非常理想的工具。基于档案目录数据库的档案检索是利用计算机技术检索档案信息的第一步，也是档案信息化建设的基础内容。

二、档案全文检索

档案全文检索是对完整的档案文献中的任意内容进行检索。档案全文检索以经过语言处理后的词为实施单位，档案内容中每一个有意义的词都可以作为检索词进行匹配查找，只要某份档案内容信息中包含该检索词，则该份档案就被命中列入检索结果。

档案的价值尤其是凭证价值主要源于其原始记录属性，档案全文有效地保持和表现档案的原始记录属性。与档案目录检索相比，档案全文检索功能更为强大，更容易满足利用者的需求。

全文检索更多内容参见后文①。

三、图形图像档案检索

图形档案与图像档案是两个不同的概念。图形档案是指以线条为主，辅之以文字描述，描绘事物形象，揭示事物性质状态的档案，例如各类工程图纸、产品图纸等。图像档案是通过照相机等视觉捕捉设备和绘画等视觉转换手段，客观地将自然景物进行物质再现后形成的档案，例如照片档案。近些年，对于图形图像档案检索的需求日渐上升。

图形图像档案检索的实现方法包括基于文本的检索和基于内容的检索两种方式。基于文本的图形图像档案检索沿用传统档案检索技术，即依靠著录形成目录数

---

① 参见本书"第五章 新媒体环境下网络档案信息检索功能的创新发展——第二节 从二次信息到一次信息：内容检索功能—— 一、全文检索""第六章 新媒体环境下网络档案信息检索中新技术的应用——第二节 全文检索技术应用"。

据（文本）进行检索。对图形图像档案的著录包括题名、责任者、摄影者、时间、主题、保管期限、密级、计算机文件名、计算机文件大小、格式信息和图像参数等。基于内容的图形检索即图形内容检索，参见后文①。基于内容的图像检索即图像内容检索，参见后文②。

图形图像档案检索更多内容参见后文③。

四、音频档案检索

音频档案是指以计算机文件的形式记录的声音档案。视频档案是指以计算机文件的形式记录的动态影像档案。传统的档案管理中有大量的声像档案保存于录音带、录像带等传统载体上。近些年，这些传统声像档案都通过数字化加工转化为音频档案、视频档案，同时，在电子环境中直接形成的声像档案均以音频档案、视频档案的形式存在。例如，众多档案馆大量征集的口述史直接通过数字录音、录像设备形成音频档案、视频档案。

音频档案检索的实现方法同样包括基于文本的检索和基于内容的检索两种方式。基于文本的音频档案检索沿用传统档案检索技术，即依靠著录形成目录数据（文本）进行检索。对音频档案的著录包括题名、责任者、录音者、时间、时长、主题、保管期限、密级、计算机文件名、计算机文件大小、格式信息、音频参数等。基于内容的音频档案检索即音频内容检索，参见后文④。

音频档案检索更多内容参见后文⑤。

五、视频档案检索

视频档案检索与音频档案检索的实现方法相同。基于文本的视频档案检索对视频档案的著录与对音频档案的著录项目相同，只是音频档案的录音者、音频参数在视频档案著录时变为摄录者、视频参数。基于内容的视频档案检索即视频内容检索，

---

① 参见本书"第五章 新媒体环境下网络档案信息检索功能的创新发展——第二节 从二次信息到一次信息：内容检索功能——二、图形内容检索"。

② 参见本书"第五章 新媒体环境下网络档案信息检索功能的创新发展——第二节 从二次信息到一次信息：内容检索功能——三、图像内容检索"。

③ 参见本书"第五章 新媒体环境下网络档案信息检索功能的创新发展——第四节 从文字到多媒体：多媒体检索功能""第六章 新媒体环境下网络档案信息检索中新技术的应用——第三节 多媒体检索技术应用——一、图像检索技术"。

④ 参见本书"第五章 新媒体环境下网络档案信息检索功能的创新发展——第二节 从二次信息到一次信息：内容检索功能——四、音频内容检索"。

⑤ 参见本书"第五章 新媒体环境下网络档案信息检索功能的创新发展——第四节 从文字到多媒体：多媒体检索功能""第六章 新媒体环境下网络档案信息检索中新技术的应用——第三节 多媒体检索技术应用——二、音频检索技术"。

参见后文①。

视频档案检索更多内容参见后文②。

六、超文本检索

超文本（hypertext）是在融合计算机技术、通信技术、知识表达技术、多媒体技术等多种信息技术基础上，按照关联性在文字、图形、图像、声音和影像等多种形式的信息间建立直接或间接联系的非线性高级文本系统。它由节点、链和网络三个要素构成：节点是表达多媒体信息的单元，是单一概念，每个节点对应一个窗口并在窗口内采用线性显示；链是将具有关系的节点连接起来从而构成网的技术手段，表示概念之间的语义关系，包括索引链和结构链两种；网络是由节点和链构成的复杂的、有层次的，可任意连接的网状有向图结构。

超文本以非线性方式表示有关系的离散信息，它既是一种组织、存储和管理信息的方法，是一种联想式的综合软件设计技术，又是一种通过超链接方式"跳跃"到相关信息的信息检索和浏览技术。

超文本检索是利用超文本灵活方便的信息组织形式非线性地对网络节点中所存的多媒体信息及信息链进行检索的群体技术。由于整个万维网都是用超文本技术连接，网络档案信息检索客体必定包含超文本。

超文本检索更多内容参见后文③。

七、档案多媒体检索

档案多媒体检索是根据利用者的需求，对文本、超文本、图形图像、音频、视频等媒体形式同时进行两种或两种以上媒体形式的档案信息检索。档案多媒体检索更多内容参见后文④。

---

① 参见本书"第五章 新媒体环境下网络档案信息检索功能的创新发展——第二节 从二次信息到一次信息：内容检索功能——五、视频内容检索"。

② 参见本书"第五章 新媒体环境下网络档案信息检索功能的创新发展——第四节 从文字到多媒体：多媒体检索功能""第六章 新媒体环境下网络档案信息检索中新技术的应用——第三节 多媒体检索技术应用——三、视频检索技术"。

③ 参见本书"第五章 新媒体环境下网络档案信息检索功能的创新发展——第三节 从文本到超文本：超文本检索功能"。

④ 参见本书"第五章 新媒体环境下网络档案信息检索功能的创新发展——第四节 从文字到多媒体：多媒体检索功能""第六章 新媒体环境下网络档案信息检索中新技术的应用——第三节 多媒体检索技术应用"。

第四节 检索任务纵深化

在新媒体环境下,网络档案信息检索的最终任务不仅仅是得到档案实体这种传统的任务,而是向纵深化方向发展。如图 3-2 所示,网络档案信息检索的最终任务还包括得到档案文献的全文信息或部分内容信息、得到档案记录的事实或数据、得到档案中的知识等。

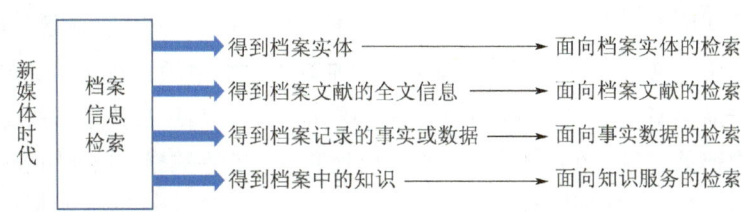

图 3-2 网络档案信息检索的最终任务示意图

传统的档案检索主要是面向档案实体的检索。通过检索得到档案实体后,进一步查看档案文献全文、获取全文中部分内容乃至利用者个人从所获内容信息中进一步提炼知识。

新媒体环境下的网络档案信息检索,是直接面向档案文献的检索、面向事实数据的检索乃至面向知识服务的检索。在这些检索手段不成熟时,必要时可能通过检索结果进一步到档案馆去获取档案实体。

一、面向档案实体的检索

即档案实体检索,最终任务是通过档案信息检索后到库房中调出所需档案阅览或使用。具体内容参见前文[①]。

二、面向档案文献的检索

最终任务是通过档案信息检索得到档案文献的全文信息或部分内容信息。这些信息可以仅是文本形式的内容信息,也可以是再现档案源文献的原貌内容与载体统一的信息,例如纸质档案的数字复制件(digital copy)。利用者查找某单位某次党委会的档案,在档案信息检索系统中根据其利用权限直接查阅该档案的数字复制件。本次档案信息检索就是面向档案文献的检索。

从性质上说,面向档案文献的检索是一种相关性检索,检索结果不直接解答利

---

① 参见本书"第一章 绪论——第二节 研究对象—— 二、档案实体检索与档案信息检索——(一)档案实体检索"。

用者的问题,而是提供与之相关的档案文献参考使用。

三、面向事实数据的检索

最终任务是通过档案信息检索得到档案记录的事实或数据。档案是各项社会活动和专业活动的伴生物与记录物,它记下了活动的过程、事实和数据,记录下历史的基本面貌。档案中记录的事实和数据对后续活动和证明历史具有凭证价值和参考价值,因而经常需要检索利用。

例如,利用者在建设项目档案中查找某项工程的简况,其检索就是一种事实检索。事实检索是通过检索得到从档案内容中抽取而来的事项、概念、事实。再如,利用者在产品档案中查找某件产品的技术指标的参数,其检索就是一种数据检索。查找档案中记录的各种参数、观测数据、统计数据等数字数据,以及图表、图谱等非数字数据,都属于数据检索。

从性质上说,面向事实数据的检索是一种确定性检索,即检索结果是确定的,可以直接回答利用者的问题,提供利用者所需的事实情况或是确切数据,要么是有、要么是无,要么是这样、要么是那样,要么是对、要么是错。

四、面向知识服务的检索

最终任务是通过档案信息检索得到档案中所蕴含的隐性的知识。

在新媒体环境下,信息呈爆炸式增长,同时人们对档案信息服务产生更高的期待,这些因素促使档案信息检索服务向知识服务方向发展,力图提供高层次的、系统的知识。

"知识服务是将海量的档案信息作为显性的知识资源,通过对利用者的知识需要和问题环境的分析,从档案信息资源中进行信息的组织、搜寻、挖掘、提取、分析、整合、重组、集成和创新,从而提炼出隐性的知识,生产出符合利用者需求的知识产品。"①

面向知识服务的检索即知识检索,其实现有两种途径:一是档案信息检索+数据挖掘,即从海量的显性的档案资源中先针对利用者的知识需要查找到相关档案信息,而后再进行数据挖掘,通过算法搜索隐藏在这些信息中的知识。此时,档案信息检索系统需要具备数据挖掘能力,即具备一定的自然语言理解能力和推理能力。二是档案知识库+知识检索,即基于档案信息基础之上以多本体为基础组织领域知识,构建语义模型,以本体的概念集对档案信息资源进行语义标引,建设起相关的知识库,而后,在知识库中进行知识检索。在这两种途径之间还有一些过渡途径,

---

① 赵屹,汪艳.新媒体环境下的档案信息服务[M].上海:上海世纪图书出版公司,2015:172.

具体内容参见后文①。

知识检索的检索结果是直接为利用者提供解决问题所需的思路或方案，以便利用者有针对性地解决实际问题。例如，武汉市国土资源和规划数字档案馆以数据挖掘技术为基础建设国土规划数字档案资源数据挖掘与可视化系统，为利用者提供知识抽取、知识图谱、知识搜索等知识服务，以便发现隐藏在海量数据背后的关系、规则和知识。②知识检索使得档案信息检索成为知识分享、传播的过程，成为一种高增值的服务。

第五节 需求表达自由化

传统的到馆档案检索，是由利用者表达检索需求，由档案工作者执行检索。档案工作者了解档案检索工具并熟悉检索语言，因而能较为准确地开展档案检索。

网络档案信息检索由利用者自行实施。尤其是发展到新媒体阶段，网络档案利用者作为网络用户其地位发生较大变化，在信息检索利用方面他们不再处于被动接受信息的地位，而是主动选择信息乃至拒绝信息，其自我意识和自主性都充分发展。这些显著的特点反映在网络档案信息检索中，一个突出的表现就是检索需求表达的自由化。档案利用者多数不懂检索知识，也不了解检索工具和检索语言，而是在主观观念的支配下，自由地表达检索需求。

但是，档案信息检索需要对利用需求进行精确描述，检索需求表达自由化有可能降低检索结果的有效性。针对检索需求表达自由化的情况，网络档案信息检索需要实现自然语言处理，并能较好地处理人工语言与自然语言的关系，才能提高检索结果的有效性。

一、自然语言表达与自然语言处理

网络档案信息检索需求表达自由化的主要表现是采用自然语言表达，即采用自然语言中的概念作为检索词，自由地表达利用者的检索需求。自然语言是在人类文明发展过程中为了交际自然形成的音义结合的符号系统。在网络档案信息检索中，由于自然语言符合人们的用语习惯，也由于利用者不了解自然语言之外专用的检索语言，利用者会自然而然地使用自然语言进行检索。相应地，网络档案信息检索工具基于自然语言进行检索可以极大地提高友好性。但是，由于自然语言的丰富性、复杂性、多义性、自由性，在进行档案信息检索中会造成作为检索词的概念失真、著录标引用语和检索用语不一致等情况，从而降低检索效率。因而，在网络档案信

---

① 参见本书"第五章 新媒体环境下网络档案信息检索功能的创新发展——第五节 从信息到知识：知识检索功能"。

② 曾婷，杨帆，王恒.国土规划数字档案资源的数据挖掘与可视化[J].兰台世界，2019（S1）：191.

息检索中需要对自然语言加以处理。

自然语言处理也是知识检索、知识挖掘、机器学习的重要内容,其具体内容参见后文①。

在网络档案信息检索需求表达自由化的局面下,只有有效地进行自然语言处理,检索工具才能正确理解利用者输入的检索词的内在的、微妙的含义,才能高效建立全文检索的词语倒排索引库,才能使著录标引用语和检索用语达成一致,最终对网络档案信息检索形成合理的表达式并进行精确的匹配计算。

二、自然语言与人工语言关系处理

档案检索工具的编制和使用,除了使用自然语言外,还包括使用人工语言。

人工语言是为实现档案检索按照一定的规则对自然语言进行规范和控制而创制的系统排列的概念标识系统,可唯一表达档案特征概念并能够显示概念间的相互关系,目的是使档案著录标引用语和检索用语达到一致,取得检索的最佳效果。

《中国档案主题词表》《中国档案分类法》都是典型的档案检索人工语言,实现了我国档案主题检索体系和分类检索体系的规范化。较之于自然语言,它们能够实现主题概念和分类概念有效的存储和查找,能够简明而专指地表达档案信息检索的主题概念和分类概念,较好地解决多词一义、一词多义和词义模糊或不确定问题。

提供主题词、分类号等人工语言检索,是我国传统档案检索针对内容信息进行检索的主要途径。层层规范的人工语言具有较高的专业性,要求使用者具备一定的技能和水平,一般仅适合专业人员使用。网络档案信息检索呈现出需求表达自由化的特点,利用者用自然语言进行检索是大势所趋。但是,并不是说采用自然语言就放弃了人工语言,网络档案信息检索应很好地处理自然语言与人工语言的关系。

对于自然语言与人工语言关系处理,在理论上,情报语言学奠基者张琪玉指出:"自然语言检索系统并不排斥人工语言,高级的自然语言系统必然是与人工语言(或其原理)结合的。在信息高速公路上,自然语言检索将广泛应用,人工语言将成为对自然语言的强有力后控制手段,依然有它的发展前途。人工语言必须与自然语言结合起来"②。在实践上,美国国家档案馆早期的网络档案信息检索系统NAIL(NARA Archival Information Locator,NARA档案信息定位器)仅提供了基于自然语言的关键词检索。当NAIL升级为ARC(Archival Research Catalog,档案研究目录)后,不

---

① 参见"第五章 新媒体环境下网络档案信息检索功能的创新发展——第五节 从信息到知识:知识检索功能——一、基于信息检索结果的知识挖掘——(三)自然语言处理"。

② 张琪玉.自然语言与人工语言对应转换——情报检索语言走向自动化之路[J].中国图书馆学报,1996(1):40.

仅提供基于自然语言的关键词检索,还提供基于人工语言的主题词检索。美国国家档案馆认为仅用自然语言检索不能有效满足检索效率要求,而 ARC 实现关键词与主题词检索并举可以有效提高检索效率。可见,美国国家档案馆在网络档案信息检索实践中也是自然语言与人工语言并重。

随着网络的高度发达和档案信息需求表达的自由化,方便性、易用性是网络档案信息检索工具的基本要求。在网络档案信息检索工具编制过程中,要有效处理自然语言与人工语言关系,既要考虑网络利用者在自然语言应用方面的检索需求和习惯,也要善用人工语言的原理和优势,对自然语言进行有效处理和规范化控制,将自然语言的"自由化"和人工语言的"受控性"有机结合,从而提高网络档案信息检索的效率。

第六节 效率指标差异化

检索效率是单位时间内利用检索工具得到的检索结果的数量、质量及有效性。档案信息检索的效率可以通过一些指标予以衡量。传统指标中,最基本的指标是检全率与检准率。网络档案信息检索中,检全率、检准率的补数漏检率、误检率也成为衡量档案信息检索效率的指标。传统档案信息检索效率指标还包括检索速度、检索方便性和检索成本效益。在网络档案信息检索中,又包括了检索工具收录范围、检索工具信息更新率、检索结果的相关度等指标。

在诸多效率指标中,代表检索全面性和准确性的检全率与检准率是主要指标,任何检索工具的编制和每次检索策略的制定均要衡量和考虑这两个指标。但是,这两个指标是一对矛盾,即在档案机构编制检索工具时或是在检索者制定检索策略时,若想提高检全率,检准率就有可能会下降,反之亦然。在网络档案信息检索中,不同国家或机构在编制检索工具时,对检全率与检准率会有不同的考虑和侧重,例如,在档案机构编制档案信息检索工具时,美国的档案机构相对重视检全率,而我国的档案机构相对重视检准率。对中国档案工作较为了解的美国档案工作者威廉·W.莫斯亦持此种观点,他曾描述美国的档案检索"广泛而深入,通过对所有的各个系列甚至许多个全宗的'探险旅行'来提供可以找到的所有有关的材料",中国的档案检索"偏重于为了特定的和完全有限的目的而对某一个案卷和文件进行检索"[①]。档案机构这种对检索效率的侧重习惯延续到了网络档案信息检索工具编制当中。但是,在网络环境下,检索者制定检索策略时,他们会根据自己检索需求的不同而对检全率与检准率产生不同的期待,有的检索者的检索需求希望检索结果更加全面,有的检索者的检索需求希望检索结果更加准确,即使是同一个检索者,针对不同的检索也会在检全率与检

---

① 威廉·W.莫斯.中国印象[J].档案工作,1993(9).

准率间反复横跳，即检索者对效率指标的期待呈现出差异化。

效率指标差异化不仅仅体现在检全率与检准率之间。由于网络档案信息检索具有开放性和自由性，不同检索者不同的检索需求对前文所述众多的指标的期待都会产生差异。

一、网络档案信息检索效率指标

（一）检全率

检全率（recall ratio，以"R"标识）又称查全率、命中率，是指检索结果中相关的档案信息数量与检索工具中全部相关档案信息数量的比率。它是评价检索工具和每次检索执行情况的重要定量指标。

在网络档案信息检索中，如果利用者是使用档案机构提供的网络档案信息检索系统①进行检索，则检全率（R）=（检索结果中相关的档案信息数量/网络档案信息检索系统中相关档案信息总量）×100%；如果利用者是使用网络信息检索工具②检索，由于该工具对应的相关网络档案信息瞬息万变、范围广泛，其总量难以准确统计，则检全率无法准确计算。但是，此时它还有保留的必要，主要是作为评价利用者检索需求满足程度的指标。

（二）检准率

检准率（precision ratio，以"P"标识）又称查准率、相关率，是指检索结果中准确相关的档案信息数量与检索结果的档案信息总量的比率。它是评价检索工具和每次检索执行情况的重要定量指标，是衡量检索结果信噪比的定量指标，是最为重要的检索效率指标。

在网络档案信息检索中，如果利用者是使用档案机构提供的网络档案信息检索系统进行检索，则检准率（P）=（检索结果中相关的档案信息数量/检索结果的档案信息总量）×100%；如果利用者是使用网络信息检索工具进行检索，检准率同样无法准确计算。但是，此时可以进行抽样计算，即从检索结果中抽取部分结果来计算检准率。一般此类抽样计算从前往后连续抽样，由此，检准率转变为"前 x 项命中记录检准率"，可以判断网络信息检索工具对垃圾信息的抗干扰能力，易于操作且具有价值。

（三）漏检率

漏检率（omission ratio，以"O"标识）是指未列入检索结果的相关档案信息数量与检索工具中全部相关档案信息数量的比率。它是检全率的补数，即漏检率

---

① 参见本书"第四章 新媒体环境下网络档案信息检索工具与平台的创新发展——第一节 网络档案信息检索系统"。

② 参见本书"第四章 新媒体环境下网络档案信息检索工具与平台的创新发展——第三节 网络信息检索工具"。

（O）=1-R。

（四）误检率

误检率（noise ratio，以"N"标识）是指检索结果中不相关的档案信息数量与检索结果的档案信息总量的比率。它是评价检索工具和每次检索执行情况的重要定量指标，是检准率的补数，即误检率（N）=1-P。

（五）检索速度

检索速度是指检索工具每秒处理的检索提问数。它是检索效率的重要指标，检索速度越快，检索效率越高。多数情况下，人们也用响应时间表示检索速度。响应时间是指利用者提交检索式到获得检索结果显示所需的时间。响应时间越短则检索效率越高。

在网络档案信息检索中，检索速度仍然是重要指标，不可忽视。检索速度主要受检索算法、硬件、上网方式和网络传输速度等影响。在一些检索工具中，检索速度还受检索历史记忆影响。有些检索工具会对历史检索及其检索结果进行记忆，基于这些记忆基础之上，检索词使用次数越多则检索速度越快，生僻词检索会延缓检索速度。

（六）检索方便性

检索方便性是指档案信息检索易于实现且对应的检索工具易于使用，使得利用者能够方便容易地检索到所需信息。

在网络档案信息检索中，检索方便性包括但不限于以下方面：一是利用者能在网络中方便地找到适用的检索工具实现档案信息检索。二是检索工具操作简单，不需要额外的学习或培训。三是检索工具界面友好，易于使用。有些检索工具能够做到检索者自主打造个性化界面。四是信息提示与帮助功能完善。信息提示包括菜单、导航、字典、功能提示、警告报警等。帮助功能包括热键、功能说明、联机帮助、FAQs、在线咨询等。其中，FAQs能够处理多数档案利用者在使用过程中遇到的共性问题。五是检索结果易于下载使用。在权限允许和不侵犯知识产权的范围内，网络档案信息检索结果应包括尽量多的信息并易于下载使用。

（七）检索成本效益

检索成本效益是指在检索实现过程中投入或付出的成本以及获得的效果和有效性。一般通过定性的成本效益分析或定量的成本效益比来对检索工具的编制或具体的检索过程进行评估。

在网络档案信息检索中，检索成本效益需要从档案机构和利用者两个角度考虑。

档案机构投入的成本是指档案机构编制网络档案信息检索工具并在网络中发布投入的费用，包括著录标引费用、软件开发费用、网络发布费用、硬件费用等。档案机构检索效益主要是满足了各方利用型、收集型、鉴定型、编研型检索需求，取得了社会效益和经济效益。

利用者付出的成本主要是其在检索过程中所付出的时间、精力、网费、检索费用等代价。其中,网费、检索费是可以量化的有形成本;时间、精力是难以量化的无形成本。利用者的检索效益主要是指最终的检索结果是否满足了其检索需求,包括是否帮助其解决了特定问题,是否使其得到了相关信息和知识,是否使其得到满足感乃至心情愉悦等。其效益同样包括可以量化的和难以量化的两方面。

(八)检索工具收录范围

收录范围是指一个检索工具所覆盖的档案信息的广度和数量。它是评价网络档案信息检索工具的首要指标,体现了检索工具的宏观完整程度,关系到该检索工具能否全面满足利用者的检索需求。

在传统的档案检索中,检索工具收录范围仅限于一个档案馆(室)内的档案信息,可以准确计算检索工具所收录的信息与馆藏档案信息的比率。而在网络档案信息检索中,检索工具一般是跨馆(室)、跨机构、跨媒体的,此时,其广泛的收集范围将极大地取信于利用者,并前所未有地为档案信息检索提供便利。如果使用网络信息检索工具进行网络档案信息的检索,则网络信息检索工具的收录范围理论上可以涉及整个网络的信息,难以衡量和计算,但可以进行范围描述。

(九)检索工具信息更新率

笔者认为,检索工具信息更新率是网络档案信息检索效率的崭新指标,它包括检索工具信息更新的频率及现有信息量与目标信息量的比率。

由于人力、财力、时间等因素限制,也由于档案信息随着归档工作不断补充,网络档案信息检索工具一般都是阶段性建设的,需要持续录入信息或每一段时间补充更新信息。由此,信息更新率成为重要效率指标,例如,美国国家档案馆的NAC自网站建成以来持续更新档案信息,更新频率为每周一次,现有信息量与全部馆藏档案信息量的比率为95%[①]。可见,NAC对美国国家档案馆的馆藏档案信息具有非常高的覆盖率,同时具有较快的更新频率,这为保证美国国家档案馆馆藏的检全率奠定了坚实基础,从而可以评估其检索效率较高。

(十)检索结果的相关度

检索结果的相关度是指作为检索结果的信息与检索式的匹配程度。

在网络档案信息检索中,多数网络信息检索工具[②]会采用特定的规则对命中信息的相关度进行分析、计算和评价。其中,特定的规则各不相同。例如,有的网络

---

① NARA.About the National Archives Catalog[EB/OL].[2022-02-10].https://www.archives.gov/research/catalog.

② 参见本书"第四章 新媒体环境下网络档案信息检索工具与平台的创新发展——第三节 网络信息检索工具"。

信息检索工具按检索词频次计算相关度,检索式中的检索词在网络信息中出现的频次越高则相关度越高;有的网络信息检索工具按信息访问量计算相关度,信息被访问次数越多则相关度越高;还有的网络信息检索工具制定了独特的规则,例如,百度搜索引擎将内容分析和超链分析相结合形成智能相关度算法,通过客观分析网页包含的信息进行相关度评价,最大限度保证了检索结果的相关度[①]。

在分析和计算相关度之后,多数网络信息检索工具都可以自动或手动地按照相关度排序。鉴于网络信息检索工具的检索结果往往过于庞大,进行相关度排序是对检索结果进行的有效处理。使用网络信息检索工具检索档案信息的利用者一般不会也不可能将所有的检索结果查阅一遍,按相关度排序将检索工具认为的匹配程度最高的信息排在最前,有利于节省检索者的时间并提高检准率。

一些功能较为全面的网络档案信息检索系统[②]也参考网络信息检索工具对检索结果的相关度进行评估并提供按相关度排序功能。

二、不同检索需求效率指标的差异化

上述检全率、检准率、漏检率、误检率、检索速度、检索方便性、检索成本效益、检索工具收录范围、检索工具信息更新率、检索结果的相关度十个效率指标,任何网络档案信息检索工具在功能上都很难兼顾。不同的网络档案信息检索工具根据工具编制的目标、使用对象等实际情况,会对不同的指标有所侧重,存在差异。同理,不同的利用者及其不同的检索需求,在检索效率指标方面的要求、期待及容忍程度是具有差异的。利用者检索需求效率指标的差异化可以从不同角度分析。本书从利用者查阅档案信息目标的不同将网络档案利用者分为专业型利用者和休闲型利用者,从而分析二者在效率指标需求上的差异。

(一)专业型利用者侧重的效率指标

专业型利用者是指检索查阅档案信息具有明确目标的网络利用者,即是为了解决其某一具体问题而检索查档。

专业型利用者有着明确的专门的目标,他们迫切希望能够在爆炸式增长的网络信息中不受信息污染的干扰,方便快速地检索到针对性强、高质量的信息,解决自己特定的个性化问题。可见,其侧重的效率指标主要是高的检准率、快的检索速度和高的检索方便性。其中最主要的指标是检准率,如果该指标能够得到满足,则专业型利用者对较低检索速度和较差的检索方便性具有一定的耐受度。例如,当某个利用者想利用档案中的事实或数据解决其专业研究中的某个问题时,他对该次检索

---

① 高松.网络信息检索效果评价及其优化研究[D].长春:吉林大学,2002:20.
② 参见本书"第四章 新媒体环境下网络档案信息检索工具与平台的创新发展——第一节 网络档案信息检索系统"。

效率指标的期待是准确和快速，即希望所用的检索工具具有检准率，同时检索速度快。此时，如果得不到描述该事实或数据的原文，他有可能放弃对原文作为检索结果的期待，转而通过其他途径或图书等文献解决该专业研究问题。但是，当他想利用档案原文为其打官司做凭证时，如果仅通过网络得到该档案的线索，需要到馆取得原文或与档案馆联系后由档案馆寄送原文，此时因为档案的唯一性，只要能解决其问题，得到原文的速度慢些利用者也能够理解和忍受。

（二）休闲型利用者侧重的效率指标

休闲型利用者是指检索查阅档案信息没有明确目标的网络利用者，而是在于满足精神层面的追求，获取一些感兴趣的休闲性、知识性、文化性的档案信息。随着社会经济水平和公众文化素质的提高，此类利用者数量正快速增长。

休闲型利用者希望其利用解密档案信息窥视历史的好奇心、了解本地民俗的兴趣、知识更新的愿望等各项需求能够相当便捷地得以满足，就其关注的检索点得到全方位与综合化的档案信息。可见，其侧重的效率指标主要是高的检全率，同时也希望有快的检索速度和高的检索方便性。同时，此类利用者对指标低下的耐受度较低，即在检全率、检索速度、检索方便性中，哪一个指标低下都有可能使其直接放弃检索查阅行为。

第四章　新媒体环境下网络档案信息检索工具与平台的创新发展

网络档案信息检索工具是在网络环境中实现档案信息存储和查找的工具，具有沟通档案信息资源与利用者的桥梁作用。根据检索资源范围，网络档案信息检索可以分为特定范围的检索和不确定范围的检索，不同的检索使用的工具有所差别。

特定范围的检索是针对某一个或某几个档案馆（室）的馆（室）藏档案信息或专题档案信息，在特定的、有序的档案信息集合中进行查找匹配。特定范围检索实现的手段主要有网络档案信息检索系统、网络档案专题数据库等专用检索系统。

不确定范围的检索有可能是在有序的档案信息集合内进行的，也有可能是针对网络中全部或部分无序的信息集合进行的，还有可能先从无序的信息集合再到有序的档案信息集合。[①]这种检索实现的手段主要是搜索引擎、网络目录等网络信息检索工具。

此外，在开放的新媒体环境下，要实现更高效的网络档案信息检索，往往仅用一个检索工具是不够的，而是需要有多种功能的多种工具并把它们集成在一起，此时，就有了平台的概念。平台是各类信息管理与服务的承载，是融合了理念、内容、技术、工具、方法、产品的自组织、一体化、多角色、包容开放协同的生态系统，同时也是各类信息到达利用者的复合形态与多元路径。在网络档案信息检索中，有可能需要建设集成的检索平台，或者是将网络档案信息检索功能集成到服务平台、数字档案馆平台等其他各类平台当中。

第一节　网络档案信息检索系统

一、网络档案信息检索系统的内涵与外延

档案信息检索系统是由档案机构编制或购置的专门针对档案信息进行存储与查找的软件程序。它将 Web 技术与数据库技术相结合，将档案信息数据库及其检索系统建立网络链接，支持以 HTML 等格式对其进行访问。

---

① 赵屹.档案信息网络化建设［M］.北京：北京图书馆出版社，2003：160.

从应用范围上划分，档案信息检索系统可以分为单机版和网络版两个种类。

单机版档案信息检索系统是指检索软件及其数据安装存储于同一台计算机上，人机交互、按多种方式检索、计算处理、输出检索结果等检索的实现均在该计算机上完成。最初的档案信息检索系统是单机版，随着网络的发展和普及，网络版档案信息检索系统已经成为主流。

网络档案信息检索系统也称在线档案信息检索系统，是指档案信息检索系统的网络版形式。它由档案机构和档案工作者进行信息组织与数据管理，其信息集中统一且数据质量高，是档案信息资源共享中效率最高的现代化措施。因此，采用网络档案信息检索系统实施网络档案信息检索，其专业性、专指性、可靠性是最高的。

早期的网络档案信息检索系统主要采用客户机/服务器结构（Client/Server结构，简称C/S结构，也可称为客户机/服务器模式）在用户数目有限的局域网内使用。客户机/服务器结构的网络档案信息检索系统分为客户机和服务器两个层面，客户机具有独立的数据存储和数据处理能力，系统的计算和数据被合理地配置于客户机和服务器两端分割完成，从而实现计算机资源最佳的分配和利用，有效降低服务器运算量以及网络通信量，提高系统整体效率。

随着网络技术的发展，改进型的浏览器/服务器结构（Browser/Server结构，简称B/S结构，也可称为浏览器/服务器模式）兴起。浏览器/服务器结构的网络档案信息检索系统的数据服务、业务逻辑、工作界面等程序运行完全在服务器端实现，而客户端只需要安装和运行浏览器向服务器端发送请求并对服务器端返回的数据进行处理和显示。浏览器/服务器结构的网络档案信息检索系统最大的优点是利用者只要有一台能上网的设备（计算机、笔记本电脑、平板电脑、手机），就能在任何地方操作系统进行档案信息检索而不需要在个人设备上额外安装专门的检索软件，这提高了服务器上集中存储的数据的安全性，同时降低了客户端的计算机载荷、降低了档案信息检索系统维护与升级的成本和工作量。在新媒体环境中，浏览器/服务器结构已经成为网络档案信息检索系统的首选体系结构。

二、网络档案信息检索系统的结构与功能

网络档案信息检索系统包括硬件、软件与数据。本书的网络档案信息检索系统的结构与功能主要指其中软件的结构与功能。

网络档案信息检索系统结构参见图4-1。基于网络技术架构和软件开发技术，从逻辑上可以将网络档案信息检索系统分为表示层、业务层、数据层三层。

第四章　新媒体环境下网络档案信息检索工具与平台的创新发展

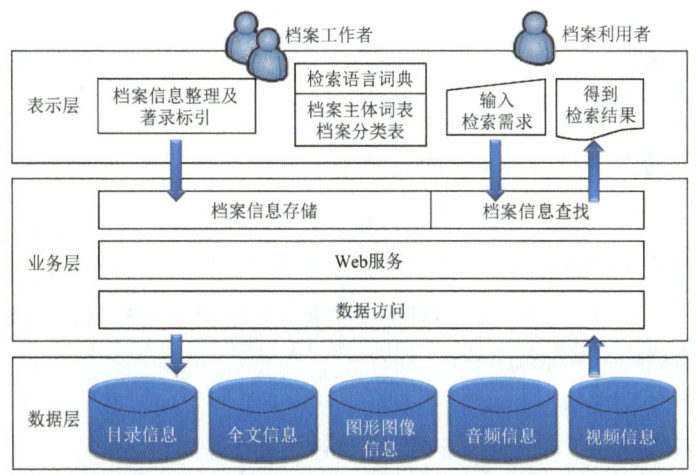

图 4-1　网络档案信息检索系统结构示意图

表示层直接面向系统用户处理用户应用，包括档案工作者应用与档案利用者应用两个部分，实现检索系统的输入与输出。档案工作者的应用主要实现档案信息整理、著录标引、信息录入、信息维护、词典维护与应用等功能。前文①提到，网络档案信息检索工具需要持续录入信息或每一段时间补充更新信息，即实现信息录入和信息维护功能。信息在录入补充前需要经过整理及著录标引，其间有可能需要借助档案主题词表和档案分类表等检索语言词典，涉及词典维护、展示与应用功能。档案利用者的应用主要包括检索词输入功能和检索结果显示功能，通过工作界面输入检索需求并得到检索结果，对检索结果予以显示、播放。其中还涉及用户登录、注册和授权、利用者身份验证等相关功能。

业务层处理检索系统的业务规则、数据访问、合法性校验等具体问题，在进行逻辑判断后执行相应操作。其功能一是依据业务规则实现档案信息存储和查找的检索业务逻辑。档案信息存储业务主要是将完成整理和著录标引的档案信息按一定格式保存并补充更新相关数据库。档案信息查找业务主要是对利用者输入的检索词进行分析，并转换为标准化检索语言（Standard Query Language），形成检索式。在转换形成检索式的过程中，如果包括主题检索和分类检索，还可能需要访问档案主题词表和档案分类表规范主题词或分类号。二是通过 Web 服务与网络远程数据建立连接并把检索结果返回给表示层显示。三是通过数据访问实现将档案信息存储到数据库中、在数据库中进行匹配运算、从数据库中输出检索结果等数据操作和控制。

数据层的功能是基于数据库基础之上存放档案目录信息、档案全文信息、图形

---

① 参见本书"第三章 新媒体环境下网络档案信息检索需求的新发展——第六节 效率指标差异化——一、网络档案信息检索效率指标——（九）检索工具信息更新率"。

图像档案信息、音频档案信息、视频档案信息等数据。全文信息、图形图像信息、音频信息、视频信息等可以存入数据库内，也可以建立文件夹单独存储并在目录信息数据库中建立链接。

三、网络档案信息检索系统的开发

网络档案信息检索系统的开发是以检索软件研制为中心。早期的网络档案信息检索系统的开发中，档案机构一般自行组织协调有关的技术力量，针对本机构实际研制检索软件。随着信息技术发展和分工细化，现在更多的档案机构将开发工作进行外包或是直接购买系统和服务。

完整的网络档案信息检索系统开发过程分为系统规划、系统分析、系统设计、系统实现、系统发布、系统运行维护、系统评价七个步骤。

（一）系统规划

系统规划是经过规划前调查、可行性分析后确定系统开发的目标和规模，解决系统"做什么"的问题。

规划前调查是对网络档案信息检索系统开发进行大致的了解，内容包括明确系统建设的基本需求、数据管理情况、系统基础情况（例如，是否已有单机版检索系统，如系统的数据、特点、运行情况等）、开发资金、时间要求等。

可行性分析是通过定性方法与定量方法分析和估算系统的网络环境、现有技术和当前主流开发方式、系统建立前后的功效、系统可能产生的效益以及系统开发所需的人力、物力、时间、费用等。

确定系统开发的目标和规模主要是明确系统开发需要实现的目标、预期系统规模大小、制定系统的开发战略和总体方案、编制合理的开发计划。

（二）系统分析

系统分析也称逻辑设计，是从总体上、全局上分析思考系统的每一部分，建立起系统的逻辑模型，解决系统应该"是什么"的问题。

系统分析一是分析系统功能、业务流程、数据流程、数据和数据间关系以及系统功能和数据之间的关系，提出系统逻辑方案；二是分析系统开发中的主要问题，提出解决思路和方案。

在系统分析中，要特别加强对档案数据的分析。在计算机科学中，所有输入计算机并被计算机程序处理的符号统称为数据。数据是对客观事物的符号表示，在检索系统中，档案的内容信息以及对档案著录标引得到的特征信息都成为系统处理的数据。网络档案信息检索系统之所以称其为档案信息检索系统而不是别的检索系统，是因为其处理的对象是档案数据。在系统分析中要明确检索系统处理的数据除特征信息外是否包括内容信息、除档案目录信息外是否包括档案全文信息、除文本信息外是否包括多媒体信息等。

系统分析的主导者一般是系统开发人员中的高级工作人员——系统分析员。而系统分析员一般精通计算机技术、具有较好的系统分析和设计能力，但并不了解档案工作和档案检索。因此，档案机构和档案工作者要在系统分析中发挥重要作用，提出合理的功能需求。系统分析员以此为基础对检索功能加以分析，形成功能体系，直观地反映系统开发目标和具体业务组成。

（三）系统设计

系统设计是在系统分析建立的逻辑模型基础上进行物理设计，主要包括总体结构设计、模块结构和功能设计、数据库设计、代码设计、输入输出设计。

总体结构设计是从总体上进行网络设计和硬件的选择、确定网络结构和接入方式、明确网络硬件等设备的分布和位置。

模块结构和功能设计将整个系统拆解为一个个的功能模块，确定模块间的连接方式和每个模块内部的功能与处理过程。网络档案信息检索系统一般具备数据管理、检索式构建、比对匹配、结果输出、二次检索、统计分析、系统维护、网络发布等基本功能。数据管理实现系统基础数据的录入、增加、删除、修改、浏览、存储；检索式构建是在后台将利用者输入的检索词转换为适当的检索式；比对匹配是在后台数据库中比对与检索式相匹配的记录，并予以定位；结果输出是对检索结果实施排序、显示、打印、保存到指定载体等输出功能；二次检索是针对检索结果集再次进行检索；统计分析主要用于综合数据的生成、统计，并生成各类报表；系统维护是完成数据库的安装、数据的备份与恢复、数据的上报与汇总、本检索系统的管理与升级、代码维护、权限表维护等；网络发布是以通用网关接口（CGI）、Java 数据库互连接口（JDBC）、应用编程接口（API）等技术方式与 Web 挂接，并通过浏览器提供检索界面。除上述一般功能外，不同的网络档案信息检索系统还具有各自的一些特色功能。例如，对多媒体数据维护功能、全文检索功能、权限管理功能、档案密级控制功能、电子文件移植与重建功能等。

数据库设计首先是确定数据库的逻辑结构，简称数据结构，即确定数据表的名称及表内字段的名称、数据类型、取值范围和完整性约束条件等；其次是确定数据库的物理结构，包括存取方法和存储结构。在 2022 年前，网络档案信息检索系统数据结构主要依据 DA/T 18—1999《档案著录规则》设计，包括题名、责任者、时间、分类号、档号、主题词、关键词、文件编号、密级、保管期限、提要等。2022 年，该标准更新为 DA/T 18—2022。从档案工作角度看，数据结构就是决定对档案进行著录和标引的项目，进而确定检索途径。因此，数据结构设计是系统设计的关键内容，它决定了检索系统能回应哪方面的检索提问和显示档案的哪些特征信息。

代码设计是将系统管理的对象数字化或符号化，以便其能够被计算机识别、存储、处理和传递,包括外部编码、内部编码和信息交换码的设计。

输入输出设计是确定输入方式、输入数据的内容、界面的形式、输入的方式以及检索结果显示的方式、输出设备等。

（四）系统实现

系统实现是网络档案信息检索系统的物理实现,主要包括编程、数据准备、硬件置备、系统测试、人员培训。编程是程序设计员进行程序设计、选定编程语言和开发工具,按照系统设计方案具体编写程序实现系统设计的各项内容;数据准备是档案工作者对档案进行著录标引,为系统准备好准确、规范、适用的档案数据;硬件置备是硬件维护人员购买或配置相应的硬件设备;系统测试是各类人员利用各种数据、条件和操作对系统进行试验,找出系统存在的问题并加以修改;人员培训是由系统分析设计人员培训业务人员或系统管理员。

在系统实现中,档案机构的重点工作是数据准备。档案信息是纷繁芜杂的,要进行检索,必须对其经过适当的取舍、加工、整序,使之变得准确、规范、适用并构成虚拟的有序状态,才能为检索系统所访问并与检索词进行匹配。数据准备是将传统档案以手工方式进行整理,电子档案进行虚拟整序,以档案著录规则或元数据方案为依据,按照检索系统要求加工处理档案信息,使之成为检索系统可用的档案数据。

档案数据是检索系统实现的基础和前提条件。软件与计算机不具备人脑的思维能力,完全按照输入的检索词、构造的检索式或其他标识进行机械"匹配"来命中检索结果。网络档案信息检索系统的检全和检准质量完全取决于所用检索词及其组配关系。为了在所得检索词的基础上正确构造检索式、高效进行查找匹配,必须较好地进行数据准备。档案数据质量如何,直接关系到检索系统的成败,影响检索系统的效率。

在数据准备工作中,档案的著录标引是中心环节,是数据的形成手段和检索途径的生成基础,它决定了检索所能达到的深度,是数据质量与数量的保障,是提高检索系统科学性、实用性的关键。网络档案信息检索系统要实现良好的存储功能与检索功能,著录标引必须做到依据科学、覆盖率高、项目完备、内容详细、专指性高,能够准确地揭示档案的内容特征和形式特征。只有著录标引取得高质量的档案数据,才能够指引利用者检索到所需的档案信息,也才能够帮助档案工作者正确地了解档案信息的内容和价值。著录标引工作出现差错,将直接影响档案信息检索系统的质量,降低其效能,严重的会使其丧失应有的作用。

要实现对电子档案的有效管理也离不开著录标引。电子档案管理不仅需要对其内容信息进行存储,即管理一次档案信息,同时也需要将电子档案加工成二次信息同时进行存储。二次信息描述和揭示电子档案的内容、背景和结构,准确、详细地揭示电子档案的形成机构、处理过程、主题内容、物质形态、科学价值,从而区别相互之间的异同,方便检索系统准确迅速地检出所需的电子档案。这些二次信息只有通过著录标引才能获得,不论著录标引是自动化、半自动化还是人工完成。

（五）系统发布

档案信息检索系统开发完成后,需要将系统以网站的形式发布在互联网、政务外网、政务内网或内部局域网上,供网络利用者访问使用。发布的流程通常包括三个步骤：系统安装、域名申请、发布测试。

系统安装是指根据系统的架构和配置要求在相应的硬件和操作系统中安装部署。系统可部署在专用的联网服务器中,也可以在云端部署,即使用虚拟的硬件和操作系统环境,部署方式一致。通常,首先需要安装检索系统后台的数据库系统,然后安装 Web 服务器软件,并将检索系统应用部署到此 Web 服务器上,并按照系统配置要求进行相应的软件配置。如果检索系统使用了 Solr 等分布式检索框架,还需要首先安装这些框架系统。

域名申请是在系统安装完成后,为检索系统申请网络域名。域名申请需要与网络管理人员沟通,将检索系统作为网站申请一个域名,与系统安装部署的服务器 IP 绑定。如果档案检索系统是挂接在门户网站,例如挂接在档案馆主页或单位的主页上,则不需要申请域名,直接使用门户网站的域名即可。

发布测试是在检索系统网站部署好后,由管理人员使用浏览器打开网站的 URL（Uniform Resource Locator,统一资源定位符）地址,对检索系统功能进行测试试用,检查是否有问题。如果功能正常,即可将检索系统的 URL 发布给利用者供其使用。

（六）系统运行维护

系统运行维护是在系统交付使用后进行日常维护,主要包括硬件维护、软件维护和数据维护。硬件维护是对设备进行保养和修理。软件维护是当系统运行环境或因素发生变化时,例如,利用者需求变化、系统在运行中表现出某些缺陷、硬件设备创新等,对软件系统进行调整、改进和完善,使其不断适应变化的环境和因素。数据维护是不断补充新的数据,并检查已有数据的质量,保障数据的完整与安全。数据维护是网络档案信息检索系统活力与生命力的体现,对检索效率的影响更为直接和重要。

（七）系统评价

系统评价是考查、评审和测定系统的质量与效益。质量评价内容主要包括系统是否达到预期目标、技术性能是否达到设计要求、是否实现良好的数据管理、检索结果输出质量、系统的检索效率等。效益评价内容主要包括是否能够满足不同类别利用者的检索需求、系统用户满意度等。此外,系统评价内容还包括明确系统需要改进和扩充的方面。

四、网络档案信息检索系统的使用

网络档案信息检索系统完整的使用过程可以归纳为分析信息需求、定位检索系统、选择检索途径、输入检索提问、构造检索式、进行比对匹配、显示检索结果、调整检索策略、使用特定技术九个步骤。

（一）分析信息需求

使用网络档案信息检索系统首先通过分析明确对所要检索的档案信息的需求。

宏观上，明确对档案信息的需求主要包括三个方面：一是明确一次档案信息检索的目的是利用型、收集型、鉴定型还是编研型，如果是利用型，进一步明确是凭证型、研究型、参考型还是休闲型利用；二是明确对档案信息形式的期待，是需要进行目录检索还是全文检索，是否需要进行图形图像档案、音频档案、视频档案的检索；三是知晓最终的检索任务是否仅获得网络档案信息即可，是否需要检索档案实体、是否期待获得知识服务。

微观上，明确对档案信息的需求主要是确定大致的检索范围，明确检索的信息内容，并将内容用若干字或词语表达出来，表达同一概念的同义词应尽可能地列出，并确定这些字词相互之间的逻辑关系，形成检索提问。

（二）定位检索系统

欲使用网络档案信息检索系统，必须先在网络中找到它，在网络中定位到检索系统的 URL，即相关网址。

当前网络中的众多档案信息检索系统，基本都是由各个档案机构发布的，多数发布于本机构档案网站之上。这些系统的收录范围、检索功能各不相同，它们犹如一个个的信息岛漂浮在网络信息的海洋中。对于网络中一般的利用者来说，要定位到符合其检索范围的检索系统是存在一定难度的。对于档案信息检索系统提供者来说，在网络中找到适当的方法宣传、推广系统和档案检索知识，提升利用者对网络档案信息检索系统的了解与选择是新媒体环境下的必要工作。

（三）选择检索途径

检索途径，也称检索入口，是指检索工具为检索者提供的得到所需档案信息的路径，即检索者需要利用信息的何种特征来查询得到相关信息。

检索途径的提供与系统数据库设计密切相关。一般来说，检索系统所能提供的检索途径几乎都是其数据库中的字段。因此，正如前文[①]所述，当前我国网络档案信息检索系统设置的检索途径主要是依据《档案著录规则》设计的题名、责任者、时间、分类号、档号、主题词、关键词、文件编号、密级、保管期限、提要等。每一个检索途径都有其特定的作用，也有其优越性和局限性。图 4-2 和图 4-3 分别显示了吉林省档案信息网和黑龙江档案信息网的检索途径情况。吉林省档案信息网提供的检索途径包括档案标题、责任者、归档年度。黑龙江档案信息网提供的检索途径包括档案号、档案标题、责任者、文号、文件年代。可见，题名和责任者是多数档案机构会提供的检索途径，因为是面向网络利用者，"题名"这个术语过于专业，

---

① 参见本节 "三、网络档案信息检索系统的开发——（三）系统设计"。

两个检索工具都将其改为"档案标题"以方便利用者理解。此外，时间是检索途径中的必要项，但各检索工具的时间途径限定各不相同，有的是文件形成时间、有的是归档时间、有的是起始时间。

图 4-2 吉林省档案信息网的检索途径①

图 4-3 黑龙江档案信息网的检索途径②

---

① 网址为 http://www.jlsda.cn/G_DACXJG_W.jsp?urltype=tree.TreeTempUrl&wbtreeid=1007.

② 网址为 http://www.hljdaj.gov.cn/fwdt/dacx/.

利用者根据信息需求分析形成的检索提问选择适合的检索途径。选择的检索途径不同，检索的效果会存在差异。如果从一个途径检索不到所需信息，可以尝试换另一个途径检索。检索途径的选择取决于检索系统对检索途径的设置以及检索者对档案信息线索掌握的程度。在检索途径设置的基础上，利用者还可以进行多途径组配检索。

（四）输入检索提问

输入检索提问是指在选择的检索途径中输入表达检索需求的检索词。检索词是检索提问用语，例如针对责任者途径输入的形成档案的机构名或人名是检索词，针对分类途径输入的分类号是检索词，针对档号途径输入的档号是检索词。

检索词决定了检索的专指度，即表达检索需求的确切程度。应优先选用特定概念或专业术语等专指的检索词，适当配合自由词，避免因使用太宽泛的词而失去检索意义。

先进的检索系统会在后台借助词典等各种功能对检索词进行规范处理。处理手段包括但不限于拼写检查、同义词归一、自动识别纠错、联想词提问、词形扩展、概念扩展等。

（五）构造检索式

在输入检索词的同时，检索者在前台运用检索系统支持的方法构造存在"逻辑与""逻辑或""逻辑非"关系的布尔逻辑检索式，形成检索提问表达式（简称检索式），完整而准确地反映检索需求。检索式是检索需求的具体体现，是一次具体检索的检索条件，决定着检索效果乃至检索成败。

合理构造检索式是提高检索质量的关键。构造检索式时，除了运用"与""或""非"的逻辑控制功能，还可以运用邻接检索等位置控制功能，截词检索、通配符检索、辅助索引、大小写区分等词形控制功能，范围限定、检域限定（例如限定搜索数据库的哪些字段）等限制功能，加权检索、模糊检索、语义控制等各种检索式控制功能①，使检索式更加切合检索需求。

根据检索需求，所构造的检索式可以很复杂，也可以很简单。对于多数普通的网络利用者而言，他们不具备构造复杂检索式的能力，因而先进的网络档案信息检索系统在提供检索途径时会分为简单检索和高级检索两种方式。简单检索方式提供有限的检索途径，可以实现简单的检索式；高级检索方式提供完整的检索途径和检索式构造技术，可以构造极为复杂的检索式。

（六）进行比对匹配

网络档案信息检索系统在后台将检索式转化为 SQL 语句等结构化查询语言去访问数据库，将检索式中的检索词与库中的档案信息及信息特征标识进行相符性比对，

---

① 参见本书"第五章 新媒体环境下网络档案信息检索功能的创新发展——第一节 传统功能的应用与加强"。

并对逻辑组配关系进行逻辑判断,将匹配的档案信息予以标识。比对匹配的质量受众多因素影响,包括匹配算法的效率、计算机系统的计算能力、网络的传输能力等。

（七）显示检索结果

网络档案信息检索系统按照预先设定的格式和要求,将进行比对匹配时予以标识的档案信息作为检索结果输出并显示。在显示检索结果时,检索系统会根据需要对检索结果做一些处理[①]。

（八）调整检索策略

检索者对检索结果进行浏览分析,若不符合检索需求或出现偏差,则需要及时调整检索策略,重新输入检索词,直至达到既定的检索目标。

调整检索策略包括开展进阶检索（也称二次检索）,增加或减少检索途径,扩大、缩小或变更检索范围重构检索式,通过精确检索与模糊检索转换、扩检功能等控制检索条件。

（九）使用特定技术

有的检索系统会提供一些特定技术,例如前文"（四）输入检索提问"提及的先进的检索系统会具有检索词规范技术。此外,还有检索过程回溯、检索式留存等多种技术。检索者在检索过程中可以使用这些特定技术。

还有一些检索系统考虑得较为周到。例如,考虑到网络利用者范围广泛、构成复杂,很多人没有检索的基本知识和对档案的基本了解,设计了一些消除数字鸿沟的方法。以天津市档案馆的网络档案信息检索系统为例,当利用者进入检索界面时,在尚未输入任何检索词时,系统就将库中所有信息列表予以显示了,如图4-4所示,可见库中信息记录共计323 113条。利用者可以直接翻阅目录信息从而取得对档案信息的感性认识。这一细节的设计,充分考虑了网络档案信息检索利用者的实际,细节虽小、作用巨大。

五、网络档案信息检索系统的特点

（一）针对性强,但集成功能不强

当前,网络档案信息检索系统绝大多数是由各级各类档案机构建设并上传网络的。如前文[②]所述,我国内地31个省级档案局（馆）档案网站,有23个提供网络档案信息检索工具,均为网络档案信息检索系统。这些网络档案信息检索系统的客体对象绝大多数是本档案机构的档案信息,针对性强。

---

① 参见本书"第五章 新媒体环境下网络档案信息检索功能的创新发展——第八节 从显示到操作：检索结果处理功能"。

② 参见本书"第二章 新媒体环境下网络档案信息检索实践与研究发展——第一节 实践发展现状——二、国内实践发展现状调查——（二）省级档案馆检索工具调查"。

图 4-4　天津市档案馆网络档案信息检索系统无需输入直接显示库中档案信息[①]

但是，现有网络档案信息检索系统尚未充分发挥网络的优势推动档案信息资源综合开发利用。从利用者角度看，现有网络档案信息检索系统的集成功能不强，各级各类档案机构的网络档案信息处于分散状态。若需要检索的同一问题的档案信息分散在不同的档案机构保管，则利用者只能先访问不同档案机构的网站，分别找到不同的档案信息检索系统，再进行相同的检索提问，才能分别获取到所需的档案信息。

（二）信息有序，但媒体形式单一

当前，网络档案信息检索系统针对某一个档案机构的馆藏信息、档案中保存的事实数据等档案信息进行检索。不同于其他网络信息的无序与混杂，这些档案信息绝大多数是经过档案机构的著录标引、加工处理、存储在数据库中的专业化的、结构明确的有序信息，检索后返回的检索结果是这些有序信息的子集，方便使用。

但是，现有网络档案信息检索系统是基于传统档案检索工具基础上发展而来的，以处理结构化信息为主，尚未很好地解决多媒体档案信息检索问题，检索对象的媒体形式较为单一。档案信息除了结构化的文本信息，还包含大量的图形图像、音频、视频等非结构化的多媒体信息。网络档案信息检索系统应该能够描述多媒体信息的内容，建立多媒体信息的链接，实现多媒体信息的半自动化乃至自动化组织，达到多媒体信息的低成本检索。

（三）途径多元，但全文检索稀缺

当前，网络档案信息检索系统一般都能提供多种检索途径进行检索。在传统档

---

① 网址为 https://www.tjdag.gov.cn/zh_tjdag/archives/catalogueSearching.html?type=mljs。

第四章　新媒体环境下网络档案信息检索工具与平台的创新发展

案检索中，一种检索工具例如分类目录、人名索引只能提供一种检索途径，利用者如果需要从多种角度展开检索，则需要使用多种检索工具，且它们之间无法进行组配检索。网络档案信息检索系统提供多元的检索途径相当于传统的多种检索工具，可根据利用者的检索需求从多角度对档案信息进行网状组配检索，基于检索途径间限定的逻辑关系得出检索结果。

但是，现有网络档案信息检索系统仍是基于对档案形式特征和内容特征著录、标引的基础上基于目录即二次档案文献信息开展匹配查找，而后部分检索系统能够提供全文链接去查看档案原文。目前除企业内部局域网的档案信息检索系统外，能够直接进行全文检索即基于一次档案文献信息开展匹配查找的网络档案信息检索系统还较为稀缺，互联网上尤是如此。全文检索根据利用者输入的检索式，在档案的全文内容中匹配查找相应的信息。基于二次档案文献信息的检索是将检索词与档案的著录标引词进行严格匹配，实质是字面的机械比较。而基于一次档案文献信息的检索目标是按照语义实现概念匹配。在新媒体环境下，全文检索的需求日益增长且实现的技术日益成熟，它应该成为网络档案信息检索系统努力的方向。

（四）功能尚可，但易用程度较差

当前，网络档案信息检索系统一般都具备对档案信息进行整理、存储、加工、补充、更新、查找、输出等基本功能，能够满足基本检索需要。

但是，现有网络档案信息检索系统多数沿袭了传统的、专业的档案检索工具的检索途径和方式，易用程度较差，主要表现在以下三个方面：一是标准化程度不高。各个检索系统检索途径不同、界面各异，在功能上多多少少会有些差异。利用者使用不同档案机构不同检索系统时，或多或少需要了解各系统的检索界面、输入方法、检索步骤，这对利用者存在一定的认知负担。二是帮助信息不全。现有网络档案信息检索系统帮助信息多数不健全，没有帮助功能、没有系统介绍、没有数据概览、没有检索步骤说明，这进一步加剧了利用者的认知负担，对利用者的检索知识提出了较高的要求。三是智能化水平不高。主要技术是基于字面的简单匹配，缺乏对检索词进行联想、分析、判断、提问。易用程度不高的网络档案信息检索系统难以适应新媒体环境下检索快节奏、高质量、高效率的要求。

（五）检准率高，但检全方面不足

当前，我国网络档案信息检索系统沿袭了传统档案检索中重视检准率的传统，在设计时依旧"偏重于为了特定的和完全有限的目的而对某一个案卷和文件进行检索"[①]。检全率与检准率永远是一对矛盾，重视检准率则检全方面就会存在不足。

鉴于网络档案信息检索是由检索者自主实施检索的过程，检索系统应适当采取

---

① 威廉·莫斯.中国印象［J］.档案工作，1993（9）.

措施提高检全率,将可能的信息尽量提供给检索者。如果检索结果过多,检索者完全可以通过调整检索策略进行自主筛选。

第二节 网络档案专题数据库

一、网络档案专题数据库的内涵

档案专题数据库是以利用者对某一类型或某一领域特定的信息需求为专题,以某一个或某几个档案馆(室)所藏档案信息为基础并适当结合各类档案信息,采用档案编研的原则和方法,对档案信息进行分析、甄选、提炼、编辑、组织、数字化等加工,利用数据库管理系统等相关软件平台建成的以数据库形式存在的有序化档案信息资源库。

网络档案专题数据库是指上网发布,通过网络向利用者提供利用的档案专题数据库。就其本质而言,网络档案专题数据库是一种编研成果。它是在信息化条件下以数据库形式存储的专题性档案编研成果。它与传统档案编研成果一样,是整合档案信息内容、开发档案信息资源、主动提供档案利用服务的有效方式。它与传统档案编研成果相比,在检索方面具有独特的优势,不仅检索快捷便利,还易于统计,可以通过汇总和分析对特定专题的档案材料进行深入探索和研究,因而在档案利用方面具有独特优势。2021年,中共中央办公厅、国务院办公厅联合印发《"十四五"全国档案事业发展规划》,强调"推动重点地区、重点单位建设专题档案数据库,建设国家级专题档案记忆库"。

二、网络档案专题数据库的内容

网络档案专题数据库的内容,主要是指在网络环境中档案机构一般确定哪些专题并围绕该专题选择哪些档案材料建设数据库。网络档案专题数据库的内容建设并没有一定之规,通常紧密结合部门、单位工作需要或档案利用者的特定需求,有效聚集和揭示与某一特定专题相关的有价值档案信息。在网络档案专题数据库建设中,档案室与档案馆建设内容各有侧重,基于局域网和互联网服务对象不同,在不同网络上发布的档案专题数据库的内容建设也会有所差异。

(一)档案室专题数据库的内容

档案室主要承办本单位各类档案的收集、鉴定、整理、保管、统计和利用工作,服务于本单位工作人员。很多单位档案室身兼多职,任务量大,能够开展专题数据库建设的人员和时间较为紧张,其档案专题数据库的内容一般都是紧密围绕档案室的工作内容和主要职责选定专题,在单位局域网上提供本单位利用较为频繁的档案信息，从而提高档案服务效益。档案室档案专题数据库的内容主要集中在单位大事、法规制度、人员管理、业务信息等专题上。

1. 单位大事专题数据库

单位大事专题数据库主要从单位的重要文件、会议纪要、宣传报道等档案中提炼本单位重大事项、重要活动的档案信息，用以记录单位主要活动，完整保存单位发展的历史脉络。

2. 法规制度专题数据库

法规制度专题数据库主要积累汇聚单位下发的各类规章制度，为单位开展各项工作提供依据。以专题数据库形式提供单位若干年度乃至有史以来的规章制度，检索利用快捷方便。

3. 人员管理专题数据库

人员管理专题数据库主要从人员聘用和职务记录文件、奖惩文件中提炼本单位人员聘用、职务调动及奖惩方面的信息。人员管理专题数据库对于消除人员信息不准确、难核实的问题具有重要作用，有利于加强人员管理。

4. 业务信息专题数据库

业务信息专题数据库主要从业务工作文件中提炼本单位业务人员所需的专业信息，以利于提高业务人员工作效率，促进业务工作发展。例如，中国石化工股份有限公司石油化工科学研究院建设了《炼油催化剂档案专题数据库》，在单位内部网络上提供利用。本单位工作人员坐在办公室检索，仅需几分钟的时间即可获取档案中各类催化剂的"生产原料、合成方式、工业应用、牌号、评议及鉴定意见、废剂废料资源化利用方式等知识"，还可以"通过直接导出检索结果及可视化数据分析服务，形成可编辑、下载的数据分析报告"，极大地方便了本单位工作人员的业务工作。①

5. 特色档案专题数据库

因单位职能不同、行业系统不同、专业领域不同、行政区划不同，每个单位的档案室所存档案都会有一些特色档案。建立特色档案专题数据库是档案专题数据库建设的"初心"。

例如，杭州市萧山区市政园林公用事业管理处承担区市政园林建设和养护管理工作，其保管的公园、绿地、道路等市政园林建设和养护管理档案具有专业特色且与社会公众密切相关。该单位 2006 年建设数字档案室时建设了市政道路、桥梁设施、路灯情况、古树名木、历年完成投资额五个档案专题数据库。②

再如，中航工业庆安公司在数字档案馆建设过程中，围绕公司科研、生产、经营、管理等工作中心，建设了大量档案专题数据库以网页形式发布于其数字档案馆

---

① 胡一鸣. 炼油催化剂档案专题数据库的建设及应用［J］. 化工进展，2021（S2）：192-197.
② 董月兰. 试谈市政园林档案专题数据库的建设［J］. 浙江档案，2008（8）：42-43.

网站。如图 4-5 所示，专题涉及本公司标志性建筑、重要会议、重要活动、专业信息技术服务、专业带头人、里程碑事件、职能发展情况、薪酬改革、专业产品、科研成果、因公出差等多方面。①

图 4-5　中航工业庆安公司数字档案馆中的专题库主页

（二）档案馆专题数据库的内容

档案馆负责承办业务管理范围内档案的收集、鉴定、整理、保管、统计和利用工作，集中管理永久档案并提供档案服务。由于档案馆保管的档案数量巨大，同时具有专职或兼职的档案编研人员，与档案室相比，档案馆建设档案专题数据库内容更为广阔和宽泛。档案馆档案专题数据库的内容主要可以概括为以下 6 个方面。

1. 辅助决策专题数据库

档案工作在辅助领导、机关决策方面具有重要作用。档案馆分析所属行政区域、系统、行业工作的实际需求，有针对性地建立领导、机关工作查考档案专题数据库，以辅助领导、机关的决策。

辅助决策专题数据库的建立，通过调查利用率高的档案，调查领导、机关当前工作需要等途径，了解档案利用需求的特点和范围，紧贴现实并着眼长远确定选题，同时结合馆藏实际开展数据库建设，为领导和机关了解历史情况和做出决策提供重要参考。

爱尔兰国家档案馆的在线数据库，提供了包括总理办公室档案数据库、农业部

---

① 霍夏. 数字档案专题数据库建设质量控制研究［G］//2012 年中国航空学会管理科学分会学术交流会论文集. 北京：中国航空学会管理科学分会，2012.

档案数据库、外交部档案数据库、财政部档案数据库等15个政府档案数据库,有专门的检索系统对这些数据库进行检索。①

2. 职能活动专题数据库

档案馆的档案来源于各单位各项职能活动,反过来又需要为各单位常规职能活动提供服务。专题数据库建设是主动提供便捷服务的重要手段。每个单位的职能活动千头万绪、纷繁复杂,专题数据库的建设不会面面俱到,一般都是围绕各单位的职能、突出中心任务、重大活动展开。不同的阶段,各单位职能活动会形成不同的中心任务,会有一些重大活动。档案馆紧贴中心、跟进任务,围绕职能活动不同时期的中心任务、重大活动建立各种专题数据库。

3. 社会热点专题数据库

社会热点问题是档案编研的重要选题内容,档案专题数据库的选题亦是如此。档案馆围绕社会热点问题建立专题数据库,在系统提供材料、全面反映问题、弘扬正义正气等不同方面发挥作用。

4. 历史文化专题数据库

档案馆保存着历史文化的原始记录,可靠性高、权威性强,是历史研究、文化传承的第一手资料。这些档案材料只有通过编研活动才能系统地、大量地提供利用。而在诸多编研成果类型中,专题数据库是提供历史文化史料的最佳形式。每一项历史研究、文化研究总是围绕一定的专题展开的。档案馆建立历史文化专题数据库发掘、梳理原始的档案文献,有助于研究各种历史活动的来龙去脉和关键细节,还原历史的真实面貌,也有助于发扬优秀文化传统。

浙江省档案馆建设了钱江大桥、汤寿潜档案、天香楼藏帖等档案全文数据库并在互联网上发布,为社会提供公众文化精品欣赏,也为本地文化研究提供参考材料。②

5. 民生档案专题数据库

档案馆接待的利用者中,有许多是缘于证明个人身份、证明婚姻情况、申请社会福利等民生方面的原因而查档。为此,近些年众多档案馆开始大力建设民生档案专题数据库,包括但不限于家谱族谱档案、婚姻登记档案、人事档案、房地权属档案、养老保险档案、社会福利档案、民政司法档案、知青档案、公证档案……用以方便社会公众获取相关证明,维护个人切身利益。

江苏省太仓市数字档案馆建立完善了婚姻档案数据库、独生子女证档案数据库、土地档案数据库、退伍士兵档案数据库等各类专题78个,目录数据约50万条,全

---

① 赵屹.档案信息网络化建设[M].北京:北京图书馆出版社,2003:169.
② 国家档案局技术部.档案信息资源开发利用试点经验汇编[M].北京:中国档案出版社,2008:160.

文数据 80 万页。

云南省档案局组织全省 38 个综合档案馆在 2018 年至 2020 年初步建成全省馆藏婚姻档案共享专题数据库，汇总 1951 年到 2018 年间婚姻档案数据约 132.8 万条，覆盖人口超过 200 万。该专题数据库持续补充完善，实现档案异地利用、跨馆出证。在交通不便、设施落后的条件下，为大量离乡人员（特别是外出务工人员）在全省范围内利用婚姻档案提供方便，免去他们返回原籍奔波之苦。①

6. 特色档案专题数据库

档案馆有各自不同的任务分工、收集范围和管理特点，因而与档案室类似，各档案馆保管的档案各具特色且都会藏有一些特色档案。这些档案的特色体现为地方特色、时代特色、历史特色、文化特色、民族特色、人物特色等多方面。

在专题数据库建设上，集中优势选择人无我有、人有我精的特色馆藏生成内容独特的网络专题数据库是档案馆在五光十色的网络信息环境中争夺眼球、获得关注的有效手段，也是提高档案信息利用服务水平的重要举措。

浙江省档案馆建设了《浙江省历史名人数据库》《浙江省革命烈士数据库》《浙江省民国阵亡将士数据库》《浙江省劳动模范数据库》《黄埔军校同学录数据库》《甲胄学堂同学录数据库》等一批珍藏档案专题数据库在互联网网站上发布。②

福建省龙岩市档案局（馆）建设了非物质文化遗产档案专题数据库，汇集闽西汉剧、山歌剧、采茶灯、木偶戏等具有闽西特色的非物质文化遗产的档案信息。③

云南省档案馆针对该省少数民族最多的特点建设了《云南民族档案资源专题数据库》并发布于该馆网站，内容包括傣族、布朗族、德昂族、佤族等 10 余类少数民族的文书档案、图书档案、照片、音像和实物档案信息。④

爱尔兰国家档案馆的在线数据库，除了 15 个政府档案数据库辅助决策数据库，还有妇女历史数据库、1791—1868 年爱尔兰——澳大利亚间移民数据库等特色档案数据库，有专门的检索系统对这些数据库进行检索。⑤

三、网络档案专题数据库的建设

网络档案专题数据库的建设较为复杂，它是从档案编研的理论和实践出发，采用档案编研的原则与方法，结合档案信息资源开发理论与实现手段，综合数据库、管理信息系统、信息检索、网络发布等信息技术才能最终予以实现。

如图 4-6 所示，网络档案专题数据库建设包括选题、查找档案材料、选定档案材

---

① 何畏．我省初步建成全省馆藏婚姻档案共享专题数据库［J］．云南档案，2020（10）：11.
② 国家档案局技术部．档案信息资源开发利用试点经验汇编［M］．北京：中国档案出版社，2008：160.
③④ 高文博．数据时代我国档案专题数据库建设探析［J］．黑龙江档案，2020（2）：14-15.
⑤ 赵屹．档案信息网络化建设［M］．北京：北京图书馆出版社，2003：169.

料、选择软件平台、数据加工、数据存储挂接、审核、网络发布、更新维护九个步骤。

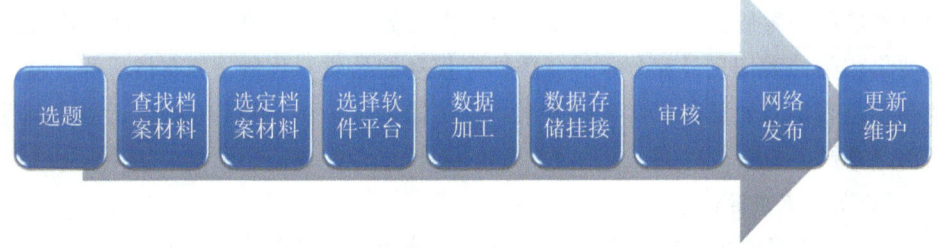

图 4-6　网络档案专题数据库建设步骤

（一）选题

网络档案专题数据库建设属档案编研范畴，而任何的档案编研活动都是按照一定的题目展开的，选题是档案编研的首要环节。网络档案专题数据库建设首先要确定专题的题目，即基于拥有一定数量的档案材料基础上确定专题数据库的建设目的和所要阐明的基本问题。它是整个建设的关键，直接决定网络档案专题数据库的选材取向与建设定位。

网络档案专题数据库的选题要有针对性和预见性，要综合考虑三个方面的因素：一是利用需求，在包括但不限于前文所述网络档案专题数据库内容范围内，围绕利用者所需要、所关注的问题确定选题，围绕利用率高的档案信息选题。二是档案基础，了解档案馆（室）现有档案信息资源情况，所选题目现有档案信息应较为丰富。三是建设力量，现有参与建设人员的业务素质和技能状况能够完成所选题目网络档案专题数据库的建设。

基于以上三个方面的因素确定选题后，进一步分析档案利用需求，遵循档案利用规律，坚持实用原则对所选题目进行充分研究和科学论证，拟制专题大纲，制定专题方案，确定专题内容架构，而后去查找档案材料聚集档案。

（二）查找档案材料

网络档案专题数据库的选题确定之后需要进行选材，选材的第一个阶段是查找档案材料。鉴于编研对象是数字形式的，网络档案专题数据库的选材较之传统档案编研而言，查找档案材料的范围更加宽泛，其主要查找途径包括五个方面：一是档案馆（室）现有馆藏档案信息，这是查找的主体；二是各类现有档案数据库中与所确定的专题相关的档案信息；三是其他单位相关的档案信息；四是文献、图书机构保有的相关数字信息与统计数据等；五是网络相关档案信息资源。

查找档案材料的途径主要有三个：一是摸清馆（室）藏，这是网络档案专题数据库的内核。网络档案专题数据库建设一般是以本馆（室）藏为基础，应围绕选题对馆（室）藏档案进行摸底分析，通过全面梳理掌握相关档案信息的大致状况。如果存在缺失的状况，尽量根据现有档案材料之间的相互印证关系，推断出大致的追踪方向。二是调查相关机构的信息，这是网络档案专题数据库的有效补充。全面调查外单位档案数据库、其他文献机构已有的数字信息资源和网络信息，围绕选题搜集相关档案信息，充分掌握各类档案信息的品质、数量、分布情况等，做出档案信息收集与处理的具体实施方案。三是如果有必要，围绕专题进行更广范围的信息查找。

（三）选定档案材料

在广泛查找档案材料的基础上，根据查找结果和网络档案专题数据库建设的目标与原则遴选出最终纳入专题数据库的档案材料。

对档案材料的选定工作关系到整个网络档案专题数据库的建设质量，必须对档案信息价值进行合理评估，将工作做深、做细。选定档案材料要紧紧围绕专题，所选材料尽量做到内容新颖、表达形象直观，具有能够抓住利用者眼球的感染力和吸引力。在个体上要保证真实、准确，在整体上要保证系统性与完整性。

（四）选择软件平台

网络档案专题数据库建设必须通过相应的软件平台予以实现。根据其来源，可以将网络档案专题数据库的软件平台分为通用数据库管理系统、行业或领域内通用档案管理软件系统、自主研发的专用软件系统三类。

第一类为通用数据库管理系统。数据库管理系统（Database Management System，DBMS）是科学地组织和存储数据、高效地获取和维护数据的一组软件。它在操作系统控制下，实现数据定义、数据维护、数据查询、数据组织、数据存储等数据管理操作，实现数据库的建立、维护与运行管理。①当前，建设网络档案专题数据库所用的通用数据库管理系统一般有 Access 数据库、MsSQL、MySQL 等 SQL Server 数据库。Access 数据库与 Office 系列软件兼容性好，方便数据转换和生成，适合数据量小的专题数据库。MsSQL 是商业级软件，系统运行对 CPU 和内存消耗较高，费用较高，只运行于 Windows 操作系统，适用于大型专题数据库。MySQL 专为 Web 设计，比较轻量，占用资源低，且开源免费，能在多个平台运行，适合中型专题数据库。除上述关系型数据库管理系统外，还有一些其他类型的通用数据库管理系统，例如 MongoDB 非关系型数据库、Neo4j 图数据库等。如果网络档案专题数据库准备研发 App，那么还要考虑移动互联使用的数据库，主要有 SQLite 和 coreData。SQLite 属于小型轻量级数据库，占用资源低，适合逻辑简单、数据结构单一的应用。coreData 是针对 ios 操作系统开发的，适合数据结构复杂、操作复杂的应用。此外，当前我国也出现了一些拥有自主知识产权、自主可控的国产数据库软件。不同的数

---

① 赵屹.电子政务环境下电子公文的流程与控制［M］.北京：军事科学出版社，2009：162.

据库各有所长，需要根据专题数据库特点予以选择。

第二类为行业或领域内通用档案管理软件系统。这类系统是一个行业或一个领域研发或购置的、实现本行业或领域档案信息管理的管理信息系统。

第三类为自主研发的专用软件系统。这类软件系统根据特定目的开发，具有很强的针对性、实用性和安全性。

建设网络档案专题数据库必须进行技术需求分析和软件功能调查，尽量选择自主可控的、技术成熟的、指标适合的、可扩展的软件平台。基于平台构建功能模块要以满足专题建设需要和目标利用者需求为目标。无论选定哪一类软件平台，网络档案专题数据库都要具有数据录入、数据管理、数据维护、档案检索、审核授权、原文阅览、Web 利用等功能。能够全面支持 TXT、RTF、PDF、OFD、XML、TIFF、JPEG、WAV、MP3、AVI、MPEG 等各种标准档案文件格式。还要解决技术环境的配匹、功能模块的实现、技术标准的规范等问题。并且最终要实现网络档案专题数据库标准规范、有利共享。

（五）数据加工

对选定的档案材料需要进行加工，形成符合软件平台要求和专题数据库建设标准的档案信息数据。数据加工的对象包括目录数据和全文数据。数据加工的内容主要是统一目录格式、开展档案著录标引、进行档案数字化。

统一目录格式需要制定统一的元数据方案，根据元数据方案确定数据库字段、数据格式并进行档案的著录标引。例如，浙江省杭州市萧山区市政园林公用事业管理处在数字档案室建设中建设了市政道路、桥梁设施、路灯情况、古树名木、历年完成投资额五个网络档案专题数据库。在建设过程中，为每个专题数据库拟制了元数据方案。其中，前四个专题数据库的元数据较为复杂，每个专题的元数据都包括多媒体元数据、业务管理元数据、档案管理元数据三个部分，每部分有 10 个左右元数据元素。历年投资额元数据则相对简单，设有包括档号、年度、投资项目在内的 7 个元数据元素。①

档案著录标引应严格遵守相关标准规范，做到著录项目完整，内容描述详尽，从而实现检索途径多样化。

档案数字化针对不同载体形态的档案采取相应的数字化加工手段进行处理。对纸质档案、照片档案进行数字化扫描，以获取全文及原貌。录音、录像档案采用相应的音频、视频转换硬件与软件进行模数转换。

数据加工是网络档案专题数据库建设的基础和核心，一般而言工作量大、工作任务重。建设前要注意做好调查掌握相关情况，尽可能利用原有档案数字化、信息

---

① 董月兰.试谈市政园林档案专题数据库的建设［J］.浙江档案，2008（8）：42-43.

化建设成果。无现有成果的，组织相关人员分配专题任务开展新的建设，各人员可先行单独采集加工，而后进行数据汇总。必要时统一开发相应的加工软件。数据加工必须确保档案专题数据库的规范性、标准性和共享性。

（六）数据存储挂接

数据加工完毕要通过软件平台，借助元数据对加工完毕的数据进行内容分类与标引，通过分类与标引开展档案信息资源的重组，做好元数据资源特征描述、分析档案信息内容形成数据、做出专题分类、做好档案内容全文的相关记录并与专题实现动态关联。此后进行数据存储，将其按专题模块存储到相应的位置。

多数档案专题数据库为全文数据库，分类标引好的数据需要进行全文挂接，将全文数据挂接到对应的目录条目。全文挂接最好是批量完成以保证高效率。由于档案全文涉及文本、图形图像、音频、视频等多门类多载体信息，在存储挂接时，有一库和多库两种方案。一库方案是把全库档案信息视为一个整体，建设一个涵盖所有元数据元素的总库；多库方案是不同门类、不同载体的档案信息各自建库，每个库包含不同类型档案信息的元数据。一库方案维护简单，检索方便，但数据库设计较为复杂，数据有冗余；多库方案数据组织简单，节省存储空间，但需要实现跨库检索。

（七）审核

数据存储挂接完成之后，在上网发布前，需要对数据库进行全方位的审核。

审核的内容一是数据的数量与质量情况，主要是元数据方案是否完整，著录信息是否准确规范，全文、图形图像、音频、视频挂接是否正确。二是信息内容保密审查，明确网络档案专题数据库的发布范围，即在局域网、政务内网、政务外网还是互联网上发布；数据库中的信息在安全保密方面的要求与其发布范围是否一致。三是数据库的功能，确认数据库功能是否达到建库目标，能否满足利用者需求等。

数据库审核应组建包括档案编研人员、档案专家、信息技术专家在内的审核小组共同完成。其中，对数据数量与质量的审核可结合系统自动完成。即在建设网络档案专题数据库时"将数据检查作为一个小模块考虑进去，其功能主要包括数据格式检查、数据长度检查、数据内容检查、空值默认值检查、数据属性一致性检查、著录项目检查等，以确保数据库中数据的准确性和可靠性"①。

（八）网络发布

档案专题数据库的网络发布包括网站发布、微信公众号发布、App发布等形式，尽量以多种方式方便档案利用。

---

① 孙瑾.军队档案专题数据库建设现状及存在问题——兼论数据组织阶段质量控制［J］.档案学研究，2013（3）：41-45.

网站发布主要包括检索界面设计、Web 数据访问接口程序开发、IIS 环境的部署配置。

微信公众号发布基于平台即服务（platform as a service，PAAS）的云引擎，通过 BAE（Baidu App Engine，百度应用引擎）、SAE（Sina App Engine，新浪应用引擎）等编写数据库连接代码，获取到链接（connection）对象，而后在业务层调用。

App 发布首先是开发云计算服务器端程序。其次参照 App 效果图编写客户端程序代码，写入功能调用的接口，连接服务器端，最终实现服务器端与客户端的数据交互。

（九）更新维护

网络档案专题数据库发布后，应进行一段时间的试运行，期间检验数据库运行是否稳定、测试响应速度是否在合理范围内、查找存在哪些问题和缺陷、收集利用者的意见和建议、及时进行修改更新。

网络档案专题数据库正式投入使用后，需要进行常态化、动态化维护，主要是数据库内容信息的补充更新。多数专题数据库内容信息的数量和范围会随着新的文件归档增长和扩大，因此专题数据库要具有可扩展性，后续可以不断补充更新档案信息，从而确保其系统性与完整性。例如，中国石油化工股份有限公司石油化工科学研究院建设的《炼油催化剂档案专题数据库》可以与其他平台和数据库接口，方便资源的同步更新。①

四、网络档案专题数据库的检索利用

（一）操作功能

网络档案专题数据库的使用主要是进行 CRUD 操作，即增加（create）、检索（retrieve）、更新（update）和删除（delete）操作。其中，增加、更新和删除属于建库者更新维护的功能，而检索是供利用者使用的功能。

（二）检索步骤

网络档案专题数据库的检索在检索功能与使用方法上与网络档案信息检索系统的使用并无差异，同样包括分析信息需求、定位网络档案专题数据库、选择检索途径、输入检索提问、构造检索式、进行比对匹配、显示检索结果、调整检索策略、使用特定技术等步骤。网络档案专题数据库检索功能的设计应尽量做到界面友好、检索途径多样、操作方便、读取快捷。

（三）检索资源

网络档案专题数据库与网络档案信息检索系统的不同主要在于检索的资源对象

---

① 胡一鸣. 炼油催化剂档案专题数据库的建设及应用 [J]. 化工进展，2021（S2）：192-197.

集不同。如同前文①所述，现有网络档案信息检索系统尚未充分发挥网络的优势即推动档案信息资源综合开发利用，其检索对象绝大多数是本档案机构的馆藏档案信息。这些信息针对性强，但集成功能不强，形成的机构各异，内容芜杂。而网络档案专题数据库建设以利用需求为牵引，突破馆（室）藏范围在更广泛的范围内按照专题将相关档案信息进行聚集和有效整合。其检索对象针对性强，集成功能也较强，内容系统而完整，但专题范围特定而有限。

此外，网络档案专题数据库的数据类型较网络档案信息检索系统而言更加多元，一般会集文本、图形图像、音频、视频、动画等多种形式于一体，直观而生动地呈现专题内容。例如，浙江省档案馆建设了照片数据库，从42万张照片档案中精选重要人物、重要事件照片，提供目录、缩略图与高清原照合成服务。其历史报刊、地方志、新闻视频等专题数据库包含目录、全文、照片、音像多种数据类型，为党委、政府和社会公众提供优质的档案信息增值服务。②

（四）检索途径

网络档案专题数据库应同网络档案信息检索系统一样尽量提供多样化的检索途径。网络档案专题数据库检索途径的提供受限于数据加工过程中确定的元数据方案。

由于网络档案专题数据库是多元数据类型的组合体，具有丰富多样的视听效果，因而检索途径中要尽量提供针对多媒体档案信息的检索途径。

由于网络档案专题数据库的内容各具特色，因而在检索途径中也表现为有一些特色的检索途径。例如，有研究者提出构建《云南茶马古道档案资源专题数据库》，其检索途径应该包括情景感知、空间坐标检索③。

（五）利用方式

网络档案专题数据库提供利用有公益利用和定向利用。公益利用主要是档案机构和涉及社会公共事务的单位向社会发布公共信息，公益利用一般是免费的，且不需要用户注册、登录。而定向利用是向特定的利用群体发布专题信息，一般需要用户登录。其在局域网、政务内网上的内部利用免费，政务外网上的利用多为免费，在互联网上面向社会的利用有些会收费。例如，浙江省杭州市萧山区市政园林公用事业管理处在数字档案室建设中建设了多个档案专题数据库并面向三个层面提供利用：一是定向给档案员专用；二是发布于萧山区数字档案馆平台上，定向授权提供给本单位各部门人员利用，需要实名注册后登录使用；三是基于档案专题数据库制

---

① 参见本书"第四章 新媒体环境下网络档案信息检索工具与平台的创新发展——第一节 网络档案信息检索系统——五、网络档案信息检索系统的特点——（一）针对性强，但集成功能不强"。

② 国家档案局技术部.档案信息资源开发利用试点经验汇编[M].北京：中国档案出版社，2008：160-161.

③ 丛佳，李莉，刘凌慧子.云南茶马古道档案资源专题数据库构建研究[J].兰台世界，2021（12）：65-69.

作了5个市政园林专题相册发布于互联网该处数字档案室网站上,面向社会提供公益利用。①

（六）安全问题

网络档案专题数据库的检索利用过程中还应特别注意安全问题,主要表现在三个方面：一是内容信息保密问题。各种网络专题数据库虽然在网上发布,但其部署的网络层级是有区别的。那些发布在内部网、政务内网上的专题数据库很多是有密级的,内容信息存在保密问题。二是数据存储安全问题。安全措施主要是明确备份策略、制定备份制度、实施数据备份。三是网络环境安全。安全措施包括物理隔离、防火墙、入侵检测等。

（七）产生作用

网络档案专题数据库的检索利用无论是对日常工作还是解决特定问题,都具有积极意义和特定作用。

对于日常工作来说,档案室建设的单位大事、法规制度、人员管理、业务信息等专题数据库,档案馆建设的辅助决策、职能活动等专题数据库,看似是对日常管理的档案信息的简单提取,但是,经过数据库持续的更新维护以及时间和数量的积累,将极大地便利形成单位的各项工作。

对于解决特定问题来说,由于专题数据库建库目的明确,从而能够为特定利用者解决特定问题。例如,中国石油化工股份有限公司石油化工科学研究院建设的《炼油催化剂档案专题数据库》能够为本院研究人员提供研发生产信息,"帮助其拓宽分析问题和解决问题的思路",使其基于之前研发的基础上少走弯路②。

五、网络档案专题数据库的特点

（一）开发档案信息资源,建设目的性强

网络档案专题数据库是信息化条件下的档案编研成果形式,建设目的是为了深层次开发档案信息资源,凸显档案信息资源的内容和特色,更加主动、方便、快捷地提供档案信息利用服务。其建设属于档案信息资源开发范畴,作为检索工具来看,其建设目的性非常强,检索是实现其建设目的的必要手段。

网络档案专题数据库是以计算机信息数据库形式呈现的数字的、综合的档案编研成果,它突破传统的档案专题目录、专题指南、专题概要的单一出版形式,因计算机系统强大的信息处理能力而具备了新特点,即具备了检索、统计能力,实现了档案利用服务创新。同时,也只有通过检索才能实现对网络档案专题数据库的访问和利用,真正使其发挥作用。

---

① 董月兰.试谈市政园林档案专题数据库的建设[J].浙江档案,2008（8）：42-43.
② 胡一鸣.炼油催化剂档案专题数据库的建设及应用[J].化工进展,2021（S2）：192-197.

（二）受众紧密关联专题，利用专指度高

网络档案专题数据库的建设以需求为牵引，以解决实际问题为指向，专题鲜明，内容专指程度高。它面向特定利用者群体具有较为明确的服务对象，作为检索工具，其受众即检索者是与专题紧密关联的工作人员或社会公众，他们利用网络档案专题数据库实用性强、专指度高。当然，如果所选专题公益性、休闲性强，那么网络利用者范围将会不断扩大。

（三）信息围绕专题集中，检索范围有限

网络档案专题数据库是将档案信息围绕一个专题聚集、集中、汇聚在一起，专题性是其特色。作为检索工具来看，由于专题的特定性，使得网络档案专题数据库的检索范围特定而有限。虽然其检索范围特定而有限，但是，其检索范围内的档案信息却是经过了广泛查找获得的，其来源是广泛的，内容是复合的。

（四）内容经过专业加工，检索结果系统

网络档案专题数据库的内容即检索资源对象是经过查找、挑选、考订、统一格式、著录标引、数字化等加工的系统完整的档案信息，内在联系较为紧密。作为检索工具来看，其查询到的检索结果信息耦合度高、系统性强。无论输入什么检索式进行检索，最终都是在一个高度系统完整的集合中检索出一个系统化的子集。

总之，网络档案专题数据库作为一种网络档案信息检索工具，其建设目的是为了开发档案信息资源，检索者与专题紧密关联，信息围绕专题集中，内容经过专业加工，因而具有特、准、全、专的特点，其检索功能帮助专题利用者在最短的时间内以最便捷的方式找到某一领域最为全面系统的专业有用的档案信息。

第三节　网络信息检索工具

一、网络信息检索工具的内涵

网络信息检索（Networked Information Retrieval，NIR）是指信息利用者使用计算机、平板电脑、手机等信息设备通过各类网络查找、识别、获取网上相关信息的活动及过程。网络信息检索工具就是用于网络信息检索的计算机软件系统。

网络是信息的海洋，网络信息具有海量化、无序化、分散性、动态性、多类型、多媒体、跨时空、跨行业等特点，而人们对网络信息的利用却是特定而有限的。网络信息检索工具帮助信息利用者完成"大海捞针"的工作——从网络的汪洋大海中方便、快捷地将利用者所需信息查找和挑选出来。在1990年以前，不存在任何一款网络信息检索工具。1990年，加拿大的艾伦·艾姆塔格（Alan Emtage）等3名大学生发明了搜索FTP文件名列表的检索工具Archie，世界上才有了第一款网络信息检

索工具。而今，使用各种网络信息检索工具搜寻所需信息已经是人们工作和生活中的常态。

二、网络信息检索工具的类型

网络协议不同，网络信息检索工具也各不相同。Telnet（远程终端协议）、FTP（File Transfer Protocol，文件传输协议）、Gopher（Gopher 检索工具）、WAIS（Wide Area Information Servers，广域信息服务器）、Web（World Wide Web，万维网，亦简称 WWW、3W）均有相应的网络信息检索工具。Telnet 的网络信息检索工具是 Hytelnet，FTP 的网络信息检索工具是最早出现的 Archie，Gopher 的网络信息检索工具有 Veronica 和 Jughead，WAIS 允许利用者通过 WAIS 客户端程序对信息进行检索。

Web 出现最晚，但发展最为迅速。现在它是网络的主流，甚至被众多网络用户误认为是 Internet 的同义词。Web 出现后网络信息检索开始基于网页检索，基于 Web 的网络信息检索工具飞速发展且产品众多，使得之前的各种检索工具黯然失色。根据检索机制不同，可以将基于网页检索的网络信息检索工具划分为两种类型：搜索引擎（Search engine）和网络目录（Web directory/Subject directory）。

（一）搜索引擎

搜索引擎是指运用特定的计算机程序，按照一定的策略在互联网上搜集各个网站的信息，对搜集的信息进行处理和组织后建立数据库，根据检索者输入的关键词运用特定算法将匹配的信息作为检索结果并按相关度排序予以显示，为网络用户提供检索服务的系统。

代表性搜索引擎中文的有百度，外文的有 Google、Lycos、Excite 等。搜索引擎是无可替代的基础性工具，是重要的互联网应用，截至 2021 年 12 月，我国搜索引擎用户规模达 8.29 亿，占网民整体的 80.3%[①]。

（二）网络目录

网络目录是将所搜集的各个网站的信息按照特定的分类体系（多数为主题分类）进行组织，编制成为一种可供检索的层次结构式目录。又称主题目录、主题指南、目录指南、专题目录、列表查询引擎、分类站点目录等。每个目录类或子类下有序排列属于该类或子类的网站站名和域名链接，有的网络目录还提供内容提要。网络目录与检索法集成在一起，在目录体系的引导下，利用者通过浏览目录发现并检索到有关网络信息。网络目录的检索结果是统一资源定位器，即相关网址。其检索效果是为检索者提供网络信息导航服务。

代表性网络目录中文的有搜狐，外文的有 Yahoo!、Looksmart、Infomine 等。此

---

① 腾讯网. CNNIC 发布第 49 次中国互联网络报告［EB/OL］.［2022-03-18］. http://wx.qq.com/cmsid/20220316A00F8R00.

外,各个图书馆结合本馆服务对象编制的网络导航也属于网络目录。

三、网络信息检索工具的原理

(一)搜索引擎的原理

搜索引擎的原理如图 4-7 所示。搜索引擎由数据库、自动索引程序和检索软件构成。其中,数据库是搜索引擎在逻辑上的核心部分,包括网页库和索引库。

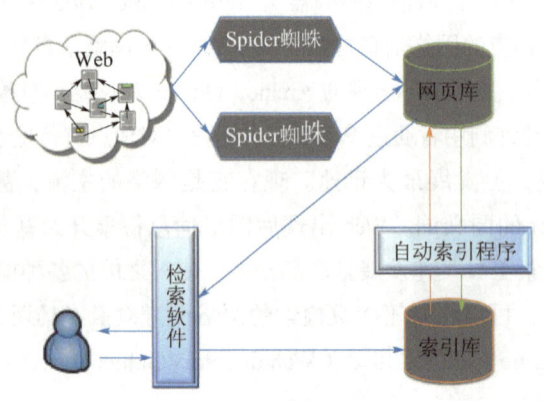

图 4-7 搜索引擎原理图

网页库存储搜索引擎的检索对象网页。搜索引擎的实质是提供基于网页的全文检索[①]服务,只不过传统意义上的全文检索针对的是一个个文本文件,而搜索引擎的全文检索针对的是一张张网页。它可以对所搜集网站的每个网页中的每个词进行检索。

自动索引程序是具有自动跟踪与索引功能的计算机程序,例如 Spider(蜘蛛)、Robot(机器人)等。其功能是以某种策略通过各种链接定期在网上漫游,广泛搜集下载各个网站的信息。其搜集的信息内容少的仅包含网页名称和地址,内容多的还包含主页内容、基于文本文档的命令和多媒体文件信息。网页库中所存网页就是由自动索引程序通过网页上的链接从互联网上一张张抓取而来的。

索引库由自动索引程序创建。自动索引程序在抓取网页后,会对其进行判断、选择、标引、清洗、加工、分类、组织等处理,主要有去 HTML 标签、获取文本,分词、语法处理等操作,最终形成一张张包含词的网页。这些网页再经全文检索技术创建索引,形成网页索引库供检索使用。自动索引程序是决定搜索引擎检索效率的重要环节,其遍历范围的大小以及对网页标引的方式、深度、准确度直接影响网

[①] 参见本书"第六章 新媒体环境下网络档案信息检索中新技术的应用——第二节 全文检索技术应用""第五章 新媒体环境下网络档案信息检索功能的创新发展——第二节 从二次信息到一次信息:内容检索功能—— 一、全文检索"。

络信息检索的检全率与检准率。

检索软件以 Web 形式为检索者提供关键词检索界面。检索者根据自己的信息检索需求，按照搜索引擎的句法规定，在检索界面输入关键词。检索软件到索引库中以其特定的检索算法对输入的关键词进行查询匹配，将匹配的网页作为检索结果返回给检索者，检索结果一般按相关度排序。

搜索引擎的整个检索过程是一个全文检索过程。搜索引擎与全文检索唯一的区别在于全文检索的对象是大量无结构文本，搜索引擎检索的对象是一张张网页。由于网页之间存在链接关系，在检索结果排序时可以将此作为一个判断相关度的依据，例如 Google 提出的 PageRank 算法就是基于链接关系的排序算法。

（二）网络目录的原理

网络目录的原理与搜索引擎有相似之处，都有网络信息的搜集、索引分类、建库、提供检索界面的功能和过程。

网络目录由专业人员以人工方式或半自动方式广泛搜集各个网站的信息，将搜集到的网站信息以某种分类体系为依据分成不同的类别从而制作成类别目录。

网络目录依据的分类体系各不相同，包括但不限于主题分类法、学科分类法、图书分类法等，有的采用分面组配式分类法，有的会根据其信息采集情况设计特有的细致的分类方法。其中，按主题分类的占主流，即将网络信息划分为若干领域的主题范畴，然后再细分为各学科专题目录，根据信息资源类型不同而分成不同的目录，

网络目录采用层次结构法进行组织，一层层地进行分类。最高层即一级目录是面向整个网络的最大范围分类，一般都是概括性很强的主题范畴，主题数量为 10～20 个。每个主题链接到二级目录的新页面，二级目录再分出三级目录。一个网络目录一般会分四至五个层次。

每类目录下面排列着属于该类别的各个网站的站名和域名链接，内容丰富的网络目录还提供各个网站的内容提要。众多的网站按照字母、时间、地点等顺序进行排列。网络目录搜集到的每一个网站一定会按其分类标准归入某一个类目之下。由此，整个网络目录形成一个由信息链组成的树状结构，导引检索者浏览网站列表，检索相关信息。

网络目录是由信息管理专业人员人工编制和维护的，需要在网络信息的搜集、分类、排序、编码以及注解等方面投入大量的人力和时间，这是它与搜索引擎最大的区别，搜索引擎不需要人工干预。网络目录一般由网络服务商（Internet Service Provider，ISP）提供。各种类型的图书馆根据其服务对象的需求开发的网络目录专指性更强，更加灵活、适用。

四、网络信息检索工具的选择

网络信息检索工具数量众多,各具特色。检索者如果能够选择到适合的网络信息检索工具,将会获得更好的检索效率。

(一)影响选择的因素

选择适合的网络信息检索工具,需要综合考虑工具类型、收录范围、数据规模、更新频率、索引质量、功能设置、用户界面、结果形式、检索对象、检索要求等各种因素。

能否选到适合的网络信息检索工具,还与检索者对各种检索工具的熟悉程度有关。有些经验丰富的检索者会紧密结合其信息检索需求根据不同检索工具的功能和特色灵活利用各种检索工具提高检索效率。

(二)目录工具与全文工具的选择

网络目录属于目录型检索工具,搜索引擎属于全文型检索工具。对于一般的利用者,需要适当了解二者的特点和适用方向。

目录工具的主要检索功能是导引、浏览,特点是结构条理清晰,适用于检索类别明确的信息或进行一般性浏览型检索,尤其对于综合性、概括性主题概念的检索具有较好的检索效率。其优点是信息经由专业人员进行系统组织和人工鉴别,减少了信息噪声,提高了检索结果的相关度和学术性,从而具有较好的检准率,检索结果的质量较高。使用方法直观易用,适合面向广大网络用户,尤其是不了解基本检索知识的用户,他们不会分析检索需求、不能确定检索词,使用网络目录的分类浏览方式简单高效。缺点同样是因为人工干预,需要在搜集、分类、编排等方面投入人力和时间,从而使得其面对数量巨大且复杂多变的网络信息时更新速度相对较慢,造成收录信息不全面、信息新颖性不强、索引深入度不足、产生部分死链接等问题。影响目录工具使用的最重要因素在于目录的分类。各种目录工具分类标准各不相同、类目质量难以控制,如果检索者不熟悉所用工具的分类体系或对分类标准的理解有偏差,就会影响检索效果。

全文工具的主要检索功能是关键词检索,特点是结构条理清晰,适用于较为具体的、专深的特定信息的检索。其优点是基于对信息进行自动索引生成数据库,收录信息范围广、数量大,信息更新速度快。检索者检索直接输入关键词,不需要判断类别归属,使用简单方便。缺点是检索结果中信息噪声较大,重复信息、虚假信息较多,检准率较差,需要检索者根据实际情况反复调整检索策略。影响全文工具使用的最重要因素一是自动索引的质量,二是句法规则和对符号、标识符的处理能力,三是检索者的检索策略和检索式的构造,这些因素都会直接影响检索结果。

目录工具和全文工具各有优势,检索时可以灵活选择。事实上,随着技术的发展,这两类检索工具已经呈现融合的趋势,很多网络信息检索工具已经开始同时提供目录工具和全文工具。例如,搜索引擎 Excite 界面不仅提供关键词输入的文本框,也列出了分类目录提供分类检索。检索者可以将二者取长补短,结合运用。

(三)综合型工具与垂直型工具的选择

综合型网络信息检索工具是指在搜集网络信息时不限制主题范围和数据类型,因此可用于检索任何方面的信息,属于通用型检索工具。前文提及的搜索引擎百度、Google、Lycos、Excite 和网络目录搜狐、Yahoo!、Looksmart、Infomine 都是综合型网络信息检索工具。综合型网络信息检索工具出现最早,使用最为广泛。

垂直型网络信息检索工具专门用于搜索某一特定方面的信息,它对网络中的某类专门信息进行深度挖掘和整合,因此其信息检索具有一定深度和质量。例如,专门针对 Internet Archive(网络档案馆)进行检索的检索工具 Wayback Machine(时光倒流机器)就是一款垂直型网络信息检索工具。垂直型网络信息检索工具在检索专业信息方面要优于综合型网络信息检索工具。

五、网络信息检索工具的使用

(一)搜索引擎的使用

1. 使用搜索引擎的作用

有些档案机构将网络信息上网发布时,制定的检索策略并不是开发自己的网络档案信息检索系统,而是将信息直接加入搜索引擎等网络信息检索工具。例如,美国马里兰州档案馆网站自建站起制定的检索策略就是通过搜索引擎进行本馆网站所有信息的检索。为此,其馆藏档案信息组织没有采用数据库方式发布,而是将网页文件直接存放在树状目录下以方便搜索引擎自动索引。该馆认为,网络利用者通过搜索引擎检索到本馆的任何一条信息都可以链接到本馆网站,从而成为一条引导利用者进入本馆网站的路径,有利于发掘潜在利用者从而扩大本馆利用者群体①②。

美国马里兰州档案馆对标搜索引擎的做法提醒我们,档案机构无论是否建有网络档案信息检索系统,如果网站信息能纳入搜索引擎等网络信息检索工具,不仅会扩大信息利用范围与影响,还能发掘潜在利用者。因此,档案机构可以有意识地将网络档案信息纳入搜索引擎等网络信息检索工具。由于搜索引擎是自动搜集信息并创建索引的,档案机构需要将信息做关键词优化,并主动提交到各个搜索引擎的入口。

2. 使用搜索引擎的过程

搜索引擎的使用过程与网络档案信息检索系统的使用以及网络档案专题数据库

---

① 赵屹,陈晓晖,朱九兰.美国档案工作与信息服务社会化[J].档案学通讯,2001(2):71.
② 赵屹.我国档案网站检索系统的不足与发展策略——以美国国家档案馆的 ARC 系统为参照[J].档案学研究,2014(2):64.

的检索大体相当,主要包括九个步骤:一是分析检索需求。二是选择搜索引擎。三是选择检索途径。搜索引擎的检索途径主要是关键词检索,对于检索者来说比较简单。四是输入检索提问。在搜索引擎中,需要仔细辨析检索需求,挑选适当的关键词。多关键词输入可以缩小检索范围。输入的关键词越精确或数量越多,检索效率越高。五是构造检索式。搜索引擎提供的检索式的构造手段一般较为简单,主要是布尔逻辑检索式和词形控制功能,且只允许用一组关键词及逻辑运算符构造检索式。例如 Yahoo! 的布尔逻辑检索式只提供"逻辑与""逻辑或"运算符,且运算符必须应用于所有的关键词。六是进行比对匹配。搜索引擎的检索软件到索引库中以其特定的检索算法对输入的关键词进行查询比对匹配。七是显示检索结果。搜索引擎的检索软件将匹配的网页作为检索结果按相关度排序后返回给检索者。由于网络信息数量大,搜索引擎一般会对检索结果进行排序。例如,Excite 检索结果按相关度和来源排序。排序常用方法有 PageRank 算法、词频位置加权排序算法、超链接分析技术等,用以将搜索引擎认定的相关度高的、公众认可度高的或是流行的网页返回给检索者。八是调整检索策略。九是使用特定技术。搜索引擎会提供一些特定的检索技术。例如,在输入关键词时,提供搜索工具包,功能包括辅助文件类型选择等。再如,在检索结果页面底部会提示"相关搜索"或"相关文献"内容,用以扩展检索等。

(二)网络目录的使用

检索者使用网络目录时,不需要设定和输入确切的检索词,只需要分析自己的思维逻辑,而后按照网络目录的组织过程用鼠标点击链接逐层匹配类目概念(多数为主题)获得检索结果。

整个网络目录是一个由信息链组成的树状结构,结构明确、条理清晰。检索者查找信息时,在目录体系的导引下,沿着树状结构层层深入,按照一级目录的广泛类目概念—次一级目录更具体的类目概念—网站链接—网页信息逐层打开目录,浏览网站列表,点击网站链接,检索相关网页信息。

华东建筑集团股份有限公司是国家档案局确定的电子文件归档与电子档案管理试点单位。其工程项目电子档案的检索既提供搜索引擎检索方式,也提供网络目录检索方式,检索界面如图 4-8 和图 4-9 所示。从图 4-8 可见,其网络目录一级分类分为工程类型、年鉴年份、签约/竣工、是否原创、省份 5 个类目。工程类型分为 EPC 业务、建筑设计、市政工程设计等 10 个子类,每个子类下再分为若干子类。从图 4-9 可见,建筑设计类目下分为住宅建筑、办公建筑、教育建筑等 18 个子类。年鉴年份类目通过年鉴项目库的描述信息与归档信息相结合,提供年度分类检索。签约/竣工从签约年度和竣工年度分类检索。是否原创按照技术原创、方案技术原创、方案原创等类目分类检索。省份按工程所在不同省份进行分类检索。利用者只需逐级点击类目、子类和工程项目的名称即可查找到某一具体工程项目的电子档案，使用简单方便。

图 4-8　华建集团工程项目电子档案检索网络目录 1[①]

图 4-9　华建集团工程项目电子档案检索网络目录 2[②]

---

①②　图由华东建筑集团股份有限公司档案室提供。

（三）站内搜索引擎的使用

在网络档案信息检索中，还会大量用到站内搜索引擎。站内搜索引擎是仅对某一个网站内的信息进行检索的搜索引擎。

网络中的档案信息并非全部以数据库形式进行组织，大量的在静态网页中发布的档案信息只能依靠网络信息检索工具进行检索。搜索引擎和网络目录等网络信息检索工具面向的是整个网络，当需要只检索某一个档案机构或档案形成机构的网站信息时，就需要依靠站内搜索引擎来进行检索。

绝大部分的档案网站都以"在线展览""网上展览""在线展厅""专题展览""馆藏精品""珍档荟萃"等名称设有专门的档案展览栏目。它围绕特定的题目，将馆藏各种载体、各种形式的有代表性的、典型的档案，以一次信息为主二次信息为辅的形式通过网络向社会进行陈列和展示。对于这部分内容，只有依靠站内搜索引擎进行检索。前文所述美国马里兰州档案馆全部的馆藏信息没有采用数据库形式发布，如果在网络中需要专门检索美国马里兰州档案馆的馆藏信息，也需要到该馆网站上利用站内搜索引擎进行检索。

大型网站一般都提供站内搜索引擎，档案网站亦是如此。很多档案网站既提供馆藏档案信息数据库检索系统，也提供站内搜索引擎，美国 NARA 网站就是典型代表。站内搜索引擎有可能是专门研发的，多数是利用公共搜索引擎的功能。对于没有提供站内搜索引擎的档案机构或档案形成机构的网站，进行站内检索可以使用公共搜索引擎，在输入框内使用"site："加上网站域名构造检索式检索站内信息。

六、网络信息检索工具的特点

使用网络信息检索工具检索网络档案信息，具有如下七个方面的特点。

（一）算法各异，覆盖范围各不相同

网络信息检索工具种类多样、数量众多，每种工具的算法各异，覆盖范围也各不相同。在后台，它可以实现数百个数据库的跨库检索，在前台，其检索主题也相当广泛，几乎覆盖人类生活的各个领域。

每种网络信息检索工具都有自己的算法，有独具特性的方式用以确定搜集范围、判断搜集内容。每种网络信息检索工具都有自己的独到之处，但也有自己的能力限制。当前，没有一种网络信息检索工具能覆盖整个因特网的信息源，每种检索工具的覆盖范围都是有限的。不同的网络信息检索工具之间又会有信息交叉重复的情况。

使用不同的网络信息检索工具检索档案信息会得到不同的检索结果。检索者需要在一定程度上学会选用不同的检索工具，或是结合不同的检索工具进行检索。

（二）专指度差，档案信息难以凸显

网络信息检索工具面向的是全网络的各类信息，牵涉领域众多，专指度差，搜

第四章　新媒体环境下网络档案信息检索工具与平台的创新发展

索专业信息的功能较差。在纷繁复杂的网络信息中，档案信息难以凸显出来。例如，在网络目录中鲜有"档案"类目。因而，使用网络信息检索工具无法满足从档案学或档案工作专业的角度进行信息检索的要求。一般多数是从"××档案"的关键词角度进行检索。例如，有研究者以搜索引擎百度的数据为基础，利用特定指数研究了关键词"档案"的搜索趋势，认为搜索引擎中关于"档案"的关键词搜索具有"搜索指数呈波浪式起伏变化，整体呈下降趋势"，"在 2014 年第三季度之后，网民使用无线端进行'档案'搜索更加活跃"的特点。①

今后，档案机构应加强对网络利用者利用网络信息检索工具检索档案信息的重视，有意识地加入到网络服务商提供的各类搜索引擎中去，甚至在网络目录中争取设置"档案"类目，反映档案领域的网络信息、有效标识网络信息的档案属性，以实现网络档案信息更高精度和更细粒度的检索。

（三）信息量大，检索效率整体低下

网络信息检索工具的检索对象是具有开放性与自由性的网络信息，内容芜杂、数量庞大，多数检索返回的检索结果过多、信息量过大。检索者必须从大量无关信息中筛选出适用的信息，检索效率整体低下。

在网络信息检索工具的检索结果中，充斥着大量无效信息、冗余信息、垃圾信息、虚假信息，有些研究者形容其"处于失控状态"。在这种状态下，一次检索的结果往往很难令人满意，检索者需要不断调整检索策略、改变检索的范围、加强检索深度，往往需要历经多次检索，有时甚至多次检索也无法满足检索需求。

（四）便捷易用，上手容易使用简单

与网络档案信息检索系统以及网络档案专题数据库相比，网络信息检索工具的最大特点是便捷易用，对于新手来说上手容易，使用起来也非常简单。而且网络信息检索工具一般都采用自然语言进行标引与检索，进一步提高了其使用的便捷性。

（五）功能有限，难以实现高级检索

从检索的专业角度看，网络信息检索工具的功能不够完善。如前文所述，搜索引擎提供的检索式构造手段一般较为简单。此外，网络目录的类目概念（多数为主题）也较为有限。因此，与网络档案信息检索系统以及网络档案专题数据库相比，用网络信息检索工具检索档案信息难以实现复杂的布尔逻辑检索式、多途径组合检索等高级检索。另外，每种网络信息检索工具的使用方法和功能各不相同，语法规则和检索符号也不同，这进一步限定了其使用功能。

---

① 蓝姝，谢明．从网络搜索看档案的社会需求和服务策略［J］．浙江档案，2016，（11）：11-13.

（六）检准率低，检索结果需要处理

当前，网络信息检索工具的检索结果主要是包含输入关键词部分或全部文字的信息，或属于某一类目概念（多数为主题）的信息，其中包含大量无关信息，没有一款检索工具能够完全按照输入关键词及其检索式检出非常准确的信息，整体上检准率比较低。

影响检准率的因素非常多，包括但不限于搜索引擎自动索引程序索引的规范性程度及对垃圾网页的抗干扰能力、网络目录分类的合理性和网站内容提要的全面性与准确性、网络信息检索工具收录范围的完整性、信息更新的及时性、检索匹配算法的科学性、网络信息本身的质量等。

对于网络信息检索工具的检索结果需要由检索者进行鉴别、过滤等处理。鉴别是判断所检出信息的来源、真假等。过滤是查看相关信息、忽视无关信息。这是一个较为繁杂、枯燥而又耗时的过程，往往会消耗掉检索者的耐心和信心。

（七）人为干扰，拉低体验降低效率

很多网络信息检索工具是商业软件，受利益驱使，其或多或少会受一些人为因素干扰，从而拉低检索体验、降低检索效率。例如，搜索引擎百度饱受诟病的竞价排名，降低了检索结果排序的科学性和公正性，直接影响检索效率。

第四节　网络档案信息集成检索平台

一、网络档案信息集成检索平台的内涵

从整体上看，当前网络档案信息检索存在一个突出的问题，即资源分散。由于档案信息的多样性与复杂性，网络档案信息检索系统、网络档案专题数据库、网络信息检索工具各自的结构原理、收录范围、检索特点各不相同。其中，网络档案信息检索系统、网络档案专题数据库是传统检索工具和编研成果在网络环境中的延伸。它们的建设沿袭了档案工作的传统，仍然以不同档案机构为界，缺乏与其他档案机构或信息机构的交流与协作。每个档案机构建设的网络档案信息检索系统、网络档案专题数据库的内容、功能、数据结构等方面都存在一定的差异。因此，利用者开展网络档案信息检索，需要使用不同的检索工具，有时需要使用多个检索工具不断重复相似的检索步骤逐个查找。检索工具的多样性使得利用者有必要对每个工具或多或少具备一定程度的了解和熟悉，这无疑加大了检索难度、增加了检索时间。尤其是对于参考型、研究型、休闲型的利用型检索需求以及编研型检索需求而言，查找时间过长，查找效率过低。

在新媒体环境下，信息服务更具开放性，更加强调对不同来源的信息资源实现

更加充分的共享,并且各种共享的技术与手段不断创新发展。当前,新媒体环境下的信息服务正朝着集成化方向发展。网络档案信息检索应充分发挥新媒体环境与技术带来的优势,推动档案信息资源的综合开发利用。由此,网络档案信息集成检索平台应运而生。

集成是指在网络环境中,将特定领域、特定范围或特定类型的分散的档案信息采用一定的标准规范、工具技术进行聚类、融合和重组,在逻辑上或物理上使其重新结合为一个新的有机整体,以此为基础实现档案信息的集中、交互、协同与共享。

在新媒体环境下,随着大数据、云计算、物联网的飞速发展,平台既是实践活动运营和服务所依托的物化形式,又是分析问题、解决问题的思维方式。平台化思维成为网络中对各领域和各行业具有重要影响的新思维,对档案信息的利用服务也具有重要影响。档案信息通过平台得以更加快捷方便地实现可检索、可传递、可获取、可利用。

网络档案信息集成检索平台是网络档案信息集中、交互协同与共享的承载物。它是集成并整合多来源、多类型分散的档案信息,实现统一化检索的网络档案信息共享服务平台。

网络档案信息集成检索平台是档案信息服务面向网络利用者、服务网络利用者的重要空间,是档案信息被感知、被检索、被体验的重要场域。它将不同来源、不同内容、不同类型的档案信息进行一站式集合,将分散、海量、异构的档案信息数据进行汇聚整合,实现网络档案信息检索、浏览的多层次和全方位。它以达到网络档案信息检索效率的最优化为目的,进而达到网络档案信息共享效益的最大化。

二、网络档案信息集成检索平台的特点

网络档案信息集成检索平台最主要的特点是一索即得。它通过各种方式实现网络档案信息的无缝透明链接,从而使得利用者一站式地检索到所需档案信息。

面对纷繁多样的网络档案信息及其检索工具,多数普通利用者会感觉无从下手。网络档案信息集成检索平台所能提供的是一个简洁的一站式的检索平台,通过简单的界面实现对多种异构档案信息的综合共享。网络利用者无需关注复杂的后台,只需要利用统一的检索界面,实现通过单一平台检索,不受时空限制地获取集成化的多来源、多类型的档案信息,极大地提高检索效率。

三、网络档案信息集成检索平台的集成方式

（一）链接集成

链接集成是指搜集网络中的档案网站的信息并按照特定的分类体系予以组织,编制为可检索的目录,每个类目或子类目下有序排列属于该类或子类的档案网站站

名和域名链接。

链接集成的实质是一种专业领域的网络目录，是针对网络中档案领域及档案信息的网络目录，主要由档案组织或档案机构来完成。它按照特定的分类体系对散存在网络中的档案网站进行汇聚，并通过统一的检索入口提供逻辑组织和导引，使得档案利用者方便地定位到档案信息网站，对网络中的档案信息起到资源导航的作用。各档案网站上的友情链接就属于链接集成。此外，还有一些在档案专业领域有能力或有影响力的组织机构做了一些链接集成，例如联合国教科文组织曾做过世界各地的档案馆的链接集成。

（二）目录集成

目录集成是由多个档案馆（室）在网络环境下将各馆（室）全部或部分档案目录信息汇聚在一起形成的目录集合。目录集成是档案工作中传统做法在新媒体环境下的实现，在传统工作中其名称为"联合目录"，"是馆际协作编制的，收录两个以上档案馆全部或部分馆藏内容与成分的一种大型查找性检索工具"①。

目录集成的优点在于在各档案馆（室）之间实现横向信息联合，在网络环境下实现目录信息的广泛收录和广泛提供。目录由各档案馆（室）进行专业化加工编辑，一般质量较高。集成检索平台的设计实现较为简单，且平台对目录信息仅需要汇集不需要加工和维护。缺点是平台需要不断汇入新的目录，必须有持续的投入予以保障。

2021年发布的《"十四五"全国档案事业发展规划》提出有序推动文件级目录向全国革命历史、民国、明清档案资料目录中心整合汇集，逐步实现分类集中保管。这就是在向目录集成方向发展，为档案资源整合共享和开发利用提供必要基础条件。

美国国会图书馆手稿部建立了全国手稿馆藏联合目录（National Union Catalog of Manuscript Collections，NUCMC）网站②，将众多机构的手稿目录集成起来通过网络提供检索和利用。该国各类机构收藏的手稿实质上就是档案，其档案目录NUCMC于1959年就开始集成，有了网络之后提供网络免费检索。利用者进入NUCMC主页就可直接进行检索。

浙江省以省档案馆为核心，以各市档案馆为依托，将全省民国档案目录集成在一起建成了浙江省全省民国档案电子目录中心，提供一站式检索利用服务。③

（三）接口集成

接口集成是一种技术集成手段，是指基于Web开放的API接口（Application Programming Interface，应用程序接口）以统一的操作界面与信息反馈实现对不同档

---

① 周铭.档案检索：理论与方法［M］.北京：中国社会科学出版社，2015：253.
② 网址为http://www.loc.gov/coll/nucmc/.
③ 国家档案局技术部.档案信息资源开发利用试点经验汇编［M］.北京：中国档案出版社，2008：158，161.

案信息资源库的透明检索和访问。

接口是档案信息资源库预留给开发人员调用库中数据进行软件开发的路径。在网络环境中，接口集成的集成检索平台后端是各自不同的档案信息资源库，前端基于 Web 提供开放的 API 接口，以字段映射的方式将不同资源库的数据统一起来，通过代理形式接受检索者的检索需求，从后端调用不同的资源库检索获得档案信息，展示于检索平台的结果显示页面。

接口集成的优点是在不直接改变底层数据结构基础上实时获取不同档案信息资源库的内容，不需要对已有档案信息资源库进行更改，免除信息更新与维护工作。技术实现简单灵活，所需投入较低；缺点是受限于各档案信息资源库是否能够提供相应的标准 API 接口和访问权限。同时，该集成方式是实时访问方式，受限于网络速度，在数据量较少的条件下表现较好，如果检索数据量庞大则效率较低。

美国国家档案馆的馆藏目录数据库就提供开源的 API，不需要密钥和账户即可访问。其所有原始 API 源代码均可下载，以便使其目录数据在 NARA 之外的网络环境中共享和重用。①其他的信息检索平台就可以集成美国国家档案馆的馆藏目录。各档案机构提供此类接口，可以调动社会力量对网络档案信息资源进行更广泛、更充分的开发，使网络档案信息价值充分涌流。

（四）资源集成

资源集成是指将不同来源、不同内容、不同类型的档案信息依据多维联系形成一个或多个网络档案信息资源库，集中整合到网络档案信息集成检索平台存储和管理，直接实现档案目录信息与全文信息的有效检索。

资源集成的优点在于将目录信息、全文信息等全部信息从物理上汇集于集成检索平台进行检索和利用，方便使用和流程管控，检索效率高。资源集成不是对档案信息的简单收集汇聚，而是聚合之后进行科学分类、组织、存储，系统反映档案信息之间的有机联系。在后台，只要有一个中心服务器作为集成检索平台，就可以全流程地高效服务于多个档案馆（室），各档案馆（室）不需要关注平台的运行和维护。缺点是中心服务器成为关键节点，对其需要持续不断地进行维护，一旦它出问题则无法进行检索。此外，各档案馆（室）需要持续不断地为平台提供信息资源，组织管理难度较大，更新维护成本较高。

恩格斯指出："当我们通过思维来考察自然界或人类历史或我们自己的精神活动的时候，首先呈现在我们眼前的，是一幅由种种联系和相互作用无穷无尽地交织起来的画面。"②基于资源集成的网络档案信息集成检索平台有助于在更大的范围、更

---

① NARA. API for the National Archives Catalog［EB/OL］.［2022-04-04］. http://www.nara.gov/research/catalog /help/api.

② 马克思，恩格斯 . 马克思恩格斯选集第 3 卷［M］.北京：人民出版社，2012：395.

高的层面展现事物发展和实践活动的"种种联系和相互作用",实现"以平台聚内容,也是聚联系、聚关系的过程"①,更好地体现档案信息资源的价值。

资源集成是由档案机构主导的根本性的、深层次的集成方式,也应是网络档案信息集成检索的主要方式。在新媒体环境下,资源集成状况将直接影响网络档案信息检索的质量。

（五）元检索工具集成

元检索工具是检索工具的检索工具,当前以元搜索引擎（meta-search engine）为代表。元检索工具集成是指使用元搜索引擎等元检索工具对网络档案信息进行检索。

前文所述链接集成、目录集成、接口集成、资源集成都是在资源层面做集成的方式。而元检索工具集成不涉及资源层面的任何问题,仅利用检索工具所具有的集成功能达到集成检索的目的。

当前的网络信息检索工具都有其有限的收录范围,没有一种检索工具能够搜索全部网络。而元搜索引擎通过统一的检索界面将检索者的请求向其他多个独立的搜索引擎发送,并将各独立搜索引擎返回的检索结果按照特定的规则进行统一的相关排序后予以呈现。例如,Excite 的元搜索引擎可以对包括 Google 在内的 14 个独立搜索引擎同时进行检索,得到 14 个独立搜索引擎的检索结果并予以集成。

元检索工具是对相应各检索工具及其检索结果的集成,弥补独立搜索引擎等单个检索工具范围有限、数据库容量不足的缺陷,扩大了检索范围,简化了检索行为,提高了检全率。

（六）管理与服务集成

管理与服务集成是指网络档案信息集成检索平台与其他服务平台、管理平台连接和融合,融入更大的生态系统中,成为集成服务或集成管理的一部分。

网络档案信息检索平台往往不是孤立存在,而是与档案信息资源管理、档案信息服务乃至信息资源管理、信息服务协同共建、动态调度、统筹分配,是集管理与服务于一体的可控的创新工作系统和服务体系。

网络档案信息检索平台有可能是档案利用服务平台的一部分,其功能集成到档案利用服务平台当中;有可能是数字档案馆（室）平台的一部分,其功能集成到数字档案馆（室）平台当中,在管理与服务一体化的基础上开展检索;有可能是政府信息公开平台的一部分,其功能集成到政府信息公开平台当中;有可能是跨机构的网络信息服务平台的一部分,其功能集成到网络信息服务平台当中;它还有可能是知识服务平台的一部分,其功能集成到知识服务平台当中;它最终还有可能是行业信息平台的一部分。行业信息平台是包括信息资源管理、技术协同应用和服务集成

---

① 李颖.新媒体环境下档案公共服务机理与策略研究［M］.北京：人民出版社,2021：111.

共享的整个档案行业或某一专业行业的生态系统,网络档案信息集成检索是行业信息平台服务集成共享所应具有的基本功能。

2020年修订的《中华人民共和国档案法》第四十一条规定:"国家推进档案信息资源共享服务平台建设,推动档案数字资源跨区域、跨部门共享利用。"2021年发布的《"十四五"全国档案事业发展规划》提出"从国家、地区多层面一体推进档案信息共享利用工作,建设以全国档案查询利用服务平台为支撑、档案查询'一网通办'的全国档案信息共享利用体系"。规划在顶层将检索平台与利用服务平台整合在一起,实现检索功能与利用服务的集成,并将全国档案查询利用服务平台建设项目列为档案信息化的强基工程。

海南核电通过办公文档一体化系统在管理与服务集成的基础上提供档案信息检索[1]。海南核电将办公自动化系统与文件、档案管理信息系统集成在一起,在企业内部网上形成一个控制整个文件生命周期的系统平台,完成所有文件、档案管理工作并对有权限的利用者提供文件、档案信息共享。基于文件、档案管理与服务一体化在内部网上开放各类文件、档案检索功能,实现异构文件、档案信息共享。

管理与服务集成的目的是利用更大、更具综合性平台的技术与系统,实现信息资源、信息技术、信息服务的集成与共享,基于集成服务效益提高网络档案信息检索的效率。

四、网络档案信息集成检索平台的集成范围

(一)跨库集成

跨库集成是指在同一档案机构内,将多种异构的档案信息资源库集成在统一的检索平台。对于利用者提交的一项检索提问,后台对多个档案信息资源库进行并行检索,对检索结果实现去重和排序等规范化处理,以统一的视图予以呈现。

不同的数据库收录范围和收录内容不同,跨库集成检索不仅提高便捷性也提高检全率。跨库集成检索在图书馆的需求特别旺盛。在档案馆,只有那些大型的档案馆建设有众多的档案信息资源库,才会产生跨库集成检索的需求和实践。NARA网站的OPA实现了对众多档案信息资源库的一站式跨库检索,可一次性检索到ARC、AAD、archives.gov的内容。在跨库检索过程中它会损失一些信息,但依然有很多研究型的利用者觉得使用它非常方便[2]。

---

[1] 刘越男,马林青.2010—2015年电子文件管理发展与前沿报告[M].北京:电子工业出版社.2016:201.

[2] Alfie Paul.Fun with OPA[EB/OL].(2011-05-06)[2022-05-11].http://text-message.blogs.archives.gov/2011/05/06/fun-with-opa.html.

（二）跨馆室集成

跨馆室集成是指将不同档案馆室的档案信息资源库集成在统一的检索平台。

当前，我国的跨馆室集成检索以地方综合档案馆及对应档案室、行业部门系统内档案馆室集成为主。这些档案馆室多数基于档案行政管理体制在业务上具有指导关系或档案移交关系，或在行政上具有上下隶属关系。它们以一个中心档案馆（室）为主，其他档案馆（室）均与其集成，实现区域内或行业部门系统内跨馆室查档的"一站式"服务。

浙江省丽水市依托智慧丽水建设丽水智慧档案馆，全市各级档案馆与各部门档案室协同共建将区域内所有档案信息共享[①]。浙江省绍兴市在档案信息网站创建"区域公共档案信息资源管理和服务平台""区域涉民档案集成管理与服务平台"，提供本市档案信息检索查阅利用综合功能[②]。

（三）跨区域集成

跨区域集成是指突破行政区域或行业部门系统的界限将不同的档案信息资源库集成在统一的检索平台。

从长远来看，网络档案信息集成检索必须突破行政区域或行业部门系统界限，使得各类型不同的档案馆室连接融合、共同协作，实现更大范围内档案信息的集成检索共享。

当前，我国档案机构在跨区域集成方面已经迈出了实践探索的步伐，其中具有代表性的就是长三角政务服务"一网通办"平台。该平台属于服务集成平台[③]，于2019年5月正式开通运行。它跨越长三角地区，实现沪、苏、浙、皖政务信息的集成服务。其中，包括长三角地区档案部门的"异地查档，便民服务"，可以对婚姻档案、独生子女证档案、再生育子女审批档案、知青档案、工伤认定档案、学籍档案、兵役档案、复员退伍军人档案、三峡移民档案、人才引进审批档案[④]等进行检索查询，并可获得档案材料复制件或档案证明。

（四）跨国集成

跨国集成是指将不同国家的档案信息资源库集成在统一的检索平台。网络前所未有地将世界各国紧密联系起来，也使档案信息突破了传统的利用范围，让跨国检索利用变得简单和频繁起来。不同国家间的档案信息集成正在逐步发展。

欧洲文化图书馆Europeana[⑤]通过网络保存和传播欧洲的人文历史。其信息来自

---

① 王小健，刘延平. 面向智慧城市的智慧档案馆建设［J］. 档案与建设，2015（5）：16-20.

② 陈慧瑛. 智慧档案数字先行——绍兴市档案信息化建设转型升级的探索实践［J］. 浙江档案，2013（12）：14-15.

③ 网址为 http://csj.sh.gov.cn/.

④ 杨洁. 首批51项！长三角"一网通办"来了，办些啥、怎么办［EB/OL］.（2019-05-22）［2022-03-10］. http://newsxmwb.xinmin.cn/xmyan/2019/05/22/31532767.html.

⑤ 网址为 http://www.europeana.eu/.

欧洲各国3700多个图书馆、档案馆、博物馆和美术馆[①]。该平台集成这些机构的信息数据并进行检查处理，从人、地点、主题等途径提供检索。它还涉及了跨机构集成。

（五）跨机构集成

跨机构集成是指将档案机构的信息资源库与其他机构的信息资源库集成在统一的检索平台。与档案机构进行跨机构集成的机构主要是图书馆、博物馆、美术馆、展览馆等科学文化事业机构，彼此之间天然存在着一定的联系。国际档案理事会副主席托马斯·利德曼曾指出："图书馆、档案馆和博物馆的差异在未来会大大消除，而它们的不同理念、职能和技术则将以目前还不清楚的方式整合到一起。在新的认知架构下充足数字资源是可能的，更是必要的。"[②]

早在1994年，美国俄亥俄州大学就花费2000万美元将全州18个重要的图书馆、档案馆、情报中心连成信息网络，信息利用者可以在该网内检索所有馆藏信息。[③]

2009年4月正式启用的世界数字图书馆[④]（World Digital Library，简称WDL），跨国免费提供图书、档案、照片、地图、影片等信息服务。该平台由联合国教科文组织及图书馆、档案馆合作建立，其中包括美国的NARA、伊拉克国家图书档案馆等档案机构。中国国家图书馆提供了甲骨文、碑刻、四库全书等珍贵的图书、档案信息。

美国的档案网格（Archivegrid）收集了超过700万份档案材料的描述信息，这些档案材料的描述信息来自数千个档案馆、图书馆、博物馆、历史学会等机构。利用者可以通过档案网格的检索工具在上述机构中寻找所需的原始档案。[⑤]

跨机构集成以统一的平台提供一体化的网络信息检索，以一种最简便的方式提供"整体的、跨学科的、集成的知识服务"[⑥]，以降低网络信息资源的重复配置，促进网络信息资源的深层次共享，满足社会多方面的信息利用需求。

（六）跨媒体集成

跨媒体集成是指将不同媒体类型的档案信息资源库集成在统一的检索平台，可

---

① Europeana . About us [EB/OL]. (2019-05-22) [2022-03-10]. http:// www. europeana.eu /en/about-us.

② Hamma K. Standards. What's new Europes Cultural and Scientific Heritage in a Digital World [EB/OL]. [2020-06-27]. http://www.eudico.de/download/vortraege/hamma_berlin.pdf.

③ 李群，刘维荣.图书、档案、情报一体化管理在欧美发展的新趋势[J].四川图书馆学报，2006（2）：68-74.

④ 网址为 http://www.wdl.org/zh/.

⑤ OCLC. Archivegrid [EB/OL]. [2022-05-11]. http://www.oclc.org/research/areas/research-collections/archivegrid.html#main-content.

⑥ Duff W M, Carter J, Cherry J M, et al. From coexistence to convergence: studying partnership and collaboration among libraries, archives and museums [EB/OL]. [2020-06-02]. http://www.informationr.net/ir/18-3 /paper585.html.

以同时对文本型、图形图像型、音频型、视频型等档案信息展开检索。利用者对信息获得的时效性、便捷性，多媒体的要求推动跨媒体集成的发展。跨媒体集成以数字技术、网络技术为依托，兼顾各种类型档案信息的特点，融合、汲取不同媒体的优势，实现规模化信息生产和不同媒体间的内容共享。跨媒体集成检索与服务是新媒体环境下网络档案信息检索创新的突破口，它是当前的研究课题，也是未来的发展方向。

五、网络档案信息集成检索平台的技术架构

网络档案信息集成检索平台的技术架构分为应用服务层、技术实现层、信息资源层和环境支撑层四个层次，如图4-10所示。根据是否与档案利用者直接接触，这四个层次又可分为前台与后台。直接接触档案利用者的应用服务层为前台，不接触档案利用者的技术实现层、信息资源层和环境支撑层是后台。

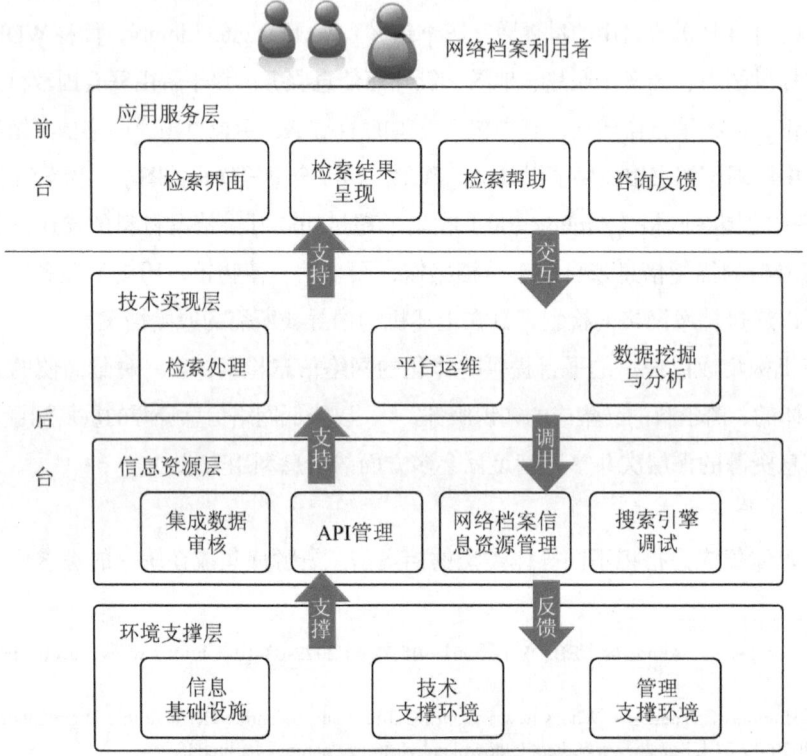

图4-10 网络档案信息集成检索平台技术架构示意图

（一）应用服务层

应用服务层直接服务于档案利用者，功能包括检索界面、检索结果呈现、检索帮助、咨询反馈等。

网络档案信息集成检索平台以统一的检索界面和操作方式提供检索服务。对于链接集成与网络目录类的检索工具，检索界面为浏览式界面供检索者选择。对于需要输入检索词的检索工具，检索界面可分为简单检索界面和高级检索界面。简单检索界面一般是网络信息搜索通用的一框式检索途径输入模式，供检索者输入关键词使用。它是为所有档案利用者提供的简单检索方式，使用起来方便快捷无障碍。高级检索界面在简单检索界面上通过链接入口进入，为网络档案信息检索提供更全面的检索途径以达到更精确的检索结果。它适用于对检索目标明确的利用者，同时对于检索方面的熟练度与专业性具有一定的要求。

检索结果呈现向检索者显示检索结果，包括检索结果筛选、检索结果排序等各种检索结果处理功能。

检索帮助常用的有热键、功能说明、联机帮助、FAQs等，还可以提供平台介绍，介绍平台的建设单位、信息资源、建设目的等情况，方便利用者对档案信息集成检索平台的了解。

咨询反馈是联系网络档案信息集成检索平台组织者和档案利用者的桥梁。其功能尽量提供即时交流等有效手段。利用者可以向平台组织者反馈检索过程中遇到的问题、得到的感受、获得的收获。平台组织者可以指导检索、解答利用者遇到的问题。利用者之间可以交流经验、互相协作。

（二）技术实现层

技术实现层开发特有的或购置通用的各类工具软件（其中包括检索软件），实现平台的各种功能，主要是检索处理、平台运维、数据挖掘与分析。

检索处理是对实现检索处理的各项业务进行分类管理和调度，跟踪业务的执行，完成各种检索提问的处理，实现后台的检索式构造、链接、匹配、查找、定位等工作，实现与需求的匹配。

平台运维负责网络档案信息集成检索平台的日常运行和维护，保证其可以稳定高效地运行。

高层次的技术实现还包括数据挖掘与分析。首先，是对集成检索平台的运行数据进行挖掘与分析，及时发现和纠正平台运行中出现的问题并对平台进行技术更新。其次，是对利用者在平台上的检索情况进行挖掘与分析，针对利用者的检索情况对平台进行升级改造，以提供个性化服务和技术保障服务，保证其可以持续满足档案利用者的检索需求和解决特定问题的需要。

（三）信息资源层

信息资源层是平台的档案信息资源集成和交流中心，负责汇集分布异构的档案信息资源完成相应的加工处理，建成平台的资源库，奠定检索的基础。根据集成方式不同，信息资源层的主要功能包括集成数据审核、API管理、网络档案信息资源管理、搜索引擎调试等。

集成数据审核是指汇聚平台数据时对其质量情况进行审查，保证数据规范、链接有效。

API管理是指对平台连接的各类档案信息资源库的接口进行管理，保证其有效性。

网络档案信息资源管理主要实现档案信息资源著录标引审查及著录标引数据的增、删、改等业务操作，确保著录标引成果准确规范、全文扫描质量满足要求，平台档案信息数据安全可用。

搜索引擎调试是运行维护元搜索引擎，当其所调用的独立搜索引擎调整检索策略、变更检索算法时，对元搜索引擎进行运行技术升级以适应独立搜索引擎的调整变化。

（四）环境支撑层

环境支撑层为网络档案信息集成检索平台提供各项支持，包括信息基础设施、技术支撑环境和管理支撑环境。

信息基础设施包括存储资源、通信资源、计算资源等软硬件基础设施。存储资源是存储网络档案信息的空间资源。要正确研判存储方式，在DAS（Direct Attached Storage，直接依附存储）、NAS（Network Attached Storage，网络依附存储）、SAN（Storage Area Network，存储区域网络）和DSS（Distributed Storage System，分布式存储系统）中进行合理选择。通信资源是指网络通信设施，应针对档案信息的规模和平台可能的峰值负载进行网络通信设施的建设，为数据传输和数据备份做好网络准备。计算资源包括服务器、操作系统等，应达到规模合理且适度冗余，并对其进行合理评估，为未来升级预留好空间。

技术支撑环境是平台建设与管理所用技术的集合，例如数据库技术、多媒体技术、数据挖掘技术、可视化技术、网络安全技术等。

管理支撑环境是平台有效运行的管理手段，包括政策导向、工作组织、管理制度、资金投入、人员使用、评价监督等。

六、网络档案信息集成检索平台的建设运行

（一）建设意义

1. 资源共享

从档案信息资源开发利用角度看，建设网络档案信息集成检索平台是档案信息资源共享的重要举措。它将体制限制下分散、封闭、单一的档案信息转化为网络环境中集中、开放、综合的检索资源集合。集成后的档案信息不同程度地具有统一性和有机关联性，通过数据挖掘、知识组织揭示档案信息内在的知识联系，以此为基础可以实现知识服务、实现档案信息增值。建设网络档案信息集成检索平台是突破档案机构间信息壁垒、拔除档案信息资源烟囱、连通网络中档案信息孤岛的有效方式,促进档案价值的社会实现,提高档案信息的社会贡献力。

2. 以人为本

从利用者角度看,网络档案信息集成检索平台的建设可以实现对不同来源、不同内容、不同类型网络档案信息的一索即得,节约了检索时间,提高了检索效率,享用到优质高效的档案信息服务,是"以人为本"的档案利用服务理念的切实落地。

3. 全局优化

从档案事业角度看,网络档案信息集成检索平台的建设在宏观上跨越组织结构和部门的障碍,实现档案信息资源建设突破系统、部门的限制,把以往各个独立的管理单元融合成为一个有机的不可分割的整体。其跨越和突破可以在不同层面进行,平台集成的范围可以无限扩大,乃至扩大到整个档案行业,从整体上达到档案事业的全局优化。2019年,在全国档案局长、馆长会议上,时任国家档案局局长李明华提出建设全国档案查询利用服务平台,实现全国范围统一查档[①]。可见,国家层面的网络档案信息集成检索平台建设已经提上议事日程。

(二)建设原则

1. 需求中心原则

网络档案信息集成检索平台的建设需要跨库、跨馆室、跨区域乃至跨国,同时还需要跨机构、跨媒体,必要时结合或纳入档案利用服务平台建设、数字档案馆(室)建设、政府信息公开平台建设、网络信息服务平台建设、知识服务平台建设或行业信息平台建设,是一项大的复杂的系统工程,建设需要考虑投入和产出效益比。因此,必须坚持以网络利用者需求为中心的原则。

以需求为中心将利用率高的档案信息全面、便捷地送到利用者身边,可以更大限度地提高网络档案信息集成检索平台的建设效益。

2. 档案特色原则

网络档案信息集成检索平台不仅实现网络档案信息的聚集性和规模性,更应坚持档案特色原则,在纷繁复杂的网络信息中全面凸显档案的凭证性、权威性、历史性、文化性和趣味性。

3. 通用标准原则

网络档案信息集成检索平台的建设往往涉及社会各个领域、多个部门,因此应坚持通用标准原则,以信息集成为核心,有全局性的统筹规划,充分进行联系和协作,在技术上尽量实现软件平台通用化,在信息处理上尽量实现标准化、规范化,同时具备良好的可扩展性。提供网络环境下通用标准的检索利用方式,最大限度地实现档案信息资源的共建共享。

---

① 李明华. 在全国档案局长馆长会议上的工作报告[J]. 中国档案,2019(4):20-28.

4. 阶段演进原则

网络档案信息集成检索平台的建设不是"一锤子买卖",而是应在全局协调的基础上坚持阶段演进原则,既要满足当前需要,也要具有长远规划,根据现状、需求、技术、基础等分阶段演进发展,确定不同阶段的发展目标逐一达成,最终在新媒体环境中建成网络档案信息检索利用服务的完整体系。

(三)建设步骤

网络档案信息集成检索平台的建设应有计划分步骤进行,包括但不限于建立联合机制、确定建设方式、拟定建设计划、统一建设标准、信息资源建设、平台技术实现、编制技术说明等步骤。

1. 建立联合机制

网络档案信息集成检索平台的建设需要多样化的多主体参与,包括档案主管部门、档案馆、立档单位、其他机构、社会团体、技术公司等,合作单位少的几个,多则成十上百。为此,必须建立起强有力的联合机制,协调主体间的关系,这是开展建设的首要问题,也是建设质量好坏的关键。

2. 确定建设方式

网络档案信息集成检索平台建设方式有多种选择。

一是有专门力量牵头。这种方式一般由档案主管部门牵头,组织一支专门力量,制定分工明确、职责清晰的方案计划,然后发动档案馆室等各有关单位落实技术实现和信息资源建设。

二是由示范单位带动。这种方式是一个单位(一般是档案馆、立档单位)建成了本单位的网络档案信息检索平台,技术先进、数据质量高、检索效果好,示范效应强。此时,其他档案馆室等各有关单位按照示范单位的数据结构和资源建设标准提交档案信息,将档案信息集成在统一的数据库和系统中。

三是多个单位众筹。这种方式多是档案机构、其他科学文化事业机构、社会团体等是多家单位自愿联合,商定方案,众筹众包,各自分工,共建共享。

3. 拟定建设计划

建设计划的内容包括网络档案信息集成检索平台建设的参与单位、信息集成的范围、信息集成的方式、档案信息检索服务的层次和形式、人员职责和分工、建设任务及时间规划、物资和经费保障等。

4. 统一建设标准

统一网络档案信息集成检索平台建设的技术标准和信息处理标准,确定数据结构、文件格式、采用的技术。

5. 信息资源建设

根据网络档案信息集成检索平台建设的方案计划及信息集成的范围,根据统一的信息处理标准做好档案著录标引形成高质量的目录信息,根据全文检索需要做好纸质档案数字化和电子文件收集形成高质量的全文信息,或在已有基础上提供全文信息,使平台所需档案信息资源达到准确、统一、系统的要求。

6. 平台技术实现

网络档案信息集成检索平台的技术实现应遵循如下原则:工作组织上统一管理、体系架构上开放适用、开发技术上标准简便、网络发布上部署便利、管理对象上安全保密、付诸使用后持续维护、检索利用时使用简便。

平台技术实现的首要任务是确定总体的体系架构。目前可用于实现网络档案信息集成检索平台的架构主要有 J2EE(Java2 Platform Enterprise Edition,Java2 平台企业版)、ERP(Enterprise Resource Planning,企业资源计划)、SOA(Service-Oriented Architecture,面向服务的体系结构)等。各架构体系各具特点,在厘清网络档案信息集成检索平台功能与作用的基础上与技术人员充分沟通,由技术人员主导确定。基于 IT 基础设施之上,设计应用服务层、技术实现层、信息资源层、环境支撑层的具体实现和功能。

在网络档案信息集成检索平台技术实现过程中,技术协调尤为重要。集成平台实现多系统多类型资源整合与多功能协同服务,技术协调的好坏对平台集成效果具有很大影响。技术协调最好不要直接改变档案信息资源的底层元数据,而是通过标准化的数据接口实现异构数据与系统之间的技术协调和数据互操作。

7. 编制技术说明

网络档案信息集成检索平台建设内容丰富、体量较大,建设完成后应编制相应的技术说明,内容包括但不限于平台建设目的、参建单位、建设标准、技术架构、检索资源范围(档案馆室、全宗、档案种类等)、档案信息的价值和用途、著录标引情况、检索方法与注意事项以及其他需要说明的问题。技术说明在平台上发布,以方便档案利用者使用平台检索档案信息。

七、网络档案信息集成检索平台的评价体系

网络档案信息集成检索平台不能是"一建了之",建成之后还应对其进行准确评价,以促进其升级改造,进一步提高检索服务效益。

(一)评价主体

网络档案信息集成检索平台的评价主体应包括网络档案利用者和平台的工作人员。作为平台的服务对象,网络档案利用者是评价的主体,其评价意见为主要意见。平台的工作人员包括前台的服务人员、后台的档案工作者与信息技术人员。作为专业人员,平台的工作人员是评价主体的重要补充,其评价意见为参考意见。只有将网络档案利用者和平台的工作人员的意见结合起来,才能更全面、更完善地反映平

台运行的各类情况。

（二）评价意义

对于网络档案信息集成检索平台而言，科学有效的评价具有重要意义，主要表现在三个方面：一是有助于平台改进。对平台各个方面进行完善的评价，有助于发现平台存在的问题并针对问题不断改进完善，从而保证平台始终向前发展，始终为利用者提供优异的服务。二是提升平台工作人员的工作能力。在评价中，能够总结平台的优点与不足，为平台的工作人员提供激励与鞭策，促使其不断提升工作能力。三是促进档案工作发展。科学完善的评价，能够将平台运行实践形成的各类数据升华为理论性的知识，为档案信息资源共建共享提供范本借鉴，为档案信息检索服务提供理论素材促进其进一步发展。

（三）评价方法

网络档案信息集成检索平台在建设与运行过程中涉及方方面面的内容，不仅有资源建设方面的、理论技术方面的，也有管理运行方面的。评价方法是根据实际情况，将定性评价与定量评价有效地结合。定性评价通过分类、比较、分析、归纳、演绎等方法的综合使用，对平台做出定性的价值判断。例如，评价集成检索平台的服务质量，可以将其定性为几个不同的等级。定量评价通过数学方法对收集的平台数据做计算，对平台做出定量的价值判断。例如，根据测试和记录得到的数据对平台的响应时间、平均无故障时间等进行评判。

（四）评价内容

对网络档案信息集成检索平台进行评价，评价内容主要包括检索资源评价、检索服务评价和运行管理评价三个方面，其主要指标如表 4-1 所示。

表 4-1　网络档案信息集成检索平台评价内容及其主要指标

评价内容	评价指标
检索资源评价	检索资源的覆盖范围
	检索资源的类型
	检索资源的质量
检索服务评价	档案利用者满意度
	检索界面友好度
	检索方式
	检索途径
	响应时间
	检索结果处理功能
	检索帮助功能

续表 4-1

评价内容	评价指标
运行管理评价	对工作人员的满意度
	规划完成度
	运行稳定度
	信息安全

检索资源评价用于评价网络档案信息集成检索平台上档案信息资源建设情况。其内容有三个方面：一是检索资源和覆盖范围，指其实质性包括哪些档案信息；二是检索资源的类型，包括文字图表文件、照片、录音、录像、网页文件等；三是检索资源的质量，主要通过相关标准规范进行衡量。

检索服务评价用于评价网络档案信息集成检索平台为网络档案利用者提供的检索服务情况。其内容有七个方面：一是档案利用者满意度，包括能否满足档案利用者的检索需求，利用者是否认可平台的检索服务；二是检索界面友好度，是否清晰、美观、使用方便；三是检索方式，简单检索与高级检索设计是否合理；四是检索途径，是否具有多样性、实用性、功能性；五是响应时间，不同检索方式、检索途径下返回检索结果的时间利用者能否承受；六是检索结果处理功能，是否有助于利用者理解、查阅和使用档案信息；七是检索帮助功能，是否提供检索帮助，检索帮助是否具有丰富性、便捷性和有效性。

运行管理评价用于对平台运行情况、相关工作人员工作情况、各项工作完成情况进行评价。其内容有四个方面：一是对工作人员的满意度，包括对相关工作人员的工作态度和工作质量的满意度；二是规划完成度，包括规划的实施情况、各类工作进度；三是运行稳定度，包括平均无故障时间、突发事故处理情况等；四是信息安全，包括检索资源的存储安全、使用安全状况。

第五章 新媒体环境下网络档案信息检索功能的创新发展

在新媒体环境下，人们对网络档案信息检索功能有了新的期待。而技术的发展，也为各种新功能的实现创造了基础、提供了条件。因此，网络档案信息检索不仅应用和加强了传统功能，还在原有的基本功能之上发展进步，内容检索功能、超文本检索功能、多媒体检索功能、知识检索功能、信息推送功能、移动检索功能、检索结果处理功能、交互功能等不断创新发展。

第一节 传统功能的应用与加强

传统功能是指计算机信息检索有史以来便具备的功能，主要是为了提高检索效率，在输入检索词、构造检索式过程中采用特定算法，对概念相关性、位置相关性等进行处理的功能。这些功能主要有逻辑控制、位置控制、词形控制、限制功能、加权检索，它们是必备的检索功能，在新媒体环境下的网络档案信息检索中仍将进一步应用。此外，还有些功能会有所加强乃至实现新的功能，主要有模糊检索、语义控制、密级检索、反馈检索。

一、逻辑控制

逻辑控制是指使用布尔（boolean）运算符控制检索词间的逻辑关系，构造布尔逻辑检索式。布尔运算符包括逻辑与"and"、逻辑或"or"、逻辑非"not"等。逻辑与增加检索词间的相互制约，缩小命中范围。逻辑或迭加检索词的概念外延，拓宽检索范围。逻辑非限制与检索词不相关的概念，提高检准率。

逻辑控制用于扩检或缩检。此项功能符合人的思维，表现直观、构造简单，同样是网络档案信息检索应具备的基本功能。

二、位置控制

位置控制也称邻近关系控制、邻接检索（proximity search），是指对逻辑与关系的检索词间的位置关系的松紧、相对位置、邻近程度进行限定。其实现是使用某种符号，使检索词间的顺序与位置一并固定下来，或确定检索词间的间距字数等。常用的位置控制符号有"（W）""（nW）""（nN）"等。"（W）"表示两边的检索词顺序固定。"（nW）"表示两边的检索词间允许插入最多 n 个字或英文单词。"（nN）"表示两边的检索词间允许插入最多 n 个字或英文单词但前后顺序可以颠倒。位置控制可用于提高网络档案信息检索的准确程度。

三、词形控制

词形控制是指对检索词进行变换与加工，扩大或缩小检索词的外延，使其在表达检索需求上更具准确性。词形控制功能一般包括截词检索、通配符检索、辅助索引、大小写区分检索。

截词检索（truncation）是用专门的截词符号对检索词做截断，用词的局部进行检索，凡是与该局部所有字符匹配的即为检索结果。根据截断的位置，截词有前截词、后截词、中间截词、前后截词四种类型。在网络档案信息检索中，截词检索用于扩检以提高检全率，亦可用于减少检索词的输入量。

通配符检索是用特殊的通配符模糊检索提问，例如输入检索词时用通配符"_"代表一个字，连续的几个"?"代表几个字，"%"代表一串字等。它是计算机检索特有的技术，可用于网络档案信息检索，传统档案检索中并不具备这样的功能。

辅助索引针对某一检索途径，以字典方式罗列出全部可用项供检索者选择，所选项直接变为检索词输入。它适用于输入机构、人名、主题等检索词，为检索者提供更加直观、方便的检索词输入方法，提高检索词的专指性和准确性。

大小写区分检索主要针对英文等外文检索。检索词大写用于检索专有名词，小写则为普通检索词，在外文网络档案信息检索中要注意区别使用。

四、限制功能

限制功能从特定的范围限定检索，主要包括范围限定、检域限定。范围限定用于把检索范围限制在某一时间段内、某一地理范围内、某一档案类型范围内等。检域限定用于限制检索域（fields），即限定搜索数据库的哪些字段，从而提高检索结果的相关性。

五、加权检索

加权检索是指根据重要性分别为每个检索词赋予一定的权值并给出命中阀值，检索工具对符合检索式的信息进行加权计算，权值达到或超过阀值的信息才能成为检索结果。加权检索除了匹配检索词，还从量上对检索词的重要性进行比较。它可以用定量的方法限制检索结果的数量，弥补布尔逻辑检索的不足。网络搜索引擎 Excite 是现有网络信息检索工具中最先支持加权检索的。随着加权检索的发展，又用"+""–"代表特定的权值。"+"表示随后的检索词必须在被检索信息中出现,"–"表示随后的检索词必须不出现。

六、模糊检索

模糊检索是指按照一定的近似标准在被检索信息中找出与检索式近似匹配的信息内容。检索式与成为检索结果的被检信息之间存在一定的差异,该差异就是"模糊"的含义。截词检索实质上就是一种模糊检索。使用搜索引擎检索网络档案信息,多数情况下是模糊检索。

七、语义控制

随着网络信息检索的发展,人们已不满足于仅仅实现词形控制,还试图探索语义控制。

语义控制是基于一定的语义关系,例如检索词在主题词表或分类表中的等级关系或层级联系,进行检索词的族性检索、同类词检索、同义词检索、近义词检索、参见词检索或关联词检索等。检索词与其上位类词、同类词、同义词、近义词、参见词及关联词是逻辑或关系。

语义控制的更高目标是实现自然语言检索,达到在语义层面理解利用者用自然语言表达的检索需求。检索工具剔除副词、介词、代词等无实质意义的词汇,并对所余检索词实现族性检索、同类词检索、同义词检索、近义词检索、参见词检索或关联词检索等。

语义控制涉及知识检索范畴,并需要人工智能等新的技术支撑。

八、密级检索

密级检索是网络档案信息检索的特有检索功能。各馆(室)藏档案信息均设置有不同的保密级别,包括公开、内部、秘密、机密和绝密五个等级,不同的网络中不同的利用者所能查阅利用的档案信息保密级别各不相同。为此,网络档案信息检索必须具有密级检索功能。

例如,在中国船舶集团有限公司舰船研究设计中心,本单位利用者可以使用浏览器登录内部网综合档案管理平台进行档案信息检索。其中,机密级利用者可以检索并借阅本单位所有档案目录,秘密级利用者只能检索所在部门档案目录且无法借阅其中的机密档案。对于在线阅览全文需要根据利用者的密级访问权限及其所在部门判断是直接阅览还是需要经过审批授权之后方可阅览。①

---

① 国家档案局经科司.企业电子文件归档和电子档案管理试点技术系统卷[M].北京:中国文史出版社,2021:87-89.

密级检索功能的实现需要从两个方面加以控制：一是主体方面，即利用者。对于利用者，通过注册登录、用户识别、身份验证、角色管理确定利用者的权限。二是客体方面，即信息数据。将不同密级的数据对应不同的角色、权限。检索工具基于不同权限和所对应的信息数据进行检索和访问的控制。

九、反馈检索

反馈检索是指根据检索结果的反馈，进一步检索与某一检索结果类似的信息。其实现方法是从检索结果中选取特定的词语，作为二次检索的检索词。例如，美国网络档案信息检索系统 ARC 可以限定在档案信息检索结果中针对某一档案所属的上级著录级别内进行二次检索。① 一些搜索引擎在检索结果页显示 "Search for more documents like this one" 或 "More Like This"，点击后进行二次检索，既是关联推荐，也属反馈检索。

反馈检索有助于在检准的基础上提高检全率，或是在检全的基础上提高检准率，是网络环境下档案信息检索的有益补充手段。

第二节 从二次信息到一次信息：内容检索功能

早期网络档案信息检索的实现主要是依赖手工档案检索工具的网络发布，其检索对象是对档案内容特征和形式特征进行揭示与标识而形成的有序化信息，即二次信息。在新媒体环境下，随着检索需求和检索技术的发展，网络档案信息检索的对象与结果已经不仅仅局限和满足于二次信息，一次信息检索即档案内容检索日渐成为必备功能。

内容检索（Content-Based Retrial，简称 CBR）是对文本的文字或上下文语义、图像的颜色或纹理等、声音的音调或声纹、视频的场景或片断等内容信息进行分析和各种特征提取，并基于所提取的特征进行相似性匹配从而实现信息检索。

内容检索是新媒体环境下信息检索技术研究的热点问题之一，也是网络档案信息检索研究的热点问题。档案内容检索早期主要是针对文本内容的全文检索。在新媒体环境下，利用者对于图形档案内容、图像档案内容、音频档案内容、视频档案内容的检索需求快速上升。图形、图像、音频、视频信息连续性强、形式多样，以往的基于 SQL（Structured Query Language，结构化查询语言）的检索技术难以适用于它们的内容检索，需要发展新的基于内容的检索技术。网络档案信息检索需要实现对多元化客体进行内容检索。

---

① 赵屹，汪艳. 新媒体环境下的档案信息服务［M］. 上海：上海世纪图书出版公司，2015：161.

一、全文检索

全文检索（full-text retrieval）是以档案全文内容信息为检索对象，使用自然语言作为关键词在全文内容信息中进行匹配，直接获得档案原文中有关句段的检索。

我国的档案全文检索可追溯到1991年，辽宁省沈阳市档案馆借助光盘实现档案原文的存储与检索[①]。经过30余年的发展，档案全文检索已经广泛应用。

对于档案利用者来说，二次信息所能提供的仅是档案和档案信息的线索，多数情况下并不能真正满足利用，只有一次信息才是其利用的最终目的。全文检索能检索出所有包含关键词的档案全文信息，能针对档案内容中所有有意义的词进行检索，这极大地扩展了档案信息检索的自由度，使其变得更加直接、更加彻底。此外，全文检索功能强大、操作直观、使用简单，不需要利用者了解和掌握更多的检索途径，这极大地方便了利用者对档案内容信息的查找。尤其是对于编研型利用者而言，全文检索可以以秒级速度在数以万计的档案中检索出包含所需要的任何字、词或词组的档案，极大地提高了档案编研者查找档案材料的速度，从而缩短档案编研的时间，提高档案编研成果的时效性和及时性。

二、图形内容检索

图形内容检索的检索需求包括点检索、线检索、区域检索、关联检索、形状检索、轮廓检索等。点检索用于检索某坐标处的目标；线检索用于检索线状两侧的目标，例如检索河流两岸的建筑；区域检索用于检索某区域内的图形目标；关联检索用于检索两个或多个图形对象之间的空间和拓扑关系，例如通过方向、邻接和包含等空间约束关系进行检索；形状检索用于从周长、面积，主轴方向等特征检索与利用者输入的形状相匹配的形状；轮廓检索用于匹配图形中主要的边和线。[②]

三、图像内容检索

图像内容检索是分析图像的内容，提取图像本身的颜色、纹理、形状、空间特性等视觉特征进行检索。人脸识别也属于图像档案检索，它是根据人的脸部特征、表情特征进行检索。

四、音频内容检索

音频内容检索是根据音频中声音的音量、音调、音强、音色、声纹、频率、共振峰等声学特征给定样值进行匹配实现检索。此外，用语音自动识别系统通过音频

---

① 肖秋会.档案信息检索［M］.武汉：武汉大学出版社，2011：169.
② 王兰成.信息检索——原理与技术［M］.北京：高等教育出版社，2015：316.

训练和模式匹配将音频的语音转换为文本,而后再对文本进行全文检索也属于音频内容检索。

五、视频内容检索

视频内容检索是根据视频中的场景、片段、镜头、镜头的运动等特征给定样值进行匹配实现检索。此外,视频内容检索还包括对视频中的图像、声音分别进行内容检索。

第三节 从文本到超文本:超文本检索功能

1945 年,美国的范尼瓦·布什(Vanhenar Bush)构想了一种用于浏览、翻阅联机文本和图形的 memex 机器从而提出超文本思想。1967 年,泰得·纳尔逊(Ted Nelon)正式提出超文本概念,后来又设计了超文本系统 Xanadu。1967 年美国布朗大学开发的超文本编辑系统(Hypertext Editing System)是世界上第一个实用的超文本系统。1968 年,美国斯坦福研究院的道格·英格尔伯特(Doug Engelbart)开始试制 memex 机器。他建立了具有超文本特征的联机系统,系统中的每个文件分成若干段并进行链接,从而实现非线性查找。1987 年,第一次国际超文本技术研讨会在美国召开。20 世纪 90 年代以后,随着互联网的发展,超文本技术得到普遍应用并出现了全球最大的分布式超文本系统万维网。

由于万维网是用超文本技术链接的,因而超文本[①]不可避免地成为网络档案信息检索的客体之一。由此,网络档案信息检索突破了传统档案检索的文本检索功能,具有了超文本检索功能。文本检索中文本间按线性顺序排列只能进行顺序检索,超文本检索是在形成网络结构的档案信息间进行非线性检索。

网络档案信息检索的超文本检索功能主要体现在四个方面:一是实现网络目录,二是调用检索结果,三是实现关联检索,四是延展移动检索。

一、实现网络目录

网络目录[②]就是基于超文本检索功能得以实现的。它在每个类目或子类下面排列着属于该类别的各个网站的站名和域名链接,点击链接就是应用超文本检索按站名访问相关网站。

---

① 参见本书"第三章 新媒体环境下网络档案信息检索需求的新发展——第三节 检索客体多元化——七、超文本检索"。
② 参见本书"第四章 新媒体环境下网络档案信息检索工具与平台的创新发展——第三节 网络信息检索工具——二、网络信息检索工具的类型"。

网络目录以类目信息为起点,利用者面对网页上按照类别归类的档案信息,根据检索需求点击进入相应的信息类别,而后再点击进入下属类目,以此类推,通过层层点击链接最终检索到所需网络档案信息。

二、调用检索结果

在网络档案信息检索中,检索结果既可能是所需的档案信息,也可能是指向所需档案信息的链接。如果检索结果是指向所需档案信息的链接就是通过超文本检索得到所链接的档案信息。

三、实现关联检索

在网络档案信息检索中,超文本检索的发展趋势将是实现关联检索。超文本由节点、链和网络三个要素构成。其中链建立起节点之间的联系,并提供从一个节点转移到另一节点的有效手段。利用这种机制可以实现档案信息间的动态关联,通过链的转移实现关联检索。

1945年,美国范尼瓦·布什提出超文本思想时,其最初的创意是"能够创造一种阅读设备,使人们在阅读过程中能够根据自己的思维和兴趣选择阅读"。超文本检索基于非线性结构基础之上具有"联想"功能,突破了传统的走一步看一步的串式方法,支持检索者按信息内在联系在不同层次和不同关系的节点之间自由地跳转,根据思维的跳跃性完成不同的"关联图"检索。

例如,某网络档案展览中展出了一张名为"80年代的某某广场"的照片,对于该照片标注了摄影者、时间、主题等信息。摄影者设置了摄影者简介链接,时间设置了时代背景链接,主题设置了广场上各建筑简介的链接。对于该照片,不同的利用者想查询不同的关联信息:有的利用者想了解摄影者情况,有的想了解照片中某个建筑的情况,有的想了解该广场不同时代的样貌……对于想了解摄影者情况和某个建筑情况的需求,由于设置了相关链接,可以通过超文本检索得到满足。而对于该广场不同时代的样貌,由于没有设置相关链接,无法检索到。如果网页上的每个档案信息都有若干关联信息链接,那么就可以实现广泛的关联检索。

马钢集团实现了ERP(Enterprise Resource Planning,企业资源计划)系统与数字档案馆系统的集成,基于目录检索建立了凭证链检索。ERP系统的业务环节是环环相扣的,使得整个业务过程产生的业务单据具有关联特点。凭证链检索就是通过系统产生的业务单据的关联进行检索,实现对业务单据的完整追溯。①

---

① 国家档案局经科司.企业电子文件归档和电子档案管理试点管理系统卷[M].北京:中国文史出版社,2021:300-301.

第五章　新媒体环境下网络档案信息检索功能的创新发展

关联检索的发展是实现动态链接。在网页中实现的链接是静态链接，需要预先设置好。动态链接是基于数据库系统的链接，即在数据库上自动或通过人工干预增加一层实现超文本检索的链服务。数据库中的数据被组织为虚拟节点，根据档案信息的内在联系在节点间建立链。超文本技术与数据库、库中的档案信息建立动态链接。检索时，可以实现非线性方式，从一个节点动态随机地跳到另一个节点。① 动态链接提供了新颖的关联数据库中档案信息的途径，使得数据库和库中档案信息从逻辑上被再组织为超文本结构，实现超文本检索。

华东建筑集团股份有限公司的工程项目电子档案检索实现了检索结果的关联检索。如图5-1② 所示，当利用者在检索结果中查看某一工程的档案时，系统根据该工程项目的元数据信息，自动向利用者推荐库内与该工程类似的项目，通过超文本检索各个类似项目。

图5-1　华建集团工程项目电子档案检索结果中的关联推荐

---

① 王玉波.21世纪信息检索技术展望[J].情报资料工作，2000（1）：14-17.
② 本图由华东建筑集团股份有限公司档案室提供。

137

在关联检索中，利用者沿链从一个信息节点跳跃到另一个信息节点，实现类似于沿不同航线航行的检索，根据检索需求自由地选择航行链路，从而实现档案信息的多方位链接和展示，提高网络档案信息检索效率和利用率。

四、延展移动检索

在新媒体环境下，网络档案信息检索开始向移动服务发展，即可以用手机等移动终端开展网络档案信息检索。鉴于手机等移动终端存储容量有限，移动网络档案信息检索工具无法存储大量信息。因而，对于移动网络档案信息检索，在检索结果中部分信息尤其是全文信息显示的是链接源，只有通过超文本检索才能真正获取所需信息。超文本检索延展了移动网络档案信息检索服务。

第四节　从文字到多媒体：多媒体检索功能

档案的形成和检索利用与整个社会信息传播与获取方式紧密相关。从传播媒体发展看，人类最早是依靠图像进行交流的。后来，在对图像进行抽象的基础上形成最早的象形文字，人类进入"读文时代"。文字在历史长河中很长一段时间一直占据传播优势。

20世纪80年代，传统纸质平面媒体深化改革，图书和报纸中图像的比例越来越大，图像观念不断加强。档案领域也有《老照片》《黑镜头》等以图像为主的编研成果出版物。随着照相机、摄影机的普及，画报、视觉广告、电影、电视、卡通、MTV、DV影像等铺天盖地，视觉文化成为社会文化的一部分，图像的内容越来越丰富，其地位越来越突出，慢慢与文字平起平坐。

而后，科技的发展造就了网络，尤其是在新媒体环境下，数字技术为高效地、大量地生成和应用图像提供了技术保障。网络早期，各网站力求图文并茂。而大量的文字在计算机中表现为文本。2002年，社交媒体Friendster面世，对图像占据传播主体地位带来决定性的转变。社交媒体是依赖Web 2.0技术建立的，实现信息撰写、分享、评价、讨论，以便让人们发表意见、分享观点的新媒体网站和技术。它构建了以用户为中心的网络社区，具有高速分享、快速反应等优势，带来前所未有的互动盛况。博客等早期的社交媒体，主要的影响力还是源于文字的力量，几乎没有什么图像元素。Facebook兴起后，将社交媒体的内容不断完善，即时消息、照片上传及分享等新功能的增加让网络上图像的传播与接受关系具有了新的意义，也导致Facebook取代Friendster成为社交媒体的新霸主。Twitter、Tumblr等主打微博的社交媒体也开始具有多种图像功能。随后，出现了专门致力于图像分享的Instagram和Pinterest，图片社交网站开始占据互联网的半壁江山。图片社交网站在发展中还不断与各种元素相结合，例如出现了与地图元素结合的地图社交网站 Historypin。此外，还有专业致力于发布音频、视频文件的各种音频、视频播客。当前，我国的抖音、快手等短视频社交媒体已经开始占据新媒体主流。社交媒体的发展，促使传统的单向线性信息传播网络发展成为多点互动的社会关系网络。随着社会关系网络应用的发展，典型的社交媒体从长篇大论的博客发展为短短 140 字的微博，再到几乎不需要文字的图片社交网站，将整个社会带入读图时代（photo reading time）。

档案中保存有大量声像档案。它们直观、形象、生动地映射现实世界，以图文声像并茂的形式再现历史原貌。声像档案在档案资源中的比重越来越大。到了读图时代，图形、图像、音频、视频等形式的信息日益占据重要地位，网络档案信息检索的多媒体检索需求与日俱增，检索条件也日趋成熟。

多媒体检索实现文本、超文本、数值、图形、图像、声音、动画、影像等多种类型的档案信息的综合处理和快速调用，更形象地表现档案的原始记录性。多媒体检索的主要实现方法有四种类型：一是基于形式特征的文本检索，二是基于内容的文本检索，三是基于内容的多媒体检索，四是跨媒体检索。

一、基于形式特征的文本检索

基于形式特征的文本检索属基于文本检索的一种类型，即通过档案著录对档案的题名、责任者、摄影者／录音者／摄录者、形成时间、时长、地区、档号、文种、保管期限、密级、载体、计算机文件名、计算机文件大小、格式信息、图像参数／音频参数／视频参数等形式特征进行分析、选择和记录形成档案目录数据库，然后进行检索。任何形式的档案，无论是文本还是图形、图像、音频、视频皆可采用此方法检索。

二、基于内容的文本检索

基于内容的文本检索实现方法可分为两种：一是通过档案著录对档案的分类号、主题、提要、人物、场景等内容特征进行分析、选择和记录形成档案目录数据库，而后进行检索。这种方法与基于形式特征的文本检索一样，属基于文本检索的一种类型。它与基于形式特征的文本检索实现方法和途径是完全一致的，形成的数据库也可以是同一个数据库。二者的不同在于揭示的特征一个是形式特征，一个是内容特征。二是文本全文检索。对于音频、视频也可实现文本全文检索，即用语音自动识别系统通过音频训练和模式匹配将音频、视频的语音转换为文本，而后再对文本进行全文检索。

三、基于内容的多媒体检索

前文基于形式特征的文本检索、基于内容的文本检索都是传统的档案检索手段，是用文本信息描述档案，基于文本开展档案多媒体检索。受技术所限，它们对档案尤其是音频档案、视频档案的内容检索难以达到详细和深入。

基于内容的多媒体检索主要包括前文[①]所述的图形内容检索、图像内容检索、音频内容检索、视频内容检索。这些检索要解决的问题是如何直接从图形、图像、音频、视频各种媒体中获取信息特征、信息线索乃至语义并将其用于检索操作，直接检索出合适的多媒体信息对象。该问题的解决依赖于多媒体检索技术[②]。基于内容的多媒体检索是新媒体环境下热点的研究领域，多媒体检索技术仍处于探索发展阶段。

四、跨媒体检索

跨媒体是指"文本、图像、音频、视频及其交互属性紧密混合在一起"[③]，是"在多媒体的基础上，利用多种媒体的形式和特征，对相同或相关的信息用不同的媒体表达形式进行处理，由此而产生存储、检索和交换等活动"[④]。

跨媒体检索（Cross-Media Retrieval，简称 CMR）是按照一定的规则和要求，运用现代知识组织与管理技术，将文本、图形、图像、音频、视频等分散的、不同媒体形式的档案信息进行组织和集成，在语义层面实现对相同或相关信息的检索。跨媒体检索使得网络档案信息检索由简单的、机械的检索变为高效能、智能化的检索，必须有人工智能技术的支撑。

实现跨媒体检索与服务在当前阶段还相当具有挑战性。吕元智[⑤]认为其挑战主要表现在三个方面：一是不同媒体类型的档案资源其内容揭示与描述要求不同且难度不一；二是目前知识组织与管理技术仍处于探索阶段，技术层面还需要有新的突破；三是跨媒体检索与服务与利用者需求紧密结合，而档案部门对利用者需求规律或趋势的把握需要时间。

档案界早在 20 世纪末已经开始探索多媒体检索。例如，1998 年，清华大学档案馆的 THDA 系统就"具备了多媒体功能，实现了图文声像档案的一体化管理""融

---

① 参见本书"第五章 新媒体环境下网络档案信息检索功能的创新发展——第二节 从二次信息到一次信息：内容检索功能"。

② 参见本书"第六章 新媒体环境下网络档案信息检索中新技术的应用——第三节 多媒体检索技术应用"。

③ Norvig P, Relman D A, Goldstein D B, et al. 2020 visions [J]. Nature, 2010, 463（1）：26-32.

④ 曹加恒. 新一代多媒体技术与应用 [M]. 武汉：武汉大学出版社, 2006：379-410.

⑤ 吕元智. 基于语义关联的数字档案资源跨媒体知识集成服务研究 [M]. 上海：上海世纪图书出版公司, 2021：8.

入了一些图像大比例压缩技术"开发了"多媒体全文信息检索系统"①。而今,网络与多媒体的结合为档案信息多媒体检索奠定了更加坚实的基础。万维网因为实现了超文本与多媒体在新媒体环境下的有效结合而被称为超媒体(hypermedia)系统。"超文本主要是以文字的形式表示信息,建立的链接关系主要是文句之间的链接关系。超媒体除了使用文本外,还使用图像、图形、声音、动画或视频片段等多种媒体来表示信息,建立的链接关系是多种媒体之间的链接关系"②。在万维网这个超媒体系统中,网络档案信息的多媒体检索必将快速发展。

第五节　从信息到知识:知识检索功能

新媒体环境把整个社会带入了一个新的信息时代,这个时代的特点是信息爆炸而知识匮乏。信息爆炸是指网络信息急剧增长,对于利用者来说信息不是过少而是过多;知识匮乏是指网络信息呈现的状态是零散的、低层次的,人们需要的系统的、高层次的信息即知识尚不足够。人们面对问题、解决问题时需要不断汲取知识,包括显性知识与隐性知识、简单知识与复杂知识、具体知识与抽象知识、独有知识与共有知识、精准知识与模糊知识等。有鉴于知识的价值日趋凸显以及公众的知识需求不断增强,知识服务成为新媒体环境下信息服务更上一层楼的高级阶段目标。知识服务是新媒体环境下的服务理念和服务方式,以面向利用者的问题提供解决思路或方案为宗旨,是一种增值服务。在知识服务中,知识检索占据重要地位。知识检索是将信息或知识按照一定的方式进行知识组织并存储起来,根据利用者的需求找出相关知识的过程。

档案是人类智慧的结晶,"既包含感性的、经验性的知识,也包含理性的、经过验证的科学知识,是大量描述性知识、程序性知识、因果性知识、情境性知识和关系性知识的有机结合"③,具有充沛的知识价值。档案信息资源是重要的社会知识源。1982年,加拿大档案教育家内史密斯(Nesmith)指出"档案人员只有把信息转化为知识范例,才能更好地适应电子文件与通信时代,应付新载体和新技术带来的未来挑战"④⑤。1993年,加拿大档案学者特里·库克(Terry Cook)指出,档案工

---

① 张旭旭,成军.多媒体信息检索技术在档案管理中的应用[J].档案学研究,1998(1):69.
② 肖秋会.档案信息检索[M].武汉:武汉大学出版社,2011:174.
③ 李颖.新媒体环境下档案公共服务机理与策略研究[M].北京:人民出版社,2021:118.
④ Nesmith T. Archives from the bottom up: social history and archival scholarship[J].Archivaria, 1982(14):5-43.
⑤ 嵇风云,试论电子档案时代来源原则的继承与发展[J].图书情报知识,2004(4):28-31.

作者应当"把着眼点从信息转移到知识上""成为概念、知识的提供者"①。进入新世纪，我国档案界开始研究和探索档案知识服务问题。2002年，周毅②阐述档案资源开发与档案知识服务的差异，将知识服务确定为档案管理部门的新目标。时至今日，在新媒体环境下，档案利用者除凭证型利用需求、收集型检索需求外，参考型、研究型、休闲型利用需求，以及鉴定型、编研型检索需求在很大程度上需要知识予以满足。档案利用者越来越需要准确、高效地获取知识用以解决问题，这促使网络档案信息检索向综合化、集成化、专业化、个性化方向发展，网络档案信息检索功能需要从信息迈向知识，实现知识检索提供知识服务成为网络档案信息检索的高级阶段目标。

根据找到信息和知识的方式与过程的不同，网络档案信息知识检索的实现有四个层次：一是基于信息检索结果的知识挖掘；二是基于知识的信息检索；三是基于知识库的知识检索；四是智能检索。

一、基于信息检索结果的知识挖掘

基于信息检索结果的知识挖掘的过程为数据库—信息检索—知识挖掘—知识。它是基于数据库进行档案信息检索，对检索结果进行知识挖掘，从而为利用者提供知识。在这个过程中，知识检索的实现关键在于知识挖掘。

（一）知识挖掘

基于数据库的档案信息检索得到的检索结果是信息，属于表层知识内容。知识挖掘是对蕴含在检索结果中的潜层知识进行获取的过程。知识挖掘对信息进行自动化乃至智能化处理，提取出潜在的、隐含的、事先未知的知识，创建出结构化的表示形式予以呈现。

知识挖掘的过程可归纳为五个主要步骤：一是基于档案利用者的需求模型，从检索结果中选取典型实例集；二是利用规则库中的知识，对典型实例集执行机器学习，产生粗略知识集；三是检测知识元素与档案利用者需求的概念隶属度，求出最终的知识集合并创建出某种结构化的表示形式反馈给档案利用者；四是如果档案利用者对所反馈的知识集合满意，则将知识集合汇入知识获取库，供其后的知识获取使用；五是如果档案利用者对所反馈的知识集合不满意，则修改档案利用者的需求模型，更新需求模型库。

知识挖掘的结果形式主要有自动摘要、自动分类、自动聚类、关联检索等。自动摘要从检索结果中自动提取摘要，帮助检索者快速评价检索结果的相关程度。在网络档案信息检索中，自动摘要可以分发到手机等移动终端上。自动分类根据检索

---

① 特里·库克.电子文件与纸质文件观念：后保管及后现代主义社会里信息与档案管理中面临的一场革命［J］.刘越男，编译.山西档案，1997（2）：7-13.

② 周毅.知识服务：档案管理部门的新目标［J］.中国档案，2002（5）：48-50.

结果的特征将其自动归入分类树中的某一类,该分类树是基于一定规则统计并经过机器学习形成的预定义分类树。自动聚类是根据检索结果的相关程度自动将它们进行分组归并。关联检索基于检索结果某一方面的特征,自动推荐与该特征相关或相似的其他档案信息。关联检索可用于去重分析,亦可用于个性化服务。例如,中国石油化工股份有限公司石油化工科学研究院所建的《炼油催化剂档案专题数据库》,建立不同种类催化剂数据之间的联系,可对检索结果进行可视化数据分析,从档案中提取不同类型催化剂的"生产原料、合成方式、工业应用、牌号、评议及鉴定意见、废剂废料资源化利用方式等知识",帮助炼油催化剂研究人员拓宽分析问题和解决问题的思路,"为形成催化剂产品成套解决方案奠定基础"①。可见,该专题数据库检索可对不同种类催化剂数据实现关联检索,在一定程度上具有基于信息检索结果的知识挖掘功能。

(二)机器学习

知识挖掘的核心步骤为机器学习。机器学习是从经验数据、实例中获取知识,或将人类专家的经验知识精炼转换建立知识获取库,再通过机器模拟人的记忆、传授、演绎、归纳、类比等学习理解过程,利用知识获取库中的初始知识对检索结果进行分析,提取隐含其中的新的知识并加入知识获取库。

(三)自然语言处理

当前的知识挖掘主要是针对文本挖掘。对文本而言,自然语言处理(Natural Language Processing,简称NLP)是机器学习的一个重要内容。网络中广泛应用的是自然语言。如同前文②所述,新媒体环境下网络档案信息检索的需求呈现出表达自由化的特点,自然语言处理成为网络档案信息检索的重要内容。自然语言处理是让计算机学习运用人类语言,对人类特有的书面语言和口头语言进行各种类型的处理和加工,试图让计算机从无结构的语音或文字中挖掘出结构化信息。中文自然语言处理难度较之西文更大,体现在分词困难,存在大量的同义词、近义词、一词多义、同形异义等。

在网络档案信息检索中,涉及自然语言处理主要包括以下四个方面的内容:

一是针对利用者输入的检索词进行处理。利用者以自然语言作为检索词输入,必然存在检索词不规范的问题。此时,需要检索工具具备自然语言处理功能,例如"拼写检查、自动识别纠错、同义词提问、联想词提问、概念扩展、词形扩展等"③,主要解决表达检索概念的词语词义模糊或不确定问题,以及词语间关系的无控制性问题。

---

① 胡一鸣.炼油催化剂档案专题数据库的建设及应用[J].化工进展,2021(S2):192-197.
② 参见本书"第三章 新媒体环境下网络档案信息检索需求的新发展——第五节 需求表达自由化——一、自然语言表达与自然语言处理"。
③ 赵屹.Web 2.0应用:网络档案信息服务的新模式——以美国国家档案与文件署NARA为例[J].档案学研究,2013(5):74-81.

二是在全文检索①中对档案全文信息进行处理。档案全文检索是典型的自然语言检索，实现的前提是对档案全文信息进行基于词、句、段落等的深层次处理从而形成词语倒排索引库，而后用检索词到倒排索引库中进行匹配。其中，自然语言处理主要涉及中文自动分词等词法分析处理，还涉及句法分析、语义分析、语用分析、语境分析等处理。

三是在音频、视频档案检索中对语音进行处理。音频档案检索、视频档案检索是多媒体检索，对语音的处理是重要内容。其自然语言处理涉及语音信息号特征提取、语音分析、语音识别②等。

四是对档案数字化信息的 OCR（Optical Character Recognition，光学字符识别）处理，将扫描后的图像转换为可编辑的文字。现有大多数存量档案都以纸质、缩微、录音、录像等模拟形式存在，为了实现网络检索，必须进行数字化。OCR 对档案信息的识别率并不能达到 100%，尤其是手稿档案和早期印刷的档案，识别率较低，这也为自然语言处理增加了难度。OCR 具体内容参见后文③。

二、基于知识的信息检索

基于知识的信息检索过程为数据库—智能手段—信息检索—知识。它是在信息检索的框架下，通过一些智能手段改善检索效率和效果，从而为利用者提供知识。在这个过程中，所用智能手段主要有"概念检索""语义检索""语义搜索""知识图谱"等。

（一）概念检索

概念检索是相对于关键词检索而言的。关键词检索是字面形式的机械匹配，在很多情况下，难以确切表达信息的概念与内容，难免造成误检与漏检。概念检索的目的是突破关键词字面机械匹配的局限。对于检索者的检索输入，概念检索从词所表达的概念意义层次予以认识和处理。

概念检索的主要内容包括两个方面：一是同义扩展检索，是人工或自动获取同义词关系，构造同义词典使得网络档案信息检索能够利用词典进行概念推理，实现语义扩展，将检索扩展到与检索词同义或相近的词；二是相关概念联想检索，它与同义扩展检索类似，只不过获取的是除同义关系外的其他相关关系，构造上下位词典、相关同级词典、同音词典等反映各种关系的词典，使得网络档案信息检索能够

---

① 参见本书"第六章 新媒体环境下网络档案信息检索中新技术的应用——第二节 全文检索技术应用"。
② 参见本书"第六章 新媒体环境下网络档案信息检索中新技术的应用——第三节 多媒体检索技术应用——二、音频检索技术——（三）基于内容的音频检索——1. 基于语音识别的语音检索"。
③ 参见本书"第八章 新媒体环境下网络档案信息检索保障工作的新发展——第一节 检索资源保障——一、档案信息资源建设——（一）档案数字化——4. OCR 文字识别"。

"联想"到有某种关系的词。

概念检索能提高档案信息匹配的准确度,提高检全率,进而提高检索工具的整体性能。

(二)语义检索

语义检索(Semantic Retrieval)是通过正确分析语法格式,在理解词语的准确意思和词语间关系的条件下,检索工具根据要求从语义层面上自动从档案信息中查询和提取有关信息的过程。[①]它是基于概念及其相关关系的检索。

语义检索的逻辑过程是检索语句—分词—词性标注—命名实体识别—指代消解—依存句法分析(Dependency Parsing,简称 DP)—语义依存分析(Semantic Dependency Parsing,简称 SDP)—知识检索。分词是将检索语句的文字序列切分为有意义的词组。词性标注是为分词结果的每个词组正确标注名词、动词、形容词等词性。命名实体识别又称专名识别,是识别检索语句中人名、时间、地名、机构名、专有名词等具有特定意义的实体。指代消解是确定代词所指代的名词短语。DP 分析词组、实体的语法作用和相互间的依存关系,揭示其句法结构。SDP 分析句子各词组、实体间的语义关联,确定具有标引意义的词组、实体,并将语义关联以依存结构呈现,其实质是实现对 DP 结果的语义意图分析。最后,检索工具根据语义意图分析,结合专业领域知识图谱进行知识检索,返回与检索语句最匹配的结果。

在中国石油化工股份有限公司石油化工科学研究院所建的《炼油催化剂档案专题数据库》中,常见的语义检索的检索语句例如"统计某研究室承担过的国家级炼油催化剂项目""与柴油加氢催化剂相关的研究课题都有哪些""加氢催化剂第一次工业应用的时间和地点"等。将这些检索语句作为案例提供给机器学习,有助于提高专业领域语义检索质量。

(三)语义搜索

语义搜索是采用搜索引擎等网络信息检索工具在语义网环境下对信息的语义实现检索。

语义网起源于 20 世纪 60 年代末期。1968 年,奎林(M.Ross Quillian)提出一种知识表达模式,用相互连接的节点和边表示知识,以使对语义和语义关系的理解更加容易。同时期艾伦·柯林斯(Allan M.Collins)、伊丽莎白·洛夫斯(Elizabeth F.Loftus)等人的相关研究也促进了知识表达模式的发展。至 70 年代,西蒙(R.F.Simon)、沙姆克(R.C.Schamk)、明斯基(Minsky)陆续形成理论成果。其中,西蒙在研究自然语言理解及其处理时提出语义网络(Semantic Network)概念。1998 年和 2006 年,万维网之父蒂姆·伯纳斯-李(Tim Berners-Lee)分别提出语义网

---

① 百度百科.语义检索[EB/OL].[2021-04-15].http://baike.baidu.com/item/%E8%AF%AD%E4%B9%89%E6%A3%80%E7%B4%A2/56499992?anchor=1#1.

（Semantic Web）和链接数据（Linked Data），它们主要用于描述万维网中信息资源、数据背后的含义及相互间的关系。

语义网的体系结构可以归纳为七层[①]：一是基础层，主要包括 Unicode 字符集用于被计算机识别，URI（Uniform Resource Identifier，通用资源标识符）实现对 Web 资源的定位。二是句法层，主要包括 XML 语言及相关规范，用于描述信息的内容和结构。XML 语言能将信息的内容、结构和描述分离，适合于描述知识。三是资源描述框架，主要包括 RDF[②] 及相关规范。RDF 的语义描述存储在特定的文档中，检索就是到该文档中实现概念和实例匹配。四是本体层，主要用于定义本体（Ontology）。该层基于 RDF 定义 RDFS[③] 和 OWL[④]，构建应用领域相关的轻量级本体，再基于 RDFS 和 OWL 定义语义并描述知识，构建知识库。本体与知识库是计算机进行推理的基础。五是逻辑层，计算机基于前四层进行逻辑推理操作，实现语义网的目标。六是验证层，验证逻辑陈述得出结论。七是信任层，发布语义网所能支持的信任评估，保障语义网安全。

基于计算机的理解与处理能力，语义网具有一定推理能力，是能够根据语义作出判断的智能网络。语义网连接的每一部计算机不仅能够理解词语和概念，还能理解它们之间的逻辑关系。

对于网络档案信息检索而言，语义搜索是指在语义网环境下实现与档案信息相关的语义检索。它需要建立一个初始的 RDF 并定期或不定期地进行必要的更新。为实现语义搜索对档案信息建立索引时，以语义实体、语义属性和语义关系作为索引入口，而不再是以词作为切入点。索引建立起的联接也是档案信息与系列语义实体、语义属性和语义关系的联接，从而为档案信息赋予语义。而后，将档案信息作为本体文件进行解析和推理，在语义层面实现档案信息检索。语义搜索的实质是将本体所描述的语义关系应用到对网络档案信息资源的标引和检索中，实现概念与检索词或者实例与检索词之间的匹配。

当前，网络档案信息的语义搜索还处于探索当中，主要原因是语义网还处在构建和发展进程当中。语义网体系结构的前五层均已有技术实现，但第六、七层还处于设想阶段。另外语义网信息源也比较少。2007 年 5 月，克里斯·比泽（Chris Bizer）和理查德·西加尼亚克（Richard Cyganiak）向 W3C SWEO（World Wide Web Consortium Semantic Web Education and Outreach，万维网联盟语义网教育和推广组织）提交 LOD（Linked Open Data，链接开放数据）项目申请。该项目发布了

---

① Padawan75.语义网、本体、OWL 基础知识梳理［EB/OL］.（2020-08-06）［2021-04-7］. http://blog.csdn.net/padawan75/article/details/107834548.

②③④ 参见本书"第七章 新媒体环境下网络档案信息检索理论的创新发展——第四节 档案信息组织理论——三、档案信息组织理论主要内容——（三）本体论主要内容"。

大量 RDF 数据，使得语义网信息源数量显著提升。由此，互联网不再仅是包含网页和网页间链接的文档万维网，而是正在转变为包含大量描述各种实体和实体之间丰富关系的数据语义网[①]。语义网中也出现了基于档案信息的关联数据。欧洲文化图书馆 Europeana 于 2012 年发布包含 240 万对关联的数据，这些关联数据通过 OAI-PMH（Open Archives Initiative Protocol for Metadata Harvesting，开放档案元数据收割行动协议）收割元数据进行元数据整合，实现档案手稿的语义交互。[②]但是，从语义网整体上看，与档案信息相关的语义网信息源数量极少，因而实现网络档案信息的语义搜索还有待发展。尽管如此，语义网是网络 Web3.0 时代的特征之一，是网络未来的发展方向。基于语义网开展网络档案信息的语义搜索，既可以过滤掉利用者不关心、不喜欢的信息，又可以实现个性化档案服务。网络档案信息的语义搜索是值得研究的课题，也是预期会得以实现的检索技术。

（四）知识图谱

2012 年，谷歌公司针对网络信息数量剧增、内容繁杂、结构松散、形式异构的发展状况，为了提高其搜索引擎的准确度和智能化程度，提出知识图谱概念。

知识图谱是以图的形式对客观世界中具有属性的实体及实体间相互关系进行形式化描述的结构化语义知识网络，图中节点代表实体，边代表实体间的关系。其基础表达方式是 RDF"实体—关系—另一实体""实体—属性—属性值"三元组的集合，元素包括实体（Entity）、属性（Attribute）、属性值（Attribute Value）、概念（Concept）和关系（Relationship）。实体是客观世界独立存在且可区别的事物；属性是实体具有的特性；属性值是实体属性的值；概念是对特性相同的实体集合的概括与抽象；关系是对实体间关联的描述。

知识图谱本质上是一种语义网络，其概念与概念、概念与实体、实体与实体、实体与属性等各种关系形成语义网络。它从人类认识世界的角度阐述世间万物的关系，通过自然语言处理、图计算、机器学习等手段，将非线性世界中的信息结构化，以便于机器计算、存储和检索。在检索中它赋予机器人类认知的效果，使其能够根据检索式进行语义推理。

对于网络档案信息检索而言，可以构建知识图谱形成知识库来开展网络档案信息检索。从档案信息检索角度看，可用的知识图谱有两类：一是大型通用网络知识图谱；二是领域专用网络知识图谱。

---

① Kobilarov G, Scott T, Raimond Y, et al. Media Meets Semantic Web-How the BBC Uses DBpedia and Linked Data to Make Connections [C] //Semantic Web: Research & Applications, European Semantic Web Conference, Eswc, Heraklion, Crete, Greece, May, 31-June.2009.

② Gartner R. An XML schema for enhancing the semantic interoperability of archival description [J]. Archival Science, 2014, 15 (3): 1-19.

大型通用网络知识图谱已经有不少知识库产品，国外有 Freebase、Graph Search、维基百科（Wikipedia）、DBpedia、YAGO、Probase 等，国内有搜狗知立方、百度知心、复旦大学中文概念图谱 CN-Probase 等。它们均是通用知识图谱，与语义网一样，用其进行网络档案信息检索还处于探索当中，目前难以达到较好的检索效果。

领域专用网络知识图谱是在特定的专业领域、行业领域内，采用知识图谱技术将信息融合在一起形成知识库供检索使用。对于网络档案信息可以通过构建网络档案知识图谱或某行业档案知识图谱实现检索。与大型通用网络知识图谱相比，网络档案知识图谱的实体、关系、三元组的数据规模小，但是数据质量高、档案知识集中，可以充分挖掘档案信息间的关联关系，用于网络档案信息检索更具针对性，检索效率更高。

对于网络档案知识图谱的构建，目前已有一些研究和实践。科赫内斯（Koch Inês）等[1]基于 CIDOC-CRM 框架对葡萄牙国家档案馆的档案信息构建知识图谱。艾露尔·夏琳（Ellul Charlene）等[2]对马耳他首都瓦莱的公证档案构建知识图谱。黄永勤[3]、刘晓影[4]、孙鸣蕾[5]等人研究名人档案、人物档案知识图谱的构建。雷洁等[6]研究科研档案知识图谱的构建。孙治文[7]研究革命战争历史档案知识图谱的构建。郭雪薇[8]研究档案知识图谱构建技术。王电化等[9]提出大规模档案知识图谱的构建方法。河南省数字档案馆作为河南省档案馆"十三五"期间重点建设任务，挖掘馆藏资源中的关联信息，形成知识图谱进而形成档案知识库，建成了基于自然语言处理技术的智能检索系统[10]。

基于网络档案知识图谱的网络档案信息检索不仅仅能进行简单的关系表示，而是能够将语义关系联系到一起进行深层关系推理，因而是实现档案知识检索的关键技术

---

[1] Koch Inês, Freitas Nuno, Ribeiro Cristina, Lopes Carla Teixeira, da Silva João Rocha. Knowledge Graph Implementation of Archival Descriptions Through CIDOC-CRM [J]. Lecture Notes in Computer Science，2019：99-106.

[2] Ellul Charlene, Azzopardi Joel, Abela Charlie. Notary Pedia: A knowledge graph of historical notarial manuscripts [J]. Lecture Notes in Computer Science，2019：626-645.

[3] 黄永勤，黄丽萍.名人档案知识地图设计研究[J].浙江档案，2015（7）：6-9.

[4] 刘晓影.知识图谱在人物档案利用中的应用研究[J].档案天地，2018（8）：39-41.

[5] 孙鸣蕾，房小可，陈忻.数字人文视角下名人档案知识图谱构建研究——以作家档案为例[J].山西档案，2020（6）：79-88.

[6] 雷洁，赵瑞雪，李思经，等.科研档案管理知识图谱构建研究[J].科技管理研究，2020，40（11）：162-169.

[7] 孙治文.革命战争历史档案知识图谱构建与实现[D].长春：吉林大学硕士学位论文，2021.

[8] 郭雪薇.档案知识图谱构建技术研究[D].北京：中国电子科技集团公司电子科学研究院，2019.

[9] 王电化，钱涛，钱立新，等.面向档案的知识图谱构建方法研究[J].湖北科学院学报，2020，40（1）：127-130.

[10] 中国档案报.提升档案信息化发展水平实现远程复社会共享——河南省数字档案馆建设概述[EB/OL].（2020-06-12）[2021-04-18]. http://www.saac.gov.cn/daj/c100226/6d0ad86e8a4443e187bbe67908b4ffab.shtml.

和主要路径之一。知识图谱还可提供结构化检索结果,使得检索结果的表达大为改善。

三、基于知识库的知识检索

基于知识库的知识检索的过程为知识组织—知识库—知识库检索—知识。它是在知识组织的基础上将信息或知识从语义层面按照本体组织形成知识库,进而对知识库进行知识检索,从而得到知识。它是一种能够实现概念检索、语义检索、语义搜索或知识图谱的智能化检索方式。

1993 年,加拿大档案学者特里·库克提出档案工作者应该"由实体保管员向知识提供者过渡",把着眼点"从建立数据库转到建立知识库上"[①]。对于网络档案信息检索而言,可以建立档案知识库,基于档案知识库开展网络档案信息的知识检索。其实现框架如图 5-2 所示,主要包括档案信息源、知识组织、知识组织系统(Knowledge Organization System,简称 KOS)三个部分。

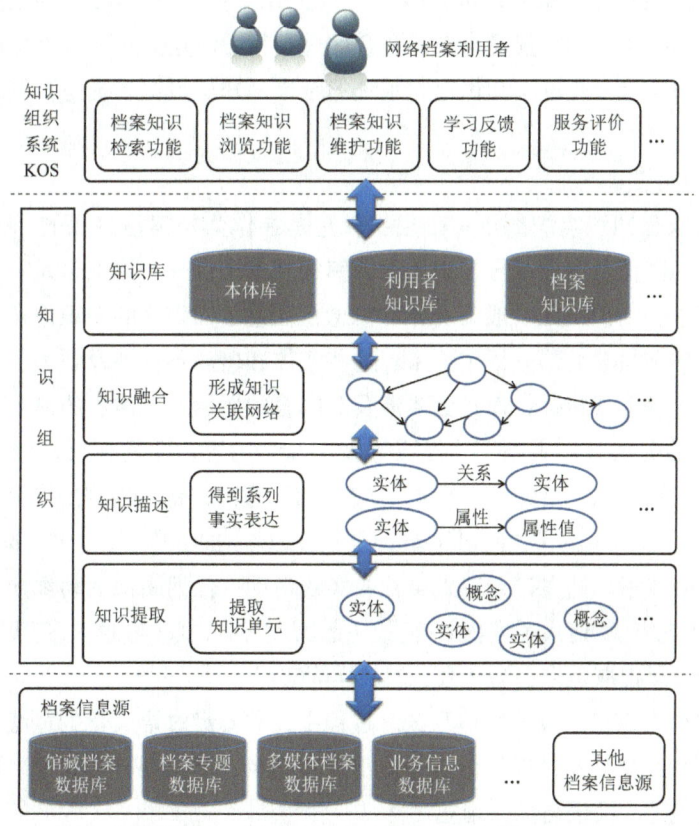

图 5-2 档案知识库建构与检索实现框架

---

① 特里·库克.电子文件与纸质文件观念:后保管及后现代主义社会里信息与档案管理中面临的一场革命[J].刘越男,编译.山西档案,1997(2):7-13.

档案信息源是各类档案信息资源。在新媒体环境下，形式上档案知识库以原有的结构化数据为基础，包括但不限于馆藏档案数据库、档案专题数据库、多媒体档案数据库、各种业务信息数据库、办公自动化信息数据库等，也包括档案全文文本、网页档案信息等半结构化和非结构化的其他档案信息源。内容上，档案知识库不限于馆藏档案资源，还包括可归档转化为档案的业务资源和各种相关资源。

知识组织是对档案信息进行整理、加工、揭示、控制等操作，从档案信息资源中发现知识，提供知识的表示模式和知识库，实现主观知识客观化和客观知识主观化，为提供知识检索和知识服务奠定基础。知识组织的过程根据加工深度由表及里为知识提取、知识描述与知识融合，知识组织的结果是形成知识库。

知识组织系统是用于对档案信息进行知识组织并且实现知识管理和知识检索的系统，其功能包括但不限于档案知识检索功能、档案知识浏览功能、档案知识维护功能、学习反馈功能、服务评价功能等。知识组织系统是在知识组织之上建立的，如果没有知识提取、知识描述与知识融合的过程就无法建立一个可供使用的知识组织系统。知识库检索是基于知识组织系统的结果，知识组织系统是知识库检索的前提和基础。

（一）知识提取

知识提取是知识组织的第一个层次。它是在作为档案信息源的一件一件档案或一段一段档案信息中提取出知识不可分解的基本单位——知识单元，并将它们连接到知识库中。知识单元一般为实体和概念，在基于知识库的知识检索中，任何知识都要以实体和概念的形式固定下来。这些实体和概念不仅涉及题名、责任者、形成时间、地区等形式特征，而且更要涉及对内容的揭示；对内容的揭示不再限于传统档案著录的分类号、主题词、提要等表层知识内容，而是深层次挖掘蕴含在档案内容中的潜层知识，吕元智①根据"5W+1H"理论，将对内容的揭示总结为"何人（who）""何故（why）""何时（when）""何地（where）""何方式（how）""何事（what）"六个要素。档案记录着人类社会实践活动，任何一项活动都涉及何时（时间）、何地（地点）、何人（人物）、何故（起因）、何方式（经过）、何事（结果）等内容，从中可以提取是谁、为什么、怎么样等知识。

在提取档案信息涉及的实体和概念过程中，需要经过语义化的过滤、清洗、变换、加工等规范化处理，通过分析去掉重复和冗余，形成互补和验证，进行统一和消歧，避免偏差、失误与孤证难立。

知识提取可以使用多种知识提取工具通过API接口对各类档案信息数据库的信息以及业务系统的档案信息进行自动化或半自动化的采集、分类与标注。对于提取

---

① 吕元智.基于语义关联的数字档案资源跨媒体知识集成服务研究［M］.上海：上海世纪图书出版公司，2021：94.

知识数量不足、概念或实体不一致、缺乏知识背景等情况，必要时需要根据人的经验进行人工干预是智能化程度不高时行之有效的补充。

（二）知识描述

知识描述是知识组织的第二个层次。它是在知识提取的基础上开展语义描述，通过描述知识单元间的同义关系、包含关系、相关关系、层次关系、对立关系等各类关系，得到一系列事实表达，分析出知识内容或知识脉络，实现档案知识内部结构有序化。

知识描述形成的事实以图模式表达为佳。前文[①]所述知识图谱就是对知识进行形式化描述。它以RDF"实体—关系—另一实体""实体—属性—属性值"三元组形式对实体和概念间的关系进行标识，用节点表示实体和概念，用链接节点之间的线条刻画属性或关系。类似于知识图谱以可视化的表达方式直观地描述知识，简单易懂且机器可以理解和识别。

（三）知识融合

知识融合是知识组织的第三个层次。它基于知识描述对档案信息中的实体和概念进行语义关联，通过各种逻辑关系建立多维关联关系，形成档案知识关联网络。

知识融合通过一定的算法与工具完成梳理、分析、推理、挖掘、整合。梳理是智能梳理基础档案信息和其他来源的档案信息；分析是根据语义本体的组织结构和关系分析实体和概念间多样的复杂关系，对于描述同一个人、同一事件的不同实体或概念消除语义异构进行语义关联；推理是按照某种策略由已知判断推出新的判断；挖掘是深度挖掘不同媒体类型档案信息的内在逻辑关系，多维地呈现关于某一主题在一定时期或者一定范围内的知识；整合是通过融合技术实现多源档案信息跨媒体、跨领域链接，使内容高度相关的专业知识重整与聚合，形成整体化的知识网络。该知识网络实现档案知识的裂变、繁殖、创新和增值，具有一定的时间跨度、广泛的空间跨度、宽阔的覆盖面和很强的系统性。

（四）知识库构建

档案知识库是对档案信息源进行知识组织后得到的所有知识的集合，包括但不限于档案领域知识库、某领域档案知识库或某行业档案知识库等。

知识库以知识的特点和结构为存储方式，形式是多样的。例如，通过"本体库+知识图谱"可以构建知识库。其中，本体是某一领域内一整套概念、概念的属性以及概念间关系的规范的、形式化的、明确的详细说明和描述。它是知识库的框架，构建知识库时对知识源的标注、索引的建立，检索时对检索式的处理、检索词与索引的匹配、检索结果的处理，都基于本体库中的相关知识描述；知识图谱描述档案

---

① 参见本书"第五章 新媒体环境下网络档案信息检索功能的创新发展——第五节 从信息到知识：知识检索功能——二、基于知识的信息检索——（四）知识图谱"。

信息中的各种实体或概念，以及他们间的关系和实体属性值，并对本体库中的知识进行补充和完善。此外，还存在多种知识库形式。

知识库的内容也是多样的。知识库的内容可包含策略性知识、过程性知识、陈述性知识，亦可包含知识规则和知识之间的关联关系，具有丰富性和多元性。

我国档案知识库构建取得了一些阶段性成果。2010年，山东省青岛市档案馆建成档案历史知识库在金宏政务网上提供利用，并提供微信小程序供手机等移动客户端利用，可采用快速检索或专题浏览方式查阅。该知识库由市档案馆组织市区两级11家综合档案馆，采用类似维基百科的维客工具进行知识组织。知识库含有7000余个实体和概念（知识词条），内容涵盖政治、军事、科技、城建、教育、著名人物等方面，时间跨度从7000年前的新石器时代到本世纪初[1]，阐述青岛历史，传播青岛文化，为了解青岛、研究青岛提供档案中的知识。利用者还可通过知识关联获得新的知识[2]。

我国档案知识库构建研究也正在积极进行当中。中国人民大学信息资源管理学院2014年承担了国家哲学和社会科学基金项目《面向政府决策的档案知识库构建研究》以及北京市社会科学基金重点项目《基于领导决策的档案知识库建设》并于此后发表了一系列相关论文。张斌等[3]分析了面向决策的档案知识库构建的四个阶段，提出档案知识库系统结构。牛力等[4]阐述面向政府决策构建档案知识库的总体设想和架构方案。此外，还有其他研究者的研究涉及档案知识库。毛天宇[5]提出档案知识库的构建思路，提出档案知识库是"实现档案资源知识化、知识资源有序化及知识资源服务化的重要手段"。周楠[6]提出基于档案知识需求的特点，通过档案知识重组再造构建档案知识库，面向科研决策提供智能化服务。

档案知识库的构建未来可以放眼更广的范围和更大的平台。例如，国家知识资源服务中心[7]是一个知识服务集成平台，致力于为各领域、各行业提供专业的知识检索服务。各种档案知识库可以考虑作为专业库接入，让档案知识融汇到更宽广的领域去应用，也让我国的知识检索和服务实现更强大的集成能力。

---

[1] 青岛新闻网.青岛市历史知识库发布通过手机可寻城市记忆[EB/OL].[2021-04-20]. http://module.iqilu.com/baidunews-eco/showbaidu/id/3578871.

[2] 青岛市档案馆.青岛档案历史知识库在金宏网开通启用[EB/OL].(2020-11-02)[2021-04-20]. http://m.qingdao.gov.cn/n172/n24624145/n24631595/n24631609/n24631637/120908121147831147.html.

[3] 张斌，魏扣，郝琦.面向决策的档案知识库构建研究[J].图书情报工作，2016（5）：118-124.

[4] 牛力，王安久，黄蕊，等.面向政府决策的档案知识库构建研究[J].档案学通讯，2015（4）：56-60.

[5] 毛天宇.基于知识组织的档案知识库构建思路探析[J].山东档案，2015（2）：16-18.

[6] 周楠.面向科研决策的档案知识库构建研究[J].资源信息与工程，2019（3）：173-175.

[7] 网址为http://www.ckrsc.com/home?VNK=54869a2b.

（五）知识库检索

知识库检索实现的方法有两种：一种是基于 KOS 档案知识检索功能实现自然语言检索。它将检索者的自然语言表达解析为真实的知识检索需求，与知识库进行语义和语法层面的匹配，并有可能基于知识推理、知识挖掘产生新知识，将匹配知识和新知识合并，反馈解决问题的思路和方案。另一种是基于 KOS 档案知识浏览功能，通过多种入口基于语义按照逻辑浏览知识。例如，有的知识库提供分类浏览功能。

知识库检索的过程和结果可以基于知识描述借助图形技术实现可视化，提升检索体验和服务效果。例如，知识图谱可以结构化地展示知识用于改善检索结果。中国石油化工股份有限公司石油化工科学研究院建设的《炼油催化剂档案专题数据库》，构建了炼油催化剂专业知识图谱。研究者通过对直观展示关联的知识图谱进行学习，可以快速厘清不同催化剂之间的关系[①]。

（六）知识库维护

知识库维护是基于 KOS 的学习反馈功能，在检索过程中不断将形成的新知识补充进档案知识库。自动化的学习反馈功能是知识检索的关键技术之一。

学习反馈功能基于利用者知识库，通过利用者与检索功能的反复交互，逐步了解特定利用者的检索兴趣、检索需求和检索习惯，将其补充到利用者知识库；并不断学习新的检索式和检索结果，将其补充到本体库和档案知识库。通过知识库维护，库中知识不断丰富，知识库检索会结合利用者知识对某一类或某一个利用者的检索进行更为快速的反馈并可推荐关联知识，不断提高检索的智能化程度和检索结果的相关性，并达到个性化服务。

此外，KOS 具有服务评价功能，可用于对检索能力、服务效益等进行评价。对档案检索等服务的评价，也是促进知识库优化和提升的重要依据和动力。

四、智能检索

知识检索离不开语义技术，有语义能力就代表有智力能力，知识检索只有在智能化的基础上才能完全实现，语义网最终会发展为智能网，知识检索的尽头是智能检索。

智能检索通过引入人工智能的技术与方法，尤其是机器学习算法，使得知识检索具有联想、比较、判断、推理、学习能力，能够模拟人类认知功能、人类思维或在一定程度上代替人类操作。

智能检索的智能体现在多方面：在检索对象上，实现图形、图像、音频、视频的内容检索需要智能识别；在知识库构建中，知识提取、知识描述和知识融合需要

---

① 胡一鸣. 炼油催化剂档案专题数据库的建设及应用 [J]. 化工进展，2021（S2）：192-197.

智能抽词、智能推理、智能挖掘、智能关联、智能标注；在检索过程中，对采用自然语言输入的检索式进行智能解析才能在语义层面得到准确的检索需求，对利用者需要智能分析才能得到精准的利用者画像，对知识重要程度和匹配值需要智能判断，新知识也需要通过智能推理得到；在检索结果返回和处理过程中智能计算相关度排序、提供智能推荐……上述各方面中，只要有一个方面达到智能化就可以称之为智能检索。

第六节　从无差别服务到个性化服务：信息推送功能

早期的网络档案信息检索面向网络利用者提供的是无差别服务，它显示统一的界面，如果不同利用者输入的是同一检索式则得到的是统一的结果。自从知识服务功能出现后，网络档案信息检索会结合利用者知识库，结合利用者的兴趣、需求和习惯计算匹配值和推理新知识，如果不同利用者输入的是同一检索式则可能得到的知识会有差异，利用者还有可能定制或被推给不同的检索界面，这就是个性化服务。完善的个性化服务还包括针对检索结果的关联知识推荐，这种推荐可以是在检索结果处推荐给利用者，也有可能是在利用者没有主动检索，而检索工具补充了新知识，其根据利用者的预定或智能判断某利用者有可能会需要此新知识，从而主动将新知识推送给利用者，这就需要检索工具具有推送功能。

一、档案信息推送服务

推送功能用于实现档案信息推送服务。"档案信息推送服务是指档案机构在了解掌握利用者对档案信息需求的基础上，通过信息化手段从不同渠道、不同载体的档案信息源中提取有用档案信息，并使之呈现在利用者面前供其使用的主动式档案信息服务方式。它要求档案机构主动收集、分析利用者的需求，有的放矢地对档案信息资源进行搜集、提取、加工、整理，通过一定方式传送给利用者。"①

二、推送技术发展与网络档案信息推送

1996 年，美国 PointCast 公司首次在因特网上使用信息推送技术（information push technology）发布信息。彼时其推送的信息属于广播性质，不具备目标针对性。

随着信息服务的发展，电子邮件一度成为信息推送的主要手段。一些信息服务平台开始无差别地或是根据平台用户的订阅使用电子邮件推送信息，一些档案馆也开始使用电子邮件为本馆经常查档利用的研究型、编研型利用者推送档案信息。一些档案机构例如国际档案理事会还在网络中建立档案学术讨论组邮件列表（listserv）

---

①　赵屹，汪艳.新媒体环境下的档案信息服务［M］.上海：上海世纪图书出版公司，2015：187.

提供有关档案主题的学术讨论组的邮址，供利用者选择和加入。利用者一旦加入某个档案学术讨论组，该组内任一成员发布的信息就会推送给所有成员。很多档案馆通过建立档案学术讨论组向同组成员推送档案信息，彼时推送的信息具有一定的目标针对性，但内容无差别。

新媒体环境发展到 Web 2.0 时代，以 RSS（Real Simple Syndication，真正简易聚合）为代表的信息聚合工具将信息获取从"拉（pull）"模式转变为"推（push）"模式。利用者利用该工具主动订阅某类信息，该类信息一旦有新内容 RSS 会即时推送给利用者。彼时各档案馆推送的档案信息主要是档案工作报道、馆藏介绍、新开放档案通知等新闻类信息。利用者通过 RSS 工具在客户端聚合不同来源的信息，被推送信息的目标针对性很强，不同利用者获得的推送信息因来源不同而在整体上体现出内容差异性。

到了知识服务时代，网络档案信息检索系统应能实现智能推送功能，它包括两个方面：一是提供个性化检索。检索工具可以为利用者建立个性化服务，从利用者的角度出发，根据其检索需求，选定一定范围的信息或知识，实现个性化知识组织、检索界面、知识检索和知识呈现，返回利用者可能关心的检索结果。二是提供个性化推送。检索工具通过利用者的检索使用能够感知利用者的检索兴趣、偏好、习惯和规律，推理利用者已经表达的或者尚未表达的检索需求，自动化地通过智慧云、手机终端等主动向利用者推送个性化信息和知识，并根据利用者的利用效果反馈，及时调整推送内容。知识服务时代推送功能实现的主要方法是智能代理。智能代理根据特定的参数按特定的周期搜索特定范围的信息或执行检索工具的特定程序，利用代理通信协议将个性化的信息或知识推送给特定利用者。它还能推理利用者的检索需求，自主制定、调整和执行推送策略。届时推送的内容包括但不限于档案目录信息、全文信息、专题汇编信息、定题服务信息、知识等各种深加工信息。不同利用者获得的信息或知识内容存在差异性。推送功能实现目标的针对性和内容的个性化。

三、具有推送功能的网络档案信息检索工具的特点

推送功能使得网络档案信息检索工具开始具有主动性、个性化和集成性[①]特点。

（一）主动性

以往的网络档案信息检索工具都是被动地等待利用者使用，而推送功能可以根据利用者的预先设定或自主感知的利用者偏好，定时地或是以事件为驱动主动地把最新的信息或知识推送给利用者而无需利用者的检索输入。网络档案信息检索工具

---

① 赵屹，汪艳.新媒体环境下的档案信息服务［M］.上海：上海世纪图书出版公司，2015：187.

有了主动性，网络档案信息检索也从"人找信息"转变为"信息找人"。

（二）个性化

无论是通过利用者自主定制还是检索工具自动感知，推送功能实现的前提是掌握利用者特定的档案信息需求，从而为其量身定制信息或知识。网络档案信息检索工具从无差别服务转变为个性化服务。

（三）集成性

能够实现知识服务的网络档案信息检索工具都是基于广泛的、异构的档案信息源进行知识组织的，其推送的信息或知识都是经过知识融合的，网络档案信息检索工具将分散的信息查询转变为集成服务。

第七节　从无墙到无界：移动检索功能

在新媒体环境下，自 3G 网络开始，移动互联网进入飞速发展阶段，给人们的学习、工作和生活带来极大便利和巨大变革。手机、平板电脑等移动终端不断普及，移动信息服务日渐成为主流。网络档案信息检索顺应时代发展提供移动检索服务是大势所趋。

在档案机构通过网络开展服务的早期，曾出现"无墙档案馆"的称谓。人们认为，网络的出现，使得利用者不必到档案馆即可享受到档案利用服务，网络打破了馆墙的限制，使档案利用服务变为无墙。而今，随着移动互联网的发展，包括移动检索在内的档案信息移动服务，使得利用者不被束缚在计算机前，而是可以使用移动终端享受随时随地的档案网络利用服务，移动网络打破了场地的禁锢，使档案利用服务达到无界。从到馆查档到在线查档，网络档案信息检索实现了无墙；从在线查档到掌上查档，网络档案信息检索实现了无界。检索服务开始变得越来越便利，也更加具有针对性、更易实现个性化。

一、移动检索的必要性

新媒体环境正在迈向移动时代，移动检索是网络档案信息检索在移动时代的重大变革和创新，也是我国档案部门服务方式创新的重要举措。

（一）切合法规政策要求

2020 年，新修订的《中华人民共和国档案法》第二十八条明确规定档案馆应当不断创新服务形式。2021 年发布的《"十四五"全国档案事业发展规划》强调我国档案事业的发展目标，到 2025 年档案利用服务共享程度要显著提高，利用手段更加便捷。移动检索创新了档案检索服务形式，使得档案利用手段变得高度便捷，切合法规政策要求。

第五章 新媒体环境下网络档案信息检索功能的创新发展

（二）顺应时代发展趋势

移动网络覆盖面广，用户量大。根据 CNNIC 数据统计，截至 2021 年 12 月，我国手机网民规模达 10.29 亿，网民使用手机上网的比例达 99.7%[①]。庞大的手机网民都是潜在的网络档案利用者。移动检索顺应时代发展趋势为档案信息的及时公开和广泛利用提供了新的途径，有助于扩大档案信息的受众群体。移动的掌上查档与在线查档、到馆查档相辅相成，达到查档渠道的全面覆盖，挖掘潜在档案利用者，最大程度地发挥档案信息资源的潜在价值，让更多的"死档案"转变为网络世界里的活信息，让更多的馆藏焕发生机。

（三）促进事业持续发展

移动检索将档案信息送到利用者手边。利用者可以方便快捷地自助查阅、自主利用。移动检索一般简单易用，其带来的便捷性会不断提升利用者的检索体验，让那些原本不熟悉档案检索与利用的人在遇到问题时能够想到通过档案检索寻找解决问题的办法，从而提升社会档案意识。这在移动时代有助于促进档案事业的可持续发展。

二、移动检索的工具平台

网络档案信息移动检索的实现需要开发不同的检索工具，这些检索工具发布的主要平台一是移动 App，二是微信公众号/小程序。

（一）移动 App

移动 App（mobile application 或 mobile app，简称 App 或缩写为 MA）是移动应用服务及移动应用程序，是为手机、平板电脑设计并在这些移动终端上独立运行的完成某种特定功能的第三方应用程序。近些年，很多档案机构开发了档案 App，其中含有档案信息检索工具。例如，浙江省档案馆的"浙里办"App、江西省档案馆的"赣服通"App、山东省的"爱山东"App 均可实现手机查档。

（二）微信公众号

微信是我国移动信息交流的重要平台。微信公众号是开发者或商家在微信公众平台上申请的账号，我国众多档案机构建立了微信公众号，用于吸引利用者、推广档案和档案服务。部分微信公众号的服务栏目提供档案信息移动检索工具。例如，上海"浦东档案"微信公众号的在线服务栏目提供档案检索。

（三）小程序

小程序是不需要下载安装即可直接使用的应用程序，其本质是小型 App，特点是即需即用。微信、支付宝等均支持小程序的运行使用。我国有些档案机构开发了

[①] 腾讯网.CNNIC 发布第 49 次中国互联网络报告［EB/OL］.［2022-03-18］.http://wx.qq.com/cmsid/20220316A00F8R00.

用于档案信息移动检索的小程序，专门提供移动检索服务。例如，浙江省档案馆推出的微信小程序"掌上查档"。

三、移动检索的特定条件与要求

与基于网站、网页的网络档案信息检索相比，移动检索具有自己的特点，这些特点为移动检索创造了一些特定条件，也对检索工具的开发和使用提出个别特殊要求。

（一）创造了特定条件

移动检索可以精准定位检索者的空间位置，这为网络档案信息的移动检索结合空间位置创造了条件，使其具有了定向性。例如，网络档案信息移动检索可以实现定向推送，当利者使用移动档案信息检索工具时，如果打开定位，检索工具会自动推送附近的档案信息或档案里的知识。

对于手机等移动终端可以通过手机号、微信号、App账号等精准地指向明确的个人，这为网络档案信息移动检索的个性化服务创造了条件，使其更具针对性。对于利用者的分析和画像可以更精准。

（二）提出了特殊要求

移动网络的网速会限制网络档案信息移动检索的速度以及检索结果传输的速度，这对档案检索工具编制提出了特殊要求，要考虑网速限制情况和多媒体数据量情况。

手机等移动终端的存储空间大大小于计算机，这对档案检索工具数据存储提出了特殊要求，要考虑检索工具和检索结果的数据量情况。例如，图书馆界提出一种基于轻型文档匹配的新算法用于在移动终端上可以更快地检索图书信息，该算法数据结构数据量较小，在移动终端上计算非常高效[①]。

手机等移动终端覆盖面更广，更多的检索能力差的利用者会被覆盖进来，这对档案检索工具的操作性提出了特殊要求——一定要简单易用。

四、移动检索的现状

（一）平台与角色各不相同

网络档案信息移动检索有的是单独的检索平台，有的是档案App、微信公众号或小程序的一部分。除此之外，有的集成进政府移动服务平台，有的集成进本地文化平台。平台不同，其角色和发挥的作用也存在一定的差异。有的专用于移动查档，有的仅用于辅助到馆查档，还有的成为公共服务的一部分，有的仅是为了提供档案中的文化信息或知识。

例如，上海市的民生档案移动检索集成进"随申办市民云"，同时通过App、微信小程序、支付宝小程序面向利用者。其角色是上海市政府为市民办事的移动服务

---

① 张瑞，水静.基于移动设备的数字图书馆检索新技术研究［J］.现代情报，2013（11）：49-51.

功能之一，是"一网通办""不见面办理"公共服务平台的一部分。

（二）数量与规模初具雏形

网络档案信息移动检索具备了一定数量的检索工具，其规模可以说初具雏形。全国档案社交媒体联盟榜单研究团队自2016年4月起陆续发布全国档案微信公众号月度和年度榜单，列出排名前100的微信公众号。很多档案微信公众号提供掌上查档功能。窥一斑可知全貌，从中可见，网络档案信息移动检索达到了一定的规模。

（三）资源与加工程度不一

网络档案信息移动检索的资源对象以及对资源的加工程度也各不相同。

作为检索对象的档案信息资源主要有三种类型：一是民生档案信息资源。例如，江西省"赣服通"App的手机查档汇集全省113家综合档案馆40多种民生档案。上海市"随申办市民云"提供婚姻登记、独生子女、知青、工伤认定、学籍、兵役等22类民生档案。二是馆藏档案信息资源。例如，浙江省的微信小程序"掌上查档"、上海"浦东档案"微信公众号的档案检索。三是专业档案信息资源。例如，山东省德州市德城区行政审批服务局微信公众号提供对企业登记档案的检索功能。

在加工程度上，部分移动检索仅是提供查档申请输入，其余多是检索档案目录信息。受移动检索特点所限，作为检索对象的档案信息资源规模不能太大，能提供全文、照片和声像的较少。

（四）途径与功能各具特色

由于所使用的检索技术不同、开发条件各异，网络档案信息移动检索的检索途径和查档服务功能都有各自的特色。

从检索途径上看，关键词检索是主要途径，不同的检索工具又各自提供了一些不同的途径。例如，"浦东档案"微信公众号的档案检索仅提供关键词途径。浙江省的微信小程序"掌上查档"对开放档案的查询，除关键词途径外，还包括档案类型（清代档案、民国档案、中华人民共和国成立后档案）、省内档案馆类型和名称三种检索途径。

从检索功能上看，各检索工具各有侧重。进入检索时有的可以直接查询浏览，有的则需要注册登录和实名认证，有的登录前与登录后提供的检索范围和功能不同；对检索结果有的可以排序、有的不能排序；有的可实现页面中转，有的只能逐页浏览；对所需档案有的提供快递邮寄，有的可以发送电子邮件，还有的需要有偿购买……例如，上海"随申办市民云"的民生档案查询仅提供查询申请，档案所在档案馆对申请进行人工审核后，为利用者通过快递或电子邮件寄送档案复制件。

辽宁省大连市自贸片区的"掌上云查档"着眼企业工程档案为企业提供移动检索服务，其服务功能较全，具有代表性。其检索资源是馆藏15万余件档案，100余万页，每年约补充10%的增量档案信息。其检索过程为申请—审核—通过—取档

（直接邮寄）—办结，全流程仅需几分钟时间，实现一键检索、立等可取。它具有记录历史数据功能，检索者一次查档后无需重复填写基本信息。其服务效果可达每年查档2000余件次，为查档企业节约时间成本5000小时以上。[①]可见，具有良好功能的网络档案信息移动检索，可以满足利用者便捷查档的需要，推动档案信息利用服务的创新与变革。

第八节　从显示到操作：检索结果处理功能

以往的网络档案信息检索，对于检索结果主要是进行简要级次和详细级次的分级显示。随着网络信息检索技术的发展，对检索结果的处理需求越来越多，对检索结果的处理操作也开始变得多样化，检索结果处理功能需要不断提升。

检索结果处理有利于更加多样地呈现检索结果，帮助利用者更快、更高效地找到所需的档案实体、档案文献、档案中的事实数据或档案中的知识。

一、检索结果显示

检索结果显示是检索结果处理的基本功能，所有的检索必须能够显示检索结果。检索结果显示处理的主要目标是提高系统的响应时间和可存取性，涉及的主要问题有分级输出和分页查看。

分级输出是确定检索结果显示分几级，每级输出什么内容。网络档案信息检索结果一般可以分三级输出：第一级为简要级次，以列表形式简要显示主要的著录信息；第二级为详细级次，以列表形式或段落描述形式详细显示全部的著录信息。除著录信息外，还可以尽可能多地显示有关信息，例如相关信息的URL、计算机文件格式、语种等档案的特征、功能、背景信息；第三级为内容级次，显示档案原文、原文中的信息与知识或相关的信息与知识，包括档案全文或照片，有录音、录像则播放音频、视频文件，有相关信息或知识则可链接。

分页查看是确定检索结果显示每页呈现多少数量的检索结果，分页数量如何调整，是否需要对检索结果数量确定上限等。检索结果一般都是需要分页输出的，尤其是使用网络信息检索工具得到的检索结果数量往往很多，必须分页输出。分页后应该可以很方便地从一页换到另一页。此外还可提供查看不分页的结果一览表，便于从宏观上整体把握全部检索结果。如果设定检索结果数量上限，则超过上限后的

---

① 佚名. 大连市自贸片区创新推出"掌上云查档"新模式［EB/OL］.（2022-01-12）[2022-04-21].
http://www.dljp.gov.cn/gk/002011/002011003/002011003/2002011003004/20220112/e627cabc-fee1-4620-a5b4-a57ab91ffd51.html.

检索结果不予显示并提醒检索者进一步细化检索条件进行缩检。

对于分级输出的输出格式、分页查看的每页数量，处理工具应该能够灵活地予以调整和定义。

二、检索结果排序

网络档案信息检索系统应该对检索结果提供多种排序方法供利用者选择，帮助其快速定位到真正所需的内容或者发现检索结果中的某些规律。排序可以增强检索结果的适用性和相关度。尤其是使用网络信息检索工具返回的检索结果数量较大时，利用者往往只能完成对前几页结果的浏览，此时排序对检索结果的利用有决定性作用。

检索结果排序方法有很多，有相关度（relevance）排序法、来源排序法、日期排序法、字母顺序排序法等。

在网络档案信息检索中，相关度排序是主要的排序方法。它针对主题词、关键词检索途径，按照与检索词的相关程度加权，或者是检索词出现的频度优先排列相关度最高的档案信息。其他排序方法也经常使用，例如，对检索结果按照档案的责任者、题名排序，一般采用字母顺序排序法。

三、检索结果聚类

检索结果聚类与检索结果排序一样用于帮助利用者快速定位到真正所需的内容，增强检索结果的深入性、适用性和相关度。

检索结果聚类主要针对搜索引擎返回的检索结果。聚类是将检索结果按主题相似性进行分类，将主题相似的检索结果聚集在一起。

检索结果聚类方法有两类[①]：一是基于文档的方法，包括基于最大频繁项集、基于 XML 解析、基于粒子群优化的聚类；二是结合标签的方法，从检索结果中抽取有价值的词组作为标签按标签聚类。

检索结果聚类将搜索引擎返回的超链接按照语义进行分类，有助于对检索结果的深入分析。聚类不影响排序，聚类后仍可按相关度等方法排序。聚类使得利用者能在更高一层的主题层次上查看检索结果，在与本人检索意图相符的聚类簇中定位所需档案信息，与本人检索意图不相符的聚类簇则可忽略，从而减少对无关信息的浏览。

四、检索结果统计

检索结果统计是运用统计技术和方法，以图表形式或数字形式描述和分析检索

---

① 邓茹仁，伍应环.QLA-Means：检索结果聚类方法［J］.计算机工程与设计，2017（4）：1067-1080.

结果中的各种现象、状态和趋势，增强检索结果的针对性、全面性和深入性。

最基础的检索结果统计是对检索结果进行数量统计，并在适当位置显示检索命中总数。此外，还可从多角度、多方面进行检索结果统计。例如，对检索结果按全宗、档案类别、案卷、文件进行数量统计，按档案形式和载体进行统计，对于档案信息阅览次数、下载次数进行统计等。

五、检索结果过滤

检索结果过滤是为了安全、高效等目的，从利用权限、档案密级、著录层级、档案载体、档案内容等方面对检索结果进行筛选，增强检索结果的针对性和适用性。

为了安全保密的目的需要对检索结果进行过滤。由于利用者利用权限有所区别，档案密级不同，档案检索工具在提供检索结果时有必要进行过滤。此外，有些档案内容涉及保密词、敏感词、知识产权，在检索结果显示时需要过滤。

为了检索效率的目的需要对检索结果进行过滤。主要是采用信息过滤技术减少重复信息和垃圾信息。例如，使用元搜索引擎检索网络信息，对检索结果会进行去重和统一的相关评估。

六、检索结果阅览

检索结果阅览是指利用者对获得的第三级内容级次的检索结果进行在线阅览，达到检索结果的易用性和完整性。内容级次的检索结果是利用者需要的、解决利用者问题的档案信息或知识。包括档案目录、馆藏档案指引信息、档案原文、照片档案、录音档案、录像档案等。

检索结果阅览包括档案全文和照片阅览，全文阅览有数字化复制件和电子文件/电子档案两种形式。数字化复制件是通过扫描获得的数字化后的原件图像，电子文件是在计算机等设备中原生的文件归档后转化为电子档案。数字化复制件可以原汁原味地再现档案原貌。电子文件/电子档案可以对检索词进行高亮显示。近年来，我国存量档案数字化和增量档案电子化工作取得了长足的发展。据国家档案局统计，2020年全国馆藏电子档案1387.5TB，其中，数码照片390.2TB，数字录音、数字录像523.5TB；馆藏数字化成果19588.5TB[①]。在此基础上，很多网络档案信息检索工具已经提供档案全文阅览。

检索结果阅览包括录音、录像档案的在线播放，部分网络档案信息检索工具在流媒体技术支持下提供这项功能。流媒体技术把连续的声音、影像压缩处理后存于网站服务器，采用流式传播的方式在网上播放，利用者在客户端收看时边下载边观

---

① 国家档案局政策法规研究司.2020年度全国档案主管部门和档案馆基本情况摘要（二）[EB/OL].（2021-08-06）[2022-04-22]. http://www.saac.gov.cn/daj/zhdt/202108/6262a796fdc3487d93bfa7005acfe2ae.shtml.

看。流媒体技术具有实时性、时序性和连续性，可以有效维持播放品质，同时避免播放卡断。

当前，有些档案机构和信息技术公司还开发了支持电子文件通用阅览的检索工具，即在不安装任何软件、插件的情况下，通过客户端浏览器即可在线阅览各种常见格式的数字化复制件和电子文件。

由于利用者权限不同，对检索结果的阅览分为直接阅览和经审批后阅览。对某类档案信息有权限的利用者可以直接阅览，没有权限的通过网络发出借阅申请经审批授权后再进行阅览及后续的检索结果获取。

七、检索结果扩展

检索结果扩展是针对检索结果信息提供超文本/超媒体链接从而使得检索结果得以扩展，增强检索结果的全面性、深入性、易用性和分享性。

链接不仅链接到全文、照片、录音、录像进行阅览，还可链接到档案内容中的人名、地名、机构名以加深对档案内容的理解，还可通过责任者、著录级别等形式特征链接到档案责任者介绍、档案著录级别情况等相关背景信息，有助于利用者发现新信息、学习新知识。检索结果扩展还包括为利用者提供推荐、分享功能，让利用者可以将其检索结果推荐给其他利用者或公众，从而扩大档案信息的传播范围和检索工具的影响力。

检索结果扩展要注意消除死链接、错链接与重复链接，以避免打击检索者的积极性。

八、检索结果进阶

检索结果进阶是指在检索结果中进行进阶检索。进阶检索也称二次检索，有些网络档案信息检索工具可以针对检索结果进行题名、提要等途径的进阶检索，进一步控制检索条件，增强检索结果的适用性和相关度。在有些网络档案信息检索的结果中，可以针对当前选定检索结果所属的上一级著录级别（例如，针对当前文件所属的案卷，或针对当前案卷所属的类别）进行二次检索。

九、关联推荐

关联推荐是针对检索结果推荐相关信息或知识，包括推荐类似的检索条件以及类似的检索结果，增强检索结果的全面性、深入性。

推荐类似的检索条件是推荐与本次检索输入类似的检索词、检索式。搜索引擎等网络信息检索工具，尤其是知识检索工具，会自动推荐与利用者类似的输入，供其调整检索策略。

推荐类似的检索结果是推荐与本条检索结果类似的其他档案信息或知识。例如，搜索引擎 Excite 在每条命中记录的最后都有"Search more like this"链接，点击它可以方便地找到更多与本条检索结果类似的信息。

关联推荐是前文①所述关联检索的一种。华建集团工程项目电子档案检索结果中的关联推荐就是其中案例。此外，网络档案信息检索还可以独具特色地推荐类似的检索结果，即实现关联编研成果的推荐。一份档案或一段档案信息如果曾编入某个编研成果，可以在包含该档案信息的检索结果中推荐关联编研成果。档案编研成果相对集中地提供系统、完整的档案材料，提高档案利用效率，有利于利用者的发现与创新。

十、检索结果获取

检索结果获取是得到利用者检索的最终结果，满足利用者的检索需求，增强检索结果的完整性。

根据档案利用性质，网络档案信息检索的结果可分为两类：一是查考类信息，通过直接阅读、记录检索结果即达到检索目的；二是证明类信息，利用者需获得档案机构提供的档案复制件或档案证明，一般以纸质为主，盖有档案证明专用章。

（一）获取对象

检索结果获取的对象包括检索结果列表、档案目录、档案复制件、档案证明、阅览工具。其中，阅览工具是用于播放档案内容信息通用或专用的软件或插件。

当前，互联网上的档案信息检索服务的主要内容是民生档案。对于民生档案，我国探索出了"远程查档、跨馆出证"的检索结果获取模式。利用者基于网络检索到本人需要的民生档案后可远程获取档案证明。2009年，长春市档案馆率先成为全国第一个远程提供档案证明的综合档案馆。2012年，上海市档案馆与市内各区级档案馆联网，进一步将"远程查档、跨馆出证"落地。

（二）获取方式

检索结果获取的方式有自助式和他助式。

自助式是由利用者使用检索工具提供的保存和打印功能自行下载、打印。下载时直接保存或以 Excel、XML 导出检索结果。打印一般是在线打印。下载、打印信息有可能会添加水印、二维码、电子签名等档案机构的认证信息或所有权信息，还有可能会对保密信息、敏感信息进行遮盖。自助式检索结果获取的前提条件有三个：一是身份可信，即利用者完成单位实名或个人实名认证；二是行为可信，即每次获取都在权限范围内或有授权；三是结果可信，即有云端保存数字证书、时间戳、互联网验证等可信认证。

---

① 参见本书"第五章 新媒体环境下网络档案信息检索功能的创新发展——第三节 从文本到超文本：超文本检索功能——三、实现关联检索"。

他助式是指需要档案机构帮助，即利用者不能在线获取检索结果，只是查到线索后到馆利用，或者在线申请档案复制件或档案证明，由档案机构审核申请后，根据法律政策和管理制度依据、执行出证程序后将其传递给利用者。传递途径包括到馆自取、电子邮件发送、挂号信寄送、EMS寄送等，其中寄送的运费可能需要利用者承担。当前，多数民生档案检索结果的获取都是他助式。

（三）获取时限

检索结果获取的时限包括一次性获取和连续性获取。一次性获取是指本次检索后获取，连续性获取是指一次检索，多次获取。其实现的触发点有两种：一是利用者的检索或定制，一般通过检索工具提供的定题服务、RSS订阅等功能定制；二是检索工具的知识服务，检索工具通过利用者分析，将其认为某个利用者可能需要的信息连续不断地推送给利用者。

十一、检索结果评价

在网络档案信息检索中，对检索结果进行评价是一项重要功能，以增强检索结果的分享性。评价主体有三类：一是利用者评价，利用者表达和反馈对检索工具和检索结果的满意度或意见建议等；二是第三方评价，一些中介机构或专业机构对检索工具和检索结果进行统计和评价；三是自我评价，由检索工具根据预设的指标在不同利用者检索过程中实现自我评价。

检索结果评价非常重要，尤其对于知识服务而言必不可少。网络档案信息检索会根据评价不断完善机器学习和功能调整，进而提高检索效率。

十二、检索结果知识挖掘

网络档案信息检索结果之间普遍存在一定的联系，这些联系也映射出档案所记录的信息之间存在着某种关联。检索工具可以将这种关联揭示出来成为知识。检索结果知识挖掘是在检索结果中归纳、提炼出所蕴含的知识，增强检索结果的全面性和深入性。检索结果知识挖掘属于知识检索的一个层次，具体内容参见前文"基于信息检索结果的知识挖掘"。

十三、检索结果可视化

检索结果可视化[①]是在知识挖掘或知识组织基础上，将作为检索结果的档案信息集合及与之相关联的规律、关系以可视化形式呈现，增强检索结果的易用性和相关度。知识图谱亦可作为一种工具应用于检索结果可视化，提供结构化检索结果，

---

① 参见本书"第六章 新媒体环境下网络档案信息检索中新技术的应用——第四节 信息检索可视化技术应用——二、网络档案信息检索可视化的内容——（四）检索结果可视化"。

直观地展示档案的关联信息，使得检索结果的表达大为改善。

十四、检索过程记录

检索过程记录是采用检索日志、利用者知识库等手段对利用者的检索过程予以记录，增强检索结果的分享性和全面性。检索过程记录可记下检索词和检索式，用于本人或他人的再次检索或分析检索历史；可记录利用者检索历史，用于利用者分析和利用者画像；还可通过过程记录对比较热门的检索词或检索式进行统计展示，并提供热点检索查看，点击热点检索的检索词或检索式可进行再次检索。

第九节　从面对面到键对键：交互功能

传统的档案检索是利用者到馆，找到档案馆工作人员获得帮助。在档案馆工作人员帮助检索过程中，利用者向档案馆工作人员进行参考咨询，描述检索需要，得到相关问题解答，由档案馆工作人员根据利用者描述的检索需求执行具体检索。对于检索结果，利用者需要及时向档案馆工作人员反馈信息，以便调整检索策略进行二次检索或是仅仅反馈意见建议供档案检索工作参考。这个过程可以概括为获得帮助—参考咨询—反馈信息三个步骤。当传统档案检索变为网络档案信息检索，虽然档案检索变为由利用者自主执行，但是检索工具仍要提供必要帮助、解答参考咨询、接受信息反馈。相对于传统档案检索三个步骤是面对面地实现，网络档案信息检索只能以键对键的方式实现，为此，网络档案信息检索工具必须具有交互功能，缺乏交互功能的网络档案信息检索工具是不完整的。

新媒体是一切具有交互特征及数字化分布属性的数字媒体对象①。新媒体的一个显著特征就是交互性，新媒体信息传播是双向互动的，"互动性是新媒体的一个核心关键词"②。因而，新媒体为网络档案信息检索交互功能的实现提供了充足的工具和条件，网络档案信息检索工具应充分利用这些工具和条件实现交互功能。

一、提供必要帮助

网络档案信息检索工具要能在线提供信息充足、使用方便的帮助（help）功能。

（一）文字说明

文字说明用于对检索工具和检索资源做介绍，帮助利用者了解作为检索对象的档案信息资源，更高效地使用检索工具。其内容应全面详尽，文字应客观简洁，方

---

① Motschnig R, Holzinger A. Student-centered teaching meets new media: concept and ease study [J]. IEEE Educational Technology & Society, 2002（5）：160-172.
② 光明日报. 互动性是新媒体的一个核心关键词 [EB/OL]. （2014-07-16）[2013-05-16］. http://www.mjceo.com/index/20140716/10000161526.html.

法可以图文并茂,获取方式应方便易得。

文字说明的内容主要集中在四个方面:一是介绍网络档案信息检索工具的基本情况,包括开发的背景与目标、结构与功能、特点与作用、升级与改版;二是网络档案信息检索工具的资源与数据情况,包括馆(室)藏档案的基本情况,工具可检索档案信息的范围和信息量,特殊档案的类型和信息量,全文阅览的信息范围,新更新的档案信息内容和数量等;三是网络档案信息检索工具的功能与方法,对检索工具的功能以及操作使用方法进行详细的说明,以便检索者正确输入检索词和运用各种检索功能。此类说明最好以检索示例(sample search)形式直观表达,将具体检索过程用图示的形式一步一步加以演示,方便检索者"按图索骥"掌握检索步骤;四是网络档案信息检索工具的使用权限与要求,说明检索后获得档案数字复制件与档案证明的方法。

对于网络档案信息检索者而言,不论是专业人士还是普通网络用户,检索的前提都是需要了解检索工具所提供的档案信息资源的范围和内容,以及检索工具的功能和使用方法,这样才能有效利用检索工具高效地实现检索。

(二)操作辅助

操作辅助是在利用者对检索工具操作时提供必要的辅助功能,辅助利用者完成检索词输入等操作。对于利用者而言,文字说明需要主动阅知,而操作辅助被动接受即可。

辅助操作如何提供和实现要根据各检索工具具体功能和检索途径确定。例如,前文[①]所提辅助索引就是一种操作辅助。再如,在关键词、主题检索途径方面,对于人名、机构名、专有名词等可以提供"查找"功能辅助操作,将查找结果作为检索词,在确认该人名、机构名、专有名词存在的基础上,查找与之相关的档案信息,确保正确输入和检索效果。此外,知识地图、导航工具都可用于辅助操作。

辅助操作提高检索工具的友好性,促进自主检索的有效实现。

二、解答参考咨询

在检索过程中,文字说明和操作辅助两种帮助未必能解决利用者的所有问题,尤其当利用者自主检索效果不佳时,他们往往会寻求支持,即寻求得到档案参考咨询服务。此时,利用者的期望是有档案工作者便捷快速地帮助其解决个性化的问题,在线实现与档案工作者的交流和互动。网络档案信息检索工具的提供者应能在线解答参考咨询、协助检索、回答利用者关于网络档案信息检索的各类问题,满足利用

---

① 参见本书"第五章 新媒体环境下网络档案信息检索功能的创新发展——第一节 传统功能的应用与加强——三、词形控制"。

者各种个性化的信息服务和知识服务需求，根据利用者的检索结果完成预约调卷、档案寄送等，最大程度地实现人与资源的有效关联。

解答参考咨询后台需要有一套完善的工作机制，包括参考咨询工作管理、参考咨询工作人员、参考咨询交流工具三个主要内容。

参考咨询工作管理是由检索工具提供机构对在线参考咨询内容进行存储和有效管理，建立分工负责制度，落实参考咨询工作人员，保证快速响应以及回复的速度和质量。例如，北京市档案馆在网站建设初期就制订了网上查询管理办法，安排专人负责处理通过网站查询开放档案目录的管理工作①。

参考咨询工作人员对利用者的问题回复工作进行协调，将问题分类，提醒相应档案工作者查看和回复或请专家进行答疑。在知识服务过程中，答疑尽量贴合个性化需求提供知识或者解决方案，对不能满足利用者检索需求的情况给予说明。

在新媒体环境下，解答参考咨询可以使用多种网络互动交流工具来完成，包括异步网络交流工具、即时交流工具以及共享式交流工具②。异步网络交流工具的特点是在某一时间内单向沟通，例如电子邮件（E-mail）、微博（MicroBlog）；即时交流工具的特点是在线交互式对答，例如微信。英国国家档案馆的网络检索工具Discovery通过网页提供即时在线咨询，利用者可以直接与馆内档案工作者对话，参考咨询方便高效；共享式交流工具的特点是实现多点对多点的互动交流服务，例如将参考咨询的基本问题或热点问题及答案分类后置于网页或是存入知识库共享，供利用者自行查询，以 FAQs 为例，一个编制得当的 FAQs 至少可以解答利用者80%的问题，减轻参考咨询工作人员的压力。参考咨询知识库用于记录以往全部咨询过的问题。利用者向该库进行知识检索，已有答案的即时返回答案，没有答案的将问题转置，由后台参考咨询工作人员通过电子邮件或即时交流工具等方式回答。

参考咨询交流工具要在检索工具的醒目位置予以提供，做到工具多样、渠道畅通、有问必答。

三、接受评价反馈

在检索过程中，交互功能不仅要解决参考咨询问题，还要及时接收利用者对检索工具和检索结果的评价和反馈，将有效意见或建议采纳记录，在适当时机升级检索工具，用于深化和促进网络档案信息检索服务的层次和水平。

在新媒体环境下，知识服务和个性化服务是档案信息检索未来的服务发展方向，档案检索服务也在由"拉（pull）"模式向推"（push）"模式转变。知识服务不仅是一种方法，更是一套体系，网络档案信息检索工具接受评价和反馈是体系中的一环。

---

① 杨公之.档案信息化建设实务［M］.北京：中国档案出版社，2003：236.
② 赵屹，宋晓颖.网络环境下档案信息利用服务创新研究［J］.档案与建设，2013（7）：10-22.

接受评价和反馈一方面有助于根据个性化的表达对利用者进行分析和画像,以便实现全文推送、定题服务等个性化服务和知识服务。在加强利用者分析进行检索行为研究方面,加强与利用者交互、接受评价和反馈是核心的任务;另一方面,可以从评价和反馈中挖掘并吸收知识,用于检索工具和服务的调整和改进工作,改进服务质量和服务方式。

我国档案机构越来越重视检索与利用服务的便捷性和高效性。例如,浙江省嘉兴市档案局(馆)提出档案检索服务要真正实现查档"零上门"、找档"零漏点"、取档"零跑路"、服务"零差别"[①]。交互功能的多样化有助于档案信息检索更好地适应网络环境,提高利用者的参与度、满意度和黏性,使得检索服务更具延展性和生命力。

---

① 李持真,张隽.查档"零上门" 找档"零漏点" 取档"零跑路" 服务"零差别",浙江嘉兴460多万市民可通过手机查询14类民生档案开放数据[N].中国档案报,2017-07-06(2).

第六章　新媒体环境下网络档案信息检索中新技术的应用

第一节　网络档案信息检索技术概述

一、网络档案信息检索技术体系

新媒体环境下的网络档案信息检索涉及的技术范围广泛，内容复杂，很难基于统一的分类标准建立一个完整规范的技术体系。

本书根据整个检索过程涉及的技术对现有的网络档案信息检索技术空间进行梳理、归纳，构建的技术体系包含但不限于以下十二类：一是著录标引技术。主要涉及自动标引技术，元数据技术，元数据提取技术等。二是数据库技术。主要是建库技术，包括馆藏档案信息数据库、专题数据库、知识库、索引库、倒排库、语料库等各种数据库的建库。建库过程中还会用到相关技术，例如自动索引技术。三是信息存储技术。主要涉及网络存储技术、云端存储技术、海量存储技术、大数据技术、数据压缩与传输技术等。四是检索式构造技术。主要涉及逻辑控制、位置控制、词形控制、限制功能等。五是匹配定位技术。主要涉及匹配算法、模糊匹配、加权算法、关联运行、定位方法等。六是全文检索技术。核心是自然语言处理技术，主要涉及分词处理、停用词处理、词干压缩、抽取关键词处理、语义组织、语义描述。此外还涉及倒排索引、索引搜索等。七是多媒体检索技术。主要是针对图像、音视频的检索，涉及图像、语音的识别技术、补全技术、编码与解码技术、特征提取技术、特征描述技术、相似度算法、示例匹配算法等。八是超文本与超媒体技术。主要涉及超文本标记语言、超媒体系统等。九是智能技术与知识技术。主要涉及领域本体、实例抽取、逻辑推理、神经计算、智能代理、机器学习、智能分类、文献聚类、知识图谱构建等。十是信息呈现技术。主要涉及检索结果预处理技术、显示技术、排序技术、数字化技术、OCR文字识别技术、可视化技术、多媒体播放技术等。十一是交互技术。主要涉及信息订阅技术、信息推送技术、评价反馈技术、可视化选择技术等。十二是安全保障技术。这些技术之间交叉融合，互相影响，共同作用于网络档案信息检索。

二、本书研究的网络档案信息检索技术

本书重点研究全文检索技术、多媒体检索技术、信息检索可视化技术、跨媒体智能检索技术在网络档案信息检索中的应用。其中,全文检索技术较为成熟,在网络档案信息检索中已经得到较为广泛的应用;多媒体检索技术正在发展当中,在网络档案信息检索中已经有所应用;信息检索可视化技术处在发展初期,其中个别技术相对成熟,出现了应用探索;跨媒体智能技术是未来发展方向。

三、全文检索技术与多媒体检索技术的应用领域

在网络档案信息检索中,根据档案信息的结构特征,可以将其分为结构化数据、非结构化数据和半结构化数据。

结构化数据是指档案信息具有类似于 Excel 二维表格式的固定结构。档案著录形成的档案目录就是结构化数据。结构化数据可用于数据库存储,检索时通过数据库提供的检索技术快速检索,例如关系数据库提供 SQL 结构化查询语言对其库中数据进行检索。

非结构化数据是指档案信息无固定的格式,长度形式不一。例如,Word 文件、PDF 文件、图像文件、声音文件等形式的数据没有固定格式,因此无法通过数据库进行管理,即使存放在数据库中,也是整体存储,无法利用数据库检索技术快速检索其中的内容。

介于结构化、非结构化数据之间还有一种半结构化数据。例如,XML 文件,HTML 文件等形式的数据,它们相较于 Word 文件、图像文件、声音文件等非结构化数据,存在一定的格式,但格式不固定。XML 文件是一种树状结构文件,可以通过节点标签定义格式,标签内存储内容,但每个节点的结构可以不固定。半结构化数据也无法使用数据库直接处理,但是可以通过提取节点中包含的结构数据按结构化数据进行检索,也可以直接将其中的所有文本提取出来,按照非结构化数据进行管理。

结构化数据具有统一格式,可以采用关系数据库提供的数据库查询语言来检索。关系数据库会通过数据库索引等优化技术提高检索速度和质量,再通过应用程序呈现给利用者。各类数字档案馆系统中存放的大量数字档案信息都是以结构化数据形式存放在后台关系数据库中,并通过前端的档案信息检索工具供利用者检索使用。

半结构化和非结构化数据由于无固定格式,关系数据库技术无法对其进行处理,要对其实现快速检索需要应用其他技术。文本数据主要应用全文检索技术,图像、音视频等多媒体数据主要应用多媒体检索技术。

全文检索技术除应用于非结构化文本数据外，结构化数据中的大文本也可应用它来对文本内容进行检索。可以将档案内容信息存放在关系数据库中，应用全文检索技术对内容进行检索。

第二节 全文检索技术应用

一、全文检索技术的概念

全文检索技术是直接以无结构的全文本信息作为检索对象的检索技术，可以不做任何人工标引采用自然语言对文本中任意字词进行检索。

对非结构化文本数据的检索有两种方法：一是顺序扫描法（serial scanning）；二是全文检索法（full-text search）。

顺序扫描法是较为原始的方法，是指逐一对档案信息的文本文件进行查找，搜索每个文件查找是否包含检索词，直到扫描完所有待查文件，最后将找到的文件返回。Windows 提供的搜索文件功能就采用这种方法。顺序扫描法原理简单，但检索速度慢，只能胜任小数据量的文件检索，对大数据量的文件则无法在有效时间内返回结果。

全文检索法借鉴结构化数据的检索方式。它首先通过对文本进行分解、排序、组合等信息组织方式，将原本无结构的文本数据转换成有结构的数据。这些有结构的数据既能描述原本无结构的文本，又可通过结构信息实现快速检索。那些从无结构的文本数据中提取的结构化描述数据称为索引。这种先对无结构文本进行结构化提取，建立文本的索引数据，再通过对索引数据进行快速检索从而实现对原文本检索的过程称为"全文检索"。对于非结构化文本数据，一般会建立关键词和文件之间的关系索引。

二、全文检索技术的原理

全文检索流程包括两个过程：一是创建索引，是对档案信息的文本数据进行提取、转换、分析，生成反映文本内容特征的索引的过程；二是检索索引，是根据利用者提交的检索提问，应用快速检索算法在索引库中快速查询，根据索引库查询结果返回索引项对应的全文文本的过程。如图 6-1 所示。

（一）创建索引

创建索引从档案信息文本中提取关键词，通过文本分析生成索引项并将其存放在索引库中。索引库中保存关键词以及包含关键词的文本文件的映射关系，其中，提取关键词的步骤视档案原件状态而定。如果档案原件为电子文件，则可直接提取

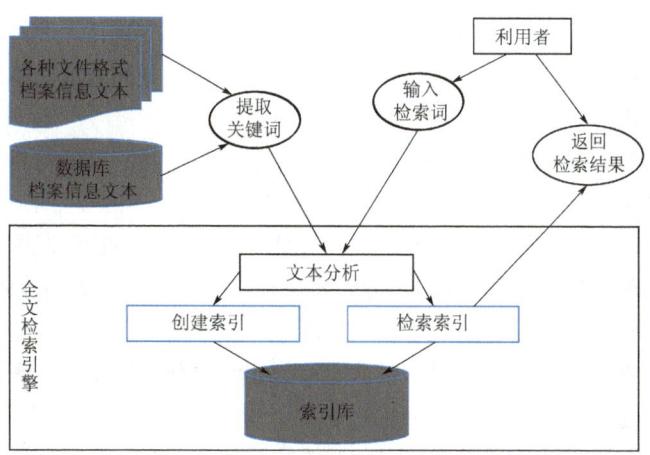

图 6-1 全文检索流程图

关键词。若档案原件为纸质文件，则需要先进行数字化扫描，再经 OCR 文字识别[①]，存储为数字信息才能提取关键词。为了有效开展全文检索，现在很多档案机构都将数字化扫描后的档案存为双层 PDF 或双层 OFD 文件格式[②]。提取关键词的主要工作是将连续的文本拆分成关键词集合，这个过程称为分词（tokenize）。

1. 分词技术

分词技术是创建索引的核心技术之一。在英文中，由于用空格将单词之间明确隔开，分词操作按空格分隔即可，很容易实现。分词时，分词器会将文本切分为一个个独立的单词，去除词中无实际意义的标点符号和停用词。停用词是指一种语言中使用特别频繁的助词或者冠词，通常没有具体的意义，因此检索意义也不大，不需要建立索引。例如，英文"the""a""an"，中文"的""地""得"等均属于停用词。每种语言都会有一张停用词表，列举经过统计使用最频繁的词。文本经过分词后得到一系列词的组合为词元。词元还需要进一步进行语言处理，包括全部改为小写、将单词缩减为词根形式，例如单复数统一改为单数，动词的时态变化统一还原为原形等。词元进行语言处理的结果为词。例如，英文句子 Nobody knows how ancient people started using fire，经过分词和语言处理后返回的词表列表为"nobody""ancient""people""start""fire"。

中文分词要复杂得多。中文句子由若干汉字组成，这些汉字是独立的且字间不存在任何分隔标记符。汉字具有开放性、多语义性，汉字构词没有统一标准，分词时易产生歧义。中文分词还存在中外人名、地名、机构组织名、事件名、各种专业

---

① 参见本书"第八章 新媒体环境下网络档案信息检索保障工作的新发展——第一节 检索资源保障——一、档案信息资源建设——（一）档案数字化——4.OCR 文字识别"。

② 参见本书"第八章 新媒体环境下网络档案信息检索保障工作的新发展——第一节 检索资源保障——一、档案信息资源建设——（一）档案数字化——3.PDF 与 OFD 文件格式"。

术语等专有名词的识别问题。汉语本身词汇量还在不断丰富，因此需要依靠专门的分词模型来实现分词。目前，中文分词技术主要有词典分词方法、统计分词方法和知识理解方法三种方式，其中统计分词方法是主流方式。

词典分词方法是指预先编制好汉语词典，分词时按照一定策略将文本中的汉字字符串逐一与词典中的词条进行匹配，若在词典中找到某个汉字字符串则匹配成功，将该汉字字符串切分为一个词。匹配模式有最少切分、正向最大匹配、逆向最大匹配、双向最大匹配等。词典分词方法是一种机械切分方法，效果高度依赖词典质量，对歧义、多义等情况无法处理。

统计分词方法主要是分析词中包含的字的相邻共现频率特征。理论上，字之间相邻共现频率越高，则作为词的概率就越高。基于此原理，运用隐马尔科夫模型、最大熵模型等统计机器学习算法，配合相关的语料和词典，可以达到较好的分词效果，分词速度也比较快。

知识理解方法是一种模拟人脑对词和句子的理解模式，通过句法、语法、语义等分析，采用神经网络、知识推理等人工智能方法进行分词。该方法复杂度较高，分词速度较慢，目前应用不多。

随着机器学习和人工智能等相关技术的发展，当前中文分词工具准确率可达95%以上。有很多成熟的分词工具可以选择，常用的有 HanLP、jieba 分词、FudanNLP、LTP、THULAC、BosonNLP、百度 NLP、腾讯文智、阿里云 NLP 等。其中大部分为机构提供的开源分词工具，例如复旦大学的 FudanNLP、清华大学的 THULAC 等，部分机构提供分词的云服务功能，例如阿里云 NLP、百度 NLP 等。

2. 倒排索引技术

文本数据经过分词形成的是文本到词的映射关系。例如，有两个文本 ofd1、ofd2，对这两个文本构建索引，生成的索引词表结果为 ofd1（学生、准许、去、他们、朋友、准许、喝、啤酒），ofd2（朋友、小明、去、学校、看、学生、寻找、喝、准许）。此时产生的索引为文本到词的关系。利用者检索时主要使用关键词，需要从词找到包含该词的文本。因此，要将文本到词的映射反向为词到文本的映射，形成的索引结构称为倒排索引。设 ofd1 的 ID 编号为 1，ofd2 的 ID 编号为 2，会形成如表 6-1 所示的倒排索引结构。

表 6-1 示例 ofd1 与 ofd2 的倒排索引结构

词	文本编号
学生	1
准许	1
去	1
他们	1
朋友	1

续表 6-1

词	文本编号
准许	1
喝	1
啤酒	1
朋友	2
小明	2
去	2
学校	2
看	2
学生	2
寻找	2
喝	2
准许	2

全文检索工具在生成倒排索引时还会对索引进一步优化，一是对词表的词进行排序，二是统计词在文本中出现的频率，形成如表 6-2 所示的倒排索引结构。

表 6-2　示例 ofd1 与 ofd2 优化后的倒排索引结构

词	文本编号	文本中出现频率
准许	1	2
准许	2	1
啤酒	1	1
喝	1	1
喝	2	1
寻找	2	1
朋友	1	1
朋友	2	1
去	1	1
去	2	1
小明	2	1
学校	2	1
看	2	1
他们	1	1
学生	1	1
学生	2	1

对相同的词进行合并，统计词出现的文本数及在某个文本中出现的次数，最终形成文本倒排索引链表（posting list），如图6-2所示。图中的链代表词到文本的映射关系，一个词出现在多个文本中，则会形成文本到文本的链。倒排索引结果存放在索引库中，供利用者检索使用。

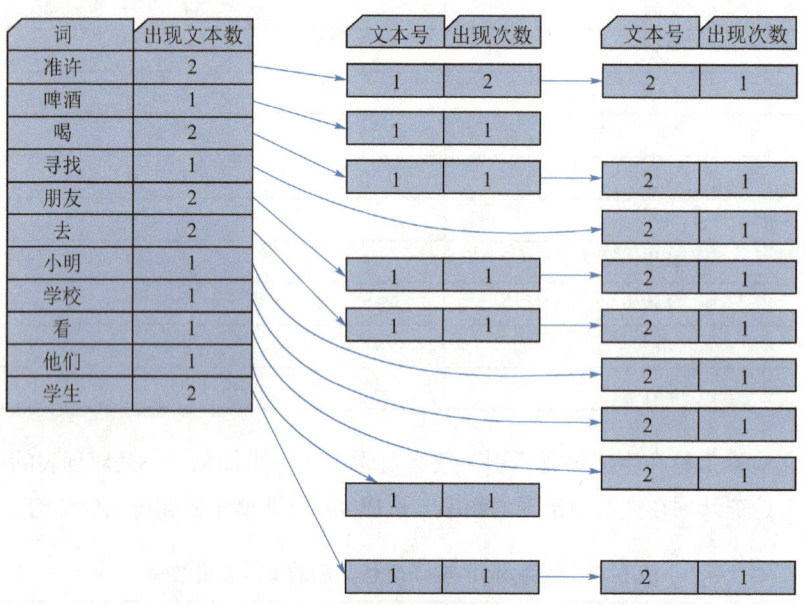

图6-2 示例ofd1与ofd2的文本倒排索引链表[①]

（二）检索索引

索引库生成后，利用者输入检索词对文本进行检索。检索时，首先在倒排索引链表中搜索到该检索词，再根据该词链接的文本链找到包含该词的文本列表。例如，利用者输入"学生"，检索程序会到倒排索引中搜索，找到该词，然后根据链表找到ofd1和ofd2文本。检索前，程序同样会对检索词进行语言处理。如果检索到多篇文本，还需要根据这些文本与检索词的相关度进行排序，将最相关的文本排在前面。当检索词有多个时，还涉及多个结果的归并。

三、全文检索技术应用方式

全文检索技术适合应用于以下场景：检索资源为非结构化文本数据；文本数量达到数十万或数百万甚至更多；支持基于交互式文本的检索；需要非常灵活的全文检索功能；对高度相关的检索结果有特殊需求，但是没有可用的关系数据库；对不同数据类型、非文本数据操作或安全事务处理的需求相对较少。在网络档案信息检

---

① CSDN. 全文检索及其过程［EB/OL］.［2019-04-22］. http://blog.csdn.net/jinking01/article/details/89022659.

索中,全文检索技术应用方式主要有利用搜索引擎实现档案全文检索、检索档案全文数据库、检索档案网站的档案信息三种。

(一)利用搜索引擎实现档案全文检索

全文检索技术最典型的应用是搜索引擎。关于搜索引擎及其原理前文[①]已经进行了研究和阐述,由原理可见搜索引擎是典型的全文检索技术。

通用搜索引擎本身就提供互联网网页信息的全文检索服务,如果互联网网页中包含档案信息可一并检索。此外,在网络档案信息检索系统中还可以内置搜索引擎实现档案全文检索。

全文检索技术出现之前,档案信息检索方式以目录方式为主,从题名、责任者、主题词等检索途径入手开展检索。目录检索方式属于限定词检索,即索引词和检索词都限定在特定范围内。首先,索引词需要以人工或半人工方式录入生成,索引质量由录入质量决定。其次,利用者在检索时,必须在限定的检索途径内输入检索词,只能检索档案的特定特征。限定词检索大大限制了利用者检索的自由度。相比较而言,全文检索对利用者的限制则少很多。对档案全文,利用者可以输入任意检索词,并且可以利用搜索引擎提供的逻辑组合功能构造更复杂的检索式,满足网络档案信息检索需求。

在网络档案信息检索中,全文检索技术已经得到较为广泛的应用,为利用者提供了更加丰富的检索手段。例如,航空工业成都飞机工业(集团)有限责任公司电子档案管理系统提供全文检索功能,支持全文索引和标引索引、支持逻辑表达式检索、支持OCR文字识别索引。[②]

(二)检索档案全文数据库

有些档案机构将档案全文信息存储在数据库中,形成档案全文数据库。它是集已经完成信息组织的档案数字复制件、归档电子文件内容信息于一体的数据集合。当前,馆藏档案全文数据库较少,专题档案全文数据库较为常见。档案机构通过对特定专题档案全文信息的集中收集、组织、发布,为档案利用者提供浏览、检索、全文阅读等利用服务。例如党建档案全文数据库、伟人档案全文数据库等。

档案全文数据库的建设步骤与网络档案专题数据库的建设步骤[③]相同。其中,档案全文数据库的数据加工主要包括数据准备、数据组织、数据加载。数据准备是对全文数据库的档案信息进行筛选、著录标引。数据组织是对筛选后的档案信息进行分类、排序等整理,按照时间或是其他顺序组织,形成电子目录。数据加载是开发档案

---

① 参见本书"第四章 新媒体环境下网络档案信息检索工具与平台的创新发展——第三节 网络信息检索工具——三、网络信息检索工具的原理——(一)搜索引擎的原理"。

② 国家档案局经科司.企业电子文件归档和电子档案管理试点技术系统卷[M].北京:中国文史出版社,2021:161-174.

③ 参见本书"第四章 新媒体环境下网络档案信息检索工具与平台的创新发展——第二节 网络档案专题数据库——三、网络档案专题数据库的建设"。

全文数据库检索系统，将整理好的档案全文信息加载到数据库中。档案全文数据库的发布可采用两种形式：一是网络发布，即将档案全文数据库检索系统挂载在互联网、政务外网、政务内网、内部局域网中，利用者通过网络检索访问；二是离线发布，档案全文数据库检索系统以光盘或者其他形式打包，利用者将系统安装在个人计算机中使用。档案全文数据库的主要目的是供利用者浏览、检索、利用，检索功能是主要功能，检索途径包括分类检索、时间检索、关键词检索等，最重要的是实现全文检索。

档案全文数据库全文检索的实现主要方法有两种：一是很多数据库提供全文检索服务，可用于检索档案全文数据库。例如 SQL Server、MySQL 等常用关系型数据库在标准 SQL 语言的基础上，提供扩充语法，支持对保存在库中的大文本字段中的文本内容进行全文检索。这种方法并不完美。首先，在数据库的字段中存放文本全文，存储效率不高；其次，全文检索功能是在数据库原有引擎基础上的扩展，受限于数据库的模型框架，全文索引需要与数据库原有的索引合并，在数据库中插入和删除数据时，索引都需要更新，而全文索引的维护需要扫描整个文本，因此效率较低。二是档案全文数据库内置搜索引擎实现全文检索。这种方法具有直接高亮显示检索词等较为灵活的检索结果处理功能，并提供档案信息计量功能，检索效率较高。

（三）检索档案网站的档案信息

如同前文①所述，网络中的档案信息并非全部以数据库形式进行组织，静态网页中还分散有大量的档案信息，尤其档案网站是档案信息的富集地。随着电子政务、政府"互联网+"的推进，档案网站成为档案机构的信息门户，发布大量档案信息。档案网站建站技术多为门户网站管理系统，例如 CMS 内容管理系统。这些系统通常具备完备的信息发布、信息共享等功能，同时以站内搜索引擎的形式内置全文检索服务，对网站发布的档案信息进行全文检索，例如图 6-3 显示了浙江档案网站的全文检索界面。此类全文检索与外挂的网络馆藏档案信息检索系统配合，可以为利用者提供较为完善的网络档案信息检索体验。再如，中南电力设计院有限公司的数字档案馆主要管理设计院的电力工程档案。公司档案部门自主研发了企业级综合性站内搜索引擎"小觅"，方便利用者对公司门户网站和工作平台上的所有信息进行检索。该搜索引擎能够对公司所属的网站和信息系统数据进行检索，对海量数据进行数据提取、分析、检索和排序，对 PDF、Word、Excel、Powerpoint 等各种类型的电子文件进行全文检索，并支持 CAD 图纸的分类检索和在线浏览。百万级数据全文检索用时在 0.2 秒以内。②

---

① 参见本书"第四章 网络档案信息检索工具与平台的创新发展——第三节 网络信息检索工具——五、网络信息检索工具的使用——（三）站内搜索引擎的使用"。

② 国家档案局经科司. 企业电子文件归档和电子档案管理试点技术系统卷 [M]. 北京：中国文史出版社，2021：304-305.

第六章 新媒体环境下网络档案信息检索中新技术的应用

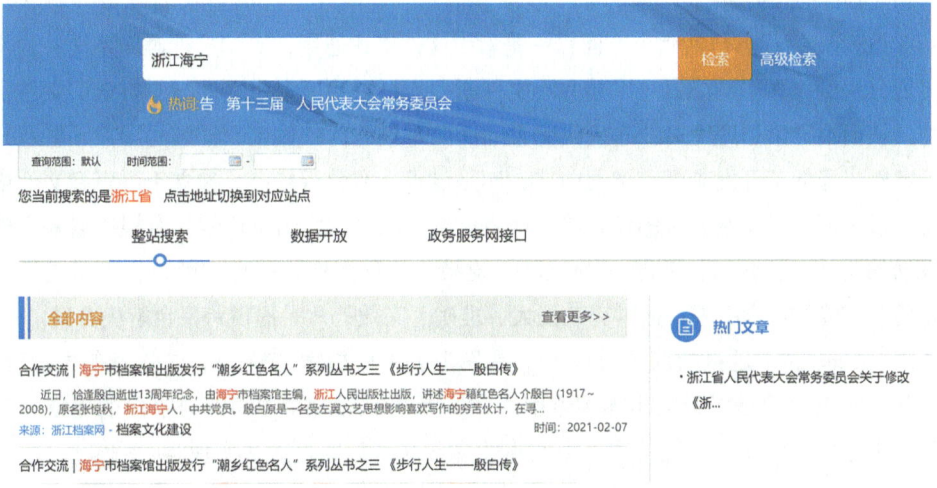

图 6-3 浙江档案网站全文检索界面

四、全文检索技术常用解决方案

全文检索技术已经比较成熟，有很多解决方案可供网络档案信息检索选择。应用最广泛的是开源的 Lucene 项目，以及由 Lucene 衍生的 Solr 和 Elasticsearch（简称 ES）方案。

（一）Lucene

1. Lucene 概况

Lucene 是 Apache 软件基金会于 2000 年推出的开源全文搜索引擎软件工具包，2021 年发展到 9.0 版本。Lucene 提供全文检索中的几项核心功能，包括创建索引、检索索引及部分语言处理功能。

2. Lucene 在网络档案信息检索中的应用

网络档案信息检索工具的开发人员依托 Lucene 进行二次开发，对非结构化档案文本数据进行分类、索引，可以很快实现全文检索功能。Lucene 采用 Java 语言设计，提供 Java 形式的 jar 包，供开发人员在 Java 开发框架中引入。

3. Lucene 的模块及功能

Lucene 的模块主要有六个：一是分析（Analysis）模块，提供词法分析及语言处理功能，最终形成检索的最小单元词；二是索引（Index）模块，提供创建索引功能；三是存储（Store）模块，提供索引读写及存储功能；四是解析（QueryParser）模块，提供检索式的语法分析功能，形成 Lucene 可识别的条件树结构；五是查找

（Search）模块，提供检索索引功能；六是相似度（Similarity）模块，提供相似度计算与排序。

4. Lucene 的特点

Lucene 的优点包括六个方面：一是索引文件格式通用，支持多种操作系统；二是实现分块倒排索引功能，可以建立小文件索引，可以将新索引文件与原有索引文件合并，从而提升索引速度；三是提供完整的面向对象的 API 体系、详细的用户手册及开发案例，降低了开发难度和学习曲线；四是设置文本分析接口，独立于语言和文件格式。索引器通过文本分析的流式接口生成索引。网络档案信息检索只要根据需要实现自己的文本分析接口，就能应用 Lucene 支持多语种多格式的全文解析；五是提供一套功能完善的检索引擎，搜索算法强大、准确、高效；六是提供跨平台解决方案。

Lucene 的不足包括四个方面：一是只提供单机检索支持，不支持分布式检索；二是每次更新都是将新文本加到索引库中，无法实现对文本中部分字段的更新；三是无主键索引概念，不支持同一个文本的多次写入；四是无法实现实时搜索。

（二）Solr

1. Solr 概况

Solr 也是 Apache 软件基金会的开源软件，采用 Java 开发，是基于 Lucene 核心引擎的高性能全文检索系统。Solr 创建于 2004 年，2022 年 2 月最新版本为 8.11.1。Solr 的定位是企业级搜索引擎，相比 Lucene，Solr 提供分词器、查询扩展，检索语言功能更强大，在索引、搜索性上进行了优化，增加了很多企业级功能，并提供一个功能完善的前台管理界面。

2. Solr 在网络档案信息检索中的应用

在网络档案信息检索中，Solr 可以作为独立检索服务器运行，支持基于 Restful 形式的调用模式，可添加 XML 和 Json 形式的索引数据，可以在任意编程语言中以 Web Service 形式集成调用。Solr 支持配置功能，通过修改相应的配置文件，无需任何编码，即可对 Solr 的功能进行调整。Solr 支持插件，可通过插件的方式集成更多高级功能。通过一定的配置，Solr 成为一个高度可靠，可扩展且容错的全文搜索引擎。

Solr 架构由三层构成，如图 6-4 所示。最底层为 Lucene，提供全文检索的索引和核心功能；第二层为核心层，提供缓存、分析、配置、数据模式、一致性控制、更新处置等 Solr 核心功能；第三层为对外服务层，提供管理界面、Http 请求处理接口、数据更新接口等对外处理功能。网络档案信息检索可以通过 https 协议，采用 Post 方式，向 Solr 服务器发送一个请求。提交的是包含需检索的字段名及其内容的 XML 文档。Solr 收到请求后，根据 XML 的内容对索引进行添加、删除、更新；网络档案信息检索还可以通过 Http 的 Get 操作，向 Solr 服务器发送 Get 请求，Solr 以 XML、Json 等格式将检索结果返回。网络档案信息检索根据检索结果，组织页面布

第六章 新媒体环境下网络档案信息检索中新技术的应用

局并显示结果。Solr 的功能包括全文检索、分面搜索、命中标识、结果动态聚类、支持富文本、可集成数据库、可进行实时索引、可支持动态集群等。

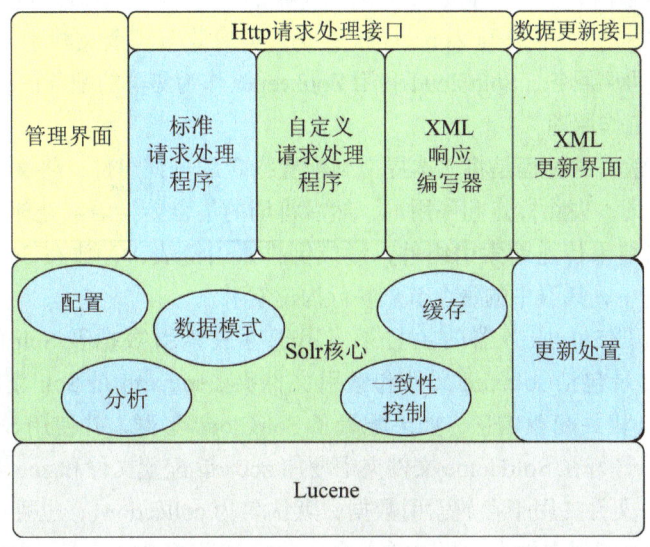

图 6-4　Solr 架构图[①]

Solr 提供集成管理界面，如图 6-5 所示，用于配置 Solr 的功能、查看 Solr 的运行情况。

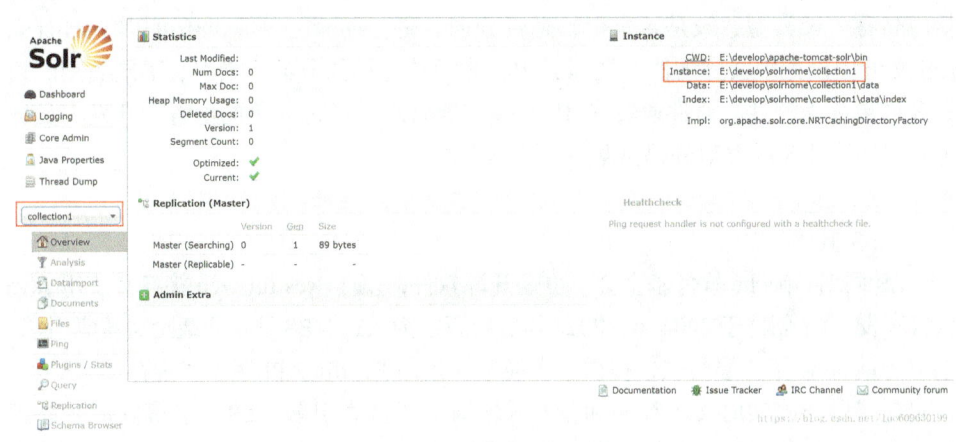

图 6-5　Solr 的集成管理界面

3. Solr 的部署模式

Solr 既可独立运行，也可在 Tomcat 等 Web 容器中运行。既可单节点运行，也

---

① CSDN.Solr 架构图整理［EB/OL］.［2019-10-03］. http://blog.csdn.net/zhufenglonglove/article/details/51831845. 项目组进行了翻译，将其英文译为中文。

181

可以集群模式运行。

使用 Solr 进行全文检索时，如果需要支持大数据量、支持容错、支持分布式索引及分布式检索时，应以集群模式运行。Solr 的集群模式主要由 SolrCloud 系统实现。SolrCloud 通过将 Solr 与 Zookeeper 集成，实现分布式全文检索。Zookeeper 主要提供分布式协调服务，SolrCloud 利用 Zookeeper 作为集群的配置信息中心。

4. Solr 的工作原理

Solr 创建索引的过程是将文本提交到配置指定的分词组件，将文本分割成一个个相互独立的词，去除标点和停用词，然后将词的集合传给语言处理插件，进行语言处理后，将结果传递给索引组件，形成倒排索引链表，存放在 Solr 系统中。在 SolrCloud 系统中，集群中的每个节点并行构建索引。

SolrHome 是 Solr 服务器的主目录，用于存放索引数据及 Solr 的配置文件。SolrHome 主目录包括 solr.xml 文件和索引文件夹。solr.xml 是 Solr 集群配置文件，包含 SolrCloud 相关配置信息，如果配置了 SolrCloud 集群，并使用 SolrCloud 内置的 Zookeeper，最好在 SolrHome 文件夹中增加 zoo.cfg 配置文件和 zoo_data 文件夹。

Collection 文件夹用于存放索引数据，默认名为 collection1，也可指定为其他目录名。collection 索引文件夹主要包括 core.properties 配置文件、data 文件夹、conf 文件夹。core.properties 是索引配置文件，可用于配置索引文件夹名称、solr 配置文件名、schema 定义文件名及数据文件夹名称。data 文件夹为默认存放索引数据位置。Solr 支持自定义索引域及域类型，可使用 core.properties 文件中指定的 schema 定义文件，默认定义文件为 schema.xml 文件。schema.xml 用来定义索引数据中的域，包括域名称、域类型、域是否索引、是否分词、是否存储，等等，还可以在 schema.xml 文件中设置中文分词器。在 Solr 中，多种功能例如分词、索引、不同类型的搜索等均被视为插件。插件通过 XML 文件配置管理。通过简单的配置，开发人员即可应用和管理 Solr 并对外提供服务，使用方便。

（三）ES

1. ES 概述

ES 同属 Apache 软件基金会，也是开源软件，基于 Restful web 接口，使用 Java 语言开发。ES 创建于 2004 年，2022 年最新版本为 7.17。ES 是企业级全文搜索引擎，基于 Lucene 做了一层封装，提供一套简单一致的 Restful API 用于实现存储和检索，且实现了分布式实时文本存储和分布式实时分析搜索引擎。ES 具有高实时、高扩展、分布式的特点和对大量数据搜索、分析的能力，支持 PB 级结构化或者非结构化数据的检索。

2. ES 在网络档案信息检索中的应用

ES 以自身为核心构建了完整的软件生态圈，可为网络档案信息检索提供完整的服务。

ES 生态圈如图 6-6 所示，其核心是 ELK 工具套件，包括 ES、Logstash、Kibana 三个开源软件。其中 ES 是基石，提供数据的搜集、分析、存储三大功能，是基于 Json 的分布式检索和分析引擎；Logstash 是服务器端数据抓取管道，支持从不同的数据源搜集数据、转换数据、将数据发送到不同的存储库中，用于日志的搜集、过滤、分析，支持大量日志数据的获取。其工作方式为 C/S 架构，客户端安装在需要搜集日志的主机上，服务器端负责将收到的各节点日志进行过滤、修改等操作后一并发往 ES；Kibana 是数据可视化工具，提供各种可视化图表，通过机器学习对异常情况进行检测，用于提前发现可疑问题，为 ES 和 Logstash 提供可视化日志分析界面，用于汇总、分析和搜索重要数据日志。

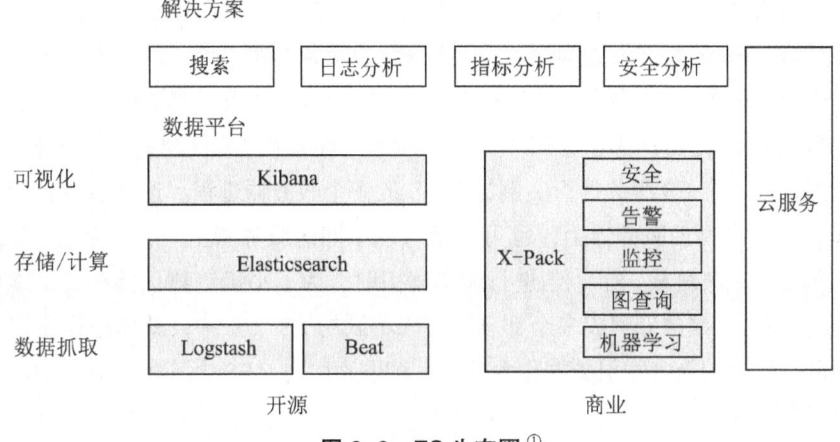

图 6-6　ES 生态圈[①]

ES 生态圈还包括 Beat、X-Pack 等工具。Beat 是比 Logstash 更轻量的数据采集器，可收集文件、网络包等数据并转发到 logstash 或 ES 上。X-Pack 是 ES 的扩展，提供安全、告警、监控、图查询和机器学习功能。

ES 的应用场景主要有三个方面：一是网站搜索。这是 ES 的主要用途。ES 设计了丰富的 API 提供网站搜索服务。一些著名网站的搜索服务都是基于 ES 实现的。二是日志分析。通过将分散的日志集中存储到 ES 中，实现日志收集、格式化、检索、风险告警等功能。三是指标分析。通过 ES 实现分组查询、top 查询、排序、相关度打分等分析功能。四是安全分析。管理人员用 X-Pack 监控组件实时监控 ES 集群的安全性能状况。五是数据库同步。通过同步机制将数据库表的数据同步到 ES 云服务中，然后通过 ES 提供全文检索服务。

ES 作为搜索引擎，用于网络档案信息检索时具有以下特性：提供基于 Lucene 的强大全文检索能力；支持动态 Mapping 机制，可自动检测数据的结构和类型，创

---

① CSDN. Elastic 生态圈介绍［EB/OL］.［2019-10-03］. http://blog.csdn.net/qq_36918149/article/details/104221539.

建索引并使数据可搜索；提供近实时搜索和分析功能，数据进入ES即可达到近实时搜索，亦可进行聚合分析；提供分布式能力，横向扩展非常灵活；提供Restful API，支持Json+Http的访问模式；速度快、易扩展、灵活性大、操作简单，支持多语言客户端，开箱即用。

3.ES的运行原理

ES整个系统分为两个层次，上层为ES系统，下层为封装的Lucene系统。

从系统运行角度看，ES提供集群（cluster）、节点（node）、分片（shards）等功能，是一个分布式的搜索引擎，支持以集群方式运行，如图6-7所示。在分布式环境下，可以部署多个ES服务器组成集群。ES的集群管理是去中心化的，当ES运行时，所有节点会动态选举出一个主节点，一旦该主节点出现故障，则会选出其他节点代替。ES的集群设置很简单，运行ES的服务器在一个子网中为每个节点设置同一个集群名称，ES会自动将这些节点组成一个ES集群，集群中的节点管理和节点之间的数据交互、状态监控、负载平衡等工作都由ES自动完成。在ES集群中，节点代表一个ES服务运行实例，即ES的一个服务器进程。这些运行实例既可以部署在同一台物理服务器上，也可以运行在不同的服务器上。分片是ES对索引的管理单位。在集群模式下，当进行文本索引时，为了平衡负载，提高索引读写性能，ES会将索引数据分解成多个部分，写入不同的ES节点中，就像把物体切片一样，因此分解成的众多索引数据称为分片。读取索引时，ES会从多个节点中读取分片并进行合并。

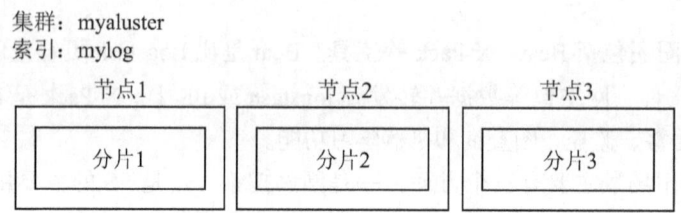

图6-7 ES集群示意图[①]

实现全文检索时，多个ES的实例构成集群。集群设置一个主节点和多个从节点，每个节点都是ES的实例。每个节点上会有多个分片。每个分片上对应着一个Lucene底层索引文件（Lucene Index）。一个Lucene底层索引文件由多个倒排索引（Segment）组成。每个倒排索引存储着doc文件。

当向ES提交索引或是检索提问时，首先由集群的路由根据负载情况将请求转

---

① IT巅峰技术．Elasticsearch（二）：核心［EB/OL］．［2019-10-03］．http://zhuanlan.zhihu.com/p/425310915．

发到某个 ES 实例，该 ES 实例根据请求类型决定使用哪个分片，而后调用 Lucene 功能处理分片，返回处理结果。

五、全文检索解决方案的选择

网络档案信息检索采用全文检索的哪一种解决方案，需要综合衡量后进行选择。由于 Lucene 是核心，Solr 与 ES 都基于 Lucene 进行了功能增强，所以选择主要在 Solr 与 ES 之间进行。在实际应用中，需综合考虑两种方案的优缺点及网络档案信息检索实际要求，再进行具体的选型。

（一）Solr 与 ES 的特点

Solr 的优点主要表现在三个方面：一是比 ES 早几年面世，是 Apache 基金会的顶级项目，有较为成熟的社区支持，发展周期长，影响广泛；二是支持多种索引格式，HTML、PDF、Word、Excel、PowerPoint、Json、XML、CSV 等皆可通过 Solr 插件配置予以支持；三是总体上 Solr 比较成熟、稳定，创建索引一旦完成，在静态状态下，搜索速度很快。

Solr 的缺点主要在索引性能上。当索引在稳定状态不更新的情况下，搜索性能较好。但是，如果在搜索的过程中索引正在更新，则搜索性能下降明显。因此，Solr 实时搜索效能不高，不适合那些需要不断更新索引的场景。

ES 是目前最流行的全文搜索引擎，其优点主要表现在以下三个方面：一是从设计之初就考虑了分布式功能，因此不需要像 Solr 那样，通过集成 ZooKeeper 实现分布式集群，而是内置分布式组件及集群支持。二是 ES 的实时索引性能强。ES 内置多租户处理机制，不需要任何特殊配置即可完美支持 Lucene 的近实时搜索功能。Solr 则需要进行相应的配置才能实现实时索引。三是 ES 整体安全性和可用性更高。ES 集群中的各节点可组成对等网络结构，互为备份，通过分片等机制形成多副本结构，当集群节点出现故障时，集群可自动分配其他节点接替故障节点，保障集群运行。

ES 的缺点主要体现在当索引需要添加新数据与新字段时，搜索需要重新修改格式，导致之前的数据重新同步，数据管理难度较大。

（二）Solr 与 ES 的选择建议

Solr 与 ES 各具特点，选择时需要综合考虑网络档案信息检索的应用场景及需求。

性能方面，Solr 与 ES 的搜索性能总体相当。在索引已创建且不更新的情况下，Solr 的搜索性能比 ES 高，速度更快。如果在查询时还需要实时对新数据进行索引，Solr 受限于其索引机制，会出现 IO 阻塞现象，导致检索性能下降，ES 则没有这个问题，可边索引边检索，而性能无明显变化。可见，ES 在实时搜索场景下具有明显优势。

数据量方面，ES 具有优势。随着索引数据量的不断增长，Solr 的搜索性能会逐渐下降，ES 的性能则变化不明显。总体而言，Solr 的架构不适合实时搜索的应用。

索引格式支持方面，Solr 支持 HTML、PDF、Word、Excel、PowerPoint、JSON、XML、CSV 等多种格式的数据，且可通过插件机制扩充，而 ES 仅支持 JSON 文件格式。

开发支持方面，ES 开发相对简单，技术难度低，学习曲线比较平缓，程序员掌握较快，因此近几年在开发人员中比较流行。Solr 的特点是推出时间早、发展时间长、社区更加完备、相关资源更加丰富、官方支持和提供的功能更多。

总体而言，在传统的网站全文搜索等索引变动小的场景下，Solr 要略好于 ES。但 Solr 的架构不适合实时搜索的应用，在目前微博、短视频等新应用场景下，数据实时变化，索引更新快，Solr 的实时搜索性能明显弱于 ES。因此，Solr 更加适合传统搜索应用场景，而 ES 更适合一些新兴搜索场景。

对于网络档案信息全文检索而言，由于档案数据的实时性要求不高，因此，两个方案都是可供选择的方案，二者性能虽有差异，但差别不大，都可完全满足网络档案信息全文检索需要。相比较而言，ES 的易用性更好，安装配置更简单，内置了分布式组件，不需要额外学习 ZooKeeper 等附加分布式方案，学习成本更低。如果不仅仅需要检索档案全文，还需要进行相关的日志分析、查询分析等，ES 也更合适。如果原有检索已经使用了 Solr，不建议换方案，因为迁移成本太高，且迁移后的优势也并不明显。

（三）Solr 与 ES 的应用实例

现有网络档案信息检索已将这两个解决方案应用为检索工具或集成到检索工具中。例如①，浙江档案服务网基于 Solr 和内存表索引，真正实现全文内容检索，针对 800 万条目录与 6700 多万页数据，全文检索响应速度在 3 秒左右，极大地提高了网络档案信息检索的响应效率。再如②，交通银行数字档案馆系统基于档案术语规则和 ES，构造了快速检索档案信息的全文搜索引擎，支持分布式非结构化数据存储和 PDF 转换技术。

第三节　多媒体检索技术应用

网络档案信息检索客体是多元化的，除文本数据外，还包括照片、图纸、音频、视频等多媒体数据，需要完备的检索功能才能实现有效利用。

多媒体数据依赖多媒体检索技术实现检索。媒体类型不同，其各自的检索技术会存在差异。当前，多媒体检索技术主要是指图像检索技术、音频检索技术和视频检索技术。不同的检索技术之间存在交叉、共融的情况。例如，视频检索技术对视频帧处理时会用到图像检索技术，对视频中的声音处理时会用到音频检索技术。

---

① 郑金月.坚持为民导向 用数字技术赋能查档服务——浙江省档案馆创建全国示范数字档案馆掠影[N].中国档案报，2020-06-08（1）.

② 国家档案局经科司.企业电子文件归档和电子档案管理试点管理系统卷[M].北京：中国文史出版社，2021：57-61.

一、图像检索技术

图像检索技术用于对 JPEG、GIF、PNG、TIFF 等各种格式的图像文件的检索。随着网络技术的发展和移动应用的普及,特别是具备良好拍摄功能的智能手机的普遍使用,网络中的图像呈海量增长,图像检索的需求与技术也随之快速发展。根据匹配对象的不同,图像检索分为基于文本的图像检索和基于内容的图像检索。

(一)基于文本的图像检索

早期图像检索均为基于文本的图像检索(Text Based Image Retrieval,简称 TBIR)。基于文本的图像检索技术始于 20 世纪 70 年代。该技术检索时匹配的对象是描述图像的文本而不是图像本身,实现的技术依旧是传统的文本检索技术。

基于文本的图像检索首先提取图像的特征信息。这些信息通常是对图像的描述文本,描述图像的责任者、内容、时间、尺寸等。描述文本可以是人工标注的结果,例如在档案管理中对照片档案进行著录获得的文本;也可能是通过图像识别技术从图像中识别出的关键特征文本,例如通过人物识别系统从图像中识别到的人物名称;或是伴随图像的文本,例如包含图像的网页中的文本。检索工具收集到这些描述文本后,会采用全文检索技术建立文本的索引,同时将索引结果与图像进行关联。

利用者检索时提交关键词,检索工具从索引库中找到相应的文本,并由文本获取对应的图像,实现通过关键词获取图像的过程。该过程也是在搜索引擎中搜索图像的实现原理。以百度为例,在百度搜索引擎中输入文本关键词并将结果类型设置为图片时,百度会在网页索引库中匹配输入的关键词,找到包含该关键词的网页,并将关键词对应的图像返回即为检索结果。

由于基于文本的图像检索所采用的传统的文本检索技术已经非常成熟,实现起来较为简单。如果索引是人工标注,经过人的判断处理,能较为准确地描述图像特征,检索时检准率会比较高,因此,在一些小规模图像检索中仍有应用。但是,基于文本的图像检索也有较为明显的缺点:一是人工标注索引的方式只适用于小规模的图像数据,如果图像数据的数据量达到比较大的规模则实现人工标注需要投入大量的人力,这在实践中很难做到。同时,人工标注受标注人的认识水平影响,标注的准确性无法保证。二是采用图像识别技术进行标注,但是,受限于技术水平,当前标注的准确率不高,检索效果不好。有些图像检索是检索图像周边的文本,由于周边文本未必描述图像的内容特征,会导致检准率不高的问题。三是关键词并不能完整描述利用者的图像检索需求,例如无法描述图像的颜色、纹理等特征。

(二)基于内容的图像检索

1.基于内容的图像检索的发展

人们对图像检索越来越希望能够基于一张图像查找到具有相同或相似内容的其他图像,基于内容的图像检索(Content Based Image Retrieval,简称 CBIR)应运而生。1992 年,T.Ktao 建立了一个基于图像色彩和形状特征的图像数据库,并给出了数据库的检索方法，首开基于内容的图像检索的先河。同年，美国国家科学基金会认为图像检索最有效的方式是基于图像内容自身特征进行索引，基于内容的图像检索技术由此建立并得到迅猛发展，逐渐成为图像检索的主流技术。

基于内容的图像检索最早应用于 IBM 公司为俄罗斯博物馆制作的绘画作品检索系统 QBIC 中。典型应用还包括伊利诺伊大学厄巴纳香槟分校研制的 MARS 系统、麻省理工学院研制的 Photobook 系统、加利福尼亚大学伯克利分校研制的 Digital Library Project、哥伦比亚大学研制的 VisualSEEk 系统等。目前，谷歌、百度、Bing、搜狗等搜索引擎都提供基于内容的图像检索产品。例如，百度搜索引擎提供以图搜图功能，利用者上传或提交一幅图像的 URL 地址，百度将对利用者提交的图像进行特征分析，并与图像库中的图像比对，返回相似图像。这项检索功能达到两个目的：一是小图搜大图，即找到所提交图像其他尺寸的图像；二是搜索相似图像。

2. 基于内容的图像检索的流程

如图 6-8 所示，基于内容的图像检索的流程分为两大步骤：一是索引。索引建立的关键工具是特征提取器。它内置于图像检索系统中，具有图像处理功能，用于对图像实现特征提取等处理。特征提取器会对图像数据库进行扫描，对图像进行分类和建模等预处理，而后提取每一幅图像的视觉特征，写入图像特征库中，并建立图像特征库的索引以提高检索效率。二是查找。当利用者提交一幅图像用于检索时，特征提取器会采用建图像特征库同样的方法对该幅图像实现视觉特征提取等处理，将提取的图像视觉特征作为检索特征，然后检索模块采用视觉特征的相似度搜索算法到图像特征库中查找，按相似度大小返回图像特征库中相关的索引项所对应的图像，完成检索过程。

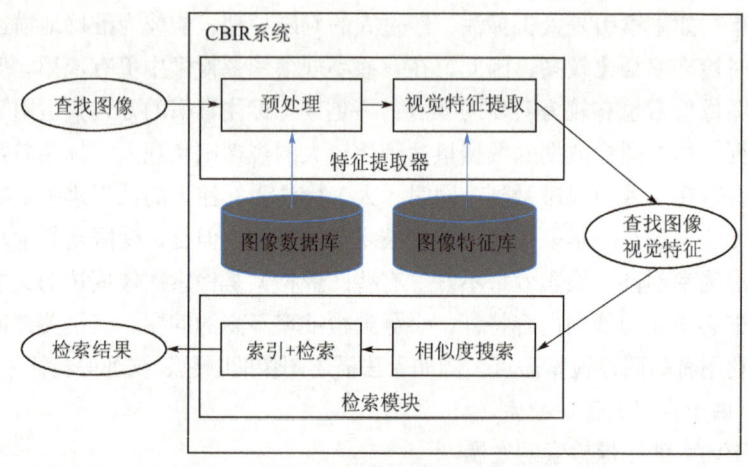

图 6-8 基于内容的图像检索的流程图[①]

---

① CSDN. 图像检索：基于内容的图像检索技术［EB/OL］.［2021-04-03］. http://blog.csdn.net/weixin_41521681/article/details/111187898. 本书为用词一致修改了图中个别名词。

基于内容的图像检索的流程与基于文本的图像检索、全文检索是类似的，只不过基于文本的图像检索和全文检索索引和查找的是文本，而基于内容的图像检索索引和查找的是图像的视觉特征。而要实现对图像的视觉特征的索引和查找，需要运用计算机视觉、图像处理、图像理解、数据库、分布式计算等多领域技术。通过这些技术，由程序自动完成图像特征提取而无须人工干预，既节省了人工又避免了人在处理过程中的主观影响。其自动化的过程可以完成大规模的图像处理。同时，随着计算机性能的不断提高、大规模计算技术的不断发展以及人工智能技术的不断进步，图像处理速度还在大大加快，已经可以满足海量图像的检索需求。

基于内容的图像检索也存在不足，主要体现在目前的特征提取多是直接提取颜色、纹理、形状等图像本身的视觉特征，它们只能反映图像的某些特定属性特征，无法反映图像所包含的语义特征，例如图像中内容代表的意义、图像中人物的名称、图像的时代背景等。反映图像本身包含的语义特征有些可以通过一定的算法实现，例如指纹识别、面部识别等，有些则需要人工标注和干预才能实现。

3. 图像视觉特征提取

从基于内容的图像检索的流程可见，图像视觉特征提取是基于内容的图像检索的核心环节。它所提取出来的视觉特征可以分为两类：一是底层视觉特征，主要有颜色、纹理、形状等；二是高阶视觉特征，例如人脸特征、指纹特征等。

（1）颜色特征提取

颜色是图像基础的视觉特征，也是人对图像第一眼的感觉，是人分辨物体的主要方法。颜色对图像的噪声、质量、尺寸、位移、旋转等不敏感，具有较好的鲁棒性，因此，颜色特征提取是图像视觉特征提取的主要方法。

在颜色特征提取过程中，需要对颜色特征进行描述，描述方法主要有颜色直方图、颜色矩、颜色聚合向量、颜色相关图等。

颜色直方图是最常用的颜色特征描述方法，它主要描述图像中各种颜色的整体占比，这种占比情况与颜色在图像中的分布、颜色的形状均无关，也不受图像位移、旋转的影响，适合于描述难分割的图像。颜色直方图基于 RGB、HSV、HLS、CMYK 等计算机领域常用的颜色空间的指标体系展开描述。RGB 是最常用的颜色空间，是用红色（red）、绿色（green）、蓝色（blue）三原色描述图像每个像素点的颜色。每一原色的取值为 0 至 255，例如白色的 RGB 值为（255，255，255）。HSV 指色相（hue）、饱和度（saturation）、亮度（intensity）。HLS 指色相（hue）、亮度（lightness）、饱和度（saturation）。CMYK 代表青色（cyan）、品红色（magenta）、黄色（yellow）、黑色（black）四种颜色，CMYK 通常用在印刷领域。颜色直方图的计算方法是将颜色空间划分为若干小的颜色区间，然后计算颜色落在每个区间的像素点的数量，从而绘制出直方图。图6-9所示为著名的图像处理软件Photoshop显示一张图像的RGB颜色直方图，它含四个直方图，最上面一张为图像整体的颜色直方图，下方三张分别为红、绿、蓝三个颜色区间的直方图。

颜色矩是对颜色直方图的扩展和改进。它在直方图的数据基础上提取每个颜色通道的均值、方差、偏差等统计特征，用这些统计量表示颜色特征。颜色矩具有特征量少、处理简单的特点。

颜色聚合向量也是对直方图的扩展和改进。通过统计图像中各种颜色所在的最大区域像素数量，在直方图中引入空间信息，具有更好的区别效果。

颜色相关图是描述图像颜色分布的另一种方式，是用颜色对相对于距离的分布描述图像。颜色相关图不仅描述局部颜色像素数量的占比情况即颜色的分布情况，还能反映总体像素分布的相关性即颜色对的空间相关性。因此，与颜色直方图等描述颜色的方式相比，颜色相关图的检索效率更高。

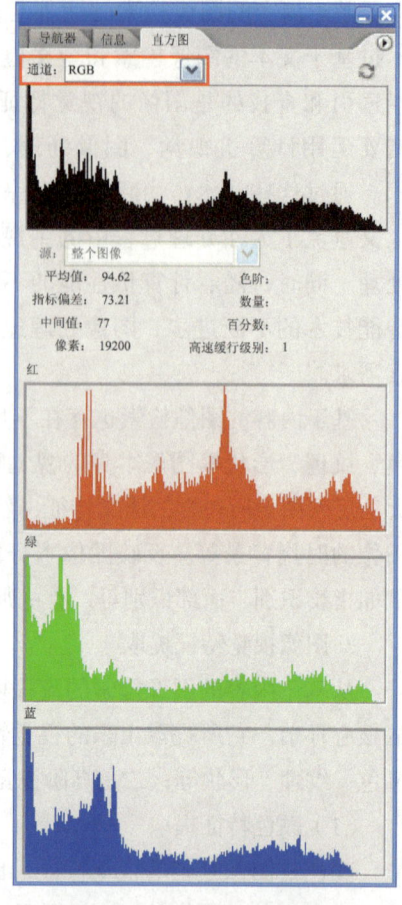

图6-9 Photoshop中显示的某图像颜色直方图

（2）纹理特征提取

纹理是图像的又一个重要视觉特征。它反映图像中的同质现象，描述物体表面结构缓慢变化或者周期性变化的组织排列属性，实质是像素及其周边邻近区域灰度空间的分布规律。纹理不依赖于颜色、亮度，在人的视觉中体现为物体表面的粗糙性、方向性和对比度。

纹理较难描述，主要的描述方法有统计法、结构法、模型法等。

统计法用于分析像木纹、沙地、草坪等细致而不规则的物体，主要计算纹理区域内像素及其邻域的灰度属性的统计特征。统计法的典型代表是灰度共生矩阵（GLCM）和图像的自相关函数。

结构法用于分析布料的图案或砖瓦等具有规律性的人造纹理及其排列。它将纹理看作纹理基元的集合，通过描述纹理基元的类型、数目及基元的重复性和规范性关系表述纹理特征。结构法强调纹理的规律性，但真实世界的物体纹理很多是不规则的，因此该描述方法不适用。

模型法认为纹理是由某种分布模型生成的，通过对纹理数据的分析来训练模型的参数，以参数为特征对后续图像纹理进行处理。常用模型有马尔科夫（Markov）随机场模型、自相关模型、自回归模型、分形模型等。模型法是现代视觉机器学习常用的纹理特征方法。

（3）其他特征提取

除了颜色和纹理两个常用特征外，图像的其他视觉特征还包括形状、空间关系等。

图像形状特征主要是对从图像中分割出的物体形状的描述，包括长度、宽度、矩形度、圆形度、不变矩、轮廓的傅里叶描述子等。

空间关系特征是指图像中多个目标间的方向关系或相互位置，包括邻接、连接、交叠、包含等。提取方法包括基于图像的规模子块分割、图像中对象或区域分割等。

4. 图像相似度比较

图像相似度比较是基于内容的图像检索的又一重要环节，它判断两幅图像的相似度。颜色、纹理等视觉特征被提取出来后形成特征向量。图像相似度比较就是比较两幅图像的特征向量。它将特征向量视为多维空间中的点，然后计算两点之间的距离，视觉上相似的图像间距离较小，视觉上不相似的图像间距离较大。全文检索相似度的原理与之类似。常用的距离度量公式有马氏距离、欧氏距离、加权欧氏距离、曼哈顿距离、汉明距离等。

除了特征向量的距离度量方式，还有其他方式度量距离。例如，计算两幅图的哈希码，然后使用汉明距离公式计算相似度，在具体的检索排序过程中，人为划分特征空间成很多小的单元，然后使用基于树结构的最近邻搜索方法和基于哈希的最近邻搜索方法，实现快速搜索，提高反应速度。也可以使用机器学习的方法进行度量，例如机器学习的分类方式将相似度问题转换为分类问题，然后使用SVM支持向量机等方式实现度量。

5. 图像的机器标注

上述通过计算获取的图像视觉特征，属于图像的低阶特征。如果需要获取图像的高阶语义特征，可以通过机器标注的方式为图像添加语义标签，通过语义标签实现图像检索。

（1）基于分类的标注

基于分类的标注将标注问题转换为分类问题，它将每个语义标注词看作一个分类标记，利用训练集训练针对该标注词的分类器，然后对每一幅图像使用已经训练好的标注词分类器进行分类计算，并将其中分类值最高的几个分类器对应的标注词作为该幅图像的标注值。

（2）基于概率关联模型的标注

使用概率统计模型分析图像区域特征与语义关键词之间的共生概率关系，基于概率关系的分析为图像添加标注词，进行语义标注。

（3）基于图学习算法的标注

将图像看作图结构的一个节点，图之间的相似度关系为图结构的边，将已标注图和未标注图构成一张图结构，通过基于图的传播算法，实现标注信息从已标注到未知图像的传播，从而实现对未标注图像的标注。

二、音频检索技术

网络档案信息中，各种声音例如老唱片中的声音、重大活动领导的讲话录音、广播录音等都以音频档案形式存在，需要用音频检索技术实现检索。

（一）声音数字化原理与音频格式

音频数据存储的是声音信息。声音的数字化需要经历采样、量化、编码三个过程。声音的实质是传输介质的连续振动，形成连续的信息。但是，计算机只能处理二进制数据，即离散的数据。通过采样，对声波在时间轴上按固定间隔抽取声音模拟声波的值（通常是振幅），形成该声波的一些连续的离散数值。采样的时间间隔越短，采样频率越高，声音还原性就越好。量化是对声音的振幅进行数字化。振幅同样也是连续的值，通过量化，用有限的幅度值近似还原连续变化的振幅，将模拟信号转换为有一定间隔的离散值。量化同采样一样，切分的幅度越细，还原性越好。编码则是用二进制对采样的数值进行量化，形成原始的未压缩的 WAV 数字声音文件。WAV 格式的声音文件由于未进行压缩，会占用大量存储空间。例如，一段 5 分钟的录音，如果采用双声道、16 位采样位数、44.1 Hz 采样频率进行数字化后产生的 WAV 声音文件可达 50.47 MB。因此，在实际应用中，通常会采用压缩算法，通过损失少部分音质的代价减小声音文件的大小。

常用的 Mp3、WMA、FLAC、APE 等都是声音文件编码格式，即音频格式，其中 Mp3 应用最为广泛。

（二）基于文本的音频检索

音频检索技术与图像检索技术类似，也分为基于文本和基于内容两种技术路线。

基于文本的音频检索基于描述信息实现对音频文件的检索功能，其描述信息来源于人工或半人工的标注。例如，可通过人工标注 Mp3 音乐文件的演唱者、流派、录制时间、歌名等信息用于对音频的检索。Mp3 文件的文件头自带这些描述信息，在制作 Mp3 音频时可填入这些描述信息。或是采用机器辅助的半人工方式，通过分析音频所在页面的文字，提取关键文本信息，作为索引项供检索使用。其检索基本原理与基于文本的图像检索技术类似，只不过描述的对象换成了音频文件，标注的信息与图像不同。

（三）基于内容的音频检索

基于内容的音频检索实现基于一段声音找到包含相同或相似声音的音频。其实现主要运用音频处理技术，包括声学特征提取、音频识别、音频内容分类等相关技术。基于内容的音频检索是当前音频检索技术的主流形式。

基于内容的音频检索流程与基于内容的图像检索流程类似：一是索引。建立音频库，对库中的所有音频进行特征提取，建立特征索引；二是查找。利用者提交一段声音，或是在样本库中选择一段音频，或是输入对所需声音的描述，基于内容的音频检索系统对利用者提交的声音或需求进行分析，生成检索特征，运用声学特征相似度搜索算法对音频库中的特征索引进行查找匹配，按相似度大小返回检索结果。

音频的特征分为三个层次：底层为音频的物理特征，包括采样时间、采样频率、声道、编码方式等；中间层为音频的声学特征，包括音调、音强、音色等；最上层为音频的语义特征，包括音频的内容、背景、含义、涉及的人物等。底层和中间层的特征可通过一定的算法获取，最上层的特征则需要人工或半人工方式标注。

音频根据内容特征可分为语音、音乐和其他声音三类，三种类型各对应三种不同的检索方法。其中，语音处理技术相对成熟。

1. 基于语音识别的语音检索

语音检索主要涉及语音识别和声纹识别两种技术。

语音识别是人工智能领域的一个重要研究方向，目标是对语音文件进行处理，将语音序列转化为文本序列。语音识别的原理如图 6-10 所示。

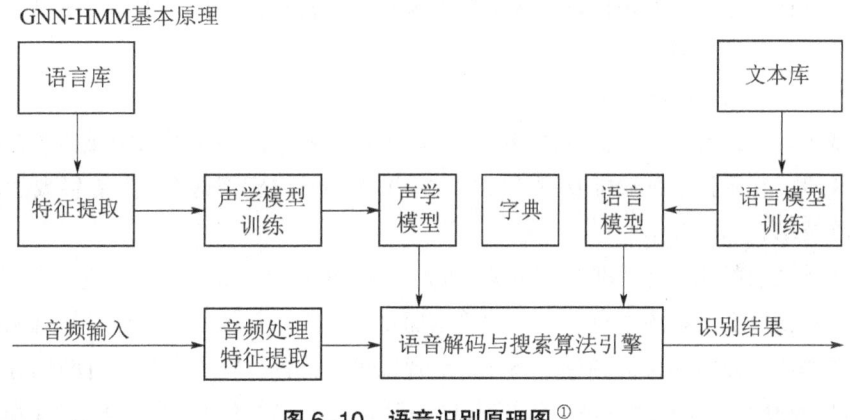

图 6-10　语音识别原理图[①]

语音识别对输入的音频进行特征提取，与语音库中训练的声学模型进行匹配，

---

① 知乎. 语音识别原理 [EB/OL]. [2019-10-03]. http://zhuanlan.zhihu.com/p/462740581.

得到对应的文字，最终生成文本。例如，微信提供的语音输入功能就是使用语音识别技术将讲话者通过话筒说的话转化为文字。借助语音识别技术，可以将所获取的语音文件和语音库中的语音文件都转换为文本信息，然后对语音的检索就转换为文本检索问题，可利用成熟的全文检索技术完成。

2. 基于声纹识别的语音检索

声纹是每个人说话声的特殊声波频谱。由于每个人的声带、舌头等都存在细微的差异，造成每个人说话的腔调、音质等都存在差别。声纹就是每个人说话声的特殊特征，任何两个人的声纹图谱都有差异。如图 6-11 所示，声纹识别也称为说话人识别，通过对输入的语音信号进行特征提取和模型构建，与已有的注册语音库中的人声模型进行比对，找出与输入语音最匹配的人声，进而找出该人声对应的说话人。

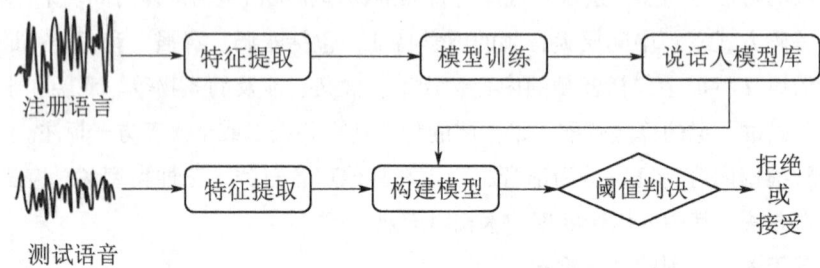

图 6-11　声纹识别原理图①

运用声纹识别，可以对声像档案中各种讲话录音进行识别。例如，对领导人讲话的音频进行建模，然后通过声纹识别对录音档案进行处理，识别出档案中的讲话人并做好标注，从而实现按讲话人来检索录音档案的目标，也可实现对一段未知录音的讲话人进行识别的功能。

3. 基于音乐指纹的音乐检索

基于内容的音乐检索需要实现类似听歌识曲的效果。利用者录制或播放歌曲的一个片段，音乐搜索系统能找到该片段对应的歌曲。要实现这个效果，需要运用音乐指纹技术。

音乐指纹技术的基本原理是提取音频信号中的特征，根据特征构造音频指纹，使用音频指纹在音乐库中进行相似度检索而得到结果。其提取的特征不是常用的音高、频率等，而是音乐的频谱。首先，对音乐进行分帧，将不定长的音频切分成固定长度的小段，一小段为一帧。固定长度一般为 10～30 毫秒，在这很短的时间内，音频信号通常会保持相对稳定。分帧后，可对每个帧提取频谱特征。音频信号实际上是一系列正弦波、余弦波的组合，通过使用傅里叶变换等处理，就可得到音乐频

---

① 知乎. 声纹识别发展综述［EB/OL］.［2019-10-03］. http://zhuanlan.zhihu.com/p/67563275.

谱图，如图 6-12 所示。音乐的频谱就像曲子的谱子一样，不管使用何种乐器，声音大小如何，其旋律都是一样的，由此可以成为音乐的指纹特征。

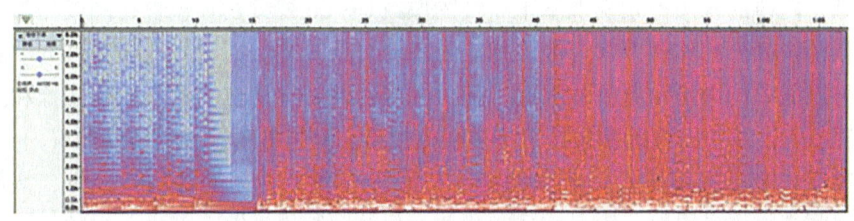

图 6-12　音乐频谱图[①]

提取音乐片段的音乐指纹后，通过哈希算法等方法可以进行相似度比较，最终在音乐库中找出相似的频谱，将相应的音乐文件作为检索结果返回。

4.其他声音的检索

除了语音和音乐外，大部分音频实际上是多种声音的混合体。例如，城市录音中会夹杂人声、汽车声、音乐声、设备声、动物声等，且存在较多的背景噪声，对其处理和检索相对复杂。

对于混合声音，最常见的检索需求是检索其中是否出现某种特定声音，例如动物叫声、设备异常啸叫、嘈杂环境中的人声等，这种应用场景主要运用声音检测技术。

声音检测也称声音事件检测、环境声音检测，主要目的是检测连续的音频流之中有无出现目标声音事件。该技术具有广阔的应用前景，但目前还处于早期发展阶段。声音检测技术最早应用于军事领域，主要是对声呐信号处理，检测敌情。

声音检测技术一般有两类技术路线：一是采用分类方法，对各类要探测的异常声音建模，训练分类模型，与这些模型匹配的就是需要检测的某种异常声音；二是对背景声音建模，所有和背景声音模型不匹配的就是异常声音。

三、视频检索技术

网络档案信息中，视频档案也是重要组成部分。近些年，全国各地融媒体中心大规模建成并运行多年，具有归档保存价值的视频数量不断增长。同时，视频的检索利用需求也在不断增长，需要用视频检索技术予以满足。

（一）基于文本的视频检索

与图像检索、音频检索类似，早期的视频检索也采用基于文本的检索方式，即将视频看作普通的网络媒体元素，基于人工标注或是机器从视频中提取文本作为视频的索引，从而实现基于文本的视频检索。其实现与基于文本的图像检索、基于文本的音频检索类似，不同之处在于标注的内容有所区别，视频比图像、音频包含的

---

① 图片来源：https://zhuanlan.zhihu.com/p/369031928。

信息更加丰富，相应的标注用标签体系也更复杂。

（二）基于内容的视频检索

基于内容的视频检索实现基于一幅图像或是一段视频找到包含相同或相似图像或视频的视频。相比图像和音频，视频处理要复杂得多。同时，视频经过分帧和提取，可以提取出图像和音频，因此，基于内容的视频检索也会适当采用图像和音频的处理技术。基于内容的视频检索是多媒体检索、智能检索领域的研究热点。

基于内容的视频检索的流程如图 6-13 所示，包括视频的结构化分析、特征提取、视频高维语义提取、索引构建、相似度比较、结果反馈。其中，视频的结构化分析是按照视频的结构对视频进行分割。一个完整视频的构成层次从大到小依次为场景、镜头、帧图像。结构化分析的过程包括将视频分割为镜头、在镜头中提取关键帧、通过镜头聚类提取场景等。

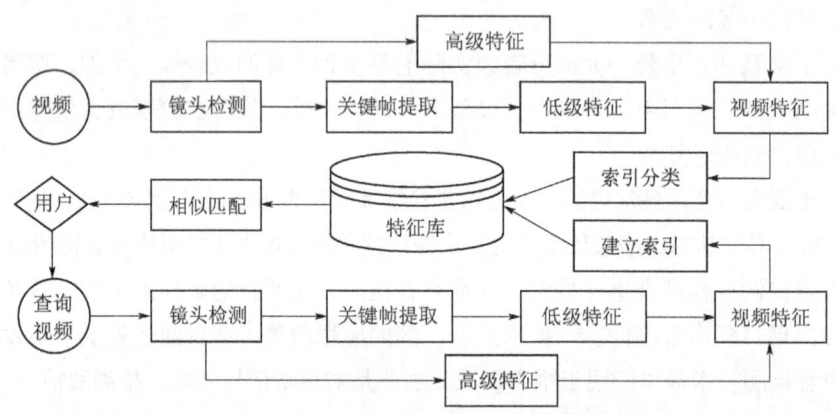

图 6-13　基于内容的视频检索流程图①

在基于内容的视频检索流程中，关键的步骤包括镜头检测、关键帧提取及视频特征提取。

1. 镜头检测

镜头是视频组成的基本语义单位。镜头切分是视频处理的第一步。通过对镜头边界的检测，可为后续视频分段、组织和检索奠定基础。镜头边界检测是对视频采取镜头检测方法，将镜头从视频中提取出来。常用的镜头检测方法有像素比较法、颜色直方图作差法、深度学习法等。

2. 关键帧提取

关键帧是镜头视频中的代表画面，即用镜头视频序列中的部分帧图像反映镜头内容的主要事件。关键帧提取方法主要有基于镜头分割的方法、基于运动分析的方法、基于轨迹曲线点密度特征的检测算法、基于视频聚类的方法等。使用关键帧代

---

① CSDN. 视频内容检索概述 [EB/OL]. [2019-10-03]. http://blog.csdn.net/weixin_45016866/article/details/117232899.

表镜头后，视频检索转化为图像检索，可以应用图像处理技术和图像检索技术。

3. 视频特征提取

视频特征提取是视频检索的关键技术，视频特征提取质量直接影响视频检索的检准率和检索效果。根据性质不同，视频特征可分为低级特征和高级特征。低级特征是指视频中单帧的特征，也称为静止特征，一般通过提取关键帧的颜色、纹理、形状、灰度、边缘等视觉特征代替镜头的视觉特征。低级特征是针对单帧的，因此无法反映视频的时序关系。高级特征又称视频的运动特征，它比静态关键帧特征更接近视频语义概念，相关的特征模型算法包括帧差模型、背景统计模型、编码本背景模型、混合高斯模型等。

视频特征提取后，将对目标特征建立高维索引，从而提高检索速度。索引可分为两种：一是对低级特征的索引；二是对高级特征的索引。利用者检索时，提交视频片段或是搜索帧，通过对索引进行检索搜索目标图像，返回检索结果。

四、深度学习——多媒体检索技术发展的新方向

深度学习是机器学习领域中一个新兴方向。相比于传统的机器学习方法，深度学习在很多人工智能研究领域取得了大量成果，解决了很多复杂的难题，将人工智能相关技术向前推进了一大步。

深度学习实际上是神经网络技术的进一步发展，目前主要有三个研究方向：一是基于卷积运算的神经网络系统 CNN；二是基于多层神经元的自编码神经网络；三是深度置信网络 DBN。将深度学习与大数据、高性能计算技术结合，可构建出足够深的神经网络，更好地模拟人脑的运行机制，提升多媒体检索的智能水平。

（一）在图像检索领域的应用

近年来，图像检索领域大量应用深度学习，有效地改善了图像检索效果。深度学习成为图像检索技术发展的一个主要方向。

传统的图像特征都是通过人工设计的提取算法提取，例如 SIFT、HOG、GIST 等特征算法，需要依靠先验知识。深度学习出现后，基于 CNN 卷积神经网络系统提取的深度特征表现出远好于传统特征的检索效果。CNN 深度神经网络的训练不需要人工干预，其卷积层输出可作为图像的局部特征，全连接层输出可作为图像的全局特征。深度卷积特征与传统特征相比，分布特性不同，具有更高的可辨识性，应用到图像检索中，能大大提高检索精度。

深度特征由于维度高，且输出多为浮点数，后续的存储、相似度比较、索引等都会耗费大量空间，计算量也大大增加。因此，后续又出现了使用 triplet 函数构造一个计算相似度的神经网络方法，或是使用哈希算法将浮点数特征转换为整数特征，并进行降维处理等。

（二）在音频检索领域的应用

深度学习在音频检索领域也得到广泛应用。

在语音识别领域，针对噪声环境下识别率低的问题，将深度学习方法与传统降噪步骤结合在一起，使用深度学习的残差收缩网络可有效降低噪声对识别率的影响。

在语音特征提取中，使用受限的玻尔兹曼机、卷积神经网络、CNN-LSTM-DNN（CLDNN）等深度神经网络模型替代语音特征常用的梅尔滤波器组，作为直接学习滤波器提取语音特征，取得了良好的效果。

在声学模型方面，将 DNN 与常用的声学模型 HMM 隐马尔可夫模型结合，也取得了较好的效果。2016 年，科大讯飞将 CNN 卷积神经网络引入语音识别任务，提出了全序列卷积神经网络 DFCNN，实现了对整句语音的声学模型建模。

（三）在视频检索领域的应用

在视频检索领域，深度学习在图像处理中的应用成果也得到广泛运用。

引入深度卷积网络，通过权值共享策略不断加深网络层次，使网络具有更强的解析能力，使大规模视频分类的准确率大大提升。

在视频目标检测和标注任务中，通过引入 CNN 模型，构建基于深度学习的目标检测和跟踪的多阶段的框架，提升了准确性。

在视频关键帧图像的去噪、去雾、去模糊、去鬼影、增强 / 超分辨率、修补、恢复、着色等处理中，CNN 模型也开始大量使用。在视频领域更高阶的语义分割 / 实例分割、物体检测 / 识别、人体跟踪等相关任务中，深度学习模型也取得了不错的效果。

五、多媒体检索技术的应用场景

图像检索技术、音频检索技术、视频检索技术在网络档案信息检索中具有广泛的应用场景，可以有效提升多媒体档案信息的检索效率和利用率。

（一）图像检索技术的应用场景

图像检索技术及其相关的图像处理技术可运用在照片档案的处理和检索中。

图像处理中的去污、修复、着色技术可用于提升老旧照片档案数字化后的质量。例如，很多音像档案管理系统集成的扫描影像处理软件都支持对扫描图像的后期处理，包括去黑边、纠斜、剪裁、去噪点、去污、去装订孔、去线条、自动居中、去框选、改变图像尺寸、文字加深 / 变浅、文本反白、反色等，这些都运用了图像处理技术。修复和着色是更高阶的处理技术。修复技术针对照片中的一些小区域或小瑕疵，运用复杂的插值算法可将原照片中残缺或破损部分的图像还原回来。着色技术利用算法将原黑白图像或灰度图像根据像素特征修复为彩色图像，可用于早期彩色影像技术还未出现时的大量黑白照片档案。目前，基于深度学习模型的 AI 图像处理技术已经可以达到较好的修复和着色效果。

图像处理中的人脸识别和物体检测技术可有效提取出照片中的关键人物、物体，辅助档案工作者进行照片档案的标注，例如针对大批量的人物照片档案，可通过 AI 技术，自动识别出照片中人的身份并可生成对图像的标注标签，档案工作者利用这些标签可以快速生成该图像的著录信息，大大减少工作量，这些标签也可以作为图像的检索点，可实现基于识别标签的图像检索。

图像分类技术可对照片档案进行多维度的分类，例如按照图像的内容类型，分为人物、建筑、风景等，通过机器学习方法，可以实现对图像的自动分类，对于图像档案而言，此功能便于图像档案的自动化管理，可形成包含各种位图的照片档案相册。图像特征提取和索引技术可为图像检索提供更丰富的手段，即可以根据标注信息进行基于关键词的图像检索，也可以采用以图搜图的方式，通过输入图像片段来查找相关的照片档案，例如根据利用者提供的完整照片的一部分在图像档案库中找到原始照片，或是根据利用者提供的照片缩略图找到档案库中的原始照片。

（二）音频检索技术的应用场景

音频检索技术主要应用于各类音频格式档案的处理。

音频处理中的回声消除、噪声抑制、自动增益、音质提升等处理技术可提升老旧唱片、磁带中的声音数字化后的质量。回声消除是消除录音时扬声器播放产生的回音，例如，在录制电话录音时，讲话人的声音会在对方扬声器播放，而这个声音又被电话传回到讲话人这一端，就会出现回音。噪声抑制技术用于消除声音的底噪和背景噪声。自动增益用于提升声音信号强度，解决音量小、声音模糊的问题。音质提升技术通过对声音波形处理，提升声音的对比度，突出人声，提升播放效果。

语音识别技术可用于提取声音档案中的人声说话内容，通过将说话内容转换为文字，而后利用文字实现全文检索。转换后的文字和声音档案本身的描述元数据都可以作为声音档案的检索入口，在文本检索系统中实现基于文本内容的声音检索功能，为利用者提供简单快捷的检索途径。

音频特征提取及索引技术可以为声音档案提供更丰富的检索途径。通过运用声纹检索、音乐指纹检索、说话人识别等技术，可提取声音档案中的声学特征和高阶语义特征。基于声学特征可以实现以声音检索声音的效果，例如直接输入声音片段检索完整声音或是相似声音，根据音乐指纹按照唱片风格检索唱片档案等。基于声音的高阶语义特征则可以提供对声音内容特征的检索，例如检索录音档案中某个人的录音片段、检索某类场景的录音档案、检索包含某种乐器声音的声音档案等。

（三）视频检索技术的应用场景

视频检索技术及相关处理技术在影像档案中的应用包括影像档案的前期处理和检索服务等。

前期处理主要运用视频处理相关技术提升视频档案的画质和播放效果。其中视频着色、修复技术可以修复老电影、视频资料，为黑白电影添加色彩，提升影片画质。由于视频实际可看作图像的序列，图像处理技术很多都可以运用于视频处理领域。例如，视频着色技术通过 AI 智能算法可将早期的黑白影片转换为彩色影片且图像更为清晰，通过添加帧数、提高分辨率、自动上色等步骤可实现这样的效果。视频修复则是指对因原始胶片污损等原因导致数字化后的影像模糊、画面有划痕等问题进行修复。修复过程首先需要收集与影像相关的资料，并利用这些资料训练 AI 模型，然后通过补帧、上色和提升分辨率等一系列过程实现修复效果。例如，2021 年建党一百周年纪念日前夕，网络中发布了李大钊、陈延年、向警予、董存瑞等革命先烈的修复视频，如图 6-14 所示，对原始影像使用 AI 人工智能算法实现修复和上色。

图 6-14　视频上色效果图①

视频识别和提取技术可提取影像内容的关键人物、字幕文本、关键物体等。该技术使用智能算法对影像内容进行分析识别，提取其中的人物画面、物体画面，与已建立的关键人物、物体库进行匹配，并根据匹配结果为影像赋予相应标签用于检索。例如，视频中包含领导人画面，或是某种设备画面，经过识别，就可以为此视频打上相应的标签。字幕文本提取则是指对那些带字幕的影像进行处理。首先提取每个视频帧中的字幕部分图像，然后对这些图像进行 OCR 文字识别，得到每幅字幕的文字内容，这些内容可以作为视频的文字内容特征。关键人物、物体识别生成的标签、字幕抽取的文本都可以自动化地，或是辅助档案著录人员快速完成对视频档案的著录工作，并可以作为视频档案的检索特征，实现基于字幕文本的检索和视频内容标签检索。

视频关键帧提取可用于生成视频的缩略图集。首先，根据算法可提取视频中的一些关键帧画面。这些画面通常是视频中某些关键转场画面，可作为视频的图像简介，以缩略图的形式出现在视频检索结果处或是视频的详细信息处。档案利用者通过查看这些关键帧缩略图就可以大致了解这些档案视频的关键内容，提高利用者的使用体验。

视频索引技术可以提取视频档案中的图像和语音特征及内容特征，为利用者提

---

① 南方都市报. 他用 AI 修复技术让李大钊陈延年们露出微笑，怎么做到的？［EB/OL］.（2021-07-01）［2022-05-06］. https://www.163.com/dy/article/GDRA9DM005129QAF.html.

供更加丰富的检索手段。例如，通过提取视频档案画面中的文字内容并进行索引，可实现传统的文本关键词检索。通过关键帧提取技术，可实现关键帧图像检索，即利用者提交关键帧图像，系统返回包含该关键帧的视频。也可实现类似以图搜图的视频搜索方式，即利用者提交一小段影像片段，检索工具通过特征提取和相似度比较，据此找出相关和相似的档案影像。

总体而言，视频检索相比图像检索和声音检索更为复杂，数据处理量也大大增加，相关技术还处在发展期，在档案检索领域的应用也是刚刚迈出脚步。随着相关技术不断成熟，视频档案检索的功能会越来越强大，利用者体验也会越来越好。

第四节　信息检索可视化技术应用

一、信息检索可视化技术发展与应用

（一）信息检索可视化技术发展

信息可视化（Information Visualization，简称 IV）是指利用计算机图形学理论和图像处理技术，将信息对象的内容、语义或特征值通过抽取、挖掘、转换、映射等方法进行抽象与整合，提炼出有用的信息，以带有人机交互功能的图表、图形、图像、动画等视觉形式予以表现，以方便人们对信息进行浏览、观测、理解和判别，加强人们对信息的认知，敏捷地发现信息中隐藏的规律。

信息检索可视化研究始于 20 世纪 60 年代。1961 年，学者道尔（Doyle）提出通过语义路线图对图书馆的馆藏整体进行浏览，在浏览过程中通过检索者对关注点的聚焦，不断缩减浏览区域，并将作为检索结果的文献信息予以呈现。

20 世纪 80 年代，信息检索可视化研究开始深入，1987 年，计算机图形协会成员麦考密克（McCormikc）正式提出信息可视化概念，基于其上发展的理论与技术促进了信息检索可视化研究的深入。

20 世纪 90 年代，因特网与网络信息检索的迅速发展促进了信息检索可视化技术的发展，原型系统开始出现，信息检索可视化步入实用阶段。1991 年，美国匹兹堡大学率先研制出可视化文献检索系统，将检索者的检索提问与文献的相关度进行图形化的对应，即在一个图形空间内针对不同的检索词将所检索到的相关文献生成图标投影到既定系统显示区域特定位置，检索者通过检索词位置的改变查看文献分布，进而了解文献与检索提问的相关度。1995 年，美国加州大学伯克利分校研发的 TileBars 是较为著名的全文可视化检索系统。它基于文献的内部结构提供与检索条件匹配的文献内容的压缩信息图像表示。其检索结果的可视化信息显示不仅提供文献的相对长度、标题等文献本身的信息，还结合文献中检索词出现的频率，呈现检索词之间相对分布状况，以及检索词与文献之间的相关度。

进入21世纪，信息检索可视化尤其是Web信息检索可视化获得长足发展，主要表现在以下三个方面：一是信息检索可视化系统不断完善，新的系统不断涌现。例如，日本的研究者整合信息可视化与3W知识发现功能研制的Web信息检索辅助系统WIDAS，通过双曲树将与检索问题的匹配程度进行可视化，以使网页检索者能够快速聚焦于有价值的网页[①]。二是信息检索可视化算法与技术不断改进。例如，赫尔辛基大学将自组织映射（Self-Organizing Maps，简称SOM）算法改进为WEBSOM，用于全文本信息的组织与检索。"它根据一定的语义关系对特定数据库中的纯文本文献进行自动组织，形成一个有序的数据空间，并将该空间中的元素关系投影到一个二维平面上，形成一个可视地图，供用户浏览查询"[②]。三是可视化显示方面的技术不断发展。例如，基于Web 2.0发展起来的可视化搜索（visual search）技术，将互联网搜索结果以整个页面的视图形式呈现。

（二）在网络档案信息检索中的应用

信息检索可视化应用于档案信息检索中可称为档案信息检索可视化。档案信息检索可视化是指在信息可视化及其技术基础之上，受控于档案信息检索的目标或者任务，将档案资源以及档案信息检索过程和结果中涉及的信息全部或部分地实现信息可视化。

在网络档案信息检索中，已经开展了档案信息检索可视化的实践应用。例如，自2016年开始，国家档案局选择企业开展电子文件归档与电子档案管理试点。众多试点单位的电子档案管理均有检索工具，其中中南电力设计院有限公司、华东建筑集团股份有限公司等多家单位的检索工具有可视化功能。以中南电力设计院有限公司为例，其工程项目档案可以工程项目名称为途径进行检索，工程项目名称可按项目所在地理位置在地图上进行可视化展示[③]。检索者只要点击可视化地图上对应的位置即可定位工程项目而后查找该项目档案。

与实践应用相比，关于档案信息检索可视化的理论研究极为贫乏。2022年4月24日，以"篇名"为检索途径，"档案"*"检索"*"可视化"为检索式对CNKI进行检索，仅得到2篇文章。孙逊[④]提出在信息爆炸的时代，档案管理领域的可视化研究有待推进，并将可视化引入档案检索研究，提出在档案信息资源描述可视化、档案数据库检索可视化等方面推进档案信息检索可视化的研究。孙学政[⑤]研究了在可视化情况下，文件夹对有序存放的数字化档案的检索功能及其与基于档案内容的智能检索相比的不足。

---

① 李学静，谢蓉. 信息可视化与Web信息检索［J］. 图书馆理论与实践，2004（3）：94-96.
② 杨海棠. WEBSOM——一种新的网络信息组织方法［J］. 情报理论与实践，2002（5）：385-386.
③ 国家档案局经科司. 企业电子文件归档和电子档案管理试点技术系统卷［M］. 北京：中国文史出版社，2021：307.
④ 孙逊. 档案可视化信息检索之路径［J］. 湖北档案，2008（11）：14-16.
⑤ 孙学政. 高校学籍档案单机可视化检索实证研究［J］. 档案管理，2019（3）：46-48.

档案信息检索可视化理论研究需要不断拓展和提高，才能与技术发展和检索实践互促互进，使得信息可视化技术在档案检索中的应用更加深入和高效。

二、网络档案信息检索可视化的内容

网络档案信息检索是通过网络途径实现档案信息检索。档案信息检索是利用者通过检索工具访问档案机构建设和保存的档案信息资源获取相关信息和知识的过程。这个过程可以归纳为四个主要步骤：一是档案利用者向检索工具提问；二是检索工具访问特定档案信息集合进行查检，通过匹配运算执行信息检索；三是检索工具将筛选出的符合检索需求的信息，或是在信息基础上挖掘的知识返回给利用者；四是在检索过程中，利用者有可能向档案信息资源所在的档案机构进行参考咨询，检索后对其进行评价反馈。图6-15显示了档案信息检索过程中可视化的内容模型，主要包括档案资源分布可视化、检索提问可视化、查检过程可视化、检索结果可视化、交互可视化、利用者分析可视化、档案检索统计可视化。其中，档案资源分布可视化根据档案资源类型是馆藏档案实体、信息资源还是档案记录对象可分为馆藏档案实体分布可视化、档案信息资源分布可视化和档案记录对象分布可视化。检索结果可视化根据检索结果提供的是著录信息、全文还是知识可以分为著录信息可视化、内容信息可视化、知识可视化。

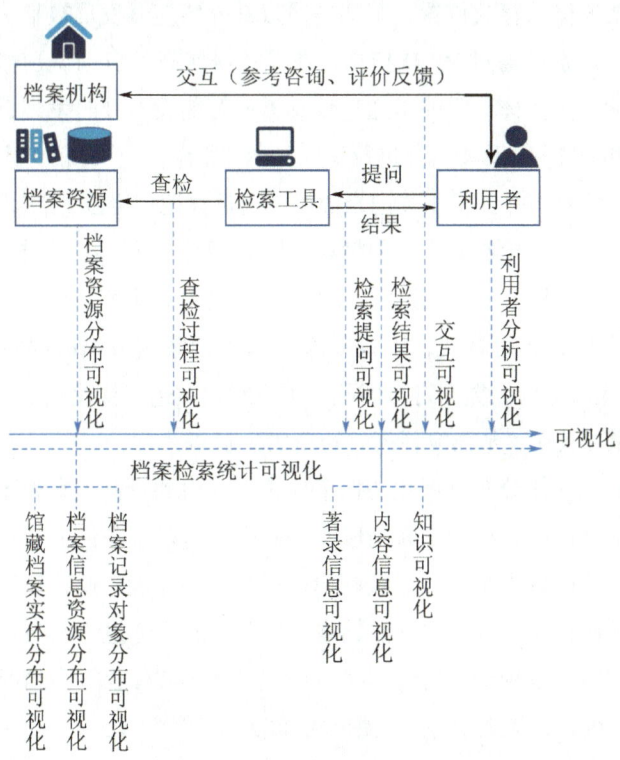

图6-15 档案信息检索可视化内容模型

（一）档案资源分布可视化

档案资源分布可视化包括馆藏档案实体分布可视化、档案信息资源分布可视化和档案记录对象分布可视化。基于档案资源分布可视化开展档案信息检索非常简便，即对可视化的档案资源分布进行整体浏览，其间可利用工具缩放、过滤，而后根据需要点击可视化对象逐层、逐步选择，直至查看所需档案信息或根据信息调用档案实体。

1.馆藏档案实体分布可视化

馆藏档案实体可视化主要是实体分布的可视化，支持对档案实体的查找调阅。馆藏档案实体分布可视化基于档案馆场景模拟系统，对档案库房布局、档案柜（密集架）摆放、档案盒存放进行模拟，搭建起三维场景，直观显示档案实体分布情况，实现档案实体分布的三维可视。

馆藏档案实体分布可视化集成了无线射频识别（Radio Frequency Identification，简称RFID）、视频监控、感知、空间分析、物联网等技术，对档案实体进行标记、定位、感知、识别、跟踪、监控。标记是采用RFID电子标签粘贴于档案盒作为其唯一标记，并在RFID芯片中存储档案盒编号及其档案的基本信息。定位是在后台数据中记录档案实体的存放位置。感知是通过红外感应器发现被唯一标记的档案发生的位置变化。识别是通过RFID扫描，在非接触状态下自动识别档案盒编号从而识别位置变化的档案实体。跟踪是通过传感器或智能设备及时发现档案实体的当前位置。监控是对多目标、移动目标进行识别、移动跟踪，记录和处理其所发生的位置变化情况等动态信息，并保留相关记录数据。通过标记、定位、感知、识别、跟踪、监控档案实体，可以实时掌握每一份档案的状态。而后，借助多媒体技术，对档案相关信息及其物理位置进行图形图像化构建和显示，达到档案实体分布的可视化。

馆藏档案实体分布可视化，不仅实现了馆藏档案实体的有序管理，同时通过RFID自动对档案实体的元数据进行匹配，可以对档案进行快速识别、精确定位，达到档案实体检索可视化，从而实现高效的档案检索。

基于馆藏档案实体分布可视化的档案检索，查检到目标档案后还可以进行高效存取。例如借助互联网、移动互联网以及物联网，对符合条件的指定档案进行信号连接，采用自动化的调档车提档提供利用，提高调档速度。调档后，可以对档案进行密级控制、范围控制、人员控制。档案入库归还时，通过档案与系统的实时联系迅速定位，错位时可以预警。后台同时自动记录档案实体出入库情况，还可以进行档案盘点、利用统计，极大地提高了馆藏档案实体管理效率。

当前，已经出现一些馆藏档案实体分布可视化的实例。在一些数字档案馆、智慧档案馆建设中，档案实体分布可视化是内容之一。例如①，上海市电力公司基于RFID技术结合档案管理信息系统，对档案进行储位分配与储位信息管理，实现档案实体的可视化与动态化管理，并基于其上对档案的查找、借阅、归还、盘点等实现闭环管理。

2.档案信息资源可视化

档案信息资源可视化主要是档案内容信息可视化，支持对档案内容信息进行分类概要浏览。

档案信息资源可视化的主要实现方式是对档案内容信息进行组织，概括出不同的主题，而后对主题进行分类、聚类，构建具有一定从属关系和平行关系的不同等级的结构体系，在此基础上，结合图标显示、降维技术，以主题树、资源导航、直观示意图、上下文条目形式可视化档案信息资源，供利用者按需逐级点击浏览。

档案信息资源可视化以图标方式、主题树方式、资源导航方式、图形方式向利用者提供资源主题分布的可视化界面，给利用者以直观的印象，有利于利用者从全局层面快速理解资源内容，并迅速聚焦检索切入点，无须输入检索条件，直接点击图标、树节点、导航链接、图中对应点位即可访问资源信息，提高档案信息资源检索效率。

档案信息资源可视化使得利用者可以对多结构档案信息资源从顶层获得覆盖范围概览，并从不同的视角查看相同的档案信息集合，让不同层次的信息有机地融合在一起，有利于在检索中减轻利用者的认知负担，提高易用性。

3.档案记录对象分布可视化

档案记录对象分布可视化是基于可视化地图，展现档案记录对象的内容信息，实现档案信息的检索与共享。

档案记录对象包括大量的历史文化信息、科技信息。这些档案记录下来的信息结合地理信息系统（Geographical Information System，简称 GIS）、三维虚拟地图、空间数据模型等技术形成可视化地图。与该图相关的档案信息都通过地理空间关联在一起，可进行更新维护和检索。其检索是在可视化地图中按图索骥地点击图中某一地理位置或坐标点查找相关档案信息，不再需要输入检索词来检索档案信息。这些档案信息存储在不同种类和形式的不同档案中，却因记录对象为同一地点而关联在一起。

档案记录对象分布可视化的典型代表是威尼斯时光机（the Venice Time Machine）项目。它用地图档案、手稿档案记录的内容还原威尼斯千年的城市历史面貌，同时结合可视化地图的地理导航检索获取威尼斯某一地点的档案信息。

---

① 黄林，罗棱，李敏，等.基于RFID技术的电力智慧档案馆建设［J］.电力与能源，2018，39（3）：380-382，386.

类似威尼斯时光机实现档案记录对象分布可视化，而后进行检索的可视化档案信息检索工具正在发展壮大。尤其是在科技档案例如城市建设档案、道路工程档案等管理和利用服务中此类检索工具应用更普遍。例如，广深沿江高速公路深圳段项目竣工档案通过高速公路三维可视化系统进行网络管理和利用。该系统建立了三维数字化高速公路，用三维图形表达地形、路线和构造物等对象。点击不同的三维图形对象，即可检索到与之相关的工程档案。①这些档案中有工程管理文件、施工资料、监理抽检资料等文本档案，有设计图、变更图、竣工图等图形图像档案，有工程录音、录像等音频、视频档案，它们都通过工程项目关联在一起，可视化检索得到了跨媒体集成的档案信息。

档案记录对象分布可视化及利用该技术进行档案信息检索，大大增强了检索的直观性、易用性和友好性。

（二）检索提问可视化

档案信息检索一个关键环节是利用者能否正确表达检索需求。只有利用者正确表达其检索需求才能获取有效档案信息，在传统档案检索中，利用者到档案馆在专业的档案利用服务工作人员的帮助下实现检索需求的正确表达。然而，随着信息技术的发展，利用者越来越多的情况是直接面对档案信息检索工具乃至网络档案信息检索工具，此时，需要利用者直接进行检索提问。

利用者进行检索提问的主要方式是在检索工具中选择正确的检索途径，输入对应的检索词，由系统在后台根据利用者的输入转化构造检索式。检索式的检索效果取决于利用者对档案检索工具的了解程度及所具有的检索经验。然而，多数情况是，网络检索者缺乏档案信息检索经验，非专业的利用者往往面对检索途径的输入框无从下手。检索提问可视化可以辅助利用者乃至主导利用者完成检索提问。

检索提问可视化将人机交互界面可视化，属于操作方法可视化。它利用地图、图标等可视化展现形式，引导利用者通过视图交互逐步地或是跳跃地点击图中对象、点击按钮或点选图形化菜单直接输入检索词形成检索提问。检索提问可视化的最佳效果是经若干次点击后不需要输入检索词直接检索。

华东建筑集团股份有限公司的工程项目电子档案检索实现了检索提问可视化。其检索工具将工程地理位置信息与百度地图数据融合，形成可视化工程项目地图。利用者通过工程地理位置信息，以点击地图作为提问的方式检索。其检索提问界面下半部分为工程项目可视化地图。

---

① 魏晓红，黄利芒．广深沿江高速公路深圳段竣工档案信息化管理［J］．公路与汽运，2011（4）：248-250．

在检索提问可视化的过程中，实现知识服务的检索工具可以根据利用者已经点选的检索词，按照语义关系提供更多的潜在检索词，并以二维或三维图形方式可视化地展现词间关系，使检索者获得新的认知体验，也使得检索提问变得更加准确、合理。

在检索提问可视化的过程中，还可以将后台构造的提问式可视化，让检索者可以直接查看其点选之后检索工具构造的检索式及其逻辑关系、语义关系，帮助其加深对检索的理解。

（三）查检过程可视化

查检过程可视化是对于构造好检索式后、计算机执行检索获取检索结果前，使后台检索实现的步骤与方法、计算机的计算与对检索对象执行查检的过程变得可视化。例如，查检过程中服务器如何与词语库、属性库、索引库交互，如何通过多层过滤得到检索结果等。它使得检索者可以跟踪检索过程中的各个步骤。

在知识服务中，如果需要与检索工具进行交互，查检过程可视化是必要的。它使检索者可以跟踪交互过程、修正检索需求并执行必要的操作。Hayato Ohawda 等[①]在构造一种交互式信息检索过程中提出交互式信息检索应能可视化文档的所有链接结构，可视化每个节点的属性以便根据属性过滤文档，能可视化检索评价的结果。除知识服务的查检过程可视化之外，笔者认为，查检过程可视化类似于餐饮行业向食客开放厨房，可以增加检索者的信赖感和愉悦度，但并非必要功能。

（四）检索结果可视化

检索的目的和最终形式是展示检索结果。检索结果可视化是将作为检索结果的档案信息集合及与之相关联的规律、关系以可视化形式呈现。它可以实现对检索到的档案信息集合进行多维度分析，理解检索结果与检索提问的匹配度，鉴别检索结果的组成。结合数据挖掘与知识服务手段，它还可以体现作为检索结果的档案或档案信息之间的关系。检索结果可视化是档案信息检索可视化的重点内容，也是可视化检索研究的重点内容。

档案信息检索结果可视化根据检索结果提供的是著录信息、全文还是知识可以分为著录信息可视化、内容信息可视化、知识可视化。

1. 著录信息可视化

在档案信息检索中，系统根据检索式查检后反馈的简要级次信息和详细级次信息一般都是档案的著录信息，向检索者描述档案的内容特征与形式特征。

著录信息可视化主要用于表示检索结果与检索提问的匹配度，或用特定的可视化标记表示不同程度的匹配情况，或是用聚光灯效果显示匹配项的簇，或是以图形化方式展现相关性排序，从而方便利用者的理解和选择。

---

① Hayato Ohawda, Fumio Mizoguchi.Intergrating information visualization and retrieval for WWW information discovery［J］.Theoretical Computer Science, 2003（292）: 547-571.

2. 内容信息可视化

档案信息检索的最终目的是获取档案的内容信息。当前的多数档案检索结果还是由利用者首先在著录信息中进行选择，选中一份档案后点选查看其内容信息。档案内容信息有文本、图形图像、音频、视频多种形式。不同的检索工具呈现内容信息有不同的方式，有的是内容著录信息，有的是内容提要，有的是内容全文。

内容信息可视化力图跳过著录信息层次，直接提供对整个检索结果集合内容信息的整体概览，即通过集合概览、多层分类、快速导航等可视化形式，一次显示所有检索结果的内容信息，帮助利用者快速得到整个检索结果集合的总体印象及结构。同时，提供与视觉信息进行快速交互的功能，方便利用者对作为检索结果的内容信息进行浏览和操作。浏览是具体查看内容信息，操作是对可视化形式进行操作，例如缩放局部空间以便详览所关心的局部视图，再如拖放、旋转可视化对象等。

3. 知识可视化

检索结果中知识可视化呈现将是新时代档案信息检索发展的一个重要领域。传统的档案信息检索仅是信息检索，可视化技术可用于实现知识服务。

知识可视化是对作为检索结果的档案信息集合采用关联、聚类、统计等手段进行分析挖掘加工处理，揭示其中隐藏的知识，并以视觉传达的形式提供知识服务。它力图面向检索形成基于档案信息内容的知识体系，面向检索问题提供解决方案。

知识可视化的前提是利用数据挖掘、知识服务手段充分发掘作为检索对象集的档案信息。其可视化的知识主要包括三类：一是档案内容中包含的客观事物，包括人物、事物、事件、机构、年代、地区、术语、数据、规格、方法、关系、结论等，例如，将作为检索结果的档案信息按档案中涉及的人物聚类形成人物图谱。二是档案内容中的逻辑关系，包括主题、问题、语义、相似度等，例如，关联档案内容中的语义关系构成语义图。三是档案背景，包括责任者、通信者、发文单位、收文单位、文种、时间、密级、保管期限，例如，将作为检索结果的档案信息按责任者聚类形成责任者聚类图。上述三类知识从不同角度反映档案及其信息间的关系，它们还可以联合提供整个检索的多维度的全局视图。

武汉市国土资源和规划数字档案馆的《国土规划数字档案资源数据挖掘与可视化系统》针对档案检索结果，可以以思维导图方式查看文档的元数据和关联数据，以知识图谱方式展示国土规划档案术语，并可以图形化方式"对不同档案文本中的实体进行关联，并结合业务流程线索聚合。根据业务流程管理逻辑关系，建立流程规则库和流程管理问题项目快速发现模型，实现国土规划档案基于流程的可视化检索与利用。可通过选择不同节点，查看每个节点下的档案资料。"①

---

① 曾婷，杨帆，王恒. 国土规划数字档案资源的数据挖掘与可视化 [J]. 兰台世界，2019（S1）：191-192.

（五）交互可视化

网络档案信息检索的可视化过程就是一个交互过程，因此，交互可视化是必不可少的功能。尤其是在知识检索过程中，利用者需要通过可视化交互，完成网络档案信息的检索。

此外，完善的网络档案信息检索的交互功能还用于参考咨询和评价反馈。参考咨询是指利用者在检索时可以获取相应的咨询问答帮助指导；评价反馈是指利用者在检索过程中或检索完成后有意见建议体验可以回馈给档案机构。交互功能可以利用界面技术、感知技术通过直观、灵活的交互方式实现，视觉交互、触觉交互、语音交互均是有益的途径，其中通过视觉交互实现参考咨询和评价反馈即交互可视化。交互可视化可通过热区、焦点、链接等方式，达到增强交互功能的目的。参考咨询和评价反馈的交互可视化不是必要选项，但是可以在机器环境中增强档案信息检索的亲和力。

（六）利用者分析可视化

用户分析是现代信息服务的一项重要内容。完善的档案信息检索尤其是网络检索应该具有利用者分析功能，即将利用者的档案信息检索频率、检索历史、检索行为予以记录和分析，可用于了解检索热点、预测档案信息利用需求的方向；细分利用者类型，实现科学的档案分众服务和知识服务；改善和提高检索工具对应功能，有效提高档案信息检索的针对性、查询速度和服务质量。

在利用者分析过程中，显示检索历史、聚类检索行为、揭示检索关系、统计检索档案的类别数量和利用者的检索行为并进行同比、环比统计等皆能可视化。利用者分析可视化的发展趋势是为利用者个性化、知识化、智能化的检索利用服务。

（七）档案检索统计可视化

档案检索统计可视化是将档案检索过程中涉及的各项统计例如检索资源统计、检索结果统计予以可视化。

档案统计环节是最早实现可视化的领域。档案统计当中重要的一项内容是对档案资源及其开发利用情况进行统计。统计内容包括馆藏总数、分类馆藏数量、数字化率、利用率、分类利用率等。与之类似，在网络档案信息检索中，有可能需要对作为检索对象的档案信息情况先行进行统计，并将其可视化展示给利用者。在网络档案信息检索中，对检索结果也需要进行各种统计，包括检索结果总数、检索结果分类统计等。此外，档案检索统计还包括对每份档案的检索利用次数进行统计，对输入的检索词情况进行统计、分析检索热词、利用者信息统计等。

上述档案检索统计结果往往以柱形图、折线图、饼图的形式予以展示。随着可视化技术的发展，这些统计结果还可以通过时间轴、互动式地图、分类浏览、专题浏览等可视化方式展现。这些展现对于利用者全面了解网络档案信息检索情况具有重要指导作用和辅助作用。

三、网络档案信息检索可视化的优势

新时代网络档案信息检索可视化是网络档案信息检索的创新发展，它在提高友好性、加快处理速度、强化对检索结果的理解、满足宏观检索需求方面具有无可比拟的优势。俗语说"字不如表、表不如图"，可视化有利于更直观地呈现档案信息、信息间的关系乃至知识，进而提高网络档案信息检索的性能与效率，达到事半功倍的效果。

（一）提升检索的友好性

网络档案信息检索可视化通过二维或三维的图形、图像、颜色、位置等视觉要素使检索中涉及的信息形象化，还可以在可视的环境下一目了然地对所检索的档案信息资源分布进行整体浏览，使检索过程变得透明、可视，在检索交互界面、检索过程操作、检索结果呈现等方面提升网络档案信息检索的友好性与易用性，降低利用者的认知负荷，有助于利用者发现和应用原本不了解、不熟悉的检索途径，激发其在检索过程中进一步探索的能力。尤其是新媒体环境下的网络档案信息检索，利用者需要自主地在线完成档案信息检索，可视化能够增强利用者与档案信息检索工具之间的交互、辅助利用者形成个人的检索策略、助推利用者的检索能力发挥到最大程度。

（二）提高检索效率

可视化改变了网络档案信息组织、存储和呈现的方式，赋予网络档案信息检索以形象和智能，通过形象化的直观显示促进利用者参与检索过程的控制，通过实现图形图像级交互通信、可视化展示信息检索结果、可视化挖掘隐藏信息实现知识服务等方式，有助于加快档案信息处理速度，简化检索结果浏览过程，为利用者的自主检索和充分浏览提供一个理想的环境，有助于提高利用者检索信息、获取知识的能力，提高检索效率。

（三）加强对检索结果的理解

网络档案信息检索可视化以图形、图像、动画等视觉形式实现档案信息检索过程并展示信息检索结果，结合知识服务技术不仅可以直观地展示全部检索结果的概况，还可解释检索结果之间的各种逻辑关系，将各种联系以可视化方式表示出来，使发现信息、知识的过程和结果易于理解，强化利用者对检索结果的理解。

可视化的展示有助于帮助利用者查找、分析、选择、运用检索词，了解检索结果的价值，理解检索式与检索结果之间的逻辑关系，减轻思维负担。在此基础上，通过可视化协助认知过程思维，还可以进一步对检索结果进行更高层次的分析，加深对所检索的信息、知识的正确理解并受到启发，多角度、多层次理解检索与档案信息之间的语义关系。

（四）促进检索者形成全局意识

传统的档案信息检索针对特定检索对象集、满足针对性较强的检索需求，对于检索结果的掌握都是片面的和片段的。实现网络档案信息检索可视化有利于从全局层面获得特定的乃至网络的档案信息资源概况、查看特定检索主题的分布，这是传统档案信息检索无法实现的。

网络档案信息检索可视化以图形等视觉形式简洁地显示各种联系和关系，可视化检索结果是连续多维的，这与离散的档案信息形成本质的区别。检索可视化的过程需要检索者投入注意力、记忆力和想象力，促使检索者的检索能力和理解能力得到最大程度的发挥。

与传统档案信息检索相比，网络档案信息检索可视化有助于利用者在"信息爆炸"的网络时代更加便捷地了解与获取档案信息。尤其是面向新媒体环境下的网络服务中，检索对象网络档案信息资源来源于不同机构建设的数据库、知识库，具有分散、异构、海量的特征。档案信息检索可视化有助于帮助利用者更好地表达检索词，促使利用者更易从整体角度分析问题并形成全局意识，理解档案信息之间的相互关系和发展趋势，乃至达到知识重构。

四、网络档案信息检索可视化流程

网络档案信息检索中各类内容可视化的实现可以概括为具有若干步骤的流程，在这个流程中涉及一系列技术。图6-16显示了档案信息检索可视化的流程及其技术。网络档案信息检索可视化的流程主要包括确定可视化对象、转换可视化信息、构建可视化结构、生成可视化视图四个步骤。网络档案信息检索可视化的技术主要包括信息处理技术、映射处理技术、视图生成技术、人机交互技术四项主要技术。

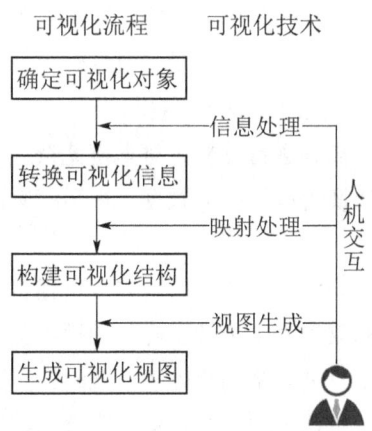

图6-16　网络档案信息检索可视化的流程及其技术示意图

（一）确定可视化对象

可视化对象是指将要以可视化形式展示的内容。根据网络档案信息检索可视化内容的不同，可视化对象可分为档案资源分布情况（包括馆藏档案实体分布情况、档案信息资源分布情况、档案记录对象分布情况）、检索提问内容、查检过程、检索结果（包括著录信息、内容信息、知识）、交互（知识检索、参考咨询和评价反馈）情景和信息、利用者分析数据、档案检索统计数据。其中重点可视化对象是档案资源，包括作为检索对象的全部档案资源或是作为检索结果的部分档案资源。档案资源可视化又包括分布情况的可视化、统计情况的可视化、档案形式特征的可视化、档案语义特征的可视化、档案间关系的可视化、作为检索结果的档案与检索词间关系的可视化等。

从可视化分析的角度看，可视化对象可分为多维数据可视化、文本可视化、网络可视化和时空数据可视化等[①]。其中，档案信息检索可视化对象主要涉及文本可视化、网络可视化和时空数据可视化。文本可视化是直观地展示档案中蕴含的信息，包括档案内容信息和档案关系信息。网络可视化是用"图形展示网络数据，从而可以发现网络数据的结构"[②]。当使用搜索引擎等网络信息检索工具对网络中的档案信息做检索时，可实现网络可视化。时空数据可视化通过地理位置与时间标签可视化展示时空数据，可实现档案记录对象分布可视化。

（二）转换可视化信息

转换可视化信息是对档案信息进行标准化处理与变换，将无结构的档案信息转换为可视化所需具有关系的结构化数据的分析过程。

转换可视化信息的内容主要有：自然语言处理，包括分词、提取主题词（或关键词）、去除停用词等；数据清洗，包括删除重复数据、去除无用符号、处理无效值和缺失值等；数据集成，将多个档案的信息予以合并；数据压缩，通过合并、集成、消除冗余等方法减少档案信息产生的数据量；数据转换，将档案信息缩放到一个较小的区间，以提高处理和可视化的精确性和效率。

转换可视化信息是要对档案进行分析，对丰富芜杂、非结构化的档案内容进行萃取和提炼，把原始档案转换为有结构的数据，揭示档案的内容信息、揭示档案及其信息间的相关性。

转换而来的信息除了主题词、分类号、题名、责任者、形成时间、文种等传统档案著录信息外，还需要抽取档案中未被明确化的模糊信息，鉴别档案内容信息的语义单元及它们之间的关系，进行结构化处理。此时，可通过知识组织技术对档案信息进行有效处理，发现一份档案的内容结构、隐含的特征，或者挖掘一系列档案

---

①② 王若明．浅谈大数据关键技术［J］．物联网技术，2019（6）：117-118.

间的相关关系等，形成有价值的知识。未来的信息转换还将包括对网络中广泛分布的、大量的、异构的档案信息资源进行汇总转换，以实现多层次的、全方位的网络档案信息检索服务。

（三）构建可视化结构

构建可视化结构是把具有关系的结构化数据映射为具有某种结构的可视化模型的元素（以下简称可视化元素），进行图形的设计与绘制。其主要任务是通过设计与绘制为信息创造维度和测量单元，将结构化数据转变为具像的图形元素。它为视觉编码构建基础。

可视化元素包括三个方面：一是图形元素，也称视觉元素、视觉通道，最初主要指点、线、面，后来人们又补充了长度、面积、体积、透明度、模糊/聚焦、动画等，也可以将其概括为点、线、面、体；二是图形属性，涉及方向、角度、位置、形状、尺寸、数值、颜色、纹理等；三是空间要素，也称空间基质，涉及一维、二维、三维、超维。

（四）生成可视化视图

生成可视化视图是指在可视化空间中将具有某种结构的可视化元素通过人机交互以图形、图像、动画等视觉形式予以显示。将复杂多样的元素整合成简洁、直观、可理解的视图。例如，可以将档案信息检索结果映射到可视化空间，以知识图谱的形式直观展示其关联信息与索引信息。

生成可视化视图的核心任务是依据可视化元素数量和预期效果选择合适的技术进行视觉编码，呈现可视化元素。视觉编码是用图形符号携带档案信息。编码的形式多样，主要有颜色编码、形状编码和位置编码等[①]。通过视觉编码绘制出各种图形、图像乃至动画，例如坐标轴、韦恩图、散列图、层次图、网络图、关联图、盒状图、树状图等，以及 TileBars、鱼眼图（fisheye views）、双曲线树（hyperbolic trees）等特殊设计。

可视化视图可以根据特定映射算法动态自动生成并随机变化，也可以人工干预生成。可视化视图具有人机交互功能，可位移伸缩与变形，能响应拖动、点击等操作。

五、网络档案信息检索可视化技术

（一）信息处理技术

信息处理技术是指将无结构的档案信息等可视化对象转换为可视化信息，即可视化所需具有关系的结构化数据。

---

① 刘晓娟，周建华.数字资源可视化的理论、技术及方法研究［J］.情报杂志，2015（2）：168-193.

在网络档案信息检索可视化中，主要的信息处理技术是对档案内容特征、语义特征、结构特征、形式特征、关系特征、利用特征等的著录、标引、描述、抽取、组织和关联。主要有主题著录、专名识别、分类描述、共词分析、词频统计、词汇分布等。

主题著录是从档案或档案信息中识别有意义且具有代表性的主题或关键词并将其提取出来，目的是快速地概括出档案的重要内容，揭示内容结构以及档案间的潜在关系。由于中文内涵丰富、语义复杂，在以往的档案工作中主题著录都是依靠人工手段实现，而可视化的前提是主题著录尽量自动完成。自动化的主题著录是现代文档自动处理的基础与核心技术。其主要内容包括建立档案模型、建立词表与知识库、自动分词算法、设定权值、综合与转换规范化词语等。现代人工智能技术和知识服务技术的发展对自动化主题著录的实现具有极大促进作用。

专名识别，也称命名实体识别，是指识别档案或档案信息中具有特定意义的人名、地名、机构名等专有名词。专名识别的内容包括识别专名边界、确定专名类别即判断该专有名词是人名、地名、机构名还是其他专有名词。专名识别可以视为一种特殊的主题著录。

分类描述是为了客观反映档案内容，以档案自身属性为依据，创建具有等级结构的分类表及类目，之后对具体的档案或档案信息进行归类。在档案信息检索可视化中，分类是有效的组织方法之一。分类涉及的技术有 k 均值聚类算法、贝叶斯分类算法、词袋模型等。

共词分析是指如果两个词经常在不同的档案中共同出现，表明这两个词之间具有一定的内在关系。出现次数越多，表明二者的关系越密切、距离越近。①它是内容分析常用方法之一，可用于对档案内容进行分析，它使得从档案中自动提取关联结构信息成为可能。

词频统计是数据挖掘技术之一，是从一份档案或一批档案全文中抽出所有词汇，对去除停用词后的词汇建立统计表，目的是确定档案中各个词汇的重要性，快速了解最主要被使用的词汇，从而掌握档案主要内容。如果某个词在文本中反复出现，因其频率高而被假定为文中的重要词汇。基于词频统计的文本可视化通过改变词的大小、颜色、中心位置等方式把出现频率高的词显示在重要、醒目的位置。词频统计是经常被采用的一种可视化方式，当前流行的标签云、词云、字云都是基于词频统计的可视化。

词汇分布是针对检索结果可视化的信息处理技术。它是将检索词在档案中的分布情况进行统计和处理，目的是方便检索者在检索结果中有针对性地选择档案或档

---

① 杨颖，崔雷. 基于共词分析的学科结构可视化表达方式的探讨 [J]. 现代情报，2011（1）：91-96.

案信息阅览。当档案信息检索尤其是网络档案信息检索查检结果较多或过多时，词汇分布可视化有助于掌握档案内容与检索的相关度。

（二）映射处理技术

映射处理技术将经过信息处理后得到的结构化数据即具有关系的结构化数据映射构建成具有某种结构的可视化模型。它的实质是将结构化数据映射为几何模型，模型具有能够被人的视觉有效处理的图形属性。它是档案信息检索可视化的核心技术。

映射处理技术的主要内容是提出设计、设定方案、研制算法，将结构化数据映射为可以绘制和显示的图形元素与图形属性。

对于档案信息检索可视化来说，映射处理技术主要操作是明确如何将经过信息处理的各类档案特征映射为点、线、面、体等图形元素，即通过算法选取最有效的图形元素揭示结构化数据中所包含的现象及规律，这是其操作的重点。例如，用面积映射著录得到的主题或专有名词、用点映射描述得到的分类。而后，进一步确定图形元素的图形属性，例如，用面积的大小映射主题的词频，用不同颜色的点映射不同的类别等。

由于可视化是面向应用的，不同的应用领域所要求的可视化映射方案与算法各不相同。即使是面对同一结构化数据的集合，也可以采用不同的映射处理技术，映射的结果以不同的图形元素表示。因此，人们从多种角度对映射处理技术进行分类。例如，从结构化数据形态的角度，可以将映射处理技术分为离散映射和连续映射，前者是可以列举的结构化数据，大多数是分类信息，典型特征是可以计数以及任意排序，后者是指任意两个结构化数据之间可以细分出无限多个数值，典型特征是可以度量以及按数值大小排序；从是否对结构化数据进行全部映射的角度可以将映射处理技术分为枚举映射和选择性映射，前者是全部映射，后者是对特定信息进行映射；从是否对具体的结构化数据进行整体映射计算的角度可以将映射处理技术分为全局映射和局部映射，前者采用对领域结构化数据的数据集进行整体映射计算的策略，后者采用对领域结构化数据的数据集进行局部映射计算的策略；从结构化数据的变化与映射结果之间关系的角度可以将映射处理技术分为线性映射和非线性映射，前者是指每一个可视化元素都有一个绝对意义，结构化数据的变化不会引起可视化元素相对位置的改变，后者是指可视化元素相对位置会随初始结构化数据的变化改变。

在多样的映射处理技术中，有一些典型的映射，例如 PFNET 映射、SOM 映射、MDS 映射等。

1. PFNET 映射

PFNET 映射称为寻径（pathfinder）网，它"根据经验性的数据，对不同概念或实体间联系的相似或差异程度做出评估，然后应用图论中的一些基本概念和原理生成一类特殊的网状模型"[1]。

PFNET是发展较早的可视化映射处理技术。它在一定程度上模拟人脑记忆和联想的方式，在数据间形成语义网络，简单直观地展示其内在联系。其最适当的应用就是形成超媒体系统的导航图，也可以对数据进行分层归纳或聚类。

在档案信息检索可视化过程中，PFNET映射可在分类描述显示类别之间的链接和联系，形成特有的结构化的类别网络，方便检索者观察档案或档案信息的分类。

2. SOM映射

SOM映射称为自组织映射（self-organizing mapping）或自组织特征映射（self-organizing feature mapping），是"一种聚类和高维可视化的无监督学习算法，是通过模拟人脑对信号处理的特点而发展起来的一种人工神经网络"[2]。

1982年，芬兰的科恩（Teuvo Kohonen）提出SOM映射的拓扑结构。SOM映射模拟人脑中不同区域的神经细胞分工不同的特点，基于自身训练，把输入数据的各种特征加以抽象和组织后进行聚类。其形成的聚类中心映射到一个曲面或平面上，把高维数据映射为二维网格，并保持拓扑结构不变。特征相似的数据映射后在空间上相邻，尽力保持数据间的联系。

在档案信息资源可视化、检索工具、检索结果的内容信息可视化等过程中，可以采用SOM映射实现主题著录与专名识别的聚类判别等，有利于显示主题与专名的领域、区域、邻接关系。

3. MDS映射

MDS映射称为多维尺度（multidimensional scaling），是一种典型的降维算法，"其原理是利用成对样本间的相似性，去构建合适的低维空间，使得样本在此空间的距离和在高维空间中的样本间的相似性尽可能地保持一致"[3]。

结构化数据可以是高维的（也称多维的），当其为高维时数据处理计算量极大。在映射处理过程中，降维是减少计算量的重要途径，也是将数据映射为可视化元素的必要过程。MDS映射使得高维空间中的结构和距离降至低维空间后尽量得以保持，从而降低计算复杂度并便于可视化呈现和观察认知。

MDS映射获得成对样本间相似性的空间表达，在"相似测度中找到它们之间的结构"[4]。在档案信息检索可视化过程中，MDS映射可用于对数据分布、档案文献间相似度、档案间的共词频度等进行映射处理，在检索结果中探索档案或档案信息间

---

[1] 张学福.信息检索可视化基本问题研究[J].中国图书馆学报，2006（3）：37-40.

[2] 杨占华，杨燕.SOM神经网络算法的研究与进展[J].计算机工程，2006（16）：201-228.

[3] SK_Lavender.MDS（multidimensional scaling）多维尺度分析[EB/OL].（2016-12-08）[2021-12-22]. https://blog.csdn.net/u010705209/article/details/53518772.

[4] Katy Borner, Chaomei Chen, & Kevin Boyack. Visualizing Knowledge Domains[J]. Annual Review of Information Science & Technology, Volume 37, 2003.

的关系,开展知识检索或提供知识服务。

虽然方案与算法各不相同,但是映射处理技术有两个公认的准则:一是表达性准则,即映射能够表达出结构化数据中所包含的现象及规律;二是有效性准则,即映射的可视化模型表示符合利用者视觉系统的理解。

(三)视图生成技术

视图生成技术将映射的可视化模型用各种方法渲染并绘制出来,在计算机屏幕上以图形、图像、动画等形式显示出来,形象直观地予以呈现。视图生成技术针对可视化结构,通过人机交互设定位置、缩放比例、剪裁等参数生成可视化视图。它通过建立图形属性生成可视化视图,使静态表示变为可视化。

视图生成技术基于计算机图形学的发展基础之上,有各种各样的计算和处理方法,新的计算和处理方法还在不断发展。视图生成技术根据视图生成原理可以归纳为基于文字生成视图、基于位置生成视图、基于焦点生成视图、基于变形生成视图四类。

1. 基于文字生成视图

基于文字生成视图利用文字的大小、字体、颜色、粗细以及位置、布局、美化效果等生成视图。它可以直观地展示文字在文本中的重要性。另外,对档案信息进行知识组织得到的语义都以文字形式表达,那些基于语义关系、词频、共词、词汇分布生成视图也归入此类。例如,基于语义的知识图谱也可视作基于文字生成视图,其节点内容主要是文字,边也要加文字说明。

2. 基于位置生成视图

基于位置生成视图利用可视化结构中的位置揭示附加的信息数据生成视图。前文"检索提问可视化"中,华东建筑集团股份有限公司工程项目电子档案检索将工程地理位置信息与百度地图数据融合,形成可视化工程项目地图用于点击查找工程项目档案就是基于位置生成视图。

3. 基于焦点生成视图

基于焦点生成视图通过缩放可视化结构或改变焦点让可视化结构的细节变得可见,焦点变化包括缩放(zoom)、剪裁(clip)、追焦(pan)等。基于焦点生成视图还包括概览+详情(overview+detail)技术。它同时开放概览窗口和详情窗口两个窗口,概览窗口显示详情视图的上下文(context)并且担当改变详情视图的控制机制;详情窗口用于放大或聚焦概览窗口中选定的对象或区域。

4. 基于变形生成视图

基于变形生成视图是改变可视化结构生成焦点+上下文(focus+context)视图。此时概览与详情整合在一个可视化结构中,以便让计算机屏幕这个有限的可视化空间可以显示无限的信息。基于变形生成视图最有代表性的技术是鱼眼视图。鱼眼视图首现于 1986 年，它是一种透镜技术，用于放大某一可视化结构中的某一局部区域，同时该局部区域的周围退为背景显示但仍然可见。鱼眼视图技术发展迅速且分化出一系列技术，但这些技术的核心均是允许利用者观察一个小的中心焦点区域（focus），同时保持一个大的周围区域（context）的可见性。在网络档案信息检索中，鱼眼视图技术用以将一个档案信息集合的特定部分的细节视图，通过某种方式和该档案信息集合的总体结构视图混合在一起动态显示。

（四）人机交互技术

人机交互是提供利用者可操作的手段。在档案信息检索可视化流程中，利用者在图形界面上实时进行人机交互，控制可视化处理的各种参数，向系统传达新指令展开检索，例如把视图约定到特定的数据范围或是改变变换的属性等，以便查看各种视图效果及调整检索参数和策略。人机交互的类型主要包括选择（select）、重置（reconfiger）、过滤（filter）等，代表性技术有 Direct walk、Details-on-demand、Brushing 等。

人机交互充分发挥利用者的主观能动性，帮助查看档案信息资源或检索结果，发现档案信息间的潜在联系，进行创造性的知识探索。

人机交互可以通过各种控制按钮和滚动条等单独的用户界面形式实现，也可以如同概览＋详情技术一样与可视化结构合在一起实现。多数人机交互本质上是某种形式的选择方法，通过选择结构化数据的子集获得当前可视化结构。

档案信息检索可视化的实质是人和档案信息之间的一种可视化界面，人机交互在其中显得十分重要。人机交互技术可以用来定位档案信息、揭示档案信息中的模式、选择变换的参数等，实现互动和动态展示，方便利用者在图形界面上直接对空间对象进行阅览和分析或以视图的形式接受检索服务。

六、网络档案信息检索可视化工具

在网络档案信息检索工具研发中，通过集成适当的可视化工具来提供可视化功能。当前可视化工具种类繁多，特点和适用范围各有所长，应根据网络档案信息检索可视化对象的情况选用合适的视图生成技术和工具。

（一）内容信息可视化

内容信息可视化工具主要有标签云（TagCloud）、TileBars、SPIRE 类可视化工具等。

1. 标签云

标签云与词云、字云都是基于文字词频统计的可视化工具，在网络档案信息检索中可用于展示档案的主题词、分类号或者关键词。它将一系列主题词、分类号或者关键词根据词频等顺序排序，以文字大小、字体、颜色对其进行可视化，展示其出现频度。

2. TileBars

TileBars 采用结构化检索模型,根据文本信息内部结构和检索词在文本中出现的频率可视化相关度,可用于展示检索词在档案全文中的频率分布,非常适用于档案信息检索结果的可视化。

它依据检索词对检索对象进行全文分析,返回符合检索式的档案全文信息,并且以可视化形式展示检索词在档案全文的分布情况。它用一行长条代表一篇档案的全文,对应一个检索词在档案全文中出现的情况,若有多个检索词则出现多行长条。长条分成若干矩形,每个矩形代表档案中的一个自然段,矩形颜色的灰度表示检索词出现的频率,灰度越高频率越高,颜色全白则表明该检索词没有在该自然段中出现。利用者直击颜色灰度高的方块即可直接阅读一段档案内容。

TileBars 可视化档案全文结构和检索词的分布情况,方便利用者直接快速地选择档案全文或全文的某一段进行阅览。

3. SPIRE 类可视化工具

SPIRE(spatial paradigm for information retrieval and exploration,信息检索与信息探索空间范式)类可视化工具是一系列工具。在网络档案信息检索中,它可用于对档案全文或文摘提取语义、生成索引、发现关联术语集群、形成 N 维关联矩阵、计算每件档案的知识标签、每件档案在一个高维的 N 维空间中占据一个点,实现档案聚类,降维到二维、三维空间形成可视化视图。

以 IN SPIRE 为例,它可以根据档案中的主题词在计算机屏幕上绘制出一幅自然地形图。山峰和山谷表示主题之间的分布关系。某一主题下相关档案聚集在一起形成山峰,与该主题相关的档案数量越多则山峰高度越高,由此山峰与山谷显示主题间的分布关系。而山峰之间的距离代表主题之间的关联关系,峰间距离越近则表示相应档案的内容相似度越高。如果利用者对某个主题有兴趣,就只需研究组成该主题山峰的档案。IN SPIRE 可视化视图可以避免语言处理从而节约利用者的脑力工作,对于档案信息检索和知识挖掘非常有用。

(二)层次信息可视化

在网络档案信息检索中,涉及的档案分类、磁盘文件目录结构都属于层次结构。层次关系是抽象信息间普遍存在的一种关系。层次信息的可视化最直观的结构是树状图,主要有 Cone Tree、双曲线树(Hyperbolic Trees)。

1. Cone tree

Cone Tree 是一种将传统的二维树状图扩展到三维空间,用三维图形对层次结构进行可视化的方法。它利用三维锥形体实现层次结构中父子节点之间的连接,同时辅以旋转、拖动等人机交互,易于体现树状图的整体信息,易于实现对复杂层次关系的把握。①

2. 双曲线树

双曲线树是一种大型层次结构的焦点+上下文（Focus+Context）工具。它将层次关系通过一种规范的算法显示在一个双曲平面上，然后将这个双曲平面映射到显示区域。它既能把整个层次结构显示出来，又能将更多的可视化空间用于显示层次结构中当前被关注的部分。②双曲线树有成熟的工具产品，适用于档案编目、磁盘目录、网站结构可视化。

除了内容信息可视化、层次信息可视化，还有针对其他对象的可视化工具，例如 Web 可视化、多维信息可视化等。

网络档案信息检索可视化过程中，如果必要可以组合多种技术和工具。

信息检索可视化技术以动态直观的方式将以往一些难以构想、不易接近的档案信息与知识表现出来，便于利用者洞察档案信息中隐含的规律和知识。当前，信息检索可视化技术还处在发展阶段，它与档案信息数据的整合还有待探索和解决，在网络档案信息检索中的应用也有待深入。但是，它是档案信息检索服务的重要支撑和发展方向，可以预见，它将从根本上改变网络档案信息检索的生态环境，在新媒体环境下为网络档案信息检索带来新的变革。

第五节　跨媒体智能技术应用

人工智能（Artificial Intelligence，简称 AI）研究如何使计算机模拟人的某些思维过程和智能行为。近些年，随着技术的快速发展和应用领域的广泛拓展，人工智能已经进入 2.0 时代。在这个时代，根据社会需求和信息环境的不断变化，大数据智能、群体智能、跨媒体智能（跨媒体参见前文③）、混合增强智能、智能无人系统已经成为智能技术的新发展方向④。其中，跨媒体智能是实现跨越文本、图形图像、音频以及视频的媒体知识表征，跨越时空的媒体分析推理，跨越多数据类型的智能应用的技术。

随着档案信息化进程的加快，智慧档案馆建设提上日程，"智能+档案"的新发展范式已经初步成形。现如今，档案信息的存在形态正在由以文本为主过渡到文本、图形图像、音频和视频等多媒体并存，这为基于语义表达实现跨媒体档案信息检索提出了需求，也为档案信息资源开发利用带来了新的挑战。在诸多智能技术新发展

---

①② 张学福.信息检索可视化基本问题研究［J］.中国图书馆学报，2006（3）：37-40.

③ 参见本书"第四章 新媒体环境下网络档案信息检索工具与平台的创新发展——第四节 网络档案信息集成检索平台—— 四、网络档案信息集成检索平台的集成范围——（六）跨媒体集成""第五章 新媒体环境下网络档案信息检索功能的创新发展——第四节 从文字到多媒体：多媒体检索功能——四、跨媒体检索"。

④ Pan Y H.Heading toward Artificial Intelligence 2.0［J］.Engineering，2016（2）：409-413.

方向中，应用跨媒体智能技术可以有效应对基于语义的跨媒体档案信息检索需求。

一、跨媒体智能技术及其应用

（一）跨媒体智能技术内涵与外延

跨媒体智能技术被誉为人工智能 2.0 时代的核心技术和重要标志。它"通过视听感知、机器学习以及语言计算等理论与方法，构建出实体世界的统一语义表达，再通过跨媒体分析与推理将数据转换为智能，从而实现信息系统的智能化"①。

跨媒体智能技术主要包括三个研究分支：一是跨媒体感知计算理论，主要面向三元空间实时感知认知的需要，研究传感器与智能感知技术、支持统一语义表达的自然语言处理与应用模型、三元空间实时感知认知系统平台等；二是跨媒体分析与推理技术，主要研究跨媒体智能描述与生成、跨媒体统一表征与度量、跨媒体知识图谱构建与学习、跨媒体关联理解与知识挖掘、跨媒体知识演化及推理等；三是智能计算芯片与系统，旨在研制超越经典计算机冯·诺依曼结构的智能计算体系，并开发配套的基础软件、系统软件与应用软件。②

（二）在网络档案信息检索中的应用

网络档案信息检索是"互联网+"环境下档案利用过程中的关键一环，其智能化程度会极大地影响档案利用的效率和效果。目前，网络档案信息检索的实践大多停留在检索文本类档案信息或者相同媒体档案信息的阶段，尚未实现真正意义上的跨媒体检索。在理论层面，对跨媒体档案信息检索与知识服务开展了研究，但距离实现智能检索的目标尚有较大差距。吕元智根据关联数据和多媒体检索技术设计了数字档案资源跨媒体语义检索实现功能框架和过程框架③，从面向资源架构的角度出发设计了数字档案资源跨媒体整合框架并探讨了数字档案资源跨媒体整合的具体实现策略④。梁孟华⑤应用 Web 2.0 和语义关联技术，构建了面向利用者的数字档案资源跨媒体知识集成服务平台。探究跨媒体智能技术在网络档案信息检索中的应用对提高网络档案信息检索的智能化程度，并以此提升档案利用活动的层次与境界有着重要意义。

网络档案信息检索实现的前提是对档案信息进行有效的著录和描述，进而确定

---

①② 中国人工智能 2.0 发展战略研究项目组.中国人工智能 2.0 发展战略研究（上册）[M].杭州：浙江大学出版社，2019：191，192-272，220，231-232，245-261.

③④ 吕元智.数字档案资源跨媒体语义检索实现框架与关键问题研究[J].档案学研究，2014（2）：60-70.

⑤ 梁孟华.面向利用者的数字档案资源跨媒体知识集成服务研究[J].档案学研究，2016（6）：49-54.

相关的检索途径[1],依托某一检索工具,或集成了包括检索工具在内多种工具的平台向档案利用者提供服务。档案信息著录和描述的质量是决定检索工具功能优劣的重要因素之一。对于文本类档案信息,可以通过传统的著录标引、相关的元数据设计、OCR文字识别等方法相对有效地实现著录和描述,但图形图像、音频、视频等档案内容中蕴含的语义信息很难精准地表达出来并实现不同媒体信息间的关联,因此,网络档案信息检索亟待应用跨媒体智能技术解决问题。跨媒体智能技术应用于网络档案信息检索,主要目标是实现跨媒体智能检索,即针对任意一种特定媒体,检索出与之语义内容相关的各种媒体内容。

二、跨媒体智能技术应用的必要性

（一）加强跨媒体档案信息间的语义关联

在网络档案信息检索活动中,档案信息以数字数据集合的形式存储,其可能是结构化、半结构化或者非结构化的,且呈现出多源异构和媒体多样等特征。通过以往的档案著录和描述手段可以实现对部分档案信息的检索,但很难正确表达跨媒体档案信息间的语义关联。

跨媒体智能技术不仅可以对多媒体档案信息的元数据信息进行分析,还可以通过LDA2Vec、多深度网络、残差注意力网络、支持向量机、卷积神经网络、循环神经网络等方法[2][3][4][5]对多媒体档案信息的内容信息和结构信息进行跨媒体分析与推理,将低层次的特征映射到高层次的语义空间中,跨越媒体间的"语义鸿沟",加强不同媒体档案信息间的语义关联,进而推动知识服务的真正实现。例如,一份文书档案和一段录像档案记录的是同一事件,二者之间就存在相同或相似的语义关系,跨媒体智能技术用于将其语义进行相应的关联,基于此可以开展知识服务。

（二）实现检全率与检准率之间的平衡

检全率与检准率是衡量网络档案信息检索效率的两个重要指标,二者又往往无法兼顾。偏重提高检全率的条件下一般很难同时实现检准率的提高,反之亦然。

在网络档案信息检索中应用跨媒体智能技术,一方面可以加强不同媒体档案信息间的语义关联并进行相应的分析与推理,另一方面可以相对准确地理解档案利用

---

[1] 赵屹.网络档案信息检索的元数据设计[J].山西档案,2020(1):54-61.

[2] 钟庆虹,乔晓东,张运良,等.基于LDA2Vec和残差网络的跨媒体融合方法研究[J].数据分析与知识发现,2019(10):78-88.

[3] Peng Y X, QI J W, Huang X. Current Research and Prospects on Multimedia Content Understanding [J]. Journal of Computer Research and Development, 2019, 56(1): 183-208.

[4] 冯姣,陆昶谕.基于残差注意力网络的跨媒体检索方法[J].计算机科学,2021,48(S1):122-126.

[5] 卓昀侃,綦金玮,彭宇新.跨媒体深层细粒度关联学习方法[J].软件学报,2019,30(4):884-895.

者所表达的显性检索需求（不论是用自然语言表达还是用受控的人工语言表达），从而实现精准匹配。

因此，跨媒体智能技术在一定意义上实现了检全率与检准率之间的平衡，并且可以根据档案利用者的反馈结果进行更为精准的二次检索，在此基础上进一步深度挖掘档案利用者的隐性检索需求，从而提高档案利用者的满意度。

（三）降低对档案利用者检索技能的要求

在以往的网络档案信息检索过程中，档案利用者需要根据自身的检索需求，结合检索工具的相关技术指标选择检索途径并输入检索词。很多网络档案信息检索工具所提供的检索途径和输入方法是较为专业的，而档案利用者群体有着不同的年龄结构、知识体系、工作经验和专业背景。专业化的检索途径和输入方法在一定程度上提高了检索的规范性，但同时也提高了检索的门槛[①]，对档案利用者的检索技能要求较高。

基于跨媒体智能技术的网络档案信息检索工具平台为档案利用者提供的检索界面是针对自然语言开发的，符合档案利用者的语言表达习惯，且同时支持对文字、图形图像、音频和视频档案的内容检索。因此，在网络档案信息检索中应用跨媒体智能技术可以大大降低对档案利用者检索技能的要求。

（四）提高网络档案信息检索效率

影响网络档案信息检索效率的因素包括档案信息质量、知识服务水平、检全与检准程度、利用者检索技能等。跨媒体智能技术应用加强跨媒体档案信息间的语义关联，提高了档案信息质量和知识服务水平，实现检全率与检准率之间的平衡，并且可以降低对档案利用者检索技能的要求，因此从整体上提高了网络档案信息检索的效率。例如，某位名人的档案散落多处，由若干档案机构保存。其中一个档案机构拥有其某部手稿的残页，为了将手稿补充完整，该档案机构作为检索者需要基于手稿残页查找相同手稿的其他部分。以往的网络档案信息检索只能通过名人姓名、手稿题名等查找，难以实现以稿找稿。应用跨媒体智能技术的"以图搜图"功能，可以前所未有地帮助档案机构检索到有关档案信息。

三、跨媒体智能技术应用的可行性

（一）技术维度可行性

国务院 2017 年发布的《新一代人工智能发展规划》指出，要构建包含跨媒体感知计算理论在内的新一代人工智能基础理论体系，建立涵盖跨媒体分析与推理

[①] 马仁杰，谭亚楠，王沐辉.论我国档案检索工作中存在的问题与改进对策[J].档案学通讯，2016（3）：43.

技术、智能计算芯片与系统的新一代人工智能关键共性技术体系[①]。跨媒体智能技术已经被写入国家级的战略规划中，在未来一段时间内，技术的成熟度将会大幅提高。

从目前的发展状况看，世界上已经有许多大学、科研院所、高科技企业在研究跨媒体智能技术，并且在某些技术分支领域已经开展实践并取得了不错的成绩。例如，北京大学彭宇新团队构建了两个跨媒体数据集合PKUXMedia和PKUXMediaNet，实现了对五种媒体类型数据的跨媒体智能检索[②]。在这种发展背景下，将跨媒体智能技术应用于网络档案信息检索，在技术维度上是可行的。

（二）资源维度可行性

我国现有数字档案信息资源足以支撑跨媒体智能技术的实现。例如，在基于深度学习的跨媒体分析与推理过程中，需要以多媒体的各类数字信息资源为基础反复进行练习，以提高分析与推理的准确度[③]。档案机构实施网络档案信息检索的目的在于将本机构以及其他相关机构的各种媒体形式的档案信息进行共享，再通过网络提供给档案利用者利用。因此，在网络档案信息检索中含有大量多媒体档案信息。这些档案信息经过档案工作者的管理与维护，一般具有丰富且相对完整的内容、背景与结构信息，可以在"质"的层面上为跨媒体智能技术提供比其他数字信息资源更为有力的支撑。此外，在"数智"赋能背景下，原生和次生档案信息的种类和数量不断增加，足以形成"档案大数据"，在"量"的层面上亦能为跨媒体智能技术的应用打下坚实基础。

（三）政策维度可行性

2020年修订的《中华人民共和国档案法》第六条规定："国家鼓励和支持档案科学研究和技术创新，促进科技成果在档案收集、整理、保护、利用等方面的转化和应用，推动档案科技进步。"跨媒体智能技术是前沿科技，其应用有助于推动档案科技进步，促进档案利用服务创新。

2021年发布的《"十四五"全国档案事业发展规划》提出要全面加快档案工作数字转型和智能升级，重点开展新一代信息技术在档案管理中的应用等重大课题研

---

① 中华人民共和国国务院.国务院关于印发《新一代人工智能发展规划》的通知［EB/OL］.［2021-08-01］.http://www.gov.cn/zhengce/content/2017-07/20/content_5211996.htm.

② 卓昀侃，綦金玮，彭宇新.跨媒体深层细粒度关联学习方法［J］.软件学报，2019，30（4）：884-895.

③ 王树徽，闫旭，黄庆明.跨媒体分析与推理技术研究综述［J］.计算机科学，2021，48（3）：79-86.

究，使档案信息化建设再上新的台阶[①]。可以预见，经过"十四五"时期的建设，至2035年，人工智能、大数据、云计算、区块链等新一代信息技术必将大量应用在我国的档案工作中。跨媒体智能技术作为人工智能技术最新的、最为前沿的发展方向之一，在国家政策的大力驱动下，在网络档案信息检索中的应用不会缺席，在档案工作中应用的理论成果和实践案例必将大量涌现。

四、跨媒体智能技术应用路径

跨媒体智能技术在网络档案信息检索中的应用可谓"势在必行"，其应用路径可以从跨媒体智能技术的各项分支技术以及网络档案信息检索需要实现的各类功能综合考虑。

（一）网络档案信息检索平台集成智能感知认知能力

网络档案信息检索平台是集成的，实现档案利用者自助检索、检索可视化、交互功能、智能服务等，这些功能实现的基础均离不开智能感知、智能认知能力。因此，网络档案信息检索平台需要集成智能感知、智能认知能力。

网络档案信息检索的智能感知是以数据处理理论为指导实现数据层的更高效处理，主要表现在三个方面：一是对档案利用者的智能感知，高效收集档案利用者的基本信息、各类显性检索需求以及检索历史等，据此展开利用者分析，挖掘利用者潜在的检索需求，实现个性化服务；二是对各网络档案知识库中所含档案知识的智能感知，旨在实时发现各档案知识库的各种变化，包括档案信息的新增、销毁、元数据更新等；三是对其他有利用价值的数字信息资源的智能感知，以便在不能提供有效检索结果的情况下进一步扩大检索范围，为档案利用者提供关联的、综合的知识服务或支撑服务。

智能认知是指具有理解、推理能力。在具备智能感知能力的基础上，还要提升网络档案信息检索平台的智能认知能力，即使得检索平台能够充分理解档案利用者的自然语言、深度分析档案利用者提交的针对多媒体档案信息检索需求，最终通过多种方式将检索结果及关联推荐结果予以呈现。

（二）网络档案信息检索工具具备跨媒体知识组织功能

跨媒体知识组织是实现跨媒体档案信息间语义关联与知识融合的关键。在网络档案信息检索平台集成智能感知、智能认知能力的同时，需要开发具备跨媒体知识组织功能的网络档案信息检索工具，并与检索平台相互联通。

开发具备跨媒体知识组织功能的网络档案信息检索工具主要包含两个方面的内容：一是网络档案信息检索工具具备跨媒体关联理解功能。目前，跨媒体语义关

---

① 中华人民共和国国家档案局.中办国办印发《"十四五"全国档案事业发展规划》[EB/OL].[2021-9-10]. https://www.saac.gov.cn/daj/yaow/202106/899650c1b1ec4c0e9ad3c2ca7310eca4.shtml.

联主要聚焦于多媒体档案信息的语义关联,即在一个公共子空间挖掘各类媒体档案信息的语义关联,这可以通过 LDA、DNN、跨媒体深层细粒度关联学习等方法实现①②。因此,具备跨媒体关联理解功能的网络档案信息检索工具可以实现对跨媒体档案信息的语义关联。例如,在一次重要会议上,分别形成了文本(会议纪要)、图像(会议照片)、视频(会议录像)三种媒体的原始记录,它们经过鉴定后成功归档,档案机构将其纳入利用范围后,存入具备跨媒体关联理解功能的网络档案信息检索工具中,实现跨三种媒体档案信息间的语义关联。档案利用者向检索平台提供一种或多种媒体的检索表达信息后,可以将三种媒体相关的档案信息全部检索出来;二是网络档案信息检索工具具备跨媒体知识挖掘功能。跨媒体知识挖掘的目的在于寻找跨媒体档案信息以及不同类型数据集合间的共生关系,并据此发现其中所含的语义结构,为构建跨媒体知识图谱提供支撑。

(三)在网络档案信息检索工具中构建跨媒体知识图谱

构建跨媒体知识图谱是跨媒体分析与推理的核心。在跨媒体知识图谱中,对于图像特征、视频特征等非结构化输入,可以通过多媒体表示学习进行概念的结构化建构,将实体、类别及关系等内容嵌入为数值向量;对于自然语言文本输入,可以将文本解析映射为相应的低维向量,与实体、概念、关系等对应连接,运用向量间的相似度计算生成知识图谱中节点和边构成的事实③。

在网络档案信息检索工具中构建跨媒体知识图谱的一般步骤为:第一步是建立存储文本、图形图像、音频、视频等多媒体档案信息的数据集合,并通过技术手段保证资源间的有效互通与共享;第二步是对数据集合中的多媒体档案信息进行知识提取和知识描述,对不同媒体档案信息可采用不同的方法,例如对图像类档案信息可采用 SIFT 方法④、对音频类档案信息可采用梅尔频率倒谱系数(MFCC)特征提取方法⑤等;第三步是进行跨媒体本体建模,根据知识提取和知识描述的结果并进行跨媒体关联理解后,建立相应的跨媒体本体知识库模型;第四步是对跨媒体本体知识库中的各类元素进行质量评估,在评估完成后即可成功构建跨媒体知识图谱。值得注意的是,由于目前跨媒体知识图谱的理论与实践还处于初级阶段,跨媒体实体之

---

① 中国人工智能 2.0 发展战略研究项目组.中国人工智能 2.0 发展战略研究(上册)[M].杭州:浙江大学出版社,2019:191,192-272,220,231-232,245-261.

② 卓昀侃,綦金玮,彭宇新.跨媒体深层细粒度关联学习方法[J].软件学报,2019,30(4):884-895.

③ 王树徽,闫旭,黄庆明.跨媒体分析与推理技术研究综述[J].计算机科学,2021,48(3):79-86.

④ Lowe D G.Distinctive Image Features from Scale-Invariant Keypoints[J].International Journal of Computer Vision,2004,60(2):91-110.

⑤ Foote J T.Content-based Retrieval of Music and Audio[C]//Multimedia Storage & Archiving Systems Ⅱ.International Society for Optics and Photonics,1997.

间的关系种类与层级繁多，依赖全自动的关联分析技术虽能在短期内扩充图谱的知识条目规模，但存在知识重复、冗余、质量较低、系统智能演化缓慢等问题，因此可以考虑构建将粗粒度知识与细粒度知识相结合的多层次多粒度跨媒体知识图谱①，而相关技术的研究与开发还有待知识工程领域的专家、学者以及工程师们深度参与。

（四）在网络档案信息检索工具中完成跨媒体知识演化及推理

跨媒体知识演化及推理能够在一定程度上模仿人类可解释的推理学习能力，旨在跨越语言、听觉、视觉等不同媒体的数据，对知识进行泛化的获取、表征、挖掘、学习与推理②。简而言之，跨媒体知识演化及推理就是为了完成跨媒体数据与跨媒体知识之间的深度转换，建立具有动态更新与自我完善能力的知识演化机制。

在网络档案信息检索工具中成功构建跨媒体知识图谱后，就需要应用相关技术与方法完成跨媒体知识演化及推理，具体包括三个方面：一是跨媒体知识的智能获取，目的是为了实现跨媒体知识的动态更新与自我完善，可以使用数据驱动和知识引导相结合的获取方法、大数据驱动下的跨媒体知识工程自动化方法等；二是跨媒体知识的表征与迁移，是为了实现跨媒体的统一知识表征以及从已知数据到未知数据的知识迁移；三是跨媒体知识的推理与学习，是为了实现基于语义理解的跨媒体综合推理以及实现永不终止的知识挖掘和演化过程③。总之，跨媒体知识演化及推理与跨媒体知识图谱相辅相成、互相促进，共同为网络档案信息检索工具赋予相应的跨媒体智能能力。

（五）在网络档案信息检索工具中实现跨媒体智能描述与生成

跨媒体智能描述与生成旨在充分挖掘跨媒体信息之间的多层次语义关联、时空关联、对象关联等复杂关系，通过有效的智能计算手段，建立从视听觉内容到自然语言的映射模型，保证媒体内容的计算机自然表达与人类认知理解的基本统一④，其目的是为了实现人与计算机之间的自然交互与交流。

在网络档案信息检索工具中实现跨媒体智能描述与生成的流程主要包括三个步骤：一是对跨媒体的档案信息进行协同认知计算；二是通过情感分析和知识推理实现音频、视频类档案信息与文本类档案信息的对应关系，并结合自然语言建模方法实现对跨媒体档案信息内容的自然语言表达；三是不断优化学习方法，从单一的强化学习和深度学习方法进化为深度强化学习方法，并融入迁移学习、半监督学习和弱监督学习等方法。

在网络档案信息检索工具中实现跨媒体智能描述与生成的作用，一方面可以

---

① 黄庆明，王树徽，许倩倩，等.以图像视频为中心的跨媒体分析与推理［J/OL］.智能系统学报：1-13［2021-09-11］.http://kns.cnki.net/kcms/detail/23.1538.TP.20210726.1059.002.html.

②③④ 中国人工智能 2.0 发展战略研究项目组.中国人工智能 2.0 发展战略研究（上册）［M］.杭州：浙江大学出版社，2019：191，192-272，220，231-232，245-261.

对档案利用者提交的检索表达信息进行跨媒体转换,另一方面也可以对系统中存储的档案信息进行跨媒体转换。例如,档案利用者输入图像检索内容后,系统就可以根据此内容生成与之相对应的文本检索内容。当然,就目前的技术发展而言,还不能完全实现各种跨媒体档案信息间的无缝转换,其中的各项技术问题与难点还需要一一解决。

（六）采用充分适应跨媒体智能检索的智能计算芯片与系统

这是跨媒体智能检索应用的终极途径。现有计算芯片与系统无法最大限度地满足跨媒体智能技术的发展要求,因此迫切需要研发新的智能计算芯片与系统,从而形成硬件与软件的合力,实现功能更为强大的跨媒体智能检索。目前,对智能计算芯片与系统的研究主要集中于神经网络处理器、类脑计算芯片、智能计算体系结构、人工智能操作系统等[①]。

对于网络档案信息检索而言,完全自主研发充分适应跨媒体智能检索的智能计算芯片与系统是不可能实现的,也是没有必要的。档案机构在网络档案信息检索平台集成智能感知、智能认知能力以及在网络档案信息检索工具中构建跨媒体知识图谱之前,可以先了解当前智能计算芯片与系统的发展状况,再根据自身的实际情况与相关的大学、科研院所、高科技企业等进行深度合作,将相关的需求提供给他们,在有条件的情况下可以全程参与其研发过程,并适当地为其提供档案信息支持,以验证新硬件与软件的相关性能并及时反馈,最终适时适当地采用最为合适的智能计算芯片与系统。

档案机构还可以联合大数据中心等具有相似应用要求的单位,在某一方向上（例如建立跨媒体智能技术开源开放平台）开展相关的研究与开发工作,以实现某些技术上的自主突破。

五、跨媒体智能技术应用问题与对策

虽然跨媒体智能技术可以应用于网络档案信息检索,实现性能相对优越的跨媒体智能检索并为档案利用者提供更为优质的档案利用服务。但是,在其应用的过程中,必须注意一些问题并有效解决,以保证技术应用的有效性和稳定性。

（一）技术综合问题

技术综合问题是指在网络档案信息检索中跨媒体智能技术与其他信息技术的综合应用问题。在新一代信息技术蓬勃发展的今天,任何一种信息技术的应用都不是孤立的,而是彼此交叉、相互融合。网络档案信息检索是多种信息技术的综合应用,例如,应用云边协同技术进行档案信息的存储共享、应用区块链技术实现档案信息

---

① 中国人工智能2.0发展战略研究项目组.中国人工智能2.0发展战略研究（上册）[M].杭州:浙江大学出版社,2019:191,192-272,220,231-232,245-261.

的可信验证、应用量子保密通信技术保证档案信息的传输安全等。

将跨媒体智能技术应用于网络档案信息检索，必须注意各类信息技术的综合应用问题，它主要体现在两个方面：一是跨媒体智能技术与大数据智能、群体智能、混合增强智能等人工智能技术的综合应用问题。例如，如何在网络档案信息检索中实现基于混合增强智能技术和跨媒体智能技术的人机协同。二是跨媒体智能技术与大数据、云计算、物联网、区块链等其他类型信息技术的综合应用问题。例如，如何将档案库房物联网数据纳入跨媒体知识组织的数据集合中，如何在基于区块链的网络档案信息检索工具中构建跨媒体知识图谱并实现跨媒体分析与推理等。

（二）应用时机问题

将跨媒体智能技术应用在网络档案信息检索中，需要满足一定的基础条件，大致可从成本、管理和档案数据化程度三个角度进行分析。

从成本角度看，不同档案机构的人才素养、技术积累和经济实力是有差别的，从而导致他们应用跨媒体智能技术所需的成本不同。

从管理角度看，在应用跨媒体智能技术的同时，还必须有与之相匹配的管理制度与管理方法，否则会带来管理跟不上技术发展的问题。

从档案数据化程度看，如果没有实现档案数字化向档案数据化的转变或者档案数据化程度不高，将很难发挥档案信息对跨媒体智能技术的支撑作用，无法达到跨媒体智能检索的根本目的。

网络档案信息检索应用跨媒体智能技术之前，至少应从上述三个角度进行综合评判，选择最佳的时机展开应用。跨媒体智能技术的应用时机对于不同的档案机构而言可能是不同的，倘若不加选择便贸然应用，势必会带来事倍功半的后果。

（三）安全问题

人工智能自诞生以来，安全问题就是其面临的重要问题之一。国际标准化组织（International Organization for Standardization，简称ISO）将人工智能系统全生命周期概括为初始、设计研发、检验验证、部署、运行监控、持续验证、重新评估、废弃八个阶段[①]，每个阶段都面临多种安全问题存在着一定的安全风险。跨媒体智能技术是人工智能技术的一个分支，自然也面临着相应的安全威胁。

跨媒体智能技术应用于网络档案信息检索面临的安全威胁主要集中在部署阶段、运行监控阶段和持续验证阶段。在部署阶段，承载网络档案信息检索工具的软硬件环境可能存在一定的安全漏洞。在运行监控阶段，网络攻击者可以运用对抗样本、轮询样本、模型后门、数据投毒、数据逆向还原、代码漏洞利用等手段对网络档案信息检索平台及检索工具进行非法攻击。在持续验证阶段的安全威胁主要有测试验

---

① 景慧昀，魏薇，周川，等.人工智能安全框架[J].计算机科学，2021，48（7）：1-8.

证数据更新不及时、未及时发现和修复因持续学习而引入的模型反馈误导等[①]。

（四）伦理问题

跨媒体智能技术在网络档案信息检索中应用的伦理问题主要表现在三个方面：一是在跨媒体分析与推理过程中智能检索系统的行为是否符合人类社会的一些基本伦理规则问题。例如智能检索系统对档案利用者个人信息的收集是否会侵犯利用者的隐私、智能检索系统在进行多媒体档案信息相互关联与挖掘时是否能正确理解人类之间各种复杂的社会关系等。二是跨媒体智能技术的应用是否会使档案工作者产生对智能检索系统的长期依赖性，导致他们工作能力的减弱乃至丧失。三是当智能检索系统出现错误决策后，是否能及时纠正并合理划分相关的责任，做到人与系统之间的相对公平。总之，包括跨媒体智能技术在内的人工智能技术的应用伦理问题是需要重点关注并加以解决的，如果处理不当，将会严重影响人工智能技术的应用生态，甚至引起技术的倒退。

跨媒体智能技术作为人工智能 2.0 时代最具前景的智能技术之一，为网络档案信息检索的创新发展提供了新的技术选择，同时也为实现满足档案利用者检索需求的个性化、立体化、精准化、及时化档案服务模式提供了新的技术支撑。"大鹏一日同风起，扶摇直上九万里"，随着《新一代人工智能发展规划》《中华人民共和国档案法》的快速推进、《"十四五"全国档案事业发展规划》的稳步落实以及"智能＋档案"的持续发展，相信在不远的未来，跨媒体智能技术一定能在网络档案信息检索中大放异彩，为我国的档案智能化建设助力赋能。

---

① 景慧昀，魏薇，周川，等.人工智能安全框架［J］.计算机科学，2021，48（7）：1-8.

第七章 新媒体环境下网络档案信息检索理论的创新发展

第一节 网络档案信息检索理论发展概述

档案检索在我国档案学中是一个分支学科、一个独立的专业研究方向。网络档案信息检索理论根植于档案检索理论，理论根基较为丰厚。笔者收集整理了我国档案检索著作情况，如表7-1所示。

表7-1 我国档案检索著作一览表

分类	著作名称	作者	出版社	年度
档案检索综合性著作	档案检索	邓绍兴	档案出版社	1985
	档案管理、情报检索与计算机	杨振山等	同济大学出版社	1989
	档案检索的原理与方法	冯惠玲	中国科学技术出版社	1990
	档案情报检索实用手册	王金夫	复旦大学出版社	1990
	档案目录学	孙钢	档案出版社	1991
	档案检索自动化基础	汤道銮	南京大学出版社	1992
	档案检索	张琪玉	书目文献出版社	1993
	档案信息组织与检索	洪漪	武汉大学出版社	1998
	档案文献检索	冯惠玲	高等教育出版社	1999
	档案文献检索	王向明	上海大学出版社	2001
	档案文献检索	冯惠玲	高等教育出版社	2004
	档案信息检索	张琪玉	解放军出版社	2004
	信息检索与档案管理	张予宏	郑州大学出版社	2005
	档案信息检索	陈丽	四川人民出版社	2010
	档案信息检索	肖秋会	武汉大学出版社	2011
	档案检索实验教程	潘世萍等	北京师范大学出版社	2012
	信息检索与档案文献研究方法	邵景霞等	中国戏剧出版社	2013
	档案检索：理论与方法	周铭	中国社会科学出版社	2015
	档案信息组织与检索实验教程	肖秋会	武汉大学出版社	2016

续表 7-1

分类		著作名称	作者	出版社	年度
档案著录标引著作	档案著录标引综合性著作	档案著录规则讲话	邓绍兴	档案出版社	1985
		档案著录与标引手册	孙钢	红旗出版社	1986
		《中国档案分类法》的理论与使用	邹步英等	档案出版社	1988
		中国档案分类的演变与发展	邓绍兴等	档案出版社	1997
		档案分类编目	薛海林等	南京大学出版社	1994
		档案主题标引与检索实用教程	叶千军	同济大学出版社	1995
		《中国档案主题词表》研究与使用精要	张正强	上海科学技术文献出版社	1995
		档案著录标引与检索	周铭	云南科技出版社	1998
		档案分类	邓绍兴	首都师范大学出版社	1998
		《中国档案分类法》使用手册	邹步英	档案出版社	1999
		现代计算机档案著录标准化精要	张正强	上海科学技术文献出版社	2000
		电子档案著录标准及其应用	王萍	吉林大学出版社	2010
	专业领域档案著录标引	中国环境保护档案分类规范	编辑委员会	中国环境科学出版社	1990
		公文与档案主题标引	编写组	档案出版社	1992
		气象档案编目原理与方法	吴增祥等	档案出版社	1992
		教育档案分类标引方法	教育档案分类表编制组	吉林人民出版社	1994
		高等学校档案通用主题词表与主题标引手册	国家教育委员会办公厅	南京大学出版社	1994
		冶金档案著录与标引	张学新	冶金工业出版社	1998
		城市建设档案著录原理及示例	周健民	中国建筑工业出版社	2005

表中共显示有 38 部著作。1985 年，邓绍兴编著的《档案检索》是我国档案检索领域最早的著作。此后，著作数量不断增加，每年出版的档案检索著作数量如表 7-1 所示。在 1985 年至 1999 年的 15 年间，共出版著作 25 部。除 1987 年和 1996 年两个年度外，每年都有著作出版。其中，1990、1992、1994 三个年度出版数量均为 3 部，出现连续波峰，至 1998 年（4 部）达到顶点。进入 21 世纪以来，档案检索著作数量显著下降。2000 年至 2022 年的 22 年间，共出版著作 13 部。其中，2016 年以后无著作出版。

已有理论著作根据研究主题分为两大类：一是档案检索综合性著作，共计 18 部（表 7-1 中显示共计 19 部，其中一部再版一次）；二是档案著录标引著作，包括档案著录标引综合性著作 12 部和专业领域档案著录标引著作 7 部，共计 19 部。

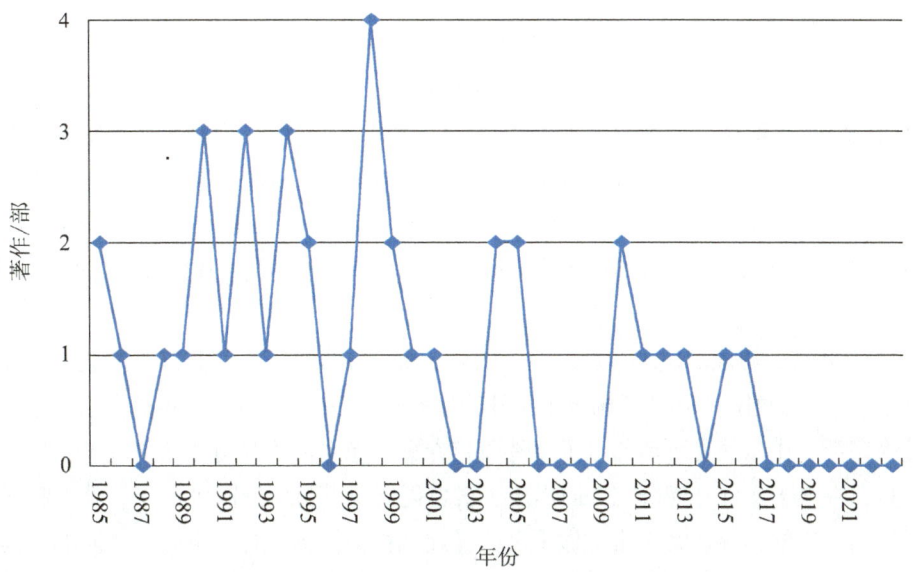

图 7-1 自 1985 年以来每年档案检索著作出版数量

在上述著作中，涉及自动标引、计算机档案信息检索系统、档案数据库、计算机档案信息检索技术、网络环境下的档案信息组织与检索、自然语言在档案文献检索中的应用、档案网站检索、网络元数据、网络多媒体信息检索等内容，为网络档案信息检索奠定了理论根基。但是，从著作出版年度可以看出，理论界自 2016 年以后没有出版新的档案检索理论著作，而 2016 年以后是网络档案信息检索实践快速发展的时期，检索实践迫切需要理论的研究与指引。尤其是结合新媒体环境，开展网络档案信息检索的研究亦是档案检索理论面向时代发展的研究课题。

基于网络检索实践的前沿发展，结合近几年电子文件理论的发展，本书关于新媒体环境下网络档案信息检索理论主要研究电子文件著录理论、电子文件元数据理论、档案信息组织理论和档案知识服务理论。

第二节 电子文件著录理论

著录是档案信息检索不可或缺的重要环节。同时，网络档案信息是数字信息，也是电子文件，即"国家机关、社会组织或个人在履行其法定职责或处理事务过程中，通过计算机等电子设备形成、办理、传输和存储的数字格式的各种信息记录"，其中"具有凭证、查考和保存价值并归档保存的电子文件"[①]转化为电子档案。本书研究"电子文件"情况时，包括"电子档案"的相关情况。20 世纪 90 年代以来，电子文件著录理论的发展，对网络档案信息检索具有重要影响。

---

① 中华人民共和国国家标准. 电子文件归档与电子档案管理规范［S］. GB/T18894-2016，2016.

一、电子文件著录理论发展脉络

20世纪70年代,美国制定专用档案著录机读目录标准——《档案内容著录标准》(DACS)。80年代,我国制定 GB/T 3792.5—1985《档案著录规则》。美国制定《档案与手稿机读目录格式》(USMARC AMC)和《档案、私人文件与手稿:档案保管机构编目手册》(APPM)。英国制定《档案著录手册》(MAD)。加拿大制定《档案著录规则》(RAD)。在这些档案著录标准制定过程中有关人士开展了相关理论研究,为电子文件著录理论奠定了基础。

1994年,美国的戴维·比尔曼(David Aanoi Bearman)将其以往的数篇论文汇集成《电子证据——当代机构电子文件管理战略》[①]一书出版,其中的著录理论影响较为广泛。比尔曼是著名的电子文件研究专家,他主持或参与了几项电子文件管理项目,在电子文件管理研究方面提出了很多创新观点与理论。1996年,他在我国召开的第十三届国际档案大会上做了名为《虚拟档案》的报告,引起广泛回响,其理论在我国传播并产生影响。

1997年,冯惠玲的博士学位毕业论文《拥有新记忆——电子文件管理研究》以"著录概念扩大"为题研究了电子文件著录问题。此后,我国档案界逐步深化电子文件著录问题研究。张正强的《电子档案著录的研究》[②]、刘越男的《电子文件著录问题初探》[③]、祭鸿雁的《电子文件著录反思》[④]、李春艳[⑤]的《从电子文件管理的角度研究〈档案著录规则〉》等学术论文都对当时电子文件著录理论发展进行了较为全面的总结并提出个人观点。2001年,冯惠玲主编的《电子文件管理教程》[⑥]专节阐述电子文件著录问题。中国档案界电子文件著录研究与国际接轨并结合本国特点有所发展。

此外,国际档案理事会每次发布档案著录标准也促进了电子文件著录理论的发展。主要的国际档案著录标准有四个:一是1994年发布、2000年修订的《国际标准——档案著录规则(总则)》〔ISAD(G)〕;二是1996年发布、2004年修订的《国际标准——法人、个人与家庭档案授权记录著录规则》〔ISAAR(CPF)〕;三是2007年发布的《国际标准——职能著录规则》(ISDF);四是2008年发布的《国际标准——档案保管机构著录规则》(ISDIAH)。每个著录标准的发布都会引发理论研究的一次发展。

---

① 戴维·比尔曼.电子证据——当代机构文件管理战略[M].王健,等译.北京:中国人民大学出版社.2000.
② 张正强.电子档案著录的研究[J].浙江档案,2000(6):7-8.
③ 刘越男.电子文件著录问题初探[J].档案与建设,2001(2):35-39.
④ 祭鸿雁.电子文件著录反思[J].山西档案,2002(4):13-15.
⑤ 李春艳.从电子文件管理的角度研究《档案著录规则》[J].档案与建设,2005(11):20-21,26.
⑥ 冯惠玲.电子文件管理教程[M].北京:中国人民大学出版社,2001.

二、电子文件著录理论主要内容

（一）电子文件著录概念扩大

关于电子文件著录概念，戴维·比尔曼提出用 documentation 取代 description，即用电子时代的现代著录概念取代传统著录概念[①]。2000年，ISAD（G）第二版提出档案著录是"通过获取、核对、分析、组织和记录有助于确认、管理、检索和解释档案材料、背景及其生成时的文件系统的信息，以形成对所描述对象及其构成部分的准确表述的过程及成果"。与传统著录相比，因档案记录方式与载体的改变带来管理方法的变化，电子文件著录概念扩大。著录的目的不再仅限于编制档案目录、编制检索工具，而在于确认、管理、检索和解释档案材料。著录内容不仅包括档案本身的内容特征和形式特征，还包括档案的背景和生成它的文件系统。著录时机不再是文件归档之后分析、选择和记录，而是主动获取。著录对象不仅是过程，而且是该过程的成果。

（二）电子文件著录项目扩充

传统档案著录项目在相对有限的范围内进行选择，主要包括题名、责任者、时间、分类号、档号、主题词、关键词、文件编号、密级、保管期限、提要等。电子文件的真实性与可靠性要依靠大量的背景信息来保证，电子文件著录项目大幅度扩充，这体现在横向扩充与纵向扩充两个方面。

1. 横向扩充

横向扩充是指电子文件著录项目扩充到内容、背景、结构、管理系统、文件间联系，是全要素[②]的。同时，著录的重点从内容转移到背景和保管系统上，以保证档案的完整性和真实性。戴维·比尔曼认为，"就著录的内容而言，著录涉及文件形成过程中的各个要素，包括文件形成背景、内容和结构，而且著录的重点也从文件内容转移到文件的形成背景上"[③]。传统著录中不予考虑的项目，例如保管历史、利用历史、管理系统等要给予著录。在档案文件之间，要从不同关系多方面建立联系。戴维·比尔曼认为，"著录的首要主题是文件形成活动、利用文件的机构和个人、文件产生的目的。"[④]

戴维·比尔曼认为，文件是由内容、结构和背景数据构成的证据。1996年，国际档案理事会电子文件委员会制定《电子文件管理指南》，强调文件是记录信息，由足以为其活动提供凭证的内容、背景和结构构成。电子文件著录应是对文件内容、

---

① 赵屹.电子档案管理经典文献导读[R]，2021-04-06.
②③ 冯惠玲.电子文件管理教程[M].北京：中国人民大学出版社，2001：73.
④ 戴维·比尔曼.电子证据——当代机构文件管理战略[M].王健，等译.北京：中国人民大学出版社．2000：193.

背景和结构全面的著录。其中，背景信息用于描述电子文件形成与维护的背景，它包括但不限于四个方面信息：一是形成阶段信息，包括形成原因、责任者、形成机构及其职责、形成目标、形成时间、形成所在地、形成之初的结构、文件形式特征、形成阶段的功能与活动、与其他资料的关系等；二是运转阶段信息，包括接收者名称、被抄送者名称、传递日期及附件、接收日期、运作阶段的功能与活动等；三是归档阶段信息，包括归档日期、稿本/版本号、成套文件编号、成套（或一类）文件中的文件序号、分类号、与其他文件的关系、档案实体保管地或网络寄存区域等；四是环境信息，包括电子文件形成的硬件条件、软件条件、系统数据等。①

2. 纵向扩充

尊重全宗、保持全宗的完整性、保持全宗内档案之间的有机联系是档案管理的重要原则之一。ISAD（G）规定档案著录是多级著录，应兼顾全宗级、类别级、案卷级、文件级各级著录。因而，电子文件著录应具有多级性（multilevel），各级著录之间的有机联系应始终予以维护。

当前，我国档案著录基本只进行案卷级、文件级著录，没有实现多级著录，无法反映档案的层级结构，无法维护文件间有机联系，在数字世界没有实现"全宗不可分散"原则。

（三）电子文件著录时间延展

从著录时间看，传统档案著录是归档后开始，而电子文件提前到文件形成之初乃至形成之前。著录时间提前到文件形成之前是指设计电子文件管理系统时，便应根据功能需求、文件种类、业务活动的证据性需求将著录项目及其著录时机考虑好。传统档案著录时间是一个点，而电子文件著录时间是一个段，这个段延展于整个文件生命周期内，实现全过程著录。

著录时间的提前和延展有助于将各种著录项目和内容全面予以记录，从源头上对电子文件进行把握和控制，从而针对电子文件的易变性保住电子文件的真实性。同时，将整个著录工作合理分布在文件生命周期的各个阶段和各个步骤，而不是等到归档后费力追溯和总结。这实现了电子文件全程管理，保证了电子文件的证据作用。

（四）电子文件著录人员增加

电子文件著录时间延展为整个文件生命周期，电子文件著录不再像传统著录那样仅仅由档案工作者来完成，而是整个文件生命周期内所有相关人员都将担负一定的著录工作。而后通过物理手段或逻辑方法，在归档时和归档后将所有著录信息汇聚起来。电子文件著录人员由原来的档案工作者，增加为在整个文件生命周期内参与文件形成、办理与管理的所有相关人员。

---

① 赵屹. 档案信息网络化建设［M］. 北京：北京图书馆出版社，2003：183.

（五）电子文件著录作用增强

基于全过程著录基础之上，电子文件著录的作用也有所增强。在传统著录完成目录编制、完成检索工具编制两种作用基础上，增强了实现电子文件证据性、维护电子文件长期真实性的作用。

戴维·比尔曼揭示了著录使得电子文件具有证据价值这一作用。他认为，著录"旨在获取关于活动本身及活动过程中产生或接收的、作为证据保存起来的与文件相关联的数据"，"如果文件具有证据价值，那么数据内容与文件形成、利用过程之间的联系的著录将尤为重要"[①]。

著录最早的目的是编制档案目录，档案目录同时作为检索工具。到了计算机时代，目录开始被输入计算机用于检索，其检索工具作用加强，著录的直接目的也变为编制检索工具。到了电子文件普及的时代，著录更多体现在维护文件的长久真实性和证据价值上面。戴维·比尔曼指出，"未经恰当著录过的电子文件即使保存下来，也不会有证据作用。"[②]没有证据作用的电子文件不能转化为具有凭证价值的档案。电子文件在保存过程中必要时还要迁移，戴维·比尔曼认为迁移过程与结果的有效性取决于著录质量的好坏，著录是确保其转载后文件仍有证据价值的关键。

（六）电子文件著录手段更新

电子文件使得档案信息资源形式和载体改变且数量增长迅速，再加上电子文件著录项目扩充、著录时间延展，传统的手工方式已经难以应对量大复杂的电子文件著录。电子文件著录手段必须更新，从人工著录转变为自动著录与人工控制相结合直至实现自动著录。结合的手段是元数据（metadata），通过建模、制定元数据标准规划电子文件整个生命周期，从各种信息源中自动捕获信息，直接利用元数据实现自动著录并组织检索工具。

电子文件著录手段更新后的优势主要体现在两个方面：一是利用相关系统已经存在的元数据、著录资源简化著录；二是加强前端控制，实现对文件生命周期前端的有效管理。[③]

（七）电子文件著录标准化

电子文件著录标准化内容主要包括对著录规则和标准的制定原则、模型、内容、体系、作用价值等的研究探讨，它是电子文件著录理论的重要组成。例如，戴维·比尔曼于1989年提出档案著录标准三维模型，从标准强度（技术标准、行业标准/协定、指南）、标准制定者（外部的，内部的）、标准开发层次（信息系统、数据结构、数据内容与数据值）三个维度划分著录标准。这是标准体系的模型化研究。

[①②] 戴维·比尔曼.电子证据——当代机构文件管理战略[M].王健，等译.北京：中国人民大学出版社.2000：177.38.

[③] 刘越男.电子文件著录问题初探[J].档案与建设，2001（2）：35-39.

世界各国在本国电子文件著录标准化方面也各有所长，形成了相应理论，总结了方法经验。

三、对网络档案信息检索的影响

电子文件著录理论的发展为网络档案信息检索奠定了基石，对网络档案信息检索效率具有决定性的影响。

（一）保证信息检索实现

网络档案信息检索实现的前提条件是对档案信息进行有效的著录，在此基础上决定网络档案信息检索能回应哪方面的提问并提供检索途径，以及能显示档案的哪些特征信息并提供检索结果显示。电子文件著录实现了对档案信息资源的控制，为完成网络档案信息检索创造了前提条件，由此才能开展检索并保证档案信息检索实现。

电子文件著录项目扩充理论，提出了背景信息著录的重要性，从而有利于对网络档案信息予以全面揭示。将内容、背景、结构等信息全面揭示，方便多角度提供检索途径，供利用者从各个方面检索档案信息，同时，在检索结果中为利用者提供丰富的档案描述信息，最大限度地满足档案利用者的需要。

（二）全面提供检索结果

基于电子文件著录概念扩大和著录项目扩充理论，对背景信息的著录比以往更加详细，而且在电子文件著录手段更新的理论基础上实现自动化著录，可以为永久保存的电子档案提供必要的背景信息。这些背景信息可以一并显示在检索结果中，让检索结果信息变得更加全面丰富。尤其是对档案来源的描述，在检索利用中很好地实现了来源原则。丰富的信息成为利用者正确理解与利用网络档案信息的必要保证。同时，鉴于今日的常识日后未必了然，对于档案的长期保管利用而言，全面提供检索结果也便于以后的利用者将档案内容信息与办理过程、技术环境等背景信息一并理解，更全面地掌握档案信息内容。

（三）奠定知识服务基础

电子文件著录理论强调著录概念扩大和著录项目扩充，通过著录揭示文件间联系，即电子文件与其他文件的关联信息。文件之间的联系是多种多样的，包括多级著录等级间的关系、源于相同的责任者、记录共同的事件等。对文件联系的揭示为知识服务奠定了良好的基础。

戴维·比尔曼认为，通过著录完善揭示文件的背景，利用者在信息系统中可以通过检索背景数据查询具有特定法律责任的机构及其职能，还可以查询其感兴趣的有关情况①。为了对记录背景数据的部分实现检索，2010 年关联数据著录本体 EAC-

---

① 戴维·比尔曼.电子证据——当代机构文件管理战略［M］.王健等，译.北京：中国人民大学出版社，2000.

CPF（Encoded Archival Context-Corporate bodies，Persons and Families，置标档案背景——法人、个人与家庭）发布，专用于著录档案责任者与来源机构，从多方面将档案与其责任者、来源机构间建立关联，并提供关联建立的背景信息。可见，电子文件著录相关理论对网络档案信息检索实践具有超前性和指导性。

另外，可以通过多级著录保持档案间的有机联系，实现查找同一案卷的档案信息或者同一小类、属类、大类的档案信息乃至同一全宗的档案信息，从而保持同一全宗的档案不可分散，最大限度地体现档案的价值。这既在网络档案信息检索中实现了档案管理的尊重全宗原则，也体现了档案信息的特点，为知识服务和智能检索进行知识提取、知识描述和知识融合开辟了新的、档案信息管理特有的路径，有利于知识服务达到一定的专业深度，完善网络档案信息知识服务体系。当前，欧美等国家档案馆的网络档案信息检索系统都是基于多级著录思想设计的。

可见，在奠定知识服务基础方面，"档案工作者具备超前思维"[①]，档案工作者早就已经从数据元素关系视角审视并思考档案著录。当前，在很多国家档案著录标准处于新一轮的修订过程当中。在新的著录理念指导下，档案著录强调数据元素间的概念关系，原有的基于字段的著录方法，正在逐渐被关联描述所取代。网络档案信息检索将在新的著录理论支持下继续向知识服务方向迈进。

（四）提供有效档案凭证

网络档案信息利用需求中包括凭证型需求，它需要所提供的档案信息必须具有凭证价值才能发挥作用。基于电子文件著录作用增强，电子文件著录理论保证了电子文件的证据性要求，使得电子文件可以顺利归档成为电子档案进而发挥凭证价值。从整体意义上说，著录捍卫了电子文件的证据性，保证了网络档案信息检索对象的独特性，也确立了网络档案信息检索存在的必要性。

第三节 电子文件元数据理论

一、电子文件元数据理论发展脉络

20世纪80年代末，出于电子文件管理需要，元数据被引入档案领域。早期，美国的戴维·比尔曼、加拿大的戴维·沃尔思（David A. Wallace）都对元数据的概念、功能进行了研究和阐述。1997年，国际档案理事会发布的《电子文件管理指南》将元数据定义为"关于文件的背景信息和结构的数据"。而后，随着国际和世界各国电子文件元数据标准的陆续出台，电子文件元数据理论不断发展。元数据标准制定与元数据理论研究之间形成了互促共进的发展状态。

---

① 奥尔加·弗拉科夫斯卡娅.从关联的信息到关联的数据：为未来著录档案[N].杨太阳，编译.中国档案报，2014-01-24（3）.

1996 年，在我国召开的第十三届国际档案大会促进了我国档案界对电子文件元数据的了解和认识。元数据开始成为档案界研究的热点问题，相关研究蓬勃发展。这些研究随着与元数据有关的国家标准、行业标准的出台取得了阶段性成果。在理论研究方面，国防大学政治学院的张正强团队取得一系列成体系的研究成果。

二、电子文件元数据理论主要内容

（一）元数据的含义

档案界对元数据的含义认识有一个深化过程。

第一阶段关于数据的数据，即将元数据从信息技术领域直接引入档案领域。

第二阶段著录元数据。由于元数据与档案著录项目有一定的关联，人们开始从著录角度认识它，认为元数据是关于电子文件的背景及其相互关系的结构化著录数据。例如，戴维·沃尔思 1993 年在加拿大《档案》杂志发文提出"元数据管理就是一个作为目前著录的替代策略而提出来的"。

第三阶段管理元数据。由于元数据引入档案领域的直接意图是解决电子文件管理问题，人们对元数据的认识最终落脚为管理元数据。1997 年，《电子文件管理指南》指出元数据是"关于文件的背景信息和结构的数据""有关电子文件的技术性信息"。关于这一认识一直在深化。ISO 15489：2016《信息与文献——文件管理——第 1 部分：概念与原则》指出文件元数据是"能够在各领域内和跨领域间长久记录文件形成、管理和利用情况的结构化或半结构化信息"。

（二）元数据与著录的关系

元数据提供有关数据的信息，对数据进行解释和说明。著录对电子文件进行描述。当电子文件成为元数据解释和说明的数据，元数据与著录就产生紧密的关系。电子文件著录可以从元数据自动获取电子文件信息，电子文件著录从人工著录转向自动化、半自动化著录，从提取和编制著录信息转变为捕获元数据。

一方面，元数据与著录具有紧密的关系。元数据与著录信息对电子文件的描述有共通之处，例如都会描述电子文件的题名、责任者、形成时间等。戴维·比尔曼认为，电子文件著录中所运用的主要技术就是元数据技术。相比于纸质环境下的著录，电子文件著录从功能到内容都发生了显著变化。对于传统著录项目而言，其难以承担全面的电子文件管理功能。为此，需要设计电子文件管理元数据，用以实现电子文件管理功能。但该功能需要通过著录得以实现。著录对电子文件内容、背景和结构予以全面描述，这不仅是在编制检索工具，而且有助于确认电子文件的长期真实性。①

---

① 戴维·比尔曼. 电子证据——当代机构文件管理战略 [M]. 王健，等译. 北京：中国人民大学出版社. 2000：25–48.

另一方面，元数据不等同于著录信息。张正强[①]总结了元数据与传统著录信息的区别：一是实现目的不同。元数据是用于凭证，著录信息是用于检索。二是实现方式不同。元数据是"前端控制"与"全过程管理"，著录信息是"后端控制"。三是实现环境不同。元数据是数字化的系统环境，著录信息是手工环境。四是实现过程不同。元数据是对电子文件整个生命周期的控制，传统著录侧重于对档案工作过程中某一环节的控制。五是实现手段不同。大部分元数据可由计算机系统自动获取，传统著录是手工完成。

（三）元数据的结构

电子文件的凭证价值以及元数据功能的发挥程度取决元数据的整体结构。元数据结构研究主要研究开发元数据标准化结构模型，这些模型用于作为电子文件管理系统中预设元数据的依据。电子文件元数据结构较之一般信息资源元数据更为复杂。

戴维·比尔曼提出元数据结构分为登记层、期限和条件层、结构层、背景层、内容层、利用史层6个方面。我国档案行业标准 DA/T 46—2009《文书类电子文件元数据方案》将元数据结构分为文件实体、机构人员实体、业务实体3类实体，并包括实体关系。李爱华[②]总结档案元数据主要包括基本元数据集、管理元数据集和业务处理元数据集。

（四）元数据的功能

元数据的功能是元数据理论的重要内容。元数据功能的提出主体有三类：一是元数据标准，二是研究项目，三是研究者。

1993年，戴维·沃尔思从元数据对电子文件所具有的行为维度提出7个元数据功能：一是捕获与保存文件背景信息（证据）；二是系统与文件结构的保存；三是相关描述信息的生成与保存；四是鉴定与处置数据集成；五是文件生命周期的管理；六是系统功能的保存与迁移；七是组织机构信息资源的检索与定位系统的创建。

1996年，美国匹兹堡大学的研究项目"文件管理中凭证性的功能要求"（BAC）作为国际档案领域最早研究元数据的项目提出7个元数据功能：一是使文件具有唯一识别性；二是提供文件鉴定的相关信息；三是保持文件内容、结构及背景信息之间的联系；四是提供文件利用与处置期限与条件；五是提供文件的相关的使用历史；六是保证文件的发现、检索与传递；七是保证不同文件使之间具有互操作性。

1997年，加拿大不列颠哥伦比亚大学的研究项目"电子文件完整性保存"（UBC）作为国际知名电子文件管理元数据项目提出4个元数据功能：保证电子文件的创建、保证电子文件的完整性、保证电子文件的可靠性、保证电子文件的真实性。

---

① 张正强.电子文件管理［M］.北京：解放军出版社.2004：160-161.
② 李爱华.档案元数据研究综述［J］.河南广播电视大学学报，2014（1）：107-109.

2002 年，国际项目 InterPARES 的研究成果《电子文件真实性管理与维护的需求》从两大方面提出元数据功能：一是保证真实性的基准功能，包括保证文件的特性的识别与链接功能，文件利用权限的控制功能，记录防范文件丢失与毁坏程序的功能，记录防范载体与技术老旧变化程序的功能，规范文件法定格式的功能，保证文件原始性的功能，保证文件权威性的功能，保证相关文件的去除与移交的功能；二是保证真实性的基线功能，包括控制文件的移交和管理所复制文件的功能，记录文件复制过程及其效果的功能，对文件进行档案描述的功能。

2017 年，国际标准 ISO 23081-1：2017《信息与文献——文件管理过程——文件元数据——第 1 部分：原则》详细列举了元数据的 11 个功能：一是保护作为证据的文件，并且自始至终地确保文件的可存取性和可利用性；二是使文件便于理解；三是支持与确保文件的凭证价值；四是有助于确保文件的真实性、可靠性和完整性；五是对利用、隐私和产权进行支持与管理；六是支持高效检索；七是支持文件的再利用与更改补充；八是支持互操作战略；九是在文件与文件所创建的背景信息之间进行逻辑链接；十是确保具有真实性的文件能够根据需要长久保存；十一是支持文件进行有效和成功的迁移。

2021 年，国际标准 ISO 23081-2：2021《信息与文献——文件管理元数据——第 2 部分：概念与实施问题》从 8 个方面强调元数据的功能：一是在事务系统中捕获与管理文件；二是保证系统的互操作；三是支持文件的风险管理；四是作为机构信息资产；五是防止非授权利用文件；六是确保机构事务工作可持续地展开；七是确保电子文件的长期保存；八是确保档案系统中的元数据捕获。

赵屹[①]概括在电子文件管理方面元数据具有 5 个功能：一是全面描述电子文件；二是保障电子文件的真实性；三是维护电子文件的完整性；四是有助于电子文件的长期可读；五是提高电子文件的可理解性。鉴于在电子文件管理中元数据具有重要作用，张正强[②]指出"基于本体的电子文件元数据是智慧档案馆建设的关键与核心"；徐维[③]将其喻为"电子文件管理系统中的'血液（Blood）'"；何嘉荪等[④]称其为"电子文件须臾不可或离的'生命线'"。

此外，在新媒体环境下，元数据在档案信息知识服务与知识管理中的功能也开始受到重视。王兰成[⑤]认为，"元数据是知识组织体系的语义基础，只有经过元数据

---

① 赵屹. 数字时代的文件与档案管理 [M]. 上海：上海世纪图书出版公司，2014：26-27.
② 张正强. 基于本体的电子文件元数据：智慧档案馆建设的关键与核心 [J]. 山西档案，2019（5）：5-12.
③ 徐维. 元数据：电子文件管理的关键所在 [J]. 山西档案，2000（4）：13.
④ 何嘉荪等. 保存电子文件背景信息的重要手段——再论全宗、案卷形态的异化. 档案学通讯，2001（5）：43.
⑤ 王兰成. 知识集成环境下的档案信息组织与检索发展 [J]. 档案学研究，2008（5）：45-50.

描述与标注的资源才具有长期利用的价值。基于本体的知识检索模型和知识检索呈现方法，以及知识检索的评估机制是当前档案知识检索发展的重要研究方面"。刘嘉[①]认为，"元数据在知识管理中同样能够发挥重要的作用""从信息到知识的增值过程，则不仅限于外部的信息加工与组织，而且需要对信息对象内容的加工和分析，其根本依据仍然是元数据"。牛金芳[②]认为，"从某种程度上讲，元数据和知识管理是同义词，没有元数据就没有知识管理"。

（五）元数据标准

元数据标准用于识别、描述和管理元数据。在电子文件管理中需要一系列相互依存、相互作用的元数据标准。这些标准通过内在联系形成科学的有机整体，即标准体系。

张正强[③]提出电子文件管理元数据标准体系的架构包含3个维度：一是对象维，有综合类、文书类、科技类以及专门类电子文件管理元数据标准；二是空间维，有语义标准、语法标准和技术标准；三是时间维，有需求标准、文件元数据标准和档案元数据标准。

在国际上，EAD（Encoded Archival Description，置标档案描述）是档案领域出现较早、应用较广泛的元数据标准。它于1998年发布，2002年修订，是用于描述档案和手稿的数据结构标准。它从检索工具角度出发对档案目录信息进行全文著录，以便于实现这些信息的网络检索以及资源交换功能。

EAD的总体结构如图7-2所示，它是模式化表达档案信息的一种规范形式，用于对各种类型档案信息资源的检索元素及其相互关系进行定义，描述档案信息。EAD的元数据元素共计146个，分为3个层次：一是头标元素，用于记录有关具体检索工具的产生、修改、发布信息，不对档案信息作描述；二是前置事项元素，用于各档案机构根据自身的功能需求生成本机构的题名页，同样不对档案信息作描述；三是档案著录元素，用于对档案内容和相互间关系进行具体描述。EAD定义包含结构化的数据层次，可以完整地描述档案信息的层次关系，并能在网络档案信息检索工具中反映描述档案信息的数据本身的内容。经EAD描述的档案信息能够以与平台无关的方式被在线检索、显示和交换。

---

① 刘嘉.元数据：理念与应用[J].中国图书馆学报，2001（9）：32-35.
② 牛金芳.浅论元数据与知识管理的关系[J].大学图书馆学报，2001（3）：36-38.
③ 张正强.论电子文件管理元数据标准体系的构建[J].浙江档案，2011（11）：27-30.

```
<ead>                                      ┐ 共计146个元素，以根元素<ead>封装。
<eadheader>                                │
  <eadid></eadid>                          │ 头标元素:三个高层元素之一，必备项。
  <filedesc>                               │ 由EAD标识符元素，文件著录元素，外
    <titlestmt></titlestmt>                │ 形著录元素，修订著录元素4个子元素
      <titleproper>                        │ 组成，有的子元素下又细分出若干元素。
      ......                               │ 元素与子元素出现的顺序在DTD
      </titleproper>                       │ (Document Type Definition，文档类型定
   </filedesc>                             │ 义)中予以规定且不可更改。
   ......                                  │
</eadheader>                               ┘
<frontmatter>                              ┐
  <titlepage>                              │ 前置事项元素:三个高层元素之二，可
    <titleproper></titleproper>            │ 选项。
    <num></num>                            │ 由6个子元素组成。
    <publish></publish>                    │ 从左例可见，其中<titleproper>正题名
    <list>                                 │ 元素也出现在头标元素<eadheader>中，
      <item></item>                        │ 但它在头标元素<eadheader>中顺序是
      ... ...                              │ 固定的，而在此处可以让各档案机构
      <item></item>                        │ 自定义顺序。
    </list>                                │
  </titlepage>                             │
</frontmatter>                             ┘
<archdesc>                                 ┐
  <did>                                    │
    <head></head>                          │
    <abstract></abstract>                  │
    <container></container>                │
    ... ...                                │
  </did>                                   │
  <add>                                    │
  <bibliography>                           │
  <archref></archref>                      │
  ... ...                                  │
  </bibliography>                          │
  <fileplan></fileplan>                    │ 档案著录元素:三个高层元素之三，必
  ... ...                                  │ 备项。
  </add>                                   │ 由描述性识别元素、行政管理信息元
  <admininfo>                              │ 素、整理元素、自传或历史元素、组
  ... ...                                  │ 织机构元素、范围和内容元素、辅助
  </admininfo>                             │ 描述性数据元素、规范检索标目元素、
  <arrangement></arrangement>              │ 数字化档案物件元素、数字化档案物
  ... ...                                  │ 件组元素、附注元素、其他描述性数
  <dsc>                                    │ 据元素、从属组件著录元素13类元素
    <c01>                                  │ 构成。
      <did>                                │
      ... ...                              │ 其元素以XML的结构化方式分层组织。
      </did>                               │
      <add>                                │ 针对每个元素进行描述，并定义了其
      ... ...                              │ 上、下位关系，属性和属性值。
      </add>                               │
      <admininfo>                          │
      ... ...                              │
      </admininfo>                         │
      <arrangement></arrangement>          │
      ... ...                              │
      <scopecontent></scopecontent>        │
    <c02>                                  │
      <did>                                │
      </did>                               │
    ...                                    │
  </dsc>                                   │
</archdesc>                                │
</ead>                                     ┘
```

图 7-2　EAD 的总体结构

鉴于 EAD 未包含档案形成机构和责任者的背景信息，被视为其补充的 EAC（Encoded Archival Context，置标档案背景）于 2001 年发布，2010 年发布 EAC-CPF 版（Encoded Archival Context-Corporate bodies，Persons and Families，置标档案背景——法

人、个人与家庭）。另外，用于描述档案保管机构的 EAG（Encoded Archival Guide，置标档案指南）于 2001 年发布（西班牙语），2008 年发布第 2 版。其中，EAD 遵循 ISAD（G），与 USMARC AMC 兼容。EAC 与 ISAAR（CPF）兼容。上述元数据标准在网络环境中建立起电子文件的利用体系。

国际标准化组织发布了系列电子文件管理元数据标准，主要有 ISO 15489-1：2016《信息与文献——文件管理——第 1 部分：概念与原则》；ISO 23081-1：2017《信息与文献——文件管理过程——文件元数据——第 1 部分：原则》；ISO 23081-2：2021《信息与文献——文件管理元数据——第 2 部分：概念与实施问题》。其中，15489 建立元数据分类的概念模型和实体模型；23081 基于 15489 制定，用于指导机构理解、创建、管理和使用元数据，实现 15489 确定的文件管理目标；23081-1 明确支持和管理电子文件管理元数据的原则；23081-2 用于保障和促进电子文件管理元数据的实施。23081 系列是基础性和指南性标准，在制定其他电子文件管理元数据标准过程中需要予以遵循。[①]

世界各国制定本国的各类元数据标准。例如，澳大利亚国家档案馆制定《联邦政府机关电子文件保管元数据标准》，英国公共文件局制定《元数据标准》等。我国制定档案行业标准 DA/T 46—2009《文书类电子文件元数据方案》、DA/T 54—2014《照片类电子档案元数据方案》、DA/T 63—2017《录音录像类电子档案元数据方案》、城市建设行业标准 CJJ/T 187—2012《建设电子档案元数据标准》等。

三、对网络档案信息检索的影响

（一）支持高效率的检索

在网络档案信息检索工具平台的研发过程中，有一个核心内容是数据结构设计，即确定数据库的字段项。在档案信息数据库的数据结构设计上，当前还在沿袭传统的档案著录，主要是在行业标准《档案著录规则》所确定的著录项目范围内选择。

单套电子文件归档数量正在逐渐增加，大量电子文件背景信息需要与其一并归档，以维护单套电子文件的真实性与完整性、维护电子文件的证据价值。在电子文件形成、办理过程中，元数据有效描述电子文件及其背景信息，在电子文件归档中，元数据成为电子文件归档和电子档案管理的要素。在网络档案信息检索中，需要对电子文件检索的途径和方法重新进行思考与审视。与此同时，随着网络中档案信息的增加，不确定范围的网络档案信息检索需求也在不断增长，网络档案信息检索需要突破传统的集中式信息集合方式。综合上述情况，元数据成为实现网络档案信息检索的关键。因为元数据在很大程度上反映网络档案信息的特征，既可以依据元数据提供检索途径以提高检索的准确度，又可以用元数据作为表现手段实现检索结果

---

① 赵屹.国际标准化组织 ISO 电子档案管理相关标准［J］.兰台世界，2018（3）：13-24.

的可视化。电子文件元数据理论中提到的"组织机构信息资源的检索与定位系统的创建""保证文件的发现、检索与传递""支持高效检索"得以实现。因此,ISO 15489-1:2016《信息与文献——文件管理——第1部分:概念与原则》提出"文件元数据应为保证文件可用性提供可用于检索、呈现的信息,包括标识符、格式、存储信息等"。

在现有各类元数据标准中,多数元数据具有检索意义,从而为网络档案信息检索提供了坚实的基础。以EAD为例,它既是电子文件管理元数据,也是可以直接在网络上发布的档案信息检索工具。在网络档案信息检索中,可以直接用EAD标准的3个层次和146个元素描述纸质档案、电子文件、声像档案等各种类型的档案,形象地转化档案的层级结构。众多档案机构开发了基于EAD描述档案的检索工具。英国国家档案馆的网络档案信息检索系统A2A(Access to Archives,档案利用),采用EAD标准著录本馆和其他文献部门所存的公元900年至今的各类档案资料。EAD具有逻辑控制、词形控制等基本检索功能。采用EAD描述的档案信息发布到网络上以后,以与平台无关的方式被在线检索、显示和交换。EAD各著录项具有自然语言标记的标识语或标头用于直观地识别信息,网络检索者通过模式化的元素关系表达可以快捷地查找其中单个元素和离散的数据项,探索其结构和内容。EAD重新对著录项目进行了组织,使其排列次序与利用者的利用需要相一致,保证了检索的时效性和准确性。

(二)支持多级著录的实现与检索

在网络档案信息检索中,必须实现多级著录,以强化检索深度,深入开发档案信息资源实现知识服务。现有元数据标准都支持档案的多级著录。EAD通过元素间的嵌套与继承,构建起多级著录的层级结构,对档案目录信息进行多级全面著录,将各级目录信息集成在一起,构成一个完整的等级体系。其<dsc>元素下通过元素<c01>到<c12>,严格按照顺序实现从馆藏到全宗、从全宗到类别、从类别到案卷、从案卷到文件的逐级著录。DA/T 46—2009通过"聚合层次"元素标识和记录全宗、类别、案卷、文件等控制层次,既方便电子文件整理、保管和提供利用,也为电子文件的分类、多级著录和检索创造条件。由此,当查看检索结果时,可以"鸟瞰全貌"查看各级著录情况和档案来源,亦可拓宽视野或基于此拓展检索,从而将来源原则、尊重全宗原则落地实现。

(三)支持背景信息检索

电子文件是内容、背景与结构统一体的观念已经深入人心。元数据是"描述电子文件和电子档案的内容、背景、结构及其管理过程的数据"[①]。与传统档案著录信息相比,元数据更擅长描述电子文件形成与维护的过程以及电子档案的环境和背景

---

① 中华人民共和国国家标准.电子文件归档与管理规范[S].GB/T18894—2016,2016.

信息。例如，EAD 的档案著录元素中用描述性识别元素描述档案的内容，叙述性信息描述档案的背景，段落元素描述档案的结构。其中，叙述性信息从行政管理信息、自传或历史、范围和内容、组织机构、整理元素等①方面描述档案的背景信息。EAC 专注于描述档案形成机构和责任者的信息。EAG 专注于描述档案保管机构的信息。DA/T 46—2009 通过机构人员实体、业务实体、实体关系描述文书类电子文件的背景信息，文件实体中的电子签名元素、来源元素也在一定程度上描述背景信息。ISO 15489-1：2016《信息与文献——文件管理——第 1 部分：概念与原则》规定，文件元数据应描述电子文件的业务背景，文件及文件系统之间的依赖关系，文件与法律和社会背景的关系，文件与形成、管理和使用文件的责任者的关系。

元数据能够全面反映电子文件形成、办理的业务环境、整个生命周期内相关的业务活动和事件、电子文件间的关系等背景信息，在网络档案信息检索中可以有力地支持对档案背景信息的检索。检索和显示更多的背景信息能够使网络档案信息具有凭证价值并更具权威性。

元数据对背景信息检索支持的详略程度主要取决于两个方面因素：一是电子文件归档后长久保管的要求，二是利用者及其知识水平的高低程度。对于电子档案而言，它是由电子文件转化而成的，电子文件所具有的详细的背景信息是理解电子档案内容的辅助工具，有助于将来的保存者和利用者将内容与背景信息相结合起来理解档案。而背景信息的详略程度不仅决定了对档案的理解与利用程度，也决定检索途径。

（四）尚难支持内容检索

当前，多数档案元数据标准设计时就是针对网络档案信息结合电子文件全程管理设计的。但是，元数据引入档案领域的初衷是关于背景信息和结构的数据，标准对元数据的设计多是从保存信息的角度考虑，旨在揭示档案信息本身的属性，而非揭示档案的内容属性。所以，当前基于元数据描述的档案信息尚难支持档案内容检索。元数据标准需要考虑增设更多的内容元素，才能更好地支持网络档案信息的内容检索。ISO 15489-1：2016《信息与文献——文件管理——第 1 部分：概念与原则》已经指出"文件元数据需要包含文件内容的描述"。

在以往的档案信息索系统中，支持档案内容检索的最主要手段是档案标引。根据所使用检索语言的不同，档案标引主要包括分类标引和主题标引。标引对档案的内容特征进行分析和选择，提炼出主题或分类，赋予其规范化的检索标识主题词或分类号。档案标引具有语言规范、专指性强等特点，对于多途径、多因素检索具有独到的作用，有利于充分发挥计算机检索的功能。因此，当前有些元数据标准中保

---

① 刘静一.解读美国数字档案馆的核心技术——EAD 技术［J］.档案学通讯，2003,（3）：82.

留了主题词元素和分类号元素。以 DA/T 46—2009《文书类电子文件元数据方案》为例,该标准设计了 88 项元数据元素,其中内容描述元数据元素 18 项,如图 7-3 所示,基于该标准主要从这 18 个方面描述文书类档案的内容特征并以此为基础实现网络档案信息的内容检索。其中包括主题词、关键词和分类号元素。事实上,在传统档案著录中,认为只有主题词、分类号、摘要(提要)描述的是档案内容特征,DA/T 46—2009 其他 15 个内容描述元数据元素在传统档案著录中被认为是形式特征。可见,该标准中真正描述档案内容的元素并不多。DA/T 54—2014《照片类电子档案元数据方案》、DA/T 63—2017《录音录像类电子档案元数据方案》仅设计了主题元素,没有分类元素。

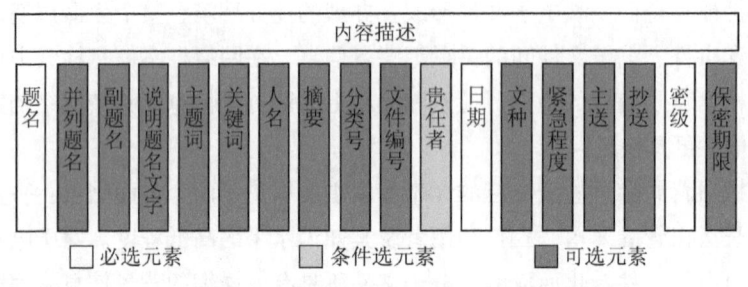

图 7-3　DA/T 46—2009 内容描述元数据元素

主题和分类标引使用人工语言,对标引质量要求较高。然而,影响标引质量的因素较多:一是人工语言的质量。当前档案标引人工语言本身存在一定问题。例如,《中国档案分类法》的两个版本中某些分类号不兼容。二是标引人员的素质。标引人员应掌握标引技能并达到一定水平。三是对人工语言理解是否一致。不同标引人员对主题词和分类号的理解有可能存在差异。四是利用者是否有标引的基本常识。网络档案利用者范围广泛,多数人很难具有相关常识,从而检索达不到预期的效果。五是标引对智能要求较高。由于自动化智能标引技术尚不成熟,目前人工标引的速度跟不上网络档案信息数量的快速增长。所以,在网络环境下很难使用分类表、主题词表对档案信息进行有效的控制和规范。内容描述元数据更倾向于依赖关键词,即采用自然语言直接描述内容,例如,EAD 的利用控制元素 <controlaccess> 中的主题子元素采用自然语言直接描述主题。但是,关键词并非专门针对内容的。

除主题、分类、关键词外,几乎所有元数据标准中均有题名和摘要元素可以揭示内容,尤其是摘要能够较为全面地对档案内容实现有效描述。在网络环境下,对档案内容实现有效描述的还包括档案内容中涉及的人名、地名、机构名以及其他专有名词。对档案内容实现有效描述也是知识服务与智能检索的基础。但是,在元数据标准中此类描述尚不全面。EAD 的利用控制元素 <controlaccess> 涉及法人名称、个人名称、家庭名称和地理名称,但是,它们并不确切地对应档案内容中的人名、地名,必须通过属性值加以说明。扩展出的 EAC 主要就是为了弥补对档案内容中的人名、地名的描述。DA/T 46—2009 文件实体的内容描述元素包含人名,但不包含地名和机构名。基于元数据标准的网络档案信息检索工具如果要支持内容检索,所基于的元数据标准必须深入发掘内容描述功能,实现对知识的表述和组织。

第四节 档案信息组织理论

一、档案信息组织理论简述

档案信息组织是档案检索的基础。档案信息组织是对档案信息的整序,使之变得有序化系统化。它是在档案本身的属性和特点的基础上,根据一定的原则,采用适当的方式,运用多种相关技术,对档案信息的内容特征和形式特征进行表征与排序,将分散无序的特定档案信息变得有序化、系统化,以便有效地进行存储、传播、检索和利用。

通过档案信息组织,可以全面揭示和再现档案的内容与形式,合理呈现档案信息特色,把控档案信息流的运动方向,并尽可能将信息干扰降到最低。档案信息组织的核心任务在于通过对馆藏档案信息的有序化控制,使之得以方便、有效地存储、传播、检索和利用。

经过档案信息组织,形成档案信息检索资源,为档案检索提供基础和便利条件,有效实现档案信息的现实作用,并通过检索实现档案信息的社会价值。档案信息经由信息组织进行揭示和有序化后,对其开展检索的手段和途径更加多样化。档案信息组织一方面可以充分开发档案信息资源,另一方面可以满足社会检索利用档案信息的需要。可见,档案信息组织的结果直接影响网络档案信息检索的效率和效果。

传统的档案信息组织局限于文本信息的组织,所处理的对象以描述档案特征的二次档案信息为主,主要是将档案的二次信息排列成有序的系统,以提供手工检索或计算机检索。在新媒体环境下,随着网络的发展变化、档案信息处理手段的发展以及档案载体形式的变化,档案信息组织的对象和范围开始扩展,不再仅仅局限于二次信息,而是扩展到全文内容、图形图像、声音、影像等一次信息,并且将档案的一次信息、二次信息存入数据库、信息库、知识库,档案信息组织从信息单元层面延伸到知识单元层面。

在新媒体环境下,网络档案信息除了以集中和规范的数据库资源形式存在外,还包括各种分散的、动态的信息,例如政策法规、政府机构发布的信息、会议信息、项目进展情况、研究成果、产品目录、出版信息等。这些档案信息依赖于数字技术和信息设备、载体形式更具多样性和不稳定性,信息来源广泛、种类繁杂,分散无序程度较高,相关性较难判断,信息的处理更加便捷高效但面临被泄露、篡改、盗取甚至销毁的危险，信息的可靠性大大降低，不受限于时间和空间，共享性较强。

　　网络档案信息组织需要根据网络档案信息的特点采用适当的方式。网络档案信息组织方式主要有自由文本方式、超文本方式、主页方式[①]、数据库方式等。自由文本方式针对档案全文，使用自然语言揭示档案的知识单元并为其直接设置检索入口，在计算机环境下自动处理和组织档案信息。它能够完整地反映一次档案信息并支持全文检索，适合处理非结构化的文本信息，在组织档案全文数据库方面具有优势。超文本方式适合处理静态网页上的档案信息，它是非线性组织方式，提供非顺序性的浏览功能。采用超文本方式对档案信息进行组织时以节点为基本单位，通过节点之间的链路连向不同的其他节点，将节点相关的档案信息有机地编织在一起组织成网状结构。通过超文本方式组织的档案信息可以实现超文本检索。利用者从某一节点开始利用档案信息，依据网状结构中节点间的信息关联，从个人选定的角度浏览和查询档案信息。超文本信息组织方式是网络档案信息检索特有的方式，比传统的档案信息组织方式更加灵活方便并且符合人的联想思维方式。利用者在检索档案信息过程中，可以在个人思维主导下随机转换信息。超文本方式与多媒体结合形成超媒体方式。超媒体是将文字、表格、图形、图像、声音、影像等多媒体信息以超文本方式组织在一起，让利用者在互联互通的网状结构中根据个人需求找到各种媒体所承载的各种各样的信息。主页方式通过 HTML 语言规则类似于档案全宗的组织方式将各种类型的档案信息集合在一起。它针对某一机构或某个人物，将其所有信息集中组织在一起全面呈现。数据库方式是最常见的将结构化的档案信息集中在一起进行存储、管理和访问的方式。新媒体环境下数据库方式的网络档案信息组织发展方向是联机数据库，档案机构通过网络连接，按照统一规则和格式进行著录，通过网络实时传送和交换各单位生成的档案目录数据，形成一个逻辑上的档案目录库，以便规范化生产和大规模生成档案目录数据。联机数据库的本质是通过网络交流合作对数据库内的档案信息进行集成，从而减少重复劳动，提高档案信息组织的效率和质量，实现档案信息资源的共享。

　　档案信息组织可以借鉴信息科学的理论指导。进行档案信息组织时，信息科学的系统论、协同论、本体论等基础理论为其提供了相关的思路和方法。

二、档案信息组织理论基础发展脉络

　　档案信息组织是一种人类社会实践活动，在其发展过程中不断汲取相关理论和学科的营养，才使得档案信息组织理论得到充实和完善。信息组织理论、耗散结构理论、系统论、协同论、突变理论、知识组织理论、信息自组织理论、本体论等皆是档案信息组织理论的理论基础。本书重点研究和阐述其中的系统论、协

---

① 洪漪.档案信息组织与检索[M].武汉：武汉大学出版社，1998：2-3.

同论和本体论。

（一）系统论的发展

系统论（system theory）由美籍奥地利理论生物学家贝塔朗菲（Ludwig Von Bertalanffy）创立。1928年，他发表著作《关于形态形成的批判理论》，提出"机体系统论"思想。1968年发表的著作《一般系统理论：基础、发展和应用》，被认为是系统论的代表作。1973年，他提出一般系统论原理，奠定了系统科学的理论基础。我国科学家钱学森在系统科学方面的研究具有卓越贡献。1981年开始，他先后发表《再谈系统科学的性质》《一个科学新领域——开放的复杂巨系统及其方法论》《工程控制论》《组织管理的技术：系统工程》，逐步形成系统科学的体系结构，创造性地提出系统工程思想，创立"系统工程中国学派"。清华大学魏宏森教授继承钱学森的系统科学体系，在其基础上提出八个原理[1]，进一步丰富了系统科学的体系结构。

（二）协同论的发展

协同论（synergetics）由德国物理学家海尔曼·哈肯（Hermann Haken）提出。1971年，他提出协同的概念，而后发表《协同学导论》《高等协同学》等一系列著作，对协同论进行了完整、系统的论述。

（三）本体论的发展

本体论（ontology）起源于哲学领域。1613年，德意志哲学家郭克兰纽（Rudalphus Goclenius）出版著作《哲学辞汇》，首次提到本体论。德国哲学家沃尔夫（Christian Wolff）提出本体论定义，是"论述各种抽象的、完全普遍的哲学范畴，在这个抽象的形而上学中进一步产生出偶性、实体、因果、现象等范畴"。在德国哲学家康德（Immanuel Kant）唯心主义哲学中，本体也是重要概念。我国《辞海》定义本体论为"哲学中研究世界的本原或本性的问题的部分"。[2] 哲学领域虽然曾就构建本体展开过广泛的讨论，但并未真正构建出任何本体。

20世纪70年代，人工智能领域基于知识的获取提出把新的本体创建成为计算模型，以开展特定类型的自动推理。计算机科学领域开始广泛使用本体。计算机本体论被认为是一种应用哲学。哲学中的本体关注客观现实的抽象本质，计算机科学领域中的本体（Ontologies或Ontology）主要是知识本体，是描述知识的共享概念模型，可以在语义层次上描述知识。1993年、1997年、1998年，汤姆·格鲁伯（Tom Gruber）、博斯特（Borst）、施图特（Studer）分别发展和补充了本体的概念，提出"本体是一个概念体系的规范说明""本体是共享概念模型的形式化规范说明""本体

---

[1] 黄冠迪.论系统论八原理的整体结构——评《系统论——系统科学哲学》[J].系统科学学报，2022，30（1）：11-16.

[2] 叶继元.信息组织[M].2版.北京：电子工业出版社，2015：36-46.

是共享概念模型的明确形式化规范说明"。他们均认为本体是概念体系或称概念模型的说明，并渐次深入地指出这个说明是共享的、规范的、形式化的、明确的。

三、档案信息组织理论主要内容

（一）系统论主要内容

系统一词来源于古希腊语，是由部分构成整体的意思。系统论是研究系统的模式、结构、特点、行为和规律的学问。其核心思想是整体观念，强调任何一个系统都是一个有机整体，构成系统的要素也是构成整体的要素，要素如果脱离了系统就失去了要素的作用。构成整体的各要素以及环境之间存在相互关系和内在变动的规律性。系统论从整体出发分析整个系统的结构、功能、行为、动态和原则。

系统论的基本原理为八大原理，分别是整体性原理、层次性原理、开放性原理、目的性原理、突变性原理、稳定性原理、自组织原理和相似性原理。整体性原理定义系统本身的存在，是系统的首要特性。缺乏整体性的系统是不存在的，即从整体的角度来看，系统的性质大于构成部分的性质叠加。一个系统之所以能被视为"一个系统"，正是因为其体现出了作为一个整体的特性。整体性原理最精辟的概括是"系统整体大于部分之和"，它说明系统是既具有复杂内在结构也具有多层次组织的有内在联系的整体，具有系统中部分所不具有的性质而不是系统中部分的简单叠加。层次性原理阐述系统内部一种最普遍的结构特征。几乎所有系统的内部都具有从大范围到小范围的、从包含到被包含的等级秩序性。它揭示系统内部的普遍结构，把"系统"推广到一切层次。开放性原理阐述系统边界的模糊性，即揭示系统内外部的关系。系统内部的构成要素是系统，系统外部的环境也是系统。系统边界内外的关系，是不断有条件、有选择地相互交换物质、能量以及信息。开放性是系统演化的前提和稳定的条件。目的性原理阐述系统在时间维度上的基本运动特征，系统运动因趋向某个目标稳态而具有一定秩序性。突变性原理构建系统高低层次运动的互相转化性，阐述系统各层次之间的运动和系统整体运动的关系，体现系统在运动过程中的基本形式。稳定性原理阐述系统在永恒运动中相对静止的一面，强调系统存在的稳定性，表明系统在一定程度的运动中，总体结构大体保持稳定。自组织原理解释系统在运动过程中的内在动力，揭示系统运动的"动力源"。相似性原理提出各系统之间具有一定的相似度，具有一些可以被总结提炼的共同特征。

（二）协同论主要内容

协同一词来源于古希腊语，指两个或者两个以上的不同资源协同一致地完成某一目标的能力，强调相互之间的交互关系。协同论是一门研究多元系统之间互相作用以及变化规律的科学，揭示了由许多子系统构成的系统如何通过协作从无序到有序演化的规律。协同论主要内容包括协同效应、自组织原理和伺服原理。

1. 协同效应

系统由多个子系统构成,各子系统之间互相配合产生协同效应。协同效应使得系统处于自组织状态,各系统之间通过内部协同行为产生的效用超过各要素的自身效用以及各要素之间效用的简单叠加。协同效应的驱动力是协同作用。在任何系统中——无论是自然系统还是社会关系,协同作用普遍存在。协同作用是系统有序结构形成的内在驱动力。任何系统在外来能量作用下或物质聚集态达到临界点时,子系统间就会产生协同作用,使得整个系统的完整统一转变为一种新的有序且稳定的平衡状态,系统从无序变为有序,从混沌中产生某种稳定结构。

2. 自组织原理

系统具有自生性和内在性,内部子系统在没有外来能量的条件下,相互之间也能够自动按照某种规则形成一定的结构或功能。系统内部的各个子系统存在着两类作用:一是子系统自发产生的无规则独立运动;二是各子系统之间互联互通产生协同作用。在远离临界点时,系统内主要是子系统无规则独立运动,各子系统间的联通较弱导致协同作用效果不明显,此时系统表现为无序状态。当趋近系统临界点时,各子系统间的联通开始增强,子系统无规则独立运动效果变弱,协同作用的效果开始变得明显。当达到临界点时,子系统之间在协调和合作中使系统在协同作用的效果下改变方向,系统从无序走向有序。①

3. 伺服原理

系统自组织的过程是序参量支配子系统行为。序参量是子系统集体运动的产物、合作效应的表征和度量。系统内部快变量服从慢变量,在系统发生质变前后,序参量支配子系统的协同作用。当达到临界点时,序参量增长到最大。系统自组织过程中集体力量是主导,但是,在启动新旧系统临界转换的起始点后,个体的自发行动扮演关键角色②。

系统哲学认为,协同论解释系统内部各子系统之间与各要素之间进行的协同,适用于客观系统物质世界。协同学认为,系统由多个子系统构成,各子系统之间相互作用能够产生协同效应和相干效应,形成具有一定功能的自组织结构,使得系统从无序转化为有序。它很好地解释了从无序到有序的动态系统运动规律。协同论着重强调合作是秩序形成过程中的主要表现,整个系统如果没有各子系统之间和各要素之间的合作,就失去了存在的意义。系统从混沌到秩序,必须要通过合作才能实现。协同论的前提是自组织合作、个体独立行事、个体之间建立相互理解共同造成

---

① 李振福,李香栋. 系统哲学视角下的协同论与"通实力"研究 [J]. 系统科学学报,2020,28(4):29-34.

② 鲍勇剑. 协同论:合作的科学——协同论创始人哈肯教授访谈录 [J]. 清华管理评论,2019(11):6-19.

一种秩序形态，通过利用控制参数间接引导，推动自组织的无为过程。协同论在非生物、生物、人类社会所有的层次可以广泛运用。

（三）本体论主要内容

本书研究的本体论内容主要是计算机科学领域的本体论。

1. 本体的内涵

本体是"描述共享概念模型的规范的、形式化的、明确的详细说明"。共享概念模型是"概念以及概念之间关系的集合体，通过概念之间的关系描述概念的语义"。

2. 本体的构成要素

本体的构成要素主要有类（class）、关系（relations）、函数（function）、公理（axioms）、实例（instances）等。类是概念（concept）、词汇（term）、集合（sets）的种类。概念是本体的基本元素，可以从多个层面进行理解。概念构成同质化的类和子类。关系是连接概念的桥梁，概念与概念之间加入对应关系后，即形成一个简单的本体。关系包括局部与整体、父与子、类与实例、类的属性等。函数是一种特殊关系。公理用于对本体内的概念和关系进行约束和限制，表达本体内存在的事实。实例是某个具体概念的实际存在。

3. 本体的描述语言

本体需要用描述语言表达出来。本体的描述语言是计算机可以识别的形式，所表示的含义独立于具体的环境状态，能够明确地定义概念与概念间联系，能够约束与限制概念和关系。能够描述本体的语言很多，W3C主要推荐RDF（Resource Description Framework，资源描述框架）、RDFS（RDF Schema，RDF词汇描述语言）和OWL（Web Ontology Language，Web本体语言）。

RDF采用三元组（主体/主语，谓语，客体/宾语）描述本体、表达客观世界。RDF的节点表示语义实体、属性，边则代表某个实体所拥有的属性或两个实体间的关系。其语义实体、语义属性和语义关系作为结构化信息存储于特定的文档，检索即被规约为在这个特定文档中实现完全形式化的概念和实例的匹配。RDF本质上是一种包含资源和属性的数据模型，用于为信息添加能够被计算机理解的元数据。RDF主要用于描述万维网上的信息资源，但亦可用于描述档案信息。

RDFS是对RDF扩展形成的本体语言。它定义类、属性、属性值用于描述客观世界，属性值可以约束类型（range）。RDFS还定义域（domain）和值域用于约束资源。RDF表达能力有限，无法定义类的关系。RDFS解决了RDF表达能力有限的问题。

OWL可视为是对RDFS的扩展，是专用于描述万维网的网络本体语言。OWL定义类、属性和实例三类基本元素对本体进行语义描述。它具有较好的语义表达能力，保持了对RDF、RDFS的兼容并克服了RDF、RDFS表达能力较弱的问题。根据表达能力的不同，OWL 分为 OWL-Lite、OWL-DL、OWL-Full 三种子语言，它们的表达能力按顺序增强。

4. 本体的开发工具

本体尤其是大规模本体构建较为复杂，需要使用开发工具进行构建。借助本体开发工具，可以达到半自动化地构建本体。常用的本体的开发工具有 Protégé、Apollo、OntoStudio、WebODE 等。选择本体开发工具主要考虑工具对本体的分布式构建和存储的支持性、对推理的支持性、工具的可持续发展程度，以及可视化程度等。

5. 本体的类型

本体有不同的类型。常用分类是根据应用主题将本体分为"领域本体、通用本体（常识本体）、知识本体、语言本体和任务本体"五类。瓜里诺（Guarino）等根据领域依赖程度将本体分为"顶层本体、领域本体、任务本体和应用本体"四类。还有一种常用分类将本体分为"领域本体、通用本体（核心本体）、应用本体和表示本体"四类。顶层本体是最普遍的概念体系，与具体应用无关，其他种类的本体都是顶层本体的特例；领域本体是某个特定领域、特定学科的概念体系；通用本体是多个领域的概念体系，范围较领域本体更加广泛；任务本体是通用任务、特定任务或相关推理活动的概念体系；应用本体是依赖领域和任务的特定应用的概念体系；表示本体提供用于描述事物的实体。

6. 本体的用途

本体是共享概念模型的显示表述，反映相关领域公认的概念体系，通常用于描述知识，体现共同认可的知识，其用途表现在 3 个方面：一是交流，实现人与人、人与组织、组织与组织之间的沟通；二是互用，实现不同系统间相互操作、协同工作和集成，对完全不同的建模方法、软件工具、语言进行翻译和转换；三是在软件工程中发挥作用，在软件系统设计开发中，具有可重用、可靠、规格说明的作用。

四、在网络档案信息检索中的指导与应用

（一）系统论的指导与应用

根据系统论，经过信息组织的档案信息资源所发挥出的整体效用应大于各个信息单位所附带功能的简单叠加，即系统作为整体具有部分或部分之和所没有的性质。从整体性上看，相比于实体档案信息，网络档案信息的各构成元素之间联系较为松散，来源也比较分散，在对其进行组织时，应把网络档案信息各元素作为一个整体单位进行组织。此外，根据检索需要，还应把有相关联系的多个网络档案信息资源也作为一个整体系统。从层次性上看，网络档案信息资源在组织过程中可以形成大系统，也可以形成小系统。从开放性和目的性上看，网络档案信息资源作为系统围绕检索需求这一目的可以不断调整，进行重组和整合，整个系统具有动态性。经过组织形成的网络档案信息资源系统在一定范围上具有稳定性，其运动和发展是自组织的。系统之间也具有一定的共性和相似度。

（二）协同论的指导与应用

根据协同论，在网络档案信息组织过程中，各个信息单元之间应是相互合作的，并且应建立起各元素之间的协同作用机制，以便发挥信息组织整体的效用。除了注重网络档案信息各元素之间的协同，还要注重网络档案信息之间的协同，围绕共同的检索目的通过信息组织形成一个能发挥更大效用的虚拟有机整体。

协同论倡导有控制条件的自发自组织过程。在网络档案信息组织过程中，可以应用协同论的设立组织规则"间接引导"整个档案信息系统，并通过机器学习等手段形成自组织过程，形成自发的合作秩序。通过"有为"的规则，实现信息组织的"无为而治"。在组织过程中，集体力量是主导因素。在网络档案信息组织过程中，形成的各子系统内部通过元素协同，各子系统之间通过系统协同，使整个系统从无序走向有序。

（三）本体论的指导与应用

本体具有交流、互用、在软件工程中发挥作用3个方面的用途，随着现代科技和计算机科学的飞速发展，本体论应用领域逐渐扩大，在人工智能、语义网、自然语言处理、自然语言翻译、软件工程、知识工程、知识管理、知识服务、智能检索、语义检索、信息架构、信息存储索引和检索、图书馆情报文献学、生物医学信息学等众多领域均有应用。

对于网络档案信息组织，本体论带来了新的思想和机遇。由于本体的描述逻辑及其知识表现采用的是计算机可识别的形式，因此易于被计算机接收和处理，采用本体方法组织网络档案信息，方便计算机理解和处理。在网络档案信息检索中，尤其是要实现语义检索、智能检索，都需要基于本体进行网络档案信息组织。

王兰成提出："知识集成环境下的档案知识检索，应该以多本体为基础来组织领域知识及语义模型，以本体的概念集对资源进行语义标引，以基于本体的知识语言检索领域知识，以自然语言实现概念查询。"①

基于本体组织领域知识开展档案知识检索，以基于本体的知识语言揭示档案的显著特征并有效描述档案信息资源，揭示概念及概念之间的关系，形成多维的语义网络。这种网状的多维度的档案信息组织方式，具有3个方面的优势：一是有利于对各种不同类型、具有不同结构的网络档案信息进行整合；二是有利于描述和揭示档案信息之间的关系；三是有利于提供更加智能的服务。由于本体是在一定的语义

---

① 王兰成.知识集成环境下的档案信息组织与检索发展［J］.档案学研究，2008（5）：45-50.

环境或限制规则下表达档案信息内容的概念，因此在表达的清晰度和准确性上比较明显，在对网络档案进行信息组织时也更能体现规范性。

对于网络档案信息检索实现分布式共享，本体也提供了相应的引入机制。该机制通过分散在网络上的多个本体实现领域知识的共同理解与描述。采用分布式共享的档案信息组织方式，不仅可以降低网络档案信息组织的成本，而且还可以促进档案知识的网络交流与共享。

四川大学档案馆在其历史档案数字化建设项目实施中，对馆藏照片档案进行信息组织，构建了照片档案本体库。基于对照片档案进行语义标注的结构，构建基于本体的照片档案检索系统。利用者基于浏览器访问系统，系统利用可视化技术展示历史照片档案的数字复制件，同时显示照片相关的全宗信息、案卷信息、关键词、标签等信息。①

本体是现代信息组织，特别是网络信息组织的发展趋势，网络档案信息检索要根据检索目的和检索要求适时适当地采用本体方式进行网络档案信息组织。作为信息组织方法，本体有利于档案信息的形式化描述。同时，本体具备推理能力。因此，采用本体作为信息组织方式建立网络档案信息检索工具，可以实现基于语义的档案信息检索、基于本体的档案信息集成、基于本体的机器学习乃至智能检索。

第五节　档案知识服务理论

一、档案知识服务理论发展脉络

知识服务（knowledge services）产生于知识社会背景下。1966年，罗伯特·莱恩（Robert E. Lane）最早使用"知识社会"概念。1969年，美国的现代管理学之父彼得·德鲁克（Peter Druker）将知识社会置于"社会的中心"地位。在网络化的知识社会，如何把汪洋般的杂乱信息向有价值的知识过渡，成为时代的新命题。解决这个问题需要变革服务理念和服务方法，在这个变革过程中知识服务理论成为重要理论。2005年，联合国教科文组织发布报告《迈向知识社会》，指出"人类社会正在由信息社会迈向知识社会"，"信息管理升级为知识管理、信息服务升级为知识服务已是大势所趋"。由此，知识服务成为知识经济时代的服务新定位。

1996年，加拿大档案学家特里·库克（Terry Cook）在其本人以往研究基础上系统地阐述了"档案后保管范式"。档案后保管范式的内容由3个部分构成：一是新来源观；二是宏观鉴定论；三是知识服务。其中知识服务的研究将知识服务理论与

---

① 党跃武. 基于信息组织技术的档案信息资源开发 [M]. 成都：四川大学出版社，2016.

档案管理和档案服务有效联系起来。档案后保管范式迅速被我国档案界关注并引发相关研究，知识服务研究与实践也开始在我国档案界扩展开来并成为热点。

闫冬等[①]将我国档案知识服务理论研究的发展概括为3个阶段：一是1998年至2005年的起步阶段，主要研究内容为档案知识服务的内涵概念、兴起背景、与档案信息服务的关系、如何实现等；二是2006年至2009年的初步发展阶段，主要研究内容为档案知识服务的特点、模式、实施可行性、如何实现等；三是2010年之后的深入发展阶段，主要研究内容集中于与数字档案馆等紧密结合的档案知识服务的实现。

黄永勤等[②]基于文献调研基础上提出档案知识服务理论研究"国外的研究成果数量更多""国内有关档案知识服务的研究在21世纪初就开始了，但2007年开始迅猛发展，近15年的研究整体呈上涨趋势"。档案知识服务研究的重点和趋势体现在两个层面：一是研究层面，"进一步围绕关联数据、元数据、隐性知识、数据治理、档案知识服务、知识库建设、智慧档案馆、知识管理与服务、知识生态、语义网等领域开展深化研究，并将尝试融入人工智能、大数据、区块链、数字人文等一些新兴技术和思路，拓展档案知识服务的方法和理念"；二是实践层面，"一方面会推广和深化有关知识服务技术和工具的应用""另一方面将在一些特定的领域探索档案知识服务的应用""从'小'主题领域着手，'深'挖档案知识的经验"。

20世纪90年代后期，任俊为[③]在国内图书情报领域率先引入知识服务的概念，提出"图书馆要进一步抓好以知识存储、知识重组和知识配送为内容的知识服务"。在图书情报领域，张晓林关于知识服务的研究具有较为广泛的影响。他提出图书情报机构"应将核心能力定位在知识服务"。他认为"在网络化数字化信息服务市场最具竞争潜力的部分"不是"信息检索与传递服务"，也不是"信息资源管理服务"，而是"直接支持用户知识应用和知识创新过程的有关知识和能力"，为此要"提供能够有效支持知识应用和知识创新的服务"。[④]他关于知识服务概念与本质等的阐述均被广泛引用。国内图书情报领域对知识服务的研究，与档案知识服务研究互促共进，共同推进了我国知识服务理论的发展。此外，国际、国内还有众多领域和行业开展了知识服务研究与实践，这些研究和实践对于档案知识服务理论均有借鉴意义。

---

① 闫冬,张皓晨.档案知识服务研究述评[G]//中国档案研究（第三辑）.沈阳：辽宁大学出版社，2017：132-152.

② 黄永勤,黄雪梅,齐俊景.国内外档案知识服务研究述评[J].山西档案，2019（4）：5-9.

③ 任俊为.知识经济与图书馆的知识服务[J].图书情报知识，1999（1）：27-29.

④ 张晓林.走向知识服务：寻找新世纪图书情报工作的生长点[J].中国图书馆学报，2000（5）：32-37.

二、档案知识服务理论主要内容

（一）档案知识服务的含义

档案知识服务是以档案后保管范式为指导，以利用者为中心，以利用需求为导向，将档案视为信息资源与知识资产，积极发挥档案工作者的主观能动性，运用现代信息技术对集成的信息、知识资源实现知识组织，并通过网络化、智能化服务为利用者提供知识和解决问题的具体方案。可见，档案知识服务主体是档案机构，指导思想是档案后保管范式，服务理念是以利用者为中心，服务方式是搭建集成的档案信息与知识资源平台，服务手段是网络化、智能化手段，服务特征是个性化，服务目的是为利用者提供知识和解决问题的具体方案。

（二）档案知识服务与档案后保管范式

档案后保管范式由新来源观、宏观鉴定论、知识服务 3 个部分构成，形成有机联系的统一体，倡导宏观的档案管理新模式。"新来源观是宏观鉴定的前提和基础，也是知识服务的前提条件""宏观鉴定论是新来源观的实践路径，也是实现知识服务的手段""知识服务是新来源观发展的最终目的，也是宏观鉴定的终极目标"。[①]

传统的档案保管对象是实体保管对象和实态档案，档案后保管范式的保管对象转变为"对文件、文件形成者及其形成过程的有机联系、目的、意图、相互关系、职能和可靠性的关注"，关注档案所蕴含的信息以及更深层次的隐性知识[②]，由此，知识服务在档案后保管范式中成为终极目标，档案后保管范式超越传统的档案保管。

（三）档案知识服务的主要内容

档案后保管范式表达档案工作的主要内容"从信息转移到知识上""从建立数据库到建立知识库""引导利用者从泛滥的具体信息过渡到知识，甚至是智慧"[③]。档案知识服务包含了成本效益原则，应实现多主体联合开发知识，充分发挥各自馆藏和技术等优势要素，深入挖掘蕴含在档案信息中的知识。

档案知识服务重点强调档案工作者在知识社会中的角色，"停止扮演实体保管员的角色，而成为概念、知识的提供者"[④]。在电子文件时代，档案工作者的工作内容不再是简简单单查找文件和传递档案，不再是毫无生机的保管员，而应当是知识的

---

① 李木兰.特里·库克档案学思想研究［D］.南宁：广西民族大学，2019.
② 特里·库克.1898 年荷兰手册出版以来档案理论与实践的相互影响［G］.黄霄羽，译 // 第十三届国际档案大会文件报告集.北京：档案出版社，1997：163.
③④ 特里·库克.电子文件与纸质文件观念：后保管及后现代主义社会里信息与档案管理中面临的一场革命［J］.刘越男，编译.山西档案，1997（2）：7-13.

重构者①，档案工作者的知识服务是积极主动指导，而不是被动服务。

档案后保管范式是以知识服务为终极目标的档案管理方式，它顺应时代发展趋势，"真正体现档案原生信息的社会价值"②。

（四）档案知识服务的作用

知识不是自然生成的，而是蕴含在档案信息的海洋里，如果要揭示隐性的知识，需要借助信息技术有效组织和深入挖掘。档案后保管范式指明知识服务是档案工作的新方向。档案工作者在实现档案知识服务过程中应积极发挥主观能动性，不再做功能单一的档案保管员，而是转变为海量知识的重构者和服务提供者，不仅有效服务于知识社会，而且有效提升档案工作的社会地位。

三、对网络档案信息检索的影响

网络档案信息检索是档案信息服务的重要组成部分。档案信息服务上升为档案知识服务是必然延伸和更高阶段的发展目标，也是知识社会中档案工作的终极目标。2021年发布的《"十四五"全国档案事业发展规划》在提升档案利用服务能力方面提出"积极探索知识管理、人工智能、数字人文等技术在档案信息深层次加工和利用中的应用"。其中，探索知识管理在档案利用中的应用为网络档案信息检索指明了知识服务的方向。基于知识管理实现档案知识服务，把海量档案信息和非结构化档案信息通过知识服务实现其社会价值，为利用者提供高质量的档案知识以解决现实问题。网络档案信息检索的发展以档案知识服务理论为指导，呈现如下6个方面的变化趋势：

（一）实现知识检索迈向知识服务

知识社会正在推动档案工作从实体管理向知识管理转变，档案知识服务理论指出档案知识服务是未来档案利用服务的终极目标。在档案知识服务理论指导下，档案机构已经开始尝试超越以往信息服务的范畴迈向知识服务领域。而网络档案信息检索实现档案知识检索，是将档案知识服务落地做实的基本途径。

档案知识服务是基于逻辑获取的服务，其主要服务功能需要在逻辑层面实现，即通过知识检索实现。档案信息检索是基于字面的机械匹配，而档案知识检索强调语义。档案知识检索利用档案领域或特定业务领域可控的概念语义体系，对档案进行语义和概念层面的标注，揭示档案的内在含义。档案知识检索已经不再是一般的检索，它为利用者尤其是研究型利用需求提供更加复杂的技术和知识。

---

① 特里·库克.电子文件与纸质文件观念：后保管及后现代主义社会里信息与档案管理中面临的一场革命[J].刘越男，编译.山西档案，1997（2）：7-13.
② 胡瑞珩，刘卫平.从信息保管者到知识管理者——谈特里·库克的后保管模式[J].档案与建设，1999（11）：8-9.

档案机构需要发挥主观能动性，主动实现网络档案信息检索的变革，实现知识检索，提高知识检索服务能力，迈向知识服务，满足知识社会不断增长的档案知识需求。

（二）以利用者为中心实现知识检索

档案知识服务是以利用者为中心，以利用需求为导向。传统档案信息检索与服务是基于简单提问的服务，而在档案知识服务理论指导下的网络档案信息检索应以利用者为中心实现知识检索，即档案知识检索与服务是基于利用者问题的服务。为此，网络档案信息检索应具有分析和理解自然语言的能力，对档案内容和利用者的检索提问进行处理，这个处理是语义层次上的分析与理解，并进行知识提取，提取出概念和实体。同时，在网络档案信息检索过程中，进行信息分析、知识提取，对信息与知识重组形成符合利用者检索需求的知识产品，提供高度专业化的知识。为了以利用者为中心实现知识检索，还需要能够提供交互功能和学习反馈功能，通过多种渠道实现对知识产品的质量评价，并且不断改进和创新知识，满足利用者不同类型的知识需求。

（三）将利用者的问题转化为知识需求

传统档案利用服务和早期的网络档案信息检索服务是由档案机构向利用者单向的信息传播，服务内容是基于档案馆的既有馆藏，有什么馆藏档案机构就向利用者提供什么信息，所提供的信息始终是馆藏的一个子集。而知识服务以利用者为中心，以利用需求为导向，以知识服务为档案管理的终极目标。基于此，网络档案信息检索需要实现对利用者进行分析、根据利用者的问题和环境确定利用者的检索需求，这是知识检索的基础，也是知识服务的基本内容。知识检索输入的是知识需求，输出的是按知识需求进行加工以自然语言形式提供的知识及问题解决方案。

（四）实现知识创新

在档案后保管范式中，知识服务强调要关注档案本身蕴含的信息以及更深层次的隐性知识。网络档案信息检索在将利用者的问题转化为知识需求后，开展知识检索。此时，与原有的档案信息检索不同，知识检索不再是固有过程或固有内容的服务，而是根据利用者需求动态地连续地进行知识组织，其实质是实现知识的再生产，达到知识创新。因此，在知识服务理论指导下的网络档案信息检索是知识创新的过程。

网络档案信息检索需要在以往信息数据库和知识库基础上结合利用者需求进行内外搜集，其中以搜集档案机构保存的相关人物或事件的原始档案信息为主，按照知识服务理论对相关信息进行标注和知识组织，在知识层面实现各类档案信息的整合与共享，实现知识发现与知识创新。这些知识创新不断补充到档案知识库中更新知识库，并通过知识检索提供利用。

网络档案信息知识检索拥有知识库。档案内容与检索提问均以概念和实体等知识形式存储在知识库中用以匹配检索式，推理出满足利用者需求的新知识。档案知识库的建设及其集成检索不是一步到位、一蹴而就的，而是在一定基础上逐步积累并一步一步地通过创新取得发展。知识检索是知识服务的重要一环，贯穿于知识捕获、分析、重组、应用的全过程，越多机构加入知识创新，就越有充足的知识资源可供知识检索。

（五）检索结果是形成解决方案

网络档案信息知识检索不仅仅是基于信息资源的占有来体现价值，而是通过知识创新产品或服务，为利用者创造价值。

传统的档案信息服务是提供具体的档案信息，网络档案信息检索的结果也是具体的档案信息。档案知识服务强调服务的成果不是看是否提供了具体的档案信息，而是看是否解决了服务对象的问题。由此，知识服务理论指导下的网络档案信息检索，其检索结果是针对利用者的问题提供知识、形成解决方案，其中知识的作用也在于对解决方案的贡献。

特里·库克指出："档案工作者由实体保管员向知识提供者的过渡，正是档案界为应答电子时代的挑战，由保管时代向后保管时代过渡的要求。"① 档案知识服务是后保管模式的最终目的，也是电子时代档案工作的目的。网络档案信息检索是电子时代档案工作的一个环节，其目的同样也是知识服务。档案知识服务是从显性的档案信息中提炼出隐性的档案知识，网络档案信息检索需要按照利用者的需求有针对性地提炼档案信息内容，实现知识检索，致力于为利用者的问题形成解决方案。而解决方案的形成是一个不断检索、分析、进行知识组织的过程。

（六）实现集成检索

传统档案信息服务是信息获取的服务，可以由单一机构的档案信息予以满足。档案知识服务是知识获取的服务，而知识来源广泛，很难通过单一机构的档案信息予以满足，需要广泛地集成档案信息及其检索服务功能。实现知识服务的网络档案信息检索必然是集成检索。

如同前文② 所述，网络档案信息检索可以集成到档案知识服务平台上，充分发挥知识服务功能。档案知识服务平台由档案机构联合档案形成单位或其他机构建立合作共享机制，实现多元主体共建共享，打破档案机构与其他机构之间的界限，强化整合力度，深化服务深度，拓展服务广度。档案知识服务平台提供的不是分散的

---

① 特里·库克. 电子文件与纸质文件观念：后保管及后现代主义社会里信息与档案管理中面临的一场革命［J］. 刘越男，编译. 山西档案，1997（2）：7-13.

② 参见本书"第四章 新媒体环境下网络档案信息检索工具与平台的创新发展——第四节 网络档案信息集成检索平台——三、网络档案信息集成检索平台的集成方式——（六）管理与服务集成".

档案信息,而是把参与机构所有相关信息数据库和知识库按照关联程度或逻辑关系集成到一起的具有系统性的知识库,是以利用者为中心的档案知识产品。在档案知识服务平台上提供的档案知识皆可被有效检索,实现档案知识高效利用。

2016年底,中国社会科学院近代史研究所、国家图书馆、国家档案局牵头建设"抗日战争与近代中日关系文献数据平台",用于汇集所有与抗日战争及近代中日关系有关的文献数据①。平台坚持"共享""公益"的理念,借助开放、便捷的互联网技术,实现集成检索服务。检索资源包括档案、图片、音频、视频、专题库、图书、期刊、报纸八类史料,数量突破3500万页,并且开始寻求与国外机构合作整合资源,资源还在不断扩充中②。该平台向全球永久免费开放利用。其检索资源来源广泛,前台实现集成检索,后台由多机构并行管理。其检索目的不只是呈现一篇篇孤立的文献,而是让利用者更加了解史料之间的有机联系,还原史料本身的历史关联③,集成检索结果体现历史有机联系。该平台还不是真正意义上的知识服务平台,但是它正从创建初的多类型数据库向规模化研究型数据库转型④,从目录检索向知识集成检索方向发展,其建设致力于提高知识服务能力,借用信息技术深层次挖掘蕴含在档案等各类文献中的知识,逐步实现基于集成检索的知识服务平台。

知识服务理论指明档案工作者的角色转变,"档案工作者由实体保管员向知识提供者过渡"⑤。在知识服务理论指导下,网络档案信息检索的未来发展就是实现知识检索。正如特里·库克所说:"如果我们这些信息工作者能引导利用者从泛滥的具体信息过渡到知识甚至于智慧,我们在新时代中的工作、地位就会得到保证,将会对子孙后代作出宝贵贡献。"⑥

---

① 佚名.抗日战争与近代中日关系文献数据平台[J].近代史研究,2019(2):159.
② 数据来源:中国社会科学院近代史研究所(中国历史研究院近代史研究所)"抗日文献数据平台"微信公众号
③ 盛差偲.抗战文献数据平台正式上线,推进学术的同时服务大众[EB/OL].[2018-09-18]. https://baijiahao.baidu.com/s?id=1611924584021763259&wfr=spider&for=pc.
④ 罗敏,姜涛."数据"与史学研究——抗日战争与近代中日关系文献数据平台介绍[J].数字人文,2020(2):116-126.
⑤ 迪莉娅.从后现代主义看文件连续体理论与后保管模式——电子环境下西方档案学理论发展的新思维观[J].山西档案,2003(2):12-13.
⑥ 转引自:胡瑞珩,刘卫平.从信息保管者到知识管理者——谈特里·库克的后保管模式[J].档案与建设,1999(11):9.

第八章 新媒体环境下网络档案信息检索保障工作的新发展

第一节 检索资源保障

网络档案信息检索的对象称为检索资源，它是检索实现的根本基础和保障。检索资源保障是为网络档案信息检索备好作为检索对象的检索资源。这项工作工作量大、质量要求高，而且具有连续性和持久性。

网络档案信息检索的检索资源保障是在档案信息资源建设的基础上，按照检索工具的设计要求做好著录标引，形成检索工具可访问的数据，以数据库等适当的方式进行存储。

一、档案信息资源建设

档案信息资源是人类社会活动中经过加工处理有序化并大量积累起来的档案信息的集合，是档案信息化建设的基础和核心，是国民经济和社会发展的战略资源之一。

档案信息资源建设是检索资源的来源和基础。从检索工具角度看，一个检索工具的检索资源是档案信息资源的一个子集，它可能来源于单一档案机构的档案信息资源建设，也可能来源于多个档案机构的档案信息资源建设，还可能是多领域合作的档案信息资源建设。利用信息技术对档案信息资源进行优化调度、横向整合、信息组织，把特定范围的档案信息资源转化为检索资源。

从检索资源保障看，档案信息资源建设主要包括档案数字化、电子文件归档、其他信息收集、档案信息组织4个主要内容。

（一）档案数字化

1.档案数字化的含义

档案数字化是"应用信息技术，将记录在传统载体上的档案信息输入计算机系统，将模拟形态存在的档案信息转换成由0和1组成的二进制编码的数字形态，形成计算机可以识别和处理的数字信息的过程。"[1]对于网络档案信息检索而言，要在线查阅现有存量馆藏档案的原文信息，要实现档案全文检索，档案数字化是必经之路。只有数字化将传统的纸质档案、照片档案、声像档案由模拟形态转换为数字形态，才能供检索工具识别和处理。

---

[1] 黄丽华，等.档案数字化：风险与管理［M］.北京：中国人民大学出版社，2017：1.

2. 档案数字化概况

2004年，中央办公厅与国务院办公厅发布《关于加强信息资源开发利用工作的意见》，要求加快以传统载体保存的档案信息资源的数字化进程，自此我国档案数字化工作就处在持续推进过程当中。"在省级档案馆，云南省档案馆完成2.3亿页档案的扫描，馆藏档案几乎全部数字化，数字化比例最高"；"浙江省档案馆、山东省档案馆数字化比例达70%以上"；[①] 海南省档案馆数字化比例超过50%[②]。省级以下档案馆以上海市徐汇区档案馆为例，2016年，该馆通过国家档案局组织的数字档案馆系统测试，被评为"全国示范数字档案馆"。在数字档案馆建设过程中，自1998年起该馆就开始对馆藏进行数字化。至2016年，徐汇区档案馆拥有馆藏纸质档案39.6万卷（件），馆藏档案总页数达1300万页，数字化页数达1200万页，全文数字化率超过92%，除涉密档案、敏感档案、短期档案外，馆藏档案应数字化率已达到100%。[③] 2020年，全国馆藏档案数字化成果共计19588.5TB[④]。这些数字化资源为网络档案信息检索奠定了全文在线阅览的基础。由于数字化工作量巨大，一些档案机构尝试采用服务外包或购买服务形式完成这项工作。例如，2005年浙江省档案馆在数字档案馆建设过程中，整个档案数字化工作被分为前处理工作、纸质档案与缩微档案数字化工作、珍贵档案与专题档案数字化工作，分别请3个单位负责完成。由档案局档案馆专职人员抽检来把关质量，从而保质保量地完成档案数字化与建库工作。[⑤]

3. PDF 与 OFD 文件格式

档案数字化后形成的档案数字复制件的文件格式主要有 TIFF 格式、JPEG 格式、PDF（Portable Document Format，可携带文档格式）格式和 OFD（Open Fixed-layout Document，开放版式文档）格式。采用黑白二值模式扫描形成的图像文件采用 TIFF 格式保存。采用灰度模式和彩色模式扫描形成的图像文件采用 JPEG 格式保存。扫描图像若要提供网络使用，可存储为 PDF 格式和 OFD 格式，尤其是要实现全文检

---

① 国家统计局.档案统计数据［EB/OL］.（2019-06-30）［2020-02-08］.http://data.stats.go.cn/easyquery.htm?cn=COl&zb=A0Q0Y&sj=2018.

② 海南日报.海南省档案馆档案数字化进度过半［EB/OL］.（2021-08-19）［2022-05-02］.http://baijiahao.baidu.com/s?id=1708511233727056447&wfr=spider&for=pc&searchword=%E6%A1%A3%E6%A1%88%E6%95%B0%E5%AD%97%E5%8C%96%E7%8E%87.

③ 上海市徐汇区档案馆.坚持目标导向、问题导向，建设高标准数字档案馆——上海市徐汇区数字档案馆建设情况汇报［R］,2016-09-27.

④ 国家档案局政策法规研究司.2020年度全国档案主管部门和档案馆基本情况摘要（二）［EB/OL］.（2021-08-06）［2022-04-22］.http://www.saac.gov.cn/daj/zhdt/202108/6262a796fdc3487d93bfa7005acfe2ae.shtml.

⑤ 国家档案局技术部.档案信息资源开发利用试点经验汇编［M］.北京：中国档案出版社，2008：157.

索，则主要存成 PDF 格式和 OFD 格式。

PDF 是二进制文件格式，多数全文检索技术支持对 PDF 的解析和处理。PDF 由 Adobe 公司开发设计，开发目的是以与应用程序、操作系统、硬件无关的方式进行文件交换。PDF 以 PostScript 语言的图像模型为基础，PostScript 是打印机打印语言，可保证任何打印机都可以忠实还原原文效果，PDF 继承并实现了忠实还原原文的效果，并提供字体直接嵌入、结构化存储、数据压缩等功能。2005 年，国际标准化组织鉴于 PDF 格式的优异性能，将其审核通过为国际标准格式[①]。

全文检索可解析 PDF 文件中的文字并创建索引。根据源头文件类型，PDF 可分为由 Word 等可编辑文档生成的可复制 PDF 文件、由扫描图片生成的不可复制 PDF 文件以及两种文件的结合体双层 PDF 文件。针对不同类型的 PDF 文件，全文检索会采用不同的解析方式。其中，可复制 PDF 文件和双层 PDF 文件，主要通过 PDF 解析程序，解析 PDF 中的结构化数据并提取其中的关键词；对于不可复制 PDF 文件，则主要通过 OCR 文字识别技术识别每页 PDF 中的文字后再提取关键词。

双层 PDF 支持多层功能，将图像 PDF 和文本 PDF 结合在一起，具有图像层和文本层两层结构。一个双层 PDF 文件中，底层是扫描图像（image）层，上层是透明文本（text）层，且扫描图像层的文字位置与透明文本层的文字位置一一对应。双层 PDF 文件达到的效果是浏览时为扫描图像形式，但图像中的文字可以被选择、复制、检索。双层 PDF 文件中图像层一般是原始档案的扫描结果，用于百分之百地显示档案原貌。文本层数据则有两种来源：一是来源于电子文件，例如档案原文的 Word 文件；二是对档案扫描件进行去污、修正后进行 OCR 文字识别的结果。文本层的文字支持被选择、复制、检索。双层 PDF 文件格式占用空间较小，对各种平台的兼容性较好，阅读工具较多，可以存储在光盘、硬盘或磁盘阵列中，可用于提取关键词并建立索引库进行科学的管理。

对于网络档案信息检索而言，双层 PDF 是一种较为实用的文件格式。首先，双层 PDF 的图像层可以很好地保留档案的所有原始特征，例如在文件阶段流转过程中的批阅信息、流转痕迹、原始公章等，能体现档案的原貌和原始性。其次，双层 PDF 的文本层可用于文字的选择、复制和检索，为全文检索提供了便利条件。

随着我国软硬件技术的国产化、自主化发展，我国具有自主产权的 OFD[②] 正在逐渐取代 PDF。双层 OFD 技术也已经成熟，在未来的网络档案信息检索中，要尽量采用 OFD 文件格式。

4. OCR 文字识别

---

① ISO. Document management -- Electronic document file format for long-term preservation -- Part 1：Use of PDF 1.4（PDF/A-1）[S].ISO 19005-1：2005，2005.

② 中华人民共和国国家标准.电子文件存储与交换格式版式文档[S].GB/T 33190-2016，2016.

OCR 是指通过运用图像处理和模式识别技术，对图像中的形状进行识别，将图像中手写或者印刷文本转换为对应文字的过程。OCR 技术能够较好地处理拍摄获得的文档图像、扫描得到的文档图像、包含文字的各种照片、包含文字的各种视频截图等各种不同场景的图像，处理范围较为广泛。OCR 技术提高文字信息录入效率，降低人力成本。

OCR 识别的过程包含 3 个步骤：一是图像的预处理。由于 OCR 识别的图像不一定是规则的印刷体文字图像，因此，在识别前需要对图像进行一定的预处理工作。预处理的问题包括但不限于图像对比度低、光照不均匀、文字倾斜、模糊、畸变、文字大小不一、文字背景干扰等。预处理利用图像技术纠正上述问题，并将图像转换为灰度模式，改善待识别图像质量，提高识别概率。二是字符识别。包括版面分析、文字检测、文字识别，其中核心步骤是文字检测和文字识别过程。传统方法主要使用图像模式识别技术进行文字特征提取和对比识别，包括欧式空间对比、动态规划对比等。近几年，随着深度学习技术的飞速发展，OCR 技术逐渐由手工设计文本特征训练和特征比对过渡为使用深度神经网络模型方法，并出现了文字检测和识别分开深度建模的独立两阶段方法及将文字检测和识别整合到一个深度网络模型的端到端一段式方法。三是识别后的后处理。主要是对识别结果的纠错，包括词典纠错、语义纠错、人工纠错等，通过纠错进一步提高识别率。

经过数十年的发展，OCR 技术已经较为成熟并广泛应用。在档案管理领域，大量纸质档案及照片档案都是通过扫描或是转录等方式数字化的，形成的 PDF 文件一般都是不可复制的，要提取其中的关键词必须使用 OCR 技术先行将其转化为文字。

目前国内 OCR 技术厂商有很多，比较著名的有汉王科技、百度、腾讯、有道等，且大多数厂商提供云端 OCR 解决方案，可通过互联网直接调用 OCR 的服务接口开展识别工作。此外，开源社区还提供了部分开源 OCR 解决方案，例如百度开源深度学习平台 Paddle 飞桨的子项目 Paddle OCR，虽然是一个超轻量级中文 OCR 项目，但可提供较高的识别率、鲁棒性和易用性。网络档案信息检索工具如果需要集成 OCR 功能，既可以采购 OCR 技术厂商的方案，也可以尝试开源方案。

（二）电子文件归档

电子文件归档是将具有凭证、查考和保存价值的电子文件转化为电子档案保存起来的过程。

当前，我国实行双套制的归档策略，即"对同一份文件实行纸质版本和电子版本的双套存储管理，这是一种依存于纸质文件的电子文件管理"①。2020年修订的《中华人民共和国档案法》颁布后，"确定电子档案与传统载体档案具备同等效力"②，电子文件单套归档成为发展趋势。从2014年开始，上海市档案局与中国（上海）自由贸易试验区在自由贸易试验区范围内共同探索了单套制电子文件归档和电子档案管理，首开单套制实践探索的先河。2016年开始，国家档案局分批选定企业开展电子文件归档和电子档案管理试点，积极推进企业业务系统电子文件归档工作，健全电子商务发展支撑体系。该试点已经取得了众多良好经验。③上海市早在《上海市档案事业发展"十二五"规划》中就提出"在市和区县机关全面推行、重点企事业单位基本实行电子文件归档管理；20%以上市级机关建成数字档案室"。2021年，上海市20余家单位已经按照上海市档案局《上海市档案事业数字化转型工作方案》要求完成"一网通办"电子文件归档工作。

电子文件归档尤其是单套制电子文件归档，将为网络档案信息检索奠定更加雄厚的基础。为了实现单套电子文件归档，必须实现电子文件的全程管理，使得电子文件归档与电子档案管理形成完整闭环，电子档案检索、共享利用成为全程管理闭环中的不同步骤。实现电子文件全程管理的闭环系统，具有有效采集、分类存储、自动处理、智能识别能力，能有效地对各业务系统中流转的数据进行检查、审核与归档，这些归档数据自然成为检索资源。网络档案信息检索将不需要另外组织检索工具，而是整个电子文件全程管理系统的一部分。

浙江省台州市三门核电站实施了基于内容管理的《三门核电文档管理信息系统》。该系统打破原有的思维模式，从仅限于文档管理上升为实现项目整体管理，具备工程文件配置管理、工程支付控制、人机交流、绩效考核、知识产权保护等项目管理的全新功能，实现企业文件从内容创建、流转、发布、归档直至销毁的全面管理，达到电子文件全程管理要求。系统功能主要包括满足文档集中存储和统一管理要求；全过程跟踪管理受控文件；实现多维度文件展示；支持文件各类型、元数据的自定义管理；实现多种形式和途径的检索查询方式；支持细粒度、多方式的文档权限控制与管理；实现文件管理、文件流程与档案管理的集成化管理，满足文件到档案的协同创建、管理、提交和归档。④其中，文档集中存储、文件多维展示、元数据自定义管理、多种形式和途径的检索查询方式、文档权限控制与管理都是网络档案信息检索工具必须具备的功能，现在全部集成在一体化、流程化、自动化、规范

---

① 冯惠玲．电子文件管理教程［M］．北京：中国人民大学出版社，2017：58.
② 赵屹．论新修订的《中华人民共和国档案法》的新意［J］．山西档案．2020（5）：17-23.
③ 国家档案局经科司．企业电子文件归档和电子档案管理试点技术系统卷［M］．北京：中国文史出版社，2021：编写说明.
④ 刘越男，马林青．2010—2015年电子文件管理发展与前沿报告［M］．北京：电子工业出版社，2016：201.

化的系统中，方便了企业档案的检索利用，充分实现了企业信息价值。

（三）其他信息收集

在网络档案信息检索中，检索资源中还有可能包括从网络等各种渠道收集来的其他信息。例如，2021年，上海市档案局发布《上海市档案事业数字化转型工作方案》，提出"加强新型档案资源建设，广泛开展业务数据、公务电子邮件、网页信息、社交媒体等的收集归档工作""拓展数据归集门类"。上海市静安区档案局（馆）正在探索将上海静安App上的区级政府信息和区内新闻等媒体平台数据归档保存。[①]这些实践说明当前众多网络信息具有归档价值。有些网络档案信息检索系统会将此类具有保存价值的信息直接收集起来作为检索资源。

这种收集对于结构化数据，主要利用数据库技术，依据统一的元数据进行处理；对于非结构化数据，与搜索引擎一样通过Robot、Spider等自动索引程序进行抓取、索引等收集处理。

在其他信息收集过程中，要注意审核信息源头，制定系统的信息组织分类标准，规范收集流程和程序，符合监督管理制度，确保信息的全面性、准确性和权威性。

（四）档案信息组织

在档案数字化、电子文件归档、其他信息收集之后，要将它们转化为检索资源。因此需要通过采用适当的方式进行档案信息组织，将分散无序的特定档案信息变得有序化、系统化，以便人们有效地检索和利用。对档案信息的有效组织是网络档案信息检索的基础，它不但影响利用者与检索工具间的交流，而且影响检索结果的呈现。

档案信息组织方式多样。除了前文[②]所述的自由文本方式、超文本方式、主页方式、数据库方式外，在实践工作中，根据对档案信息内容的揭示程度，档案信息组织方式分为目录组织法、索引法、提要法、综述法等；根据对档案信息特征的揭示程度，档案信息组织方式分为分类组织法、主题组织法、代码组织法、题名组织法、责任者组织法等；根据排序方式，档案信息组织方式分为编号组织法、字顺组织法、时序组织法、地序组织法等。[③]此外，在新媒体环境下，还有很多新的信息组织方法。例如，前文[④]所述华东建筑集团股份有限公司的工程项目电子档案检索工具，将工程地理位置信息与百度地图数据融合，这就是在新媒体环境下一种新的信息组织方法，即利用百度地图等地理信息系统对添加地理特征识别标识的档案信息进行组织，可

---

① 赵屹.上海城市数字化转型背景下档案事业发展研究[J].档案学研究，2022（1）：73-78.
② 参见本书"第七章 新媒体环境下网络档案信息检索理论的创新发展——第四节 档案信息组织理论——一、档案信息组织理论简述"。
③ 洪漪.档案信息组织与检索[M].武汉：武汉大学出版社，1998：3-4.
④ 参见本书"第六章 新媒体环境下网络档案信息检索中新技术的应用——第四节 信息检索可视化技术应用——二、网络档案信息检索可视化的内容——（二）检索提问可视化"。

实现按地域、地点途径的检索。

二、档案著录标引

档案著录标引是依据档案著录标引标准并结合检索工具的要求，对档案信息进行加工处理，使之成为检索工具可用数据的工作。

档案著录标引将档案信息转化为检索工具可用的数据。数据是对客观事物的符号表示，在计算机科学中所有输入到计算机中并被计算机程序处理的符号统称为数据。在网络档案信息检索中，对档案信息著录标引的结果就是形成了各种可供检索的数据。档案目录信息、电子文件、多媒体文件等都是数据。

档案著录标引基于规则为档案赋予了标准化的检索标识，是检索工具的数据获取手段和入口。数据准备的质量如何，是关系检索工具科学性、实用性的关键。检索工具的科学性是指其结构体系科学，档案信息存储丰富，能够实现多途径查找，检索效率高。检索工具的实用性是指组织检索工具时将质量和效益放在首位。数据准备质量直接关系到检索工具的科学性、实用性，亦即关系到检索效率的高低和检索工具的成败。网络档案信息检索系工具要具有良好的存储和检索功能，能准确地揭示档案的内容特征和形式特征。电子文件同样需要经过著录标引揭示其主题内容、科学价值、物质形态、形成机构和存放地点。

做好档案著录标引需从有效组织、公众参与、质量控制、规范化、自动化、可视化、网络化等方面着手。

（一）有效组织

档案著录标引是一项浩大的系统工程，难以一蹴而就，必须经历一段长期的、逐步积累的过程，需要进行有效组织。

有效组织首先是统一规划、统筹实施。将著录标引与档案整理、日常管理紧密结合。档案著录标引是一项经常性的档案工作，并不仅仅是为了检索而著录。整理中编制案卷目录、卷内文件目录，可以同时输入著录标引信息。同时，随着电子文件全程管理的逐步实现，著录标引应是全过程的，分布在整个文件生命周期内不同阶段分别实现。

有效组织还包括对著录标引人员的组织和培训，使之具备应有的责任心和素质，保证著录标引的质量。现在很多档案机构都选择将著录标引工作外包，外包时也应注意审核外包公司的资质、从业人员的素质和工作流程的规范性。

2006年，杭州市萧山区市政园林公用事业管理处建设了市政道路、桥梁设施、路灯情况、古树名木、历年完成投资额5个档案专题数据库。该处对专题数据库的数据著录首先设计了作为著录标准的数据模板用于参照著录，著录工作由该处各职能科室人员与档案员共同完成。由于科室人员既是数据的形成者，也是今后的利用者，其著录的质量非常高。① 可见，该机构对档案著录进行了有效组织。

有效组织还包括对若干档案机构数据的有效集成。一个检索工具应能而且尽可能可以检索若干档案机构的档案信息。这些档案机构基于自愿、互利、互信的基础上将数据有效集成在一起。

（二）公众参与

在新媒体环境下，很多档案机构的档案著录标引工作积极采取措施吸引公众参与。例如，美国国家档案馆将其照片和文件档案发布在各种网络社交媒体上，邀请社会公众为这些照片和档案添加标签（tags）。标签是网络中一种灵活、有趣的信息分类方式，可作为关键词标识用于检索，还可用于知识组织的相关性分析。这是以众包的形式让社会公众描述档案，有利于促进档案著录的全面和深化。

戴维·温伯格（David Weinberger）②认为信息组织有3种秩序：一是现实世界的物体秩序，例如书本放入书架、照片插入相册；二是树形结构组织，例如杜威十进制图书分类法；三是以标签为核心的大众化分类。信息受众为信息任意添加标签，形成独一无二的分类体系，呈现多样甚至混乱的著录状态。第三种信息组织秩序用于应对信息爆炸式增长、有序的秩序无法及时归类信息的局面。可见，在新媒体环境下，为了适应网络信息复杂的情况，信息组织需要探索新的方式方法来进行，档案信息组织亦是如此。"由研究者添加的数据注释和实施的'众包技术'也逐渐成为档案著录的工具"。③ 公众参与是档案机构进行信息组织的新尝试和探索。

（三）质量控制

档案著录标引必须实现质量控制。从具体工作看，档案著录必须做到著录项目完备、著录内容全面准确。档案标引必须做到检索语言规范、用词准确、组配合理、专指性高。从整体上看，档案著录标引的质量包括2个方面：一是档案著录标引具有连续性和延续性，要经过较长一段时间的积累才能达到一定的规模；二是档案著录标引具有继承性或适应性。随着技术发展和标准的修订，档案著录标引内容处在不断变化之中。档案著录标引要解决好数据标准化问题和数据格式的更新换代问题，使数据持续适应新系统、新环境的要求。

（四）规范化

档案著录标引要依据规范标准实现规范化。所依据的标准参见本节后文④。档案

---

① 董月兰.试谈市政园林档案专题数据库的建设［J］.浙江档案，2008（8）：42-43.
② 戴维·温伯格.新数字秩序的革命［M］.张岩，译.北京：中信出版社，2008：60.
③ 奥尔加·弗拉科夫斯卡娅.从关联的信息到关联的数据：为未来著录档案［N］.杨太阳编译.中国档案报，2014-01-24（3）.
④ 参见本章"第一节 检索资源保障——六、档案数据标准化——（一）档案内容标准、（三）档案数据值标准"。

内容标准主要用于规范档案著录，档案数据值标准主要用于规范档案标引。此外，著录标引有些数据值也需要规范。以杭州市萧山区市政园林公用事业管理处2006年建设的市政道路、桥梁设施等5个档案专题数据库为例，这些专题数据库著录时，档号规范为"全宗号+分类号+案卷号+件号"组成。日期规范为八位阿拉伯数字中间不加分隔号。并通过人工干预随机抽查著录数据是否规范。①

（五）自动化

档案著录标引应积极利用现代信息处理技术，提升自动标引能力，达到自动化。在新媒体环境下，电子文件、音频、视频等归档数量不断增加，对档案著录标引的效率和质量提出挑战，只有实现自动化才能很好地迎接这种挑战。同时，自动跟踪、自动标引、自动文摘技术在不断发展完善，给档案著录标引工作带来自动化的新机遇。例如，国际档案理事会提供开源档案著录系统AtoM（Access to Memory，记忆利用）②辅助档案著录工作，形成的数据可以方便地导入和导出。再如，高校利用电子表格的vlookup函数共享数据，进行学籍档案人工录入数据的自动审核③。这是当前两个著录标引的实例，只能说部分实现了自动化。未来的目标是在电子文件全程管理的闭环中，从文件形成时就按档案著录标引规范进行处理，通过元数据自动化或半自动化地实现档案著录标引工作。

（六）可视化

随着新媒体环境的发展，档案著录标引也有了可视化工具，可将档案著录过程和结果可视化④。

近年来，国际档案界在这方面做了一些探索。例如，档案馆利用视觉分析（Visual Analytics）技术交互地将对档案内容的组织和分析成果可视化地呈现⑤。档案界关注图形理论（Graph Theory）和图形分析（Graph Analytics）技术与工具在档案文件管理工作中的价值⑥，并探索将其应用于著录、整理和利用当中的可能性⑦。我国档案界也可以在这方面进行尝试和探索。

---

① 董月兰.试谈市政园林档案专题数据库的建设［J］.浙江档案，2008（8）：42-43.
② ICA.ICA-AtoM Project［EB/OL］.［2022-05-03］.http://www.ica-atom.org.
③ 孙学政.高校学籍档案单机可视化检索实证研究［J］.档案管理，2019，（3）：46-48.
④ 李思艺.档案著录工具在数字记忆构建中的应用研究［J］.档案与建设，2020（2）：4-8.
⑤ Victoria L，Lemieux. Using information visualization and visual analytics to achieve a more sustainable future for archives: A survey and critical analysis of some developments［J］.Comma，2012（2）：55-70.
⑥ Johnna Percell，Lindsay C. Sarin，Paul T. Jaeger，et al. Re-envisioning The MLS: Perspectives on the Future of Library and Information Science Education［M］. UK: Emerald Publishing Limited，2018：185-187.
⑦ Victoria Lemieux. Visual analytics，cognition and archival arrangement and description: studying archivists' cognitive tasks to leverage visual thinking for a sustainable archival future［J］. Archival Science，2015（15）：25-49.

（七）网络化

为了适应网络档案信息检索需要，档案著录标引工作成果的信息化和网络化也是重要工作内容。经著录标引形成的档案数据作为组织检索工具的基础，需要进一步操作，形成服务新媒体环境下档案检索工具的新形态。

三、档案知识组织

网络档案信息检索要提供知识服务就要实现知识检索。知识检索的资源保障工作就是知识组织。知识组织是对信息和知识不断搜寻、采集、分析、组织的过程，通过知识提取、知识描述、知识融合，形成基于语义的档案知识关联网络，以便利用者检索到档案中潜在的知识用于解决问题。这也是新媒体环境下网络档案信息检索的新的技术和方向。档案知识组织在前文[①]已经展开研究，在此不再赘述。

四、数据库建设

检索资源保障最终会落脚到数据库建设，无论是馆藏档案信息数据库、档案专题数据库、搜索引擎与网络目录的网页库与索引库，还是知识检索的知识库。

数据库是按照一定的数据模型，采用特定的方式将具有联系的结构化信息存储起来构成的数据集合。它是网络信息组织的重要方式，是存放网络档案信息的仓库，也是检索工具的核心。

（一）馆藏档案信息数据库

馆藏档案信息数据库的建设包括 2 个主要内容：一是确定档案数据格式，形成数据库结构。数据库结构的确定应全面详尽，具备可扩展性，字段名称、字段类型、字段长度等合理规范。例如，江西省档案局（馆）在数字档案馆建设中发布了馆藏民国档案与六种专业档案目录数据库结构[②]。档案数据格式即数据库结构应尽量标准化，达到一致与统一才能实现网络档案信息的交换和共享。二是选择档案数据库管理系统。常用的数据库管理系统有 Sybase、Oracle、Informix、DB2、SQL、Ingres、Fox Pro 和 Unity 等。近些年，由我国自主研发的数据库管理系统也开始崭露头角，例如 OpenBASE，OceanBASE 等。它们各具特点，选择时需要从开放性、集成性、多种软硬件平台的支持性、知识产权的自主性、价格等因素综合考虑。

---

① 参见本书"第五章 网络档案信息检索功能的创新发展——第五节 从信息到知识：知识检索功能——三、基于知识库的知识检索"。

② 刘越男，马林青. 2010—2015 年电子文件管理发展与前沿报告［M］.北京：电子工业出版社. 2016：179.

（二）档案专题数据库

档案专题数据库建设在前文①已经展开研究，在此不再赘述。

（三）网页库与索引库

网页库与索引库用于搜索引擎与网络目录，前文②已经展开研究，在此不再赘述。

（四）知识库

知识库建设在前文③已经展开研究，在此不再赘述。

五、检索资源存储

检索资源存储主要分为结构化数据存储与非结构化数据存储两类。

（一）结构化数据存储

档案著录标引形成的档案目录是结构化数据。结构化数据以数据库为主要存储方式，有利于保持数据的紧密联系和科学一致，方便检索利用。

（二）非结构化数据存储

电子文件、图形图像文件、音频文件、视频文件等是非结构化数据。在新媒体环境中，非结构化数据数量呈大幅度上升趋势。

非结构化数据可以存入数据库。以 SQL 为代表的数据库提供二进制字段类型 Image，数据量 2GB，可用于存储大容量的图像数据。这样存储安全性高，方便管理，但是会影响数据库运行性能，数据量越大时性能下降越明显。

非结构化数据更多的是以"文件+数据库"形式存储。即非结构化数据以文件形式存放于特定的计算机目录之下，同时在数据库中存放该文件的链接或是存储路径，其实质是在数据库中建立非结构化数据的索引。这种存储方式简单直观，但存在一致性维护困难、文件操作繁琐、安全性低等不足。

当前，NoSQL+Hadoop 的海量数据解决方案是非结构化数据存储的新技术。NoSQL 是非关系型数据库，用于非结构化数据的保存、检索和管理。Hadoop 是分布式解决方案，实现非结构化数据的分布式存储和计算。

检索资源存储还应考虑存储介质、备份、安全等问题。

六、档案数据标准化

档案数据标准化是对档案数据制订和实行统一规定，以获得档案工作最佳效果的工作过程。它是检索资源保障的基本要求，对数据库建设质量和检索效果具有重

---

① 参见本书"第四章 新媒体环境下网络档案信息检索工具与平台的创新发展——第二节 网络档案专题数据库—— 三、网络档案专题数据库的建设"。

② 参见本书"第四章 新媒体环境下网络档案信息检索工具与平台的创新发展——第三节 网络信息检索工具—— 三、网络信息检索工具的原理"。

③ 参见本书"第五章 新媒体环境下网络档案信息检索功能的创新发展——第五节 从信息到知识：知识检索功能—— 三、基于知识库的知识检索"。

要影响。同时，它也是档案信息资源建设、开发利用与档案信息共享的需要。

档案数据标准化是一系列关于档案数据标准的制定、推广、实施、维护、管理的实践过程。本书仅探讨与网络档案信息检索相关的标准。针对标准规范的对象，网络档案信息检索标准可以分为档案内容标准、档案数据结构标准、档案数据值标准、档案数据存储标准四类。其中，关于电子文件著录、电子文件元数据的国际标准在前文"第七章 新媒体环境下网络档案信息检索理论的创新发展——第二节 电子文件著录理论及第三节 电子文件元数据理论"有所涉及。由于国际标准不能直接用于指导我国的档案工作实践，本部分仅探讨我国的相关标准。

（一）档案内容标准

档案内容标准主要是档案著录标准，用于对档案信息的著录项目、著录顺序、著录方式和著录表达形式进行规范。它决定了检索资源数据库中包含哪些数据元素。

从世界范围看，我国档案著录标准制定起步较早。1985年，我国发布档案界的第一个国家标准GB/T 3792.5—1985《档案著录规则》，它是全国档案著录工作的基本遵循，也是全国统一的档案检索体系建立的基础。1999年，该标准参照国际档案著录规则ISAD（G）修订为档案行业标准DA/T 18—1999《档案著录规则》。

DA/T 18—1999规定档案文件的著录项目有7大项21小项，7大项分别为题名与责任说明项、稿本与文种项、密级与保管期限项、时间项、载体形态项、附注与提要项、排检与编号项。这些项目分为必要著录项目和选择著录项目。正题名、责任者、时间、分类号、档号、电子文档号、缩微号、主题词或关键词为必要著录项目，其余为选择著录项目。网络档案信息检索系统的简要级次检索结果，一般就是显示必要著录项目。详细级次检索结果则显示所有著录项目。除档案文件著录外，我国原有的著录标准还包括案卷级著录，著录项主要包括所属全宗、所属类别、年度、案卷号、案卷题名、责任者、关键词、密级、保管期限、起止时间、案卷描述、附注、相关案卷等项目。

DA/T 18—1999沿用了24年。2022年，新修订的DA/T 18—2022《档案著录规则》发布，替代了1999年版本。DA/T 18—2022档案著录项目分为7大项35小项，具体著录项目为：一标识，包括档案馆代码、著录层级、唯一标识符、档号、题名、文件编号、日期、缩微号；二背景，包括责任者、组织机构沿革/生平传记、档案保管情况；三内容与结构，包括范围和提要、关键词、分类号、人名、稿本、文种、语种、附件、载体形态、计算机文件大小、计算机文件格式、存储位置、整理情况、保管期限、销毁情况；四利用控制，包括密级、公开属性、开放标识；五相关档案材料，包括原件存放位置、复制件存放位置、相关著录单元；六附注，包括附注；七著录控制，包括著录者、著录日期。

《档案著录规则》（2022年版本）主要修改3个方面：一是增加了多级著录，由原来的仅有文件级与案卷级著录增加为文件级、案卷级、类别级、全宗级均著录；二是更改了著录项目的大项及其构成；三是更改了部分著录项目及其著录细则，例如，将"电子文档号"改为"唯一标识符"，"提要"改为"范围和提要"，增加了著录层级、组织机构沿革/生平传记、原件存放位置、著录者等著录项目。

此外，我国档案著录标准体系中还包括国家标准GB/T 50323—2001《城市建设档案著录规范》，档案行业标准DA/T 8—1994《明清档案著录细则》、DA/T 17.1—1995《革命历史档案著录细则》、DA/T 20.1—1999《民国档案目录中心数据采集标准 民国档案著录细则》等。

（二）档案数据结构标准

档案数据结构标准是在计算机与网络环境下规范数字档案信息数据元素之间逻辑结构和组织的结构化格式。

早期，数据结构标准主要是档案机读目录。例如，GB/T 20163—2006《中国档案机读目录格式》、DA/T 20.4—1999《民国档案机读目录软磁盘数据交换格式》、DA/T 33—2005《明清档案机读目录数据交换格式》。它们是对档案案卷或文件的内容与形式特征进行著录标引形成的机读数据，用于被计算机识别读出实现计算机检索和目录信息交换。

在网络环境下，数据结构标准主要是电子文件元数据标准。例如，DA/T 46—2009《文书类电子文件元数据方案》、DA/T 54—2014《照片类电子档案元数据方案》、DA/T 63—2017《录音录像类电子档案元数据方案》。我国各行业领域还形成了众多行业元数据标准如CJJ/T 187—2012《建设电子档案元数据标准》等。

当前，多数档案数据结构标准格式较为固定，相互之间缺乏协调，有待全国层面、整体层面予以统筹和协调。

（三）档案数据值标准

档案数据值标准用于规范可能存在多种不同形式的同一档案数据元素的数据值，对分类号、主题词和各种专有名词等数据值进行规范控制。档案数据值标准主要是检索语言标准。

档案检索语言又称档案标引语言，是根据检索需要而创造的人工语言，是表示档案内容信息及其相互关系的概念标识系统，用于档案的主题标引、特征描述或逻辑分类。

我国档案检索语言标准主要有20世纪80年代编制、90年代修订的《中国档案分类法》和《中国档案主题词表》。它们对于揭示档案内容、实现基于内容的档案信息检索具有基础性作用。另有两部与档案检索语言标准相关的标准DA/T 19-1999《档案主题标引规则》和GB/T 15418—94《档案分类标引规则》。

在网络档案信息检索中，档案检索语言标准的数字化应用日益受到重视。它们在实现自动标引、语义分析与知识描述等方面也能发挥基础性作用。同时，档案检索语言标准也面临在新媒体环境下的修订、完善及与其他检索语言标准兼容共融的问题。例如，英国和澳大利亚分别制定了用于电子文件标引的网络档案主题词表《英国档案主题词表》（UK Archival Thesaurus，简称 UKAT）和《澳大利亚政府交互式职能主题词表》（Australian Governments' Interactive Function Thesuarus，简称 AGIFT）。我国也需根据电子档案管理需要和网络档案信息情况修订原有的主题词表。

（四）档案数据存储标准

档案数据存储标准主要对档案数据的存储要求、存储格式等方面进行规范。DA/T 47—2009《版式电子文件长期保存格式需求》规范了电子文件类档案数据的存储要求，主要有"具备格式开放、不绑定软硬件、显示一致性、易于利用等性能，支持向长期保存格式转换"。这对于网络档案信息检索具有影响，因为电子文件保存格式一般就是网络档案信息检索的检索资源的格式。满足这种要求的文本型档案格式目前主要有 PDF、OFD。PDF 格式通过存储格式标准 GB/T 23286.1—2009《文献管理长期保存的电子文档文件格式 第 1 部分：PDF.4（PDF/A-1）的使用》予以规范。OFD 格式通过存储格式标准 GB/T 33190—2016《电子文件存储与交换格式版式文档》予以规范。此外，档案信息存储数字化图像一般采用 JPEG、TIFF 格式，音频一般采用 MP3、WAV 格式，视频一般采用 MPEG、AVI 格式。

第二节　工具平台研发

工具平台研发是指一个或几个档案机构研制开发网络档案信息检索工具，或者将检索工具、检索功能集成到网络档案信息集成检索平台使之从无到有的过程。

一、工具研发

网络档案信息检索工具的研发包括网络档案信息检索系统的开发[①]、网络档案专题数据库的建设[②]、网络信息检索工具的选择[③]或研发[④]，每种网络档案信息检索工具原理不同，研发的内容会有差异。相关内容已经在前文第四章展开研究，在此不再赘述。

[①] 参见本书"第四章 新媒体环境下网络档案信息检索工具与平台的创新发展——第一节 网络档案信息检索系统——三、网络档案信息检索系统的开发"。

[②] 参见本书"第四章 新媒体环境下网络档案信息检索工具与平台的创新发展——第二节 网络档案专题数据库——三、网络档案专题数据库的建设"。

[③] 参见本书"第四章 新媒体环境下网络档案信息检索工具与平台的创新发展——第三节 网络信息检索工具——四、网络信息检索工具的选择"。

[④] 例如本书"第六章 新媒体环境下网络档案信息检索中新技术的应用——第二节 全文检索技术应用——三、全文检索技术应用方式——（三）检索档案网站的档案信息"引用的案例，中南电力设计院有限公司档案部门自主研发了企业级综合性站内搜索引擎"小觅"。

这些网络档案信息检索工具是与数据库建设紧密结合的。档案机构在开展检索资源保障过程中，必须综合考虑网络档案信息检索工具研发的需求和要求。

网络档案信息检索工具可以由档案机构组织力量自行研发，早期多数采用这种模式。随着技术发展和社会分工的细化，现在多数网络档案信息检索工具的研发采用服务外包形式或是直接购买产品。

二、平台集成

网络档案信息集成检索平台是集成了检索工具或功能的平台，前文①对于网络档案信息集成检索平台的集成方式和集成范围已展开研究，在此不再赘述。在此重点研究网络档案信息检索集成于数字档案馆（室）平台、集成于电子文件全程管理平台两个方面，以及回顾前文集成于知识服务平台的内容。

（一）集成于数字档案馆（室）平台

当前，网络档案信息检索工具和功能多是集成于数字档案馆平台形成网络档案信息集成检索平台。

2000年5月，我国"第一个数字档案馆"深圳数字档案馆启动建设。2010年6月，国家档案局发布《数字档案馆建设指南》。2014年11月，国家档案局发布《数字档案馆系统测试办法》。2021年发布的《"十四五"全国档案事业发展规划》强调要加速数字档案馆（室）建设。我国的数字档案馆（室）经过20余年的建设，已经进入全面深化阶段，集成网络档案信息检索工具或功能是数字档案馆（室）功能的应有之义。

《数字档案馆建设指南》要求，数字档案馆管理系统能够"对所接收的各类数字档案信息进行整理、比对、分类、著录、挂接、鉴定、检索、统计等操作"，利用功能"能够运用最新检索技术方法满足利用者在各种利用平台对档案数据进行快速、准确、全面的利用查询要求"。同时，专门对服务平台建设进行指导，指出数字档案馆网络架构一般应面向不同对象、立足现有不同网络，构建3个服务平台：一是基于局域网面向档案馆工作人员和来馆利用档案人员的馆内档案利用服务平台；二是利用当地政务网建设的面向本级党政机关各立档单位的电子文件归档和档案信息共享平台；三是利用公众网建设的面向广大社会公众和进行馆际交流的公共档案信息服务平台。数字档案馆服务平台是网络档案信息共享的基础，为网络档案信息检索、传输和利用提供了服务保障。

---

① 参见本书"第四章 新媒体环境下网络档案信息检索工具与平台的创新发展——第四节 网络档案信息集成检索平台——三、网络档案信息集成检索平台的集成方式、四、网络档案信息集成检索平台的集成范围"。

2006年,国家档案局和国务院信息化工作办公室联合开展"档案信息资源开发利用试点"。浙江省档案馆作为档案信息资源社会化服务试点单位,依托浙江省数字档案馆应用平台,建成三个档案基础数据库、三个档案信息发布网站与一个电子阅览室,以省档案馆为核心,以各市档案馆为依托,提供一站式档案信息检索利用服务。①再如,江西省数字档案馆建设起步于2007年,于2010年10月完成项目终验。其数字档案馆平台集成了政务专网全省档案专网的馆藏档案资料查阅平台、实现民生档案远程共享的区域性数字档案馆应用平台②,集成民生档案检索、利用、共享功能。

因为数字档案馆综合采用各项先进技术,集成于数字档案馆平台可以给予网络档案信息检索强有力的技术支持。例如,浙江省数字档案馆平台建设就集成了先进成熟的技术、设备与系统。技术集成了SAN存储技术;硬件及其系统包括小型机、磁带机备份系统、3个网站的双服务器热备、磁盘阵列系统;软件系统包括大型数据库、全文检索与内容管理系统、网络安全防范系统等。这样的一个平台确保了海量档案信息的安全存储与管理,支持不小于200个并行用户的操作,支持百万级目录与全文数据检索,检索响应时间小于1秒。③可见,数字档案馆集成平台的集约化、规模化效应,有力地促进和保障了网络档案信息检索功能与技术的实现。

(二)集成于电子文件全程管理平台

未来网络档案信息检索工具和功能应集成于电子文件全程管理平台。在电子文件全程管理理论指导下,电子文件全程管理平台是集成网络架构、应用系统、资源建设、存储设施,实现电子档案闭环管理的一整套电子档案管理应用体系。全面实现电子档案形成处理、归档保管、检索利用的全程规范化管理以及面向不同层次的多渠道发布,从而解决网络档案信息检索资源保障的瓶颈问题,克服检索工具研发和上线使用各环节人工衔接低效率的问题,从根本上改善网络档案信息检索的根基和面貌。

(三)集成于知识服务平台

网络档案信息检索工具和功能还可以集成到档案知识服务平台上,充分发挥知识服务功能。这一点在前文④已经有所涉及,在此不再赘述。

---

① 国家档案局技术部.档案信息资源开发利用试点经验汇编[M].北京:中国档案出版社,2008:156-161.
② 刘越男,马林青.2010—2015年电子文件管理发展与前沿报告[M].北京:电子工业出版社,2016:179-180.
③ 国家档案局技术部.档案信息资源开发利用试点经验汇编[M].北京:中国档案出版社,2008:163.
④ 参见本书"第七章 新媒体环境下网络档案信息检索理论的创新发展——第五节 档案知识服务理论——三、对网络档案信息检索的影响——(六)实现集成检索"。

第三节　档案利用者分析

传统档案检索是一种模式化服务，对所有的利用者都以同样的方式提供档案检索服务，通过档案检索服务为利用者提供档案信息。在新媒体环境下，网络档案信息检索是一种个性化服务，需要针对不同的利用者采用与之适应的方式提供档案检索服务，档案检索服务不仅提供档案信息，还提供利用者所需知识和解决问题的方案。这是网络档案信息检索与传统档案检索的不同，也是网络档案信息检索的发展方向。要达到这一目标，需要相应地做好档案利用者分析工作。

一、档案利用者分析的含义

网络档案信息检索面向的利用者范围不断拓展，涵盖各地区、各种职业、各年龄段等不同类型的网络使用者。利用者分析是在掌握一定的关于利用者的基本信息的基础上，分析利用者的背景情况和检索行为，获知利用者的基本素质和检索需求，为完善检索功能、提供个性化检索服务和知识服务奠定基础。

二、档案利用者分析的必要性

（一）顺应新媒体发展趋势的措施

档案利用者分析是顺应新媒体发展趋势做好网络档案信息检索服务的措施。新媒体具有互动性、个性化和多元化的特点。在这种环境下，档案利用者不再是检索服务的被动接受者，而是对档案信息内容和检索服务手段的主动选择者，档案利用者的检索需求呈现出多层次、多样化、多元化的特点，对档案信息的证据价值、参考价值、知识价值、文化价值、休闲价值的利用更加多面，对档案信息的需求更加细粒度和精确化，这使得为不同的利用者提供更具有针对性的档案信息成为网络档案信息检索的必然趋势。同时，网络档案信息检索是一种利用者主动的活动，是以利用者为中心的活动。要开展好这项活动，达到预期目的，就要做到以利用者需求为导向、以利用者便利为原则。

（二）做好网络检索服务的基础

档案利用者分析是做好网络档案信息检索服务的基础和前提条件。只有通过利用者分析，才能全面而深入地了解网络档案信息检索的需求，从而有针对性地提供相应的功能和服务，使得以自主检索为主的网络档案信息检索得以顺利开展。只有通过利用者分析，才能细致而精准地掌握目标受众的特定检索需求，主动精准地推送档案信息，提高档案信息利用的价值和有效性。档案检索服务需要加强对档案利用者需求的研究，分析利用者的个体需求与共性规律，了解和把握利用者需求的发展趋势，建立科学、系统、结构合理的网络档案信息检索资源。

（三）实现档案知识服务的前提

网络档案信息的知识检索中，知识组织的基本目的是将档案内容以精确的主题概念表达出来，方便利用者理解和利用。档案利用者分析是知识组织有效开展的重要参考标准，也是实现档案知识服务的起点。实现档案知识服务必须以利用者分析为前提，通过分析将利用者行为与档案信息的知识组织关联起来，才能为档案知识服务决策提供支持。

三、档案利用者分析的内容

档案利用者分析的内容是指分析利用者的哪些方面，获得关于利用者的哪些信息。

（一）分析利用者的背景情况

分析利用者的背景是采用多种途径分析利用者的职业、年龄、个性、兴趣、习惯、偏好、知识结构等各种背景情况。分析利用者背景的途径多种多样，主要有利用者注册、利用者调查、与利用者交互。

1. 利用者注册

网络档案信息检索尤其是互联网上的网络档案信息检索一般是开放的，利用者可以直接使用检索工具。但是，在一定条件和要求下，网络档案信息检索工具要求利用者进行注册。例如，《云南茶马古道档案资源专题数据库》构建研究者提出，"将云南茶马古道档案资源专题数据库按照用户权限等级分别向各级党政机关、档案部门、其他个人用户开放，所有查询检索档案用户须进行实名身份注册，利用过程全程跟踪记录"[①]，利用者注册后，可以实现登录检索并进行身份验证，登录后不同的利用者有不同的权限。用户注册时的信息是分析利用者背景的主要信息源。

2. 利用者调查

提供网络档案信息检索的档案机构对利用者进行调查，调查手段有跟踪调研、专题调研、网上问卷调查等。充分了解当前利用者和潜在利用者的检索需求以及检索目的、兴趣偏好等。

3. 与利用者交互

提供网络档案信息检索的档案机构利用各种交互工具建立顺畅的交互渠道和利用者信息反馈机制与互动激励机制，与利用者直接进行交流。通过交互掌握利用者的需求特点和心理状况，及其对检索工具的评价，并接受利用者的合理化建议。例

---

① 丛佳，李莉，刘凌慧子.云南茶马古道档案资源专题数据库构建研究［J］.兰台世界，2021（12）：65-69.

如，Qingliang Miao[①]等研究通过网上评论信息挖掘检索者的检索情绪，此类分析方法可应用于利用者分析。通过交互获取利用者反馈信息后，可用定性和定量的方法进行分析，并将信息归类、处理，最后做出相应调整。

（二）分析利用者的检索行为

分析利用者的检索行为是采用检索日志、Cookie技术跟踪等多种途径分析利用者各种检索实施的具体情况。

分析利用者的检索行为属于用户行为研究的内容。用户行为是"使信息变得有用的一系列行为的总和"[②]，是"主体为了满足某一特定的信息需求（如科学研究、生产、管理等活动的信息需求），在外部作用刺激下所表现出来的对信息进行获取、查询、交流、传播、吸收、加工和利用的行为"[③]。用户行为研究是信息服务领域关注的一个重点问题。吕元智[④]认为"数字档案资源用户行为大致可以分为档案检索行为、浏览行为、交互行为、选择行为和评价行为等几种类型"。

利用者在网络档案信息检索过程中，相关行为会被检索工具或相关系统所记录。例如，利用者的IP地址、访问时间、访问频率、利用者选择的检索途径、输入的检索词、所用的逻辑控制、位置控制等功能、检索结果的浏览路径、选择查阅的检索结果信息、信息停留时间的长短与反复频度、书签与收藏夹的相关信息、推荐转发信息、检索历史等。这些行为记录是分析利用者检索行为的重要依据和基础。

（三）获知利用者的基本素质

通过分析利用者的背景和检索行为，可以获知利用者在检索方面的基本素质，这是影响网络档案信息检索的重要因素。利用者的检索素质包括其档案意识、信息意识、网络意识、检索原因、检索能力、检索技巧的掌握程度、检索权限、检索习惯、检索倾向、检索需求的表达水平等，这些都将影响最终的检索结果。

（四）获得利用者的检索需求

通过分析利用者的背景和检索行为，最终目的是获得利用者的检索需求，这是促进网络档案信息检索提高效率的原动力。利用者的检索需求包括整体需求和个体需求。整体需求是指整个网络档案利用者的需求，它可以通过分类进行表述。个体需求是那些对档案信息有长期利用需要的利用者所需要的某些方面的档案信息。这

---

① Qingliang Miao, Qiudan Li. Amazing: A sentiment mining and retrieval system [J]. Expert Systems with Applications.2009（3）：7192-7198.

② Taylor R S. Information use environments [G] //Dervin B, Voigt M J. Progress in communication sciences. Norwood, NJ: Ablex Publishing Corp. 1991：217-255.

③ 胡昌平.现代信息管理机制研究[M].武汉：武汉大学出版社，2004：130.

④ 吕元智.基于语义关联的数字档案资源跨媒体知识集成服务研究[M].上海：上海世纪图书出版公司，2021：187-189.

第八章 新媒体环境下网络档案信息检索保障工作的新发展

些需求个体往往是从事某一领域研究或在某一方面有兴趣的利用者。

四、档案利用者分析的过程

（一）获得利用者相关信息

网络档案信息检索工具首先获得利用者信息。通过前文所述利用者注册、利用者调查、与利用者交互、所记录的利用者检索行为等途径和渠道，获得利用者的背景情况信息和检索行为信息。

在获得利用者相关信息过程中，应注意以利用者分析为目的，以法律为底线，保护好利用者的信息和个人隐私，注意保障利用者的权益。

（二）提供利用者定制服务

网络档案信息检索工具对于注册登录的利用者提供定制服务。利用者登录通过身份验证后，可自行选择是否需要档案信息的定制服务。如果利用者需要定制网络档案信息检索服务，可以在检索工具内进行界面、资源等的定制。

（三）建立和维护利用者库

网络档案信息检索工具根据获得的利用者相关信息以及利用者定制档案信息资源情况生成利用者档案，建立利用者库。利用者库根据用途可建立利用者的背景情况信息库、利用者行为本体库、利用者行为知识库、利用者信息需求数据库等，记录利用者的背景情况、行为方式，对利用者在某个时间内相对稳定的信息需求进行描述。随着检索工具的维护和利用者检索行为的增加，对于利用者库要不断补充、调整、维护。

（四）展开各项统计分析

根据利用者分析需要，基于利用者库从各个方面对利用者进行各项统计分析。

五、档案利用者分析的目的

（一）形成利用者画像

档案利用者分析的目的在于形成利用者画像。利用者画像源于用户画像理论与实践。用户画像最早起源于电子商务领域。在新媒体环境下，网络用户分布广泛且类型复杂，电子商务工作将其搜集获取的用户的每个具体信息抽象为标签，对于每一用户用若干标签将其形象具体化，不同的用户通过标签实现差异化，以此为基础向用户提供有针对性的服务。用户画像被各领域广泛借鉴并应用，成为一种勾画目标用户、表达用户诉求与确定设计方向的工具。[①]用户画像应用于网络档案信息检索的利用者分析，形成利用者画像。

---

① 百度百科.用户画像［EB/OL］.［2022-05-05］.http://baike.baidu.com/item/%E7%94%A8%E6%88%B7%E7%94%BB%E5%83%8F/22085710.

利用者画像首先为利用者分类。可以从利用者所从事的职业、所在学科领域、所属行业、所处地理位置、对档案信息的了解程度、检索技能的熟练程度等多方面进行分类。例如，从对档案信息检索的了解程度，可以将利用者分为入门级、利用级、专业级。入门级利用者是从未接触过或很少接触档案信息检索的，利用级利用者是经常检索利用档案信息的，专业级利用者是具备专业知识需要档案专业信息的。

利用者画像还要为利用需求分类。前文①已经将网络档案信息检索需求从档案工作角度分为利用型、收集型、鉴定型、编研型。其中，利用型又根据利用目的不同分为凭证型、研究型、参考型和休闲型。除此之外，还可以根据需要借鉴其他理论与方法进行分类。在信息需求研究领域，信息学家科亨（Kochen）提出信息需求三状态理论模型，将信息需求划分为客观层需求、认识层需求、表达层需求。泰勒（Taylor）的四层次信息需求模型将信息需求划分为4个层次：一是内在需求，实际存在而未意识到的需求；二是认知需求，大脑有意识地描述的需求；三是形式化需求，对认知需求的表达；四是折中需求，向信息系统或者信息检索系统提交的与需求表达妥协的需求。

对利用者及其需求分类后，建立表述利用者检索需求的运算模板，生成特定每类利用者和每类检索需求的描述文件，即利用者模型。在这个过程中，需要利用人工智能技术，采用神经网络或者继承算法库等机器学习方法来构建或更新利用者模型，抽象出每类利用者的普遍需求乃至每个利用者的个性需求，从而有针对性地开展服务。

（二）改善检索功能

档案利用者分析的目的在于改善网络档案信息检索的检索功能，组织和优化网络档案信息检索的资源和服务。通过客观掌握利用者需求及其行为偏好，可以有针对性地组织档案信息、完善检索方式和检索途径，有效引导利用者检索的想法和途径，减少利用障碍。同时，通过利用者画像，将分类的利用者及其需求与分类的档案信息有机关联、联合互动，最大限度地满足利用者的检索需求，提升检索工作效率和检索服务能力。

（三）提供精准服务

档案利用者分析的目的还在于提供更多元、更精准的网络档案信息检索服务。通过对利用者库运用智能技术进行分析，找出可能利用者自己都没有意识到的档案信息检索需求，实现当今建设智慧档案馆中提到的"感知利用者"。感知利用者后形成知识需求空间，再向知识库进行检索，主动查找相匹配的所需知识并推给利用者以满足个性化的知识需求。如果在知识库中匹配不到结果，则应制定适当的档案内

---

① 参见本书"第三章 新媒体环境下网络档案信息检索需求的新发展——第二节 需求类型细分化"。

容揭示规划，有针对性有重点地对档案信息进行知识组织，针对不同类型利用者的不同需求，量身订制个性化服务和知识服务，实现网络档案信息检索与利用者之间的强黏度关系。

六、基于档案利用者分析的检索服务

（一）分内容服务

对于检索资源的内容，可以根据利用者分析的结果进行组织、整合或补充，既要全面揭示馆藏档案信息或是专题档案信息，也要有针对性地突出特色，包括专业特色、地方特色和馆藏特色等，实现分内容的服务。它包括但不限于针对新媒体环境下网络中档案信息日益增长的情况，可以适当根据专题整合和组织一些网络中的档案信息，一站式地提供检索；根据利用者需求扩充网络档案内容的主题标签（tags），将标签相同的不同媒体类型档案信息进行聚类；充分发掘一次档案信息推送给相关利用者，让网络中的档案信息流动起来；根据某些利用者的检索需求，推送档案中的某些事实或数据；把利用者最有可能需要的档案信息检索结果放在最容易获得的地方等。

（二）分层服务

分层服务是面向不同层次网络的利用者提供不同内容的网络档案信息检索服务。当前各档案机构的分层服务较为统一，一般分为内部局域网、政务内网、政务外网、互联网4个层次提供网络档案信息检索服务。内部局域网（Local Area Network，简称LAN）是在一个机关、单位或档案机构的区域范围内，由多台计算机和各种网络设备互相连接形成的计算机通信网络。当前，我国省、市级的档案馆几乎都对馆藏进行了数字化，并在馆内局域网上提供检索利用；政务内网是党政机关内部的涉密办公业务网络，满足各级党政机关内部办公、管理、协调、监督和决策的需要，以及副省级以上政务部门特殊办公的需要。政务内网与国际互联网物理隔离；政务外网是党政机关对外服务的公共业务网络，满足各级党政机关进行经济调节、市场监管、社会管理和公共服务等面向社会服务的需要。政务外网与国际互联网通过防火墙逻辑隔离；互联网（Internet）即国际互联网、网际网络、因特网，是将网络之间以一组通用的协议串联形成的单一庞大的国际网络。在互联网上，既有政府门户网站，又有各级各类档案机构网站。其中，政府门户网站与政务外网有所区别。政府门户网站以政务外网信息资源为支撑，同时整合了各级党政机关等政务部门的公众信息资源，它是面向社会发布政务信息、扩大政务服务范围并接受社会监督的窗口。不同层次的网络之间互相隔离，彼此不能通信。

例如，上海市档案馆的分层服务。上海市档案馆在馆内局域网部署了档案利用服务平台和自助查档一体机，提供民生档案、开放档案等各类档案资源的检索服务，

满足到馆利用人员的查档需求；在政务内网上建立了全市档案目录信息共享平台，整合全市档案馆、机关档案室档案目录信息，实现档案目录全市联网查询；在政务外网搭建民生档案公共服务平台，全面接入市"一网通办"，实现18项民生档案覆盖所有社区事务受理服务中心全市一网通办，并与长三角"一网通办"平台对接实现长三角民生档案查档互联互通；在互联网部署了数字档案公共查阅平台，提供93万余卷馆藏开放档案案卷级目录、23 156件馆藏开放档案数字化全文、档案史料汇编的数字化全文、5万余条"老字号"企业档案目录在线检索。①

（三）分级服务

分级服务主要是根据利用者的权限的不同结合档案的密级提供不同种类和内容的网络档案信息检索服务。分级服务对于最低级别的普通利用者可以使用网络档案信息检索工具直接检索浏览公开的档案信息。高于普通利用者级别的则需要注册、登录，通过身份认证后检索浏览具有权限或密级限定的档案信息。

（四）分域服务

分域服务是面向不同区域的利用者提供不同种类和内容的网络档案信息检索服务。因为我国各档案馆的分工和范围各不相同，当前不同档案机构的网络档案信息检索几乎都是各自面向本行政区域或本行业领域的分域服务。

（五）分众服务

分众服务是面向不同种类的利用者即档案信息的不同受众根据其差异性提供不同种类和内容的网络档案信息检索服务。

分众服务基于利用者画像对利用者的分类开展服务。例如，可以根据利用者是团体还是个人进行分类，团体利用者包括党政机关、社会组织、企事业单位，个人利用者包括专家学者、普通公众等；可以根据利用者职业进行分类，分为法律人士、教师、学生、医生、会计、建筑师等。还可以有针对性地对党史研究者、档案编研者等具有档案特色的特定利用者种类提供专门服务。美国国家档案馆网站将其受众划分为7类：一是普通公众；二是联邦雇员；三是家谱学者；四是国会议员；五是档案工作者；六是文件管理者；七是新闻记者。其中，针对家谱学者提供家谱档案信息检索工具，针对国会议员提供国会档案信息检索工具，针对新闻记者提供NARA新闻的RSS订阅服务以及专题资料推送服务等。

在分众服务时，要特别注意消除不同利用者间因信息技术方面存在差距而产生的数字鸿沟。例如，江苏省张家港市档案信息资源的互联共享全面实现市、镇、村三级覆盖，其民生档案检索服务延伸到村级，为了方便村民利用，形成"15分钟

---

① 夏广平.新时代数字档案转型发展探索——以上海市档案馆新馆信息化建设为例［R］,2021-06-16.

第八章 新媒体环境下网络档案信息检索保障工作的新发展

档案利用服务圈",使用便民服务终端机,实现一机查询、一键打印。① 上海浦东新区档案馆关注不同年龄段和特殊人群的需求,推出"民生档案进社区""查档不出村""就近取件"等便民服务,并将服务向养老机构拓展。② 在网络档案信息检索中,消除数字鸿沟要注意以人为本、界面友好、操作简单、方便使用。

（六）分类服务

分类服务是面向不同的检索需求类型提供不同种类和内容的网络档案信息检索服务。

前文③将网络档案信息检索需求类型从档案工作角度细分为利用型、收集型、鉴定型、编研型,其中,利用型又根据利用目的不同分为凭证型、研究型、参考型和休闲型。在实践工作中,应根据这些不同的需求类型提供不同的检索内容和服务。例如,针对休闲型利用需求,可以从档案中挖掘名人信息、历史事件信息、文化信息、名胜信息、特色小吃信息、民俗风情信息、老照片信息、老字号信息等。

此外,还可以依据其他方法对需求进行分类。例如,可以根据科享的信息需求三状态理论模型,将网络档案信息检索需求划分为可以用词汇表达的表达层需求,未能表达的潜在认识层需求,以及阅读档案信息后可能产生的客观层的需求。再如,还可以将网络档案信息检索需求分为刚性需求与柔性需求。刚性需求是指必须通过档案信息检索获得档案证明或档案复制件满足利用目的的需求；柔性需求是利用者在精神层面或潜意识中对档案信息的需求,它没有达到科享提出的表达层需求,也没有达到泰勒提出的形式化需求与折中需求,但如果它能不断被满足会不断地被激活。

分类服务还包括热点预案,即通过利用者分析掌握网络档案信息检索的重点需求和需求发展趋势,预测和判断近期检索的热点与重点,根据预测有针对性地提供或推送网络档案信息,做到有的放矢,供需结合。

分类服务还包括针对未满足的检索需求的服务。对于未检索到所需档案信息的情况应进行全面深入分析,力争为利用者提供有关业务办理知识或者其他检索线索,提供检索的延伸服务。

（七）个性化服务

个性化服务是面向不同的利用者个体提供不同种类和内容的网络档案信息检索服务。

个性化服务的时机可分为两类：一是利用者检索时提供的即时个性化服务,二

---

① 江苏省张家港市民生档案共享服务工作纪实［EB/OL］.（2019-10-29）[2022-05-05]. http://www.dang-an.com/ch/news_focus/2019/1029/4572.html.
② 李颖. 新媒体环境下档案公共服务机理与策略研究［M］. 北京：人民出版社,2021：137.
③ 参见本书"第三章 新媒体环境下网络档案信息检索需求的新发展——第二节 需求类型细分化"。

287

是定期或事件触发的推送服务。

即时个性化服务提供利用者按照个性习惯进行网络档案信息检索，例如在利用者检索时提供个性化界面、针对检索结果提供个性化关联推荐等。

推送服务是根据利用者的定制或通过对利用者分析得到利用者的潜在需求，向特定的利用者推送档案信息或知识，乃至经过聚合或集成的、相对完整的专题档案信息、编研成果等信息集合或知识集合。推送可以全部由智能技术的代理技术完成，也可以人工参与。

第四节　保障机制建设

一、顶层设计

顶层设计是从全国或某一行政区域的战略层面上、整体层面上，基于档案信息化建设的全局发展，对网络档案信息检索的发展愿景、网络基础、制度规范、经费保障、人才技术、功能模式、集成平台等进行统筹规划，力争获得规模效益和整体效益。

二、组织保障

网络档案信息检索具有重要意义，只有各级领导以及各级各类档案局、档案馆、档案室领导充分认识到其深远意义与影响，才会切实参与到保障机制建设工作中，争取相关党委、政府部门的强力支持，建立有效的机制协调参建单位间的关系，协调管理与服务机制，推进面向社会公众的宣传活动，为网络档案信息检索持续健康发展树立坚强的组织保障。

三、经费保障

网络档案信息检索的实现是一项系统工程，在空间上覆盖范围广泛，在时间上需要持续推进，充足的经费保障是其拓展应用范围、持续健康发展的能源动力。档案信息检索资源保障需要经费，工具平台研发、维护、升级改造需要经费。经费保障是保证网络档案信息检索顺利实现、持续高效地服务于利用者的基础。网络档案信息检索应积极争取相关经费支持，完善经费预算，做好成本控制。有条件的要广泛争取多来源的资金支持，利用检索工具平台的有效服务自我造血，完成不断发展的正反馈过程。

四、人才保障

网络档案信息检索的实现与发展需要相关各类专业人才的共同协作、共同努力，其中，档案工作者需要不断提高综合素质。完善的人才保障机制是检索工具平台持续服务的保证。网络档案信息检索实现过程中要注意吸纳信息技术人才、档案专业人才、管理人才、法律人才等各类高素质的人才，也要对相关档案工作者开展教育培训，使其知识结构水平满足工具平台研发、维护和升级改造需要。

五、运维保障

网络档案信息检索工具平台的运行维护是重要的保障环节。与其他信息系统一样，网络档案信息检索工具平台的建设运行也是"三分技术、七分管理"，管理人员行之有效、扎实到位的运维管理是保障其持续高效运行的条件。网络档案信息检索要有详细的运维制度，对各种突发性事件有预案，对发生的问题故障能够及时响应处置。

六、安全保障

网络档案信息检索是多层次、多级别的检索，在高度开放的网络环境下面临诸多安全风险与安全挑战。安全保障是基础性的保障工作，是网络档案信息检索运行与服务的底线工作。

安全保障主要是确保档案信息的安全，根据各层次网络的作用范围确定档案信息的公开范围，保证有密级限制、有权限控制的档案信息不被非法访问。同时，还要保障档案信息的储存安全，保证其不被非法复制、篡改与销毁。

安全保障要通过完善的管理制度、安全工作的思维和模式、适用的软硬件设施、人员的意识与技能，在动态中持续保障网络档案信息检索安全予以实现。

第九章 新媒体环境下网络档案信息检索创新发展优化对策

新媒体环境下,网络档案信息检索在检索需求、检索工具平台、检索功能、检索技术、检索理论、检索保障工作诸方面都有所创新发展。今后,我国网络档案信息检索创新发展还需要进一步优化,以提供更加优质高效的网络档案信息检索服务。结合我国网络档案信息检索发展情况,本书在对网络档案信息检索进行利用者需求分析基础之上,基于从理论逻辑到实证研究的思路,提出网络档案信息检索创新发展优化对策。

第一节 对策提出的理论逻辑

一、网络档案信息检索利用者需求分析

网络档案信息检索利用者需求是指在新媒体环境下,档案利用者对于网络档案信息检索的检索资源、检索功能、检索工具平台、检索技术、检索服务等要素的要求与期望,同时,还包括对档案机构、档案工作者、网络环境等要素的要求与期望。这些要求与期望既针对已有要素的满意程度,也针对当前不具备要素的需要程度。

网络档案信息检索利用者需求分析是对新媒体环境下网络档案信息利用者的检索需求进行分析,属于档案利用者分析的内容。利用者需求分析主要是分析利用者检索需求的内容以及对各类检索要素的要求与期望,从而掌握利用者检索需求的变化规律。只有通过对网络档案信息检索利用者需求进行分析,才能更好地提供网络档案信息检索服务,也才能够有针对性地提出网络档案信息检索创新发展的优化对策。

档案利用是联通档案工作内部与外部、实现档案价值的途径,而检索是档案利用的基础。在网络档案信息检索中,检索效果的实现和档案价值的体现的决定因素是利用者。利用者的检索需求是网络档案信息检索效能发挥的重要导向。因此,只有从利用者角度出发,分析网络档案信息检索需求情况,才能明确网络档案信息检索创新发展优化的方向、把握住优化的重点、提出具有针对性的优化对策。

二、KANO 需求分析模型

(一) KANO 模型简述

要顺利开展网络档案信息检索利用者需求分析必须基于一定的需求分析理论。

本书借鉴 KANO 需求分析模型（简称 KANO 模型）开展网络档案信息检索利用者需求分析。KANO 模型是东京理工大学狩野纪昭（Noriaki Kano）发明的，它以科学家赫兹伯格的双因素理论为基础，用于对用户[①]的需求进行分类和优先排序。该模型通过某一产品[②]性能与利用者满意度之间的非线性关系，分析利用者需求对利用者满意度的影响。

多数对利用者满意度的调查是一维的，主要表现为"增加或减少某个功能或服务的提供程度就能够收获更高的利用者满意度"。与一维满意度调查不同，KANO 模型是二维的，它认为利用者对产品某个功能或服务的满意度反馈并不是始终线性相关的，即产品所提供某些功能或服务未必都会让利用者感到满意，有时提供某些功能或服务可能反倒会让利用者感到不满意，而有时产品提供或不提供某些功能或服务根本不会影响利用者的满意度。[③]

（二）KANO 模型的需求类型

根据利用者的满意度与产品的不同功能或服务完成度之间的关系，KANO 模型将利用者的需求划分为 5 种类型，如图 9-1 所示：一是必备型需求（must-be quality）；二是期望型需求（one-dimensional quality）；三是魅力型需求（attractive quality）；四是无差异型需求（indifferent quality）；五是反向型需求（reverse quality）。

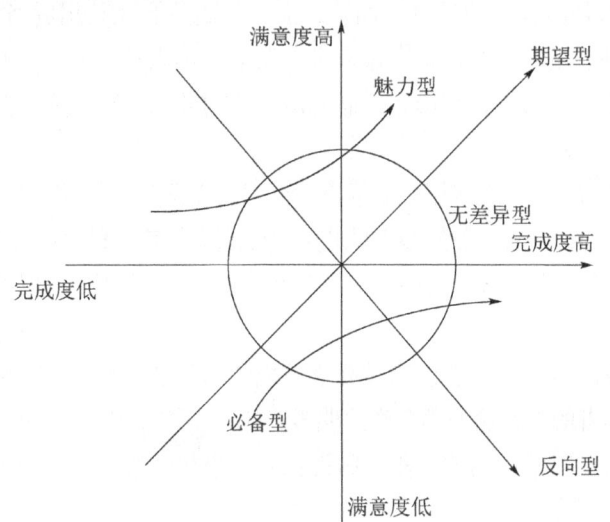

图 9-1　KANO 模型五种利用者需求类型曲线图

---

① KANO 模型将需求分析的对象称为"用户"。网络档案信息检索的使用者即"用户"为档案利用者。为了全文统一，本书将该模型所使用的"用户"一词统一替换为利用者。

② 本书对应"产品"一词的是网络档案信息检索工具。

③ Florez-Lopez R. Managing logistics customer service under uncertainty：An integrative fuzzy Kano framework [J]. Information Sciences，2012，202（10）：41-57.

1. 必备型需求

必备型需求是利用者对功能或服务的基本需求。当这种类型的需求得不到满足即完成度低时，利用者的满意度是强烈的不满意；当这种类型的需求完成度高时，利用者的满意度可能并不是特别满意；即使完成度超过预期，利用者的满意度最多是感觉满意，并不会因此表现出更多好感。

针对必备型需求，功能或服务的提供者必须通过适当的方法予以满足，满足此类需求可以使大部分利用者满意，不满足此类需求则会大量失分。

2. 期望型需求

期望型需求是利用者主观意愿的需求，利用者的满意度与需求完成度成正比，即此类需求完成度高时，利用者满意度会显著提高；需求完成度超出利用者的期望越多，利用者的满意度越高；当需求完成度低时，利用者的不满意程度也会显著提高。这类需求属于处于成长期的需求，并不像必备型需求一样不可或缺，但却是利用者通常谈论和关注的需求。

针对期望型需求，功能或服务的提供者要积极主动关注，一旦提供就要尽可能地提高完成度，满足此类需求可以确保自身的竞争能力。

3. 魅力型需求

魅力型需求是不被利用者过分期望，但一旦满足会让利用者格外兴奋的需求。此类需求得不到满足时，利用者不会表现出明显的不满意。但是，此类需求一旦予以满足即使完成度不高时，利用者的满意度也相对较高，随着完成度升高，利用者的满意度会快速上升。

针对魅力型需求，功能或服务的提供者要积极开发，率先落实。当利用者没有表现出对此类需求的需要时，若能够提供此类功能或服务满足利用者的潜在需求，会使利用者分外兴奋和惊喜，从而能够提高利用者的忠诚度，巩固和拓展利用者群体。

4. 无差异型需求

无差异型需求是对利用者体验没有显著影响的需求。此类需求满足与否或完成度如何，对利用者的满意度均不会产生明显影响。

针对无差异型需求，功能或服务的提供者如果想节约财力、物力，则不需要分配过多精力和资源。

5. 反向型需求

反向型需求是完成度与利用者满意度成反比的需求。它与魅力型需求一样不被利用者过分期望，但与魅力型需求相反，一旦提供此类功能或服务会让利用者强烈不满。

针对反向型需求，功能或服务的提供者要及时发现、尽量规避，以免引发利用者不满，造成负面影响。

（三）KANO 模型的需求分析过程

KANO 模型的需求分析过程包括设计问题、设计各类期望、开展问卷调查、统计调查结果、明确需求类型五个主要步骤。

1.设计问题

设计问题是为了了解利用者需求，需要站在利用者的角度，全面考虑涉及的功能或服务。针对每一种功能或服务设计二维满意度问题，其调查模板如表 9-1 所示。第一个维度是调查如果提供某种功能或服务利用者的满意度如何，第二个维度是调查如果不提供该种功能或服务利用者的满意度如何。

表 9-1　二维满意度问题的调查模板

问题序号	利用者的满意度				
如果具有某种功能或服务，您的评价是	满意度低	满意度较低	满意度零	满意度较高	满意度高
如果不具有某种功能或服务，您的评价是	满意度低	满意度较低	满意度零	满意度较高	满意度高

2.设计各类期望

设计各类期望是为了了解利用者的满意度。利用者的满意度不是单纯的二值，对于期望的设计要合理。对于利用者的满意度，需要设计若干程度等级供选择，例如表 9-1 中设计了 5 个等级，这种选择分别针对提供某种功能或服务与不提供该种功能或服务。

3.开展问卷调查

开展问卷调查是真正接触利用者去了解其需求和满意度。设计好问题和期望之后即开展广泛的问卷调查。

4.统计调查结果

统计调查结果是汇总统计调查结果需求和满意度情况。回收调查问卷，将调查结果汇总之后进行统计，针对每种功能或服务，统计提供和不提供该功能或服务时利用者的满意度，填写满意度统计表格，表格模板如表 9-2 所示。通过满意度统计结果分析得出每一种功能服务属于哪一种需求类型。

5.明确需求类型

明确需求类型是明确每种功能或服务属于哪一种需求类型。根据统计值将每种功能或服务归入 KANO 模型划分的 5 种类型，无法归入 5 种类型的则归入可疑结果类型。针对每种功能或服务，将归属同一个需求类型的数据相加，经计算后，得到每种功能或服务的六维权重分布结果，其综合统计模板如表 9-3 所示。其中，权重值最大的类型代表该功能或服务的需求类型。

表 9-2　满意度统计表格模板

问题序号		不提供该种功能或服务				
提供某种功能或服务	利用者满意度	满意度低	满意度较低	满意度零	满意度较高	满意度高
	满意度低	可疑结果（Q）	可疑结果（Q）	反向型（R）	反向型（R）	反向型（R）
	满意度较低	可疑结果（Q）	可疑结果（Q）	反向型（R）	反向型（R）	反向型（R）
	满意度为零	必备型（M）	必备型（M）	无差异型（I）	反向型（R）	反向型（R）
	满意度较高	期望型（O）	期望型（O）	魅力型（A）	可疑结果（Q）	可疑结果（Q）
	满意度高	期望型（O）	期望型（O）	魅力型（A）	可疑结果（Q）	可疑结果（Q）

表 9-3　每种功能服务的需求类型六维权重分布综合统计模板

需求类型	魅力型（A）	期望型（O）	无差异型（I）	必备型（M）	反向型（R）	可疑结果（Q）	合计
综合数据							
综合比例							

对于每种功能或服务，仅单纯地采用权重最大的类型来判断其需求类型、从科学性、严谨性角度看还存在一定的局限。基于六维权重分布综合统计，进行 Better-Worse 系数计算可以明确属性的增加或者减少对利用者满意程度的影响趋势，以进一步确认功能或服务的需求类型。Better-Worse 系数计算公式如表 9-4 所示。

表 9-4　Better-Worse 系数计算公式

增加后的满意系数	Better=（A+O）/（A+O+M+I）
减少后的不满意系数	Worse=（-1）×（O+M）/（A+O+M+I）

Better 的系数数值为正，代表提供某种功能或服务与利用者满意度成正比，其正值越大，代表功能或服务完成度越高，同时利用者满意度随之提高。

Worse 的系数数值为负，代表不提供某种功能或服务则利用者满意度会下降，其负值越大，代表功能或服务完成度越差，同时利用者满意度随之下降。

计算并统计设计问题时设计的所有功能或服务的 Better-Worse 系数，根据系数划分象限得到散点图，如图 9-2 所示。图中 4 个象限分别对应期望型、魅力型、无差异型、必备型四种需求类型，4 个象限之外则为反向型需求类型。

第一象限对应期望型需求，例如图 9-2 的功能 2。本象限内的功能或服务 Better 系数值高，Worse 系数绝对值高，代表提供该种功能或服务利用者满意度显著提高，不提供该种功能或服务利用者满意度显著降低。

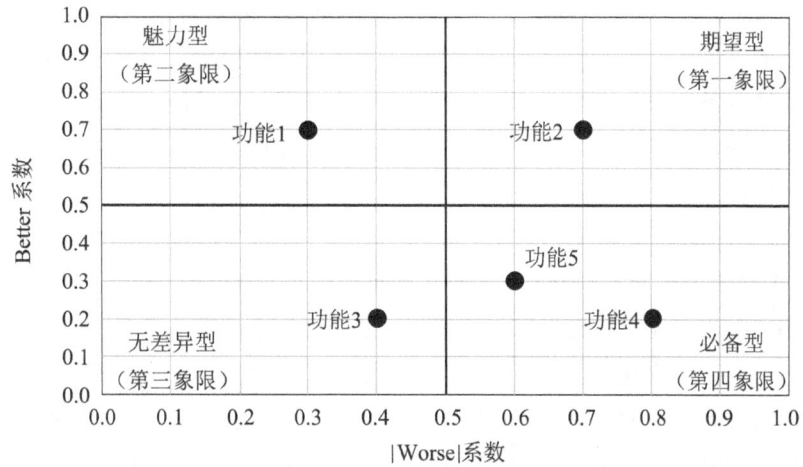

图 9-2 所有功能服务 Better-Worse 系数散点图

第二象限对应魅力型需求，例如图 9-2 的功能 1。本象限内的功能或服务 Better 系数值高，Worse 系数绝对值低，代表提供该种功能或服务利用者满意度显著提高，不提供该种功能或服务利用者满意度不会明显降低。

第三象限对应无差异型需求，例如图 9-2 的功能 3。本象限内的功能或服务 Better 系数值低，Worse 系数绝对值低，代表提供或不提供该种功能或服务，利用者满意度不会明显改变。

第四象限对应必备型需求，例如图 9-2 的功能 4、5。本象限内的功能或服务 Better 系数值低，Worse 系数绝对值高，代表提供该种功能或服务利用者满意度不会显著提高，不提供该种功能或服务利用者满意度显著降低。

（四）KANO 模型需求分析的目的

根据利用者满意度随着功能或服务完成度变化的数据，KANO 模型从利用者角度分析对某产品所有功能或服务的需求。依据 KANO 模型展开需求分析，最终目的是定量定性地明确产品所有功能或服务的需求类型，指导功能或服务的提供者根据需求类型采取相应措施的优化改进产品。

Better-Worse 系数散点图第四象限的功能或服务是必备型需求，此类需求必须予以满足，这是功能或服务提供者的义务；第一象限的功能或服务是期望型需求，此类需求应下大力气予以满足，可以作为功能或服务提供者的特长增加竞争力，提高利用者对产品的喜爱度；第二象限的功能或服务是魅力型需求，此类需求应积极予以实现，可以提升利用者体验并提高利用者忠诚度；第三象限的功能或服务是无差异型需求，此类需求可以忽略，避免过分投入；未落入四个象限的功能或服务是反向型需求，此类需求应尽量规避。

依据 KANO 模型进行需求分析的优点是问题设计简单，在广泛的调查研究的基础上可以通过量化计算实现对不同功能需求类型的定性分析，进而对利用者需求进行分类；缺点是调查问卷问题设计与回答都存在较强的主观性，易受个人经历、学历、文化背景、周围环境等外界因素影响。开展问卷调查时，时机、场合、对象的不同会使调查结果有所偏差。KANO 模型作为进行利用者需求分析的工具，被普遍应用于行为学、经济学等领域①②。

（五）KANO 模型对网络档案信息检索利用者需求分析的适用性

网络档案信息检索的最终目的是通过检索实现网络档案信息资源的利用，满足利用者的需求。评价网络档案信息检索的主要指标是审查其是否准确、高效、便捷地满足了利用者的检索需求，其利用者导向非常明确。所以，对于网络档案信息检索，需要从利用者角度出发分析需求，指导其在创新发展过程中进行优化。

依据 KANO 模型进行需求分析与对网络档案信息检索进行利用者需求分析均以利用者为出发点，二者的基本导向、分析内容和最终目标具有较大一致性，因此，KANO 模型适用于对网络档案信息检索的利用者需求分析。

依据 KANO 模型对网络档案信息检索进行利用者需求分析，不仅适用于对网络档案信息检索已经提供的功能或服务进行鉴定评价，还适用于对未提供功能或服务进行预估设计。设计网络档案信息检索问题时，可以根据需要，不仅设计现实满意度问题，而且设计预期满意度问题，提出对网络档案信息检索某种具体功能或服务的内容构思，调查利用者的满意度。

在新媒体环境下，依据 KANO 模型对网络档案信息检索进行利用者需求分析，不仅适用于分析当前档案机构提供的功能或服务是否满足利用者的需求，而且适用于设计与分析利用者新的需求和期望，即分析新媒体环境下利用者对网络档案信息检索的潜在需求。

三、网络档案信息检索模型

构建网络档案信息检索模型是依据 KANO 模型对网络档案信息检索进行利用者需求分析的重要步骤。要分析网络档案信息检索的利用者需求，就需要建立起网络档案信息检索模型。本书采用贝罗传播模式构建出由四次信息传播过程和四部分工作内容组成的网络档案信息检索模型。通过该模型不仅明确网络档案信息检索的信息传播过程和工作内容，还能明确相关实体要素以及要素相互之间的联系。

---

① Yu H, Ko H. Integrating Kano model with strategic experiential modules in developing ICT - enabled services [J]. Management Decision, 2012, volume 50（1）: 7-20（14）.

② Tsai I C, Yeh C H. Integrating Kano and EMF model to measure e-book user experience service quality [C] // International Conference on Computer Science & Education. IEEE, 2016.

（一）贝罗传播模式

贝罗传播模式（Berlo's Model）也称 SMCR 模式，是一种综合了哲学、大众传播学、行为科学等多门学科理论的信息传播模型。其基本构成如图 9-3 所示，包括信息源（source）、信息（message）、通道（channel）、接受者（receiver）4 个实体。信息源是提供信息的节点，信息是传播共享的内容，通道是传播途径，接受者是获得信息的节点。4 个实体各自受自身要素制约。

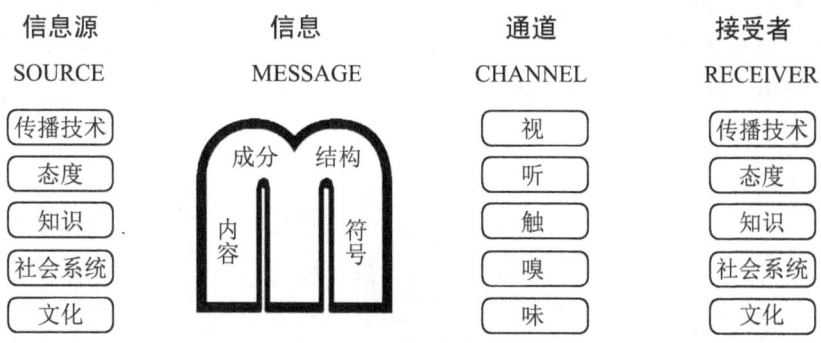

图 9-3　贝罗传播模式基本构成图

4 个实体共同构成贝罗传播模式完整的传播过程。信息源出于共享、告知、教育等特定目的面向接受者发起传播过程。信息源是传播信息的内容制造者与传播行为的执行者，对信息进入传播过程起决定性作用；传播过程的核心是信息，它是传播的内涵与内容实质。进入传播过程的信息或通过语言文字符号明确表达，或依托某种载体由接受者自行体会，或是显性信息，或是隐性知识；信息传播的途径是通道，接受者通过通道感受信息与知识的内容；传播过程的终点站和传播行为的目的地是接受者，接受者也是传播效果的评价者。贝罗传播模式说明，信息可以通过不同渠道，以不同的方式传播。4 个实体以及它们之间的相互关系共同决定传播效果。传播过程在很大程度上体现信息源的主观意愿，而传播效果是由接受者对信息的认知程度进行评判。

信息源的自身要素包括传播技术、态度、知识、社会关系、文化。传播技术决定信息源对信息的表达能力和传递能力；态度是信息源发起信息传播的主观意愿；知识决定信息源传播信息的质量；社会关系决定信息源所承担的责任、所占有资源和所产生的影响；文化制约信息源对信息的整体认知程度。

信息的自身要素包括内容、符号、成分、结构。内容是指信息或知识的具体内容；符号是指信息或知识的外在表达；成分是指信息或知识的组成部分；结构是指信息或知识分布的表现。

通道的自身要素包括视、听、触、嗅、味，它们是感官通道，本质上是表现信息和传递信息的形式。

接受者的自身要素与信息源一样包括传播技术、态度、知识、社会关系、文化。传播技术决定接受者对信息的接受能力与理解能力；态度是接受者接受信息的主观意愿；知识决定接受者接受信息的质量；社会关系决定接受者所承担的责任、所占有的资源和所产生的影响；文化制约接受者对信息的整体认知程度。

（二）基于贝罗传播模式的网络档案信息检索模型

参考贝罗传播模式的概念，分析网络档案信息检索的流程，在二者之间建立关联，得到基于贝罗传播模式的网络档案信息检索模型，如图9-4所示。该模型表达了网络档案信息的有向传播过程，它由四次信息传播过程和四部分工作内容组成。

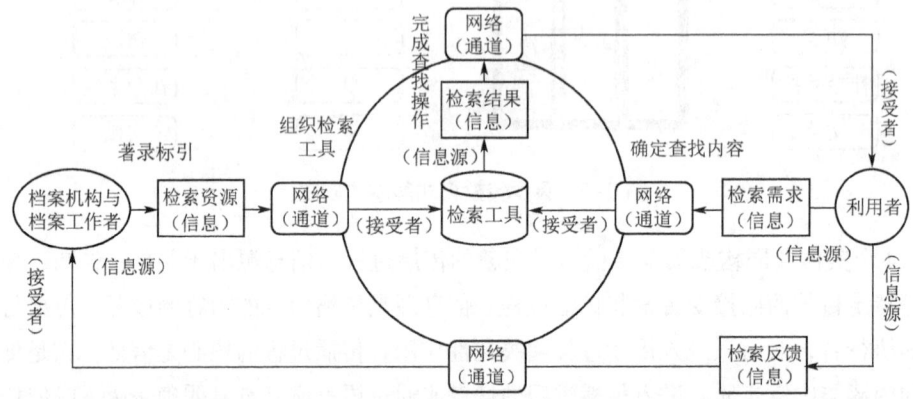

图9-4 基于贝罗传播模式的网络档案信息检索模型图

四次信息传播过程一是检索资源信息传播过程，信息源为档案机构与档案工作者，信息为检索资源，通道为网络，接受者为检索工具；二是检索需求信息传播过程，信息源为利用者，信息为检索需求，通道为网络，接受者为检索工具；三是检索结果信息传播过程，信息源为检索工具，信息为检索结果，通道为网络，接受者为利用者；四是检索反馈信息传播过程，信息源为利用者，信息为检索反馈，通道为网络，接受者为档案机构与档案工作者。

四部分工作内容一是著录标引，是档案机构和档案工作者形成检索资源的过程；二是组织检索工具，是档案机构和档案工作者组织形成检索工具的过程，这个过程通过网络传输检索资源予以实现；三是确定查找内容，是检索工具接受利用者的检索需求，通过网络形成规范检索概念作为完成查找操作基础的过程。利用者多是基于自然语言表达，检索工具形成规范检索概念需要依据《中国档案主题词表》《中国档案分类法》《档案著录规则》等标准；四是完成查找操作，是检索工具查找匹配形成检索结果，并通过网络传输给利用者的过程。

四部分工作内容将三次信息传播过程中的实体联系起来。在检索资源信息传播过程中,著录标引将信息源与信息联系起来。作为信息源的档案机构与档案工作者进行著录标引工作,通过主题分析等方法赋予档案规范的著录标识,将档案信息转化为适应网络的形式,形成检索资源作为信息传播;组织检索工具将信息与接受者联系起来。检索资源被按照不同的功能需求、方法、特点组织形成适用于网络的检索工具。在检索需求信息传播过程中,确定查找内容将信息源与接受者联系起来。作为信息源的利用者提出检索需求,通过网络传递至检索工具,经过文本分析、知识提取、知识描述等处理,转化为检索工具可接受的检索式,用于完成查找操作。在检索结果信息传播过程中,完成查找操作将信息源与接受者联系起来。检索工具通过查找、匹配等操作得到检索结果,通过网络向利用者展示和传递。

在基于贝罗传播模式的网络档案信息检索模型中,信息是围绕网络档案信息检索的各类信息。信息传播的通道是网络。档案机构与档案工作者、利用者在不同的信息传播过程中担当信息源或接受者。检索工具是中心节点,在四次信息传播过程中三次临时担当信息源或接受者。在本书研究中,检索工具对应网络档案信息检索工具与平台,档案网站也是平台之一。

(三)网络档案信息检索要素分析

基于网络档案信息检索模型,采用贝罗传播模式的研究方法,结合四次信息传播过程、四部分工作内容、4个实体、4个实体的要素及其相互关系,下面分析网络档案信息检索模型要素及其对网络档案信息检索的影响。

1. 检索资源信息传播过程中的影响要素

在检索资源信息传播过程中,影响网络档案信息检索的要素如表9-5所示,共计15项。

表9-5 检索资源信息传播过程影响网络档案信息检索的要素

实体	实体实例	要素		要素实例
信息源	档案机构与档案工作者	传播技术	(1)	信息技术与网络传播技术
		态度	(2)	对待档案、档案信息检索、网络和著录标引的态度
		知识	(3)	档案知识、档案检索知识、网络技术知识
		社会关系	(4)	隶属单位的社会关系、自身的社会关系与网络关系
		文化	(5)	专业文化、信息文化、通识文化
信息	检索资源	内容	(6)	档案具体内容、档案目录反映的内容与形式特征
		符号	(7)	文字和标识符等
		成分	(8)	档案信息和著录标引信息
		结构	(9)	规范化档案与标准化档案目录

续表 9-5

实体	实体实例	要素		要素实例
通道	网络		（10）	信息形式、传输方式和传输能力
接受者	网络档案信息检索工具	传播技术	（11）	相关技术和网络传播技术
		态度	（12）	对待检索资源和网络的态度
		知识	（13）	相关档案知识和网络技术知识
		社会关系	（14）	隶属单位的社会关系和网络关系
		文化	（15）	专业文化、信息文化、通识文化

（1）档案机构与档案工作者的信息技术与网络传播技术。主要包括网络搭建、网络通信工具使用、网络档案信息检索工具操作等。该要素影响档案机构与档案工作者组织检索工具的能力与形成检索资源的能力。

（2）档案机构与档案工作者对待档案、档案信息检索、网络和著录标引的态度。对待档案与档案信息检索的态度影响其工作的认真程度与主动程度；对待网络的态度影响其对网络档案信息检索的认可程度，对待著录标引的态度影响其形成档案检索资源的质量水平。

（3）档案机构与档案工作者的档案知识、档案检索知识、网络技术知识。档案知识影响其对档案工作意义、定位的认知；档案检索知识影响其完成著录标引、组织检索工具的质量；网络技术知识影响其信息化操作、组织网络档案信息检索工具、建设网络集成检索平台的能力。

（4）档案机构与档案工作者隶属单位的社会关系、自身的社会关系与网络关系。隶属单位的社会关系影响其所承担的工作职责、所占有的档案资源、所面临的工作任务。自身的社会关系影响其可调动的社会资源、可产生的社会影响。网络关系影响其信息传播的路径、广度与深度。

（5）档案机构与档案工作者的专业文化、信息文化、通识文化。专业文化影响其档案专业素质与专业能力，信息文化影响其信息技术应用能力，通识文化影响其信息的广泛性。

（6）检索资源中档案具体内容、档案目录反映的内容与形式特征。

（7）检索资源的文字和标识符等。档案本身以文字为主体，多种符号并存，其符号由载体格式决定。档案目录的符号包括文字和标识符。

（8）检索资源中的档案信息和著录标引信息。档案信息包括文本、照片、声音、影像等各种形式。著录标引信息包括题名、责任者、时间等描述信息。

（9）检索资源中的规范化档案与标准化档案目录。规范化档案是符合归档要求和保管要求的档案。标准化档案目录是著录标引工作形成的符合标准规范的各级各类目录。

（10）网络的信息形式、传输方式和传输能力。该要素影响检索资源信息的具体数字形式和信息化标准、影响检索工具的形式和标准。

（11）网络档案信息检索工具的相关技术和网络传播技术。相关技术影响其存储资源、辨析需求、查找匹配的能力。网络传播技术影响其获取和传递检索资源的能力。

（12）网络档案信息检索工具对待检索资源和网络的态度。对待检索资源的态度影响检索资源建设，对待网络的态度影响其网络功能的发挥。

（13）网络档案信息检索工具相关档案知识和网络技术知识。相关档案知识影响其检索资源的涵盖范围，相关网络技术知识影响其网络服务能力。

（14）网络档案信息检索工具隶属单位的社会关系和网络关系。隶属单位的社会关系影响其所发挥的功能、所能提供的资源、所面临的任务，网络关系影响其可产生的社会影响及通过网络获取检索资源的路径、广度与深度。

（15）网络档案信息检索工具的专业文化、信息文化、通识文化。专业文化影响其档案工作能力，信息文化影响其信息技术水平，通识文化影响其一般工作能力。

上述（11）至（15）网络档案信息检索工具的传播技术、态度、知识、社会关系、文化是由组织该工具的档案机构赋予的，从组织该工具的档案工作者处继承的。

2. 检索需求信息传播过程中的影响要素

在检索需求信息传播过程中，影响网络档案信息检索的要素如表 9-6 所示，共计 15 项。

表 9-6　检索需求信息传播过程影响网络档案信息检索的要素

实体	实体实例	要素		要素实例
信息源	利用者	传播技术	（1）	信息技术与网络传播技术
		态度	（2）	对待档案、档案信息检索、网络的态度
		知识	（3）	档案知识、档案检索知识、网络技术知识
		社会关系	（4）	隶属单位的社会关系、自身的社会关系与网络关系
		文化	（5）	专业文化、信息文化、通识文化
信息	检索需求	内容	（6）	网络档案信息检索需求
		符号	（7）	文字
		成分	（8）	对所需档案的主观描述
		结构	（9）	由自然语言表达的词、短句和其他类型的表述
通道	网络		（10）	信息形式、传输方式和传输能力
接受者	网络档案信息检索工具	传播技术	（11）	检索技术和网络传播技术
		态度	（12）	对待检索需求和网络的态度
		知识	（13）	档案知识和网络技术知识
		社会关系	（14）	隶属单位的社会关系和网络关系
		文化	（15）	专业文化、信息文化、通识文化

（1）利用者的信息技术与网络传播技术。主要包括网络通信工具使用、网络档案信息检索工具操作等。该要素影响其形成和传输检索需求的能力。

（2）利用者对待档案、档案信息检索、网络的态度。对待档案的态度影响其对档案的重视程度，对待档案信息检索的态度影响其开展网络档案信息检索的动力，对待网络的态度影响其上网的意愿。

（3）利用者的档案知识、档案检索知识、网络技术知识。档案知识影响其档案意识，档案检索知识影响其形成检索需求的质量，网络技术知识影响其信息化操作以及向网络检索工具提出需求的能力。

（4）利用者隶属单位的社会关系、自身的社会关系与网络关系。隶属单位的社会关系影响其所承担的工作职责、所形成的档案需求、所要完成的工作任务。自身的社会关系影响其可调动的社会资源、可产生的社会影响。网络关系影响其检索需求的传播路径与影响程度。

（5）利用者的专业文化、信息文化、通识文化。专业文化影响其档案专业素质与专业能力，信息文化影响其应用信息技术提出检索需求的能力，通识文化影响其信息的广泛性。

（6）检索需求的内容即网络档案信息检索需求。具有自然语言特点，表达较强的主观意识。

（7）检索需求的文字。符合利用者的表述习惯，降低利用者检索门槛。

（8）检索需求对所需档案的主观描述。包括对档案主题、时间、类型等重要特征的描述。

（9）检索需求由自然语言表达的词、短句和其他类型的表述。通过利用者的表达习惯阐明档案基本特点、类型以及对档案的特殊需求，期望其需求能得到快速便捷的满足。

（10）网络的信息形式、传输方式和传输能力。该要素影响检索需求信息传播的途径以及整个传播过程的时效性。

（11）网络档案信息检索工具的检索技术和网络传播技术。检索技术影响其辨析需求、形成概念的能力，网络传播技术影响其通过网络获取和传递检索需求信息的能力。

（12）网络档案信息检索工具对待检索需求和网络的态度。对待检索需求的态度影响其对需求的重视程度，对待网络的态度影响其网络检索的主动程度。

（13）网络档案信息检索工具的档案知识和网络技术知识。档案知识影响其档案检索需求能力，网络技术相关知识影响其通过网络获取和传递检索需求的能力。

（14）网络档案信息检索工具隶属单位的社会关系和网络关系。隶属单位的社会关系影响其所发挥的功能、所面临的任务和检索需求的处理方式。网络关系影响其可产生的社会影响及通过网络获取检索需求的路径、广度与深度。

（15）网络档案信息检索工具的专业文化、信息文化、通识文化。专业文化影响其认识档案检索需求的能力，信息文化影响其信息技术水平，通识文化影响其一般工作能力。

上述（11）至（15）网络档案信息检索工具的传播技术、态度、知识、社会关系、文化是由组织该工具的档案机构赋予的，从组织该工具的档案工作者处继承的。

3. 检索结果信息传播过程中的影响要素

在检索需求信息传播过程中，影响网络档案信息检索的要素如表9-7所示，共计15项。

表9-7　检索结果信息传播过程影响网络档案信息检索的要素

实体	实体实例	要素		要素实例
信息源	网络档案信息检索工具	传播技术	（1）	检索技术与网络传播技术
		态度	（2）	对待检索结果和网络的态度
		知识	（3）	档案知识和网络技术知识
		社会关系	（4）	隶属单位的社会关系和网络关系
		文化	（5）	专业文化、信息文化、通识文化
信息	检索结果	内容	（6）	检索工具得到的匹配结果、档案信息内容
		符号	（7）	组成目录的文字、标识和档案采用的符号
		成分	（8）	匹配信息及相应档案信息
		结构	（9）	目录和档案内容
通道	网络		（10）	信息形式、传输方式和传输能力
接受者	利用者	传播技术	（11）	检索技术与网络传播技术
		态度	（12）	对待档案、检索工具和网络的态度
		知识	（13）	档案知识、档案检索知识和网络技术知识
		社会关系	（14）	隶属单位的社会关系、自身的社会关系和网络关系
		文化	（15）	专业文化、信息文化、通识文化

（1）网络档案信息检索工具的检索技术与网络传播技术。检索技术影响其查找匹配、得出结果的能力。网络传播技术影响其通过网络传输检索结果的能力。

（2）网络档案信息检索工具对待检索结果和网络的态度。对待检索结果的态度影响其对检索结果的重视程度，对待网络的态度影响其通过网络传输检索结果的主动程度。

（3）网络档案信息检索工具的档案知识和网络技术知识。档案知识影响其完成查找匹配的具体能力，网络技术知识影响其通过网络传输检索结果的能力。

（4）网络档案信息检索工具隶属单位的社会关系和网络关系。隶属单位的社会关系影响其所发挥的功能、所解决的问题和检索结果的处理方式。网络关系影响其可产生的社会影响和通过网络传输检索结果的路径、广度与深度。

（5）网络档案信息检索工具的专业文化、信息文化、通识文化。专业文化影响其完成检索操作的能力，信息文化影响其信息技术水平，通识文化影响其一般工作能力。

上述（1）至（5）网络档案信息检索工具的传播技术、态度、知识、社会关系、文化是经检索资源信息传播过程形成的，由组织该工具的档案机构赋予的，从组织该工具的档案工作者处继承的，同时受检索需求信息传播过程中利用者的影响。

（6）检索结果的内容即检索工具得到的匹配结果、档案信息内容。

（7）检索结果中组成目录的文字、标识和档案采用的符号。目录用规范文字或标识符号表述。档案载体不同，表达符号也不同。

（8）检索结果的匹配信息及相应档案信息。包括查找匹配的计算结果、档案内容信息和相关目录信息。

（9）作为检索结果的目录和档案内容。目录展示档案特征信息，档案内容以原文、照片、录音、录像形式呈现。

（10）网络的信息形式、传输方式和传输能力。

（11）利用者的检索技术与网络传播技术。主要包括网络通信工具使用、网络档案信息检索工具操作等。该要素影响其理解、选择、获取检索结果的能力。

（12）利用者对待档案、检索工具和网络的态度。对待档案的态度影响其接受检索结果的程度，对待检索工具的态度影响其认可检索结果的程度，对待网络的态度影响其通过网络获取检索结果的主观意愿。

（13）利用者的档案知识、档案检索知识和网络技术知识。档案知识影响其档案意识，档案检索知识影响其所获检索结果的质量，网络技术知识影响其信息化操作能力以及通过网络从检索工具获取检索结果的能力。

（14）利用者隶属单位的社会关系、自身的社会关系和网络关系。隶属单位的社会关系影响其所承担的工作职责、所需求的档案和所要完成的工作任务。利用者自身的社会关系影响其可调动的社会资源。网络关系影响其通过网络获取检索结果的路径及其影响程度。

（15）利用者的专业文化、信息文化、通识文化。专业文化影响其专业素质和专业能力，信息文化影响其用信息技术获取检索结果的能力，通识文化影响其知识的广泛性。

4.检索反馈信息传播过程中的影响要素

在检索反馈信息传播过程中，影响网络档案信息检索的要素如表9-8所示，共计15项。

表 9-8　检索反馈信息传播过程影响网络档案信息检索的要素

实体	实体实例	要素		要素实例
信息源	利用者	传播技术	（1）	信息技术与网络传播技术
		态度	（2）	对待档案、档案信息检索、网络的态度
		知识	（3）	档案知识、档案检索知识、网络技术知识
		社会关系	（4）	隶属单位的社会关系、自身的社会关系与网络关系
		文化	（5）	专业文化、信息文化、通识文化
信息	检索反馈	内容	（6）	检索的体验感受和评价建议
		符号	（7）	文字
		成分	（8）	利用者主观感受和检索客观情况
		结构	（9）	利用者主观表述和检索客观指标
通道	网络		（10）	信息形式、传输方式和传输能力
接受者	档案机构与档案工作者	传播技术	（11）	网络传播技术
		态度	（12）	对待检索反馈和网络的态度
		知识	（13）	档案知识、档案检索知识、网络技术知识
		社会关系	（14）	隶属单位的社会关系、自身的社会关系与网络关系
		文化	（15）	专业文化、信息文化、通识文化

（1）利用者的信息技术与网络传播技术。主要包括网络通信工具使用、网络档案信息检索工具操作等。该要素影响其形成和传输检索反馈的能力。

（2）利用者对待档案、档案信息检索、网络的态度。对待档案的态度影响其对档案的重视程度，对待档案信息检索的态度影响其检索体验和感受，对待网络的态度影响其上网进行反馈的意愿。

（3）利用者的档案知识、档案检索知识、网络技术知识。档案知识影响其档案意识，档案检索知识影响其检索的体验和感受，网络技术知识影响其信息化操作以及向档案机构和档案工作者反馈体验感受的能力。

（4）利用者隶属单位的社会关系、自身的社会关系与网络关系。隶属单位的社会关系影响其所承担的工作职责、所形成的检索评价、所要完成的工作任务。自身的社会关系影响其可调动的社会资源。网络关系影响其检索反馈的传播路径及影响程度。

（5）利用者的专业文化、信息文化、通识文化。专业文化影响其对检索整体评价的立场，信息文化影响其应用信息技术进行检索反馈的能力，通识文化影响其信息的广泛性。

（6）检索反馈的检索的体验感受和评价建议。包括对检索途径、检索资源、检索结果、检索效率等的体验感受和评价建议。

（7）检索反馈的文字。

（8）检索反馈的利用者主观感受和检索客观情况。

（9）检索反馈的利用者主观表述和检索客观指标。主观表述例如检索感受，客观指标例如检准率、检全率、响应时间等。

（10）网络的信息形式、传输方式和传输能力。

（11）档案机构与档案工作者的网络传播技术。该要素影响其通过网络接受检索反馈信息的能力。

（12）档案机构与档案工作者对待检索反馈和网络的态度。对待检索反馈的态度影响其重视反馈信息的程度，对待网络的态度影响其通过网络主动接受检索反馈的程度。

（13）档案机构与档案工作者的档案知识、档案检索知识和网络技术知识。档案知识影响其对网络档案信息检索的整体认知，档案检索知识影响其对检索反馈的运用，网络技术知识影响其通过网络环境获取检索反馈的能力。

（14）档案机构与档案工作者隶属单位的社会关系、自身的社会关系与网络关系。隶属单位的社会关系影响其预期功能、目标任务和对检索反馈的处理方式。自身的社会关系和网络关系影响其对检索反馈的定位以及通过网络接受检索反馈的路径、广度与深度。

（15）档案机构与档案工作者的专业文化、信息文化、通识文化。专业文化影响其认识检索反馈的能力，信息文化影响其信息技术水平，通识文化影响其一般工作能力。

（四）网络档案信息检索模型的作用

基于贝罗传播模式的网络档案信息检索模型，将网络档案信息检索的构成内容与网络信息传播过程相结合，通过4个实体及其相互间联系描述网络档案信息检索的信息传播过程，体现不同类型档案信息的具体流向，揭示不同传播过程对应的档案信息传播实体及其相互之间的联系与影响，从而明确4个实体在网络档案信息检索中的作用，便于分析实体间的联系，评估网络档案信息检索各要素制约对传播过程的影响。

贝罗传播模式是一个简单线性的信息传播模型，基于它构建的网络档案信息检索模型在描述档案信息传播过程中存在一个缺点，即不能描述档案信息传播的连贯性和反馈效应。网络档案信息检索过程相较于简单模型更为复杂，档案机构与档案工作者作为信息源既向利用者传播档案信息，也向其他档案机构和档案工作者传播信息。利用者在接受信息的同时也向档案机构和档案工作者反馈信息影响整个传播过程。此外，贝罗传播模式对通道的要素描述不适合于网络档案信息检索的网络。

贝罗传播模式的简单描述尚不能完全、完整地描述整个过程。

以上基于贝罗传播模式，通过理论分析建模得到网络档案信息检索模型。若要该模型发挥作用，必须进行实证研究，通过具体实例对模型实体、要素的全面性、合理性进行证明。

四、基于KANO模型的网络档案信息检索利用者需求分析流程

本书基于KANO需求分析模型展开对网络档案信息检索的需求分析，分析流程如图9-5所示。

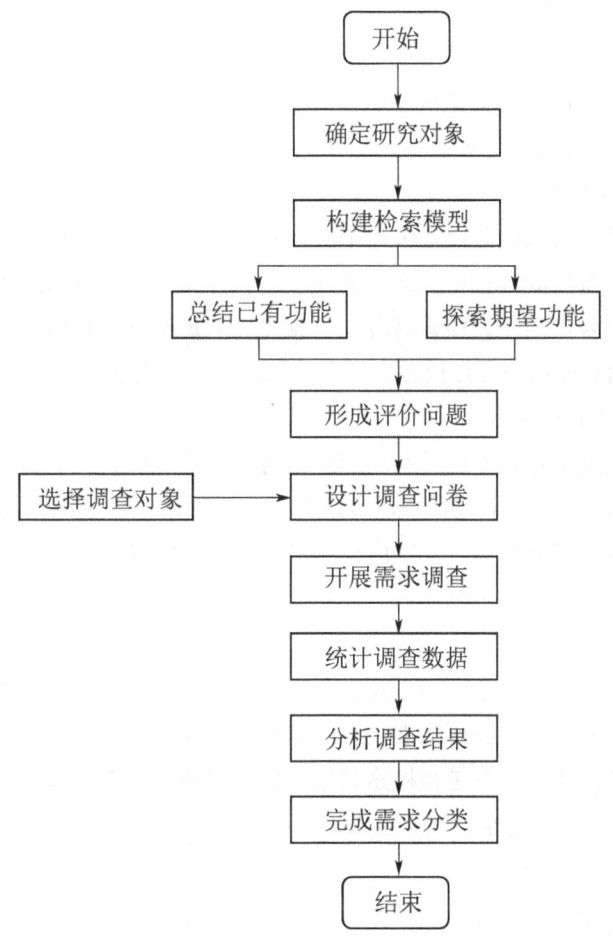

图9-5 基于KANO模型的网络档案信息检索利用者需求分析流程图

（一）明确研究对象

确定进行网络档案信息检索利用者需求分析的检索工具实体对象，以该检索工具提供网络档案信息检索服务的档案机构与档案工作者、使用该检索工具进行检索

的利用者明确该检索工具使用的网络条件。而后确定分析框架，明确所分析的网络档案信息检索范围。

（二）构建检索模型

应用基于贝罗传播模式构建的网络档案信息检索模型。模型具体内容参见前文"三、网络档案信息检索模型"。基于所构建的网络档案信息检索模型，选择某一个或某几个档案机构及其某一个或某几个检索工具进行实证，调查其网络档案信息检索现状，调查其四部分工作内容，调查其信息传播过程中各个实体、要素的具体内容，从而展开研究。

（三）总结已有功能

针对实证对象，调查其网络档案信息检索整体建设情况，总结其已有功能与服务。这是评估网络档案信息检索利用者需求的基础，是进行利用者满意度调查和评价过程中设计问题的基本依据。

（四）探索期望功能

根据网络档案信息检索模型中四个实体及其自身要素的作用与影响、根据网络档案信息检索已有功能的总结，针对实证对象，对其尚不具备的网络档案信息检索功能与服务提出合理期望，探索具有现实意义、满足所分析利用者需求的功能，这是进行利用者满意度调查和评价过程中设计问题的又一依据。

（五）形成评价问题

综合网络档案信息检索的已有功能总结与期望功能探索，从利用者角度出发设计二维满意度问题，对每种功能或服务从提供/不提供（完成度高/完成度低）两个维度获取利用者满意度评价。评价内容一是对已有功能的体验评价；二是对期望功能的预期评估；三是基于利用者个人经验知识的意见建议。

（六）选择调查对象

选择网络档案信息检索利用者需求分析的受调查者对象，选择要考虑以下3个方面的因素：一是符合实证研究需要；二是在年龄层次、工作身份、文化水平等个人条件上要具备广泛性；三是在检索利用经历、对档案工作认知程度、网络技能等各个方面要具有代表性、全面性以及合理性。

（七）设计调查问卷

根据实证研究需要设计调查问题，形成调查问卷。在整体布局上，问卷要包括受调查者个人情况、客观调查问题和受调查者主观意见建议3个模块；在问题分类上，问卷要包括对已有功能体验的满意度评价和对期望功能预期的满意度评价两类；在难易程度上，问卷要注意每个问题内容的难度与作答难度两个方面；在传播方式上，要注意各种方式对问卷的发放、回收与统计的效率的影响；在完成时长上，要注意完成时长会影响受调查者接受问卷调查的意愿和完成问卷的质量。

（八）开展需求调查

选择合适的时间、合适的地点，以适当的方式发放数量适宜的调查问卷。从时间上，要保证问卷能够获得足够的反馈数据。从形式上，网络问卷与实体问卷的发放绝对数量和相对比例要保持合理，充分保证调查结果的客观性。

（九）统计调查数据

根据发放时约定向受调查者回收调查问卷，通过筛选排除明显不符合要求的问卷得到有效问卷。对通过有效问卷得到的数据进行描述性统计。根据统计结果绘制相应图表。

（十）分析调查结果

根据前文[①]所述 KANO 模型的需求分析过程：统计每一种功能或服务的二维满意度数据、填写满意度统计表格、计算六维权重分布和 Better-Worse 系数。

（十一）完成需求分类

根据所有功能或服务的 Better-Worse 系数结果划分象限得到散点图，明确各功能或服务的需求类型，完成需求分类。至此，网络档案信息检索利用者需求分析得以完成，而后根据该需求分析提出有针对性的具体建议。

第二节　对策提出的实证研究

本章第一节设计了网络档案信息检索利用者需求分析方法用于指导利用者需求分析的实践。在设计需求分析方法的过程中构建了网络档案信息检索模型。本节在第一节基础上，以"北京市档案信息网"作为实例，实践网络档案信息检索利用者需求分析。通过具体实例，对第一节基于贝罗传播模式构建的网络档案信息检索模型进行网络档案信息检索利用者需求分析全过程实证，完成对网络档案信息检索利用者需求的调查分析和需求分类，得到网络档案信息检索利用者需求，并检验模型中各个实体、要素的全面性与合理性。

一、研究对象的确定

以"北京市档案信息网的网络档案信息检索"为研究对象。北京市档案局（馆）建立网站时间较早，1996 年北京市档案馆率先在北京经济信息网上建立主页，1998 年北京市档案局、档案馆分别申请到独立域名正式建立网站。北京市档案馆提供网络档案信息检索的时间也比较早。2000 年底，北京市档案馆网站开始提供档案目录信息检索。北京市档案信息网[②]是区域性政府档案网站，由北京市档案局（馆）主

[①] 参见本章"第一节 对策提出的理论逻辑——二、KANO 需求分析模型——（三）KANO 模型的需求分析过程"。

[②] 网址为 http://www.bjma.gov.cn。

办[①]。该网站以北京市档案馆为中心,汇集北京地区各档案馆的馆藏档案信息、档案科研信息、地方政务信息以及特色活动信息,分为"首页、数字档案馆、档案政务、教育科研、京城讲坛"五个主要栏目向社会发布,如图9-6所示。在该网站上,提供网络档案信息检索服务的是"数字档案馆"板块中的"北京数字档案馆查阅系统"。本书研究以"北京市档案信息网的网络档案信息检索"为对象,是指以"北京数字档案馆查阅系统"为网络档案信息检索利用者需求分析实证研究的具体实例。

图9-6 北京市档案信息网首页截图

北京市档案信息网的网络档案信息检索提供者是北京市档案局(馆)及其档案工作者,利用者是访问"北京数字档案馆查阅系统"的网络用户,访问通道是因特网。其网络档案信息检索过程为,利用者通过浏览器访问北京市档案信息网网站,在首页直接点击"北京数字档案馆查阅系统"图标,或是选择"数字档案馆"栏目超链接到"北京数字档案馆查阅系统"。在系统中选择检索方式是简单检索还是高级检索。若选择简单检索,在关键词检索途径直接输入检索词即可检索;若选择高级检索,可根据实际选择进行单库检索还是跨库检索,还可选择目录范围,而后选择检索途径输入检索词进行检索。所得到的检索结果主要是目录信息,有部分档案可查阅全文信息。

---

① 笔者对北京市档案信息网的实证调研时间为2017年、2018年,2018年11月前该局馆尚未分离。现北京市档案信息网主办单位为北京市档案馆。

二、检索模型的实证

依据基于贝罗模式的网络档案信息检索模型，结合模型的四次信息传播过程，分析网络档案信息传播过程中的各个实体和要素。

（一）检索资源信息传播过程

信息源为北京市档案局（馆）及其档案工作者。信息源具有一定的社会地位，具备扎实的专业知识与专业技能，可以保证所组织的检索工具的质量。北京市档案馆信息技术处工作人员负责检索工具的技术维护，他们具有信息知识，掌握影响信息源通过网络进行检索资源传输的能力。

信息为档案工作者著录标引后形成的检索资源。信息包括档案目录信息与全文信息。其中，目录信息被划分为"民国档案、中华人民共和国成立后档案、工商税务档案、诉讼档案、获奖人员档案、资料、民国时期金融机构的票据与凭证"七大类。检索资源具有档案的权威性与较高的规范性。

通道为因特网。

接受者为"北京数字档案馆查阅系统"。它是北京市档案局（馆）及其档案工作者在因特网中依托北京市档案信息网这一平台，基于检索资源，组织形成的具有对档案信息进行存储维护、查找输出等功能的检索工具。

（二）检索需求信息传播过程

信息源为访问"北京数字档案馆查阅系统"的利用者。利用者对网络档案信息检索的态度、掌握的检索工具知识、社会关系等影响其检索需求形成与传递的方向、效率和主观意愿。

信息为利用者的检索需求。在不同检索方式下，检索需求的成分、结构与符号有所不同。在简单检索方式下，检索需求的结构是自然语言表达的检索词加布尔逻辑运算符构成检索式。在高级检索方式下，检索需求的结构是多检索途径输入的检索词构成的具有一定复杂程度的检索式。利用者输入检索需求信息即确定查找内容。

通道为因特网。

接受者为网络档案信息检索工具"北京数字档案馆查阅系统"。其概念规范依据语言处理技术等检索技术与网络传播技术影响其对检索需求本质的接受和理解。

（三）检索结果信息传播过程

信息源为网络档案信息检索工具"北京数字档案馆查阅系统"。它处理检索需求形成概念，在对应的数据库中进行遍历查找，得到匹配结果并进行展示传递。其得到并展示检索结果即完成查找操作。作为信息源，"北京数字档案馆查阅系统"

的社会关系、网络关系影响其检索结果的内容与传播范围。北京市档案局属党政机关,北京市档案馆为市委市政府直属文化事业单位,二者均具有权威性。"北京数字档案馆查阅系统"的匹配算法、检索结果处理功能影响其形成与传递检索结果的效率。

信息为根据检索需求查找匹配得到的检索结果。"北京数字档案馆查阅系统"的检索结果为简单目录与档案全文。简单目录显示每件档案的档号、题名、起始时间、终止时间、责任档案馆名称等。简单目录显示有原文标识的可查阅档案全文,以黑白扫描图像形式显示档案原文。

通道为因特网。

接受者为访问"北京数字档案馆查阅系统"的利用者。该系统对接受者没有特别限定,利用者通过因特网获取检索结果,并自行筛选、查阅和理解。利用者对待网络档案信息检索的态度影响其认可检索结果的程度。

(四)检索反馈信息传播过程

信息源为访问"北京数字档案馆查阅系统"的利用者。信息为利用者检索后形成的检索反馈信息。通道为因特网。接受者是北京市档案局(馆)及其档案工作者。

实例仅提供北京市档案局(馆)的联系方式,没有单独设计检索反馈功能模块,致使档案机构无法及时有效地获得利用者的检索反馈信息。实例的检索反馈信息传播过程需要完善。

三、已有功能的总结

北京市档案信息网的网络档案信息检索已有如下5个方面的功能:

一是选择检索方式。可以选择简单检索或是高级检索方式。

二是输入检索提问。在简单检索方式中,在唯一输入框中输入关键词。在高级检索方式中,可以自主选择据库、选择目录、选择档案类别、选择著录级次是案卷还是文件、选择有无原文,选择检索途径输入检索词进行准确检索。

三是完成查找匹配。检索工具针对检索式,根据特定算法和相关规范到检索资源中查找匹配,得到并展示检索结果。

四是显示简要级次检索结果。供利用者对检索结果进行浏览和选择。简要级次信息主要包括档号、题名、起始时间、终止时间、原文标识、责任档案馆名称。它按一定规则排序,默认规则为档号。

五是展示内容级次检索结果。有一部分检索结果可以黑白二值图像形式在线展示相关档案的原文原貌,供利用者查阅具体的档案信息。

四、期望功能的构设

根据实例的网络档案信息检索现状，结合网络档案信息检索创新发展的现状与趋势，笔者提出以下6个方面的期望功能：

一是深化语义检索。利用者输入的检索词为自然语言，需要进行自然语言处理。实例应结合当前中文文本分词、机器学习等技术的发展深化语义检索，做到有效解构需求表达、理解语义，从而提升检索准确性。

二是显示详细级次检索结果。检索结果显示包括简要级次、详细级次和内容级次，三者各有所长，最好结合提供。详细级次检索结果可以提供更加完整的著录内容，还可以关联相关编研成果等信息。显示详细级次检索结果有助于更加系统、完整、深入地展示档案信息资源建设开发成果，提高利用者的检索体验。

三是延伸网络服务。实例的网络档案信息检索主要提供在线检索服务和阅览服务。要完善档案利用服务还需要设计与检索结果相关的延伸服务，例如获取档案复制件、获取档案证明、档案实体预约查询、查询借阅等，将网络检索便捷的优势与档案实体利用的需要结合起来、将线上与线下结合起来，增强网络检索的功效。

四是提供个性化服务。系统后台适当记录频繁使用本系统的利用者的检索需求、时间、途径、检索行为、检索习惯等数据，开展利用者分析，明确利用者的潜在需求和感兴趣的档案信息。据此制定针对性检索策略，采取检索时推送关联信息，或是定期推送档案信息等方式提升利用者的检索体验，提高网络档案信息检索服务水平。

五是提供利用者反馈渠道。利用者导向对于网络档案信息检索至关重要，利用者反馈信息是网络档案信息检索创新发展优化的重要依据。实例应提供利用者反馈渠道，在网络中搭建起沟通利用者与档案机构及其档案工作者之间的桥梁。

六是开拓移动服务。实例与众多网络档案信息检索的通道都是因特网。当前，手机、平板电脑等移动终端发起的检索需求日渐增长。"北京数字档案馆查阅系统"可以通过App方式开拓移动服务，扩大检索服务范围，丰富网络档案信息检索的服务形式。

五、评价问题的设计

（一）已有功能问题设计

根据实例已有的功能服务，设计满意度调查问题，如表9-9所示。

表 9-9　网络档案信息检索已有功能服务满意度问题表

编号	问题内容
1	网络档案信息检索提供明确的访问网址或在档案网站上有醒目的访问入口
	网络档案信息检索不提供明确的访问网址或在档案网站上无醒目的访问入口
2	网络档案信息检索提供 24 小时检索服务
	网络档案信息检索不提供 24 小时检索服务
3	网络档案信息检索提供类似百度等搜索引擎的简单检索功能
	网络档案信息检索不提供类似百度等搜索引擎的简单检索功能
4	网络档案信息检索提供类似知网等文献库的高级检索功能
	网络档案信息检索不提供类似知网等文献库的高级检索功能
5	网络档案信息检索结果的检准率高（检索出结果中符合需要的比例高）
	网络档案信息检索结果的检准率低（检索出结果中符合需要的比例低）
6	网络档案信息检索结果的检全率高（检索出结果占总体相关档案的比例高）
	网络档案信息检索结果的检全率低（检索出结果占总体相关档案的比例低）
7	网络档案信息检索响应时间短，得到结果快
	网络档案信息检索响应时间长，得到结果慢
8	网络档案信息检索提供档案原文的在线阅览服务
	网络档案信息检索不提供档案原文的在线阅览服务

针对上述 8 组的 16 个问题，每一个问题都需要了解利用者的满意度。对于利用者的满意度，设计 5 个程度等级供利用者选择。5 个程度等级为：很不满意、不满意、无所谓、满意、很满意。

（二）期望功能问题设计

探索针对实例期望实现的功能服务，设计满意度调查问题，如表 9-10 所示。

表 9-10　网络档案信息检索期望功能服务满意度问题表

编号	问题内容
1	网络档案信息检索提供基于自然语言表述的检索途径（检索表达口语化）
	网络档案信息检索不提供基于自然语言表述的检索途径（检索表达口语化）
2	网络档案信息检索提供文字说明、检索手册、操作辅助、人工帮助等服务协助检索
	网络档案信息检索不提供文字说明、检索手册、操作辅助、人工帮助等服务协助检索
3	网络档案信息检索提供检索结果的排序、关联性分析等服务
	网络档案信息检索不提供检索结果的排序、关联性分析等服务
4	网络档案信息检索结果提供档案主题词、摘要、档号、编研成果等相关详细内容
	网络档案信息检索结果不提供档案主题词、摘要、档号、编研成果等相关详细内容

续表 9-10

编号	问题内容
5	网络档案信息检索结果提供获取档案复制件、获取档案证明、档案实体预约查询、查询借阅等检索结果获取的延伸服务
	网络档案信息检索结果不提供获取档案复制件、获取档案证明、档案实体预约查询、查询借阅等检索结果获取的延伸服务
6	网络档案信息检索提供基于手机或其他移动终端的 App 类型服务
	网络档案信息检索不提供基于手机或其他移动终端的 App 类型服务
7	网络档案信息检索提供基于利用者注册信息的访问控制服务（游客可查阅公开档案，内部人员可查阅更多档案等）
	网络档案信息检索不提供基于利用者注册信息的访问控制服务（不区分游客和内部人员）
8	网络档案信息检索提供基于利用者检索历史的个性化服务，如关联推荐等
	网络档案信息检索不提供基于利用者检索历史的个性化服务，如关联推荐等
9	网络档案信息检索提供与其他档案工作相关的宣传或广告
	网络档案信息检索不提供与其他档案工作相关的宣传或广告

针对上述 9 组的 18 个问题，同样为每一个问题的利用者的满意度设计很不满意、不满意、无所谓、满意、很满意 5 个程度等级。

六、调查对象的选定

网络档案信息检索利用者需求分析的调查对象选定两类人群：一是实例"北京市档案信息网的网络档案信息检索服务"的相关研究人员、工作人员。对此类人群的调查采用网络邮箱问卷和实体问卷发放的调查方式。二是网络档案信息利用者及随机群众等各类代表。对此类人群的调查采用网络问卷调查和现场问卷调查的调查方式。

七、调查问卷的设计

调查问卷由 3 个部分组成：一是受调查者个人基本信息，用于获取不同群体的数据，以便进行分类讨论；二是满意度评估客观调查问题，用于调查利用者对网络档案信息检索功能服务的满意度，根据网络档案信息检索时序流程排列；三是满意度评估主观意见建议，是开放式问题，置于问卷最后。调查问卷及其内容详见本书附录。

八、需求调查的实践

发放问卷进行利用者需求调查实践。一是发放实体问卷，主要面向北京市档案馆的档案工作者、其他档案科研人员与档案工作者、随机群众进行调查；二是发放邮箱问卷，主要面向邀请人员和专家进行调查；三是发放网络问卷，使用问卷星，通过微博、微信、QQ等新媒体社交平台广泛进行调查。

九、群体数据的统计

需求调查实践持续30天。共计回收问卷178份，筛除其中重复率过高、填写不完整等无效问卷36份，得到有效问卷142份。对有效问卷进行统计，统计时间为2018年9月1日。

对受调查群体基本情况进行统计，统计结果如表9-11所示。对于网络档案信息检索利用者需求调查，各年龄段均有受调查者，群体年龄分布广泛。各类文化程度均有受调查者，群体文化程度多样。对档案检索了解的人仅占18.3%，对"北京数字档案馆查阅系统"了解的人占7%，群体了解普遍不足，说明网络档案信息检索有必要进一步创新发展，同时要加强宣传推广。

表9-11　网络档案信息检索需求调查受调查群体基本情况统计表

基本情况	具体数据	比例分布
性别	男：94 女：48	男：66.20% 女：33.80%
年龄	20岁以下：7 20～29岁：71 30～39岁：30 40～49岁：28 50岁以上：6	20岁以下：4.93% 20～29岁：50.00% 30～39岁：21.13% 40～49岁：19.72% 50岁以上：4.22%
文化程度	大学本科：67 硕士研究生：30 博士研究生：3 其他：42	大学本科：47.18% 硕士研究生：21.13% 博士研究生：2.11% 其他：29.58%
对档案检索的了解	非常了解：7 了解：19 一般：56 不了解：48 完全不了解：12	非常了解：4.93% 了解：13.38% 一般：39.44% 不了解：33.80% 完全不了解：8.45%
对北京市档案信息网"北京数字档案馆查阅系统"的了解	非常了解：8 了解：2 一般：24 不了解：69 完全不了解：39	非常了解：5.63% 了解：1.41% 一般：16.90% 不了解：48.59% 完全不了解：27.47%

第九章　新媒体环境下网络档案信息检索创新发展优化对策

十、调查结果的解析

第一步，统计问卷调查的调查数据。将每一名调查对象对 Q1A/Q1B 至 Q17A/Q17B 每一个问题"很不满意、不满意、无所谓、满意、很满意"的回答数量相加，得到各组问题二维满意度数据，如表 9-12 所示。

表 9-12　Q1A/Q1B 至 Q17A/Q17B 二维满意度数据统计表

Q1A/Q1B	网络档案信息检索不提供明确的访问网址或在档案网站上无醒目的访问入口				
网络档案信息检索提供明确的访问网址或在档案网站上有醒目的访问入口	满意度	很不满意	不满意	无所谓	满意	很满意
	很不满意	3	0	2	0	0
	不满意	0	5	0	0	0
	无所谓	0	8	18	0	0
	满意	16	51	8	16	0
	很满意	10	5	0	0	0
Q2A/Q2B	网络档案信息检索不提供 24 小时检索服务				
网络档案信息检索提供 24 小时检索服务	满意度	很不满意	不满意	无所谓	满意	很满意
	很不满意	4	0	0	2	0
	不满意	0	4	0	0	0
	无所谓	4	0	12	4	0
	满意	5	52	11	12	2
	很满意	14	11	5	0	2
Q3A/Q3B	网络档案信息检索不提供类似百度等搜索引擎的简单检索功能				
网络档案信息检索提供类似百度等搜索引擎的简单检索功能	满意度	很不满意	不满意	无所谓	满意	很满意
	很不满意	0	0	4	0	0
	不满意	0	2	6	0	0
	无所谓	0	0	14	2	0
	满意	6	37	16	17	2
	很满意	21	10	4	0	3
Q4A/Q4B	网络档案信息检索不提供类似知网等文献库的高级检索功能				
网络档案信息检索提供类似知网等文献库的高级检索功能	满意度	很不满意	不满意	无所谓	满意	很满意
	很不满意	0	0	0	0	0
	不满意	0	2	0	0	0
	无所谓	1	3	14	0	0
	满意	0	52	16	15	0
	很满意	14	12	4	0	9

续表 9-12

Q5A/Q5B	网络档案信息检索不提供基于自然语言表述的检索途径 （检索表达口语化）				
网络档案信息检索提供基于自然语言表述的检索途径（检索表达口语化）	满意度	很不满意	不满意	无所谓	满意	很满意
	很不满意	0	0	0	0	0
	不满意	0	2	2	0	0
	无所谓	2	0	18	0	0
	满意	4	44	24	15	0
	很满意	9	5	10	5	2

Q6A/Q6B	网络档案信息检索不提供文字说明、检索手册、操作辅助、人工帮助等服务协助检索				
网络档案信息检索提供文字说明、检索手册、操作辅助、人工帮助等服务协助检索	满意度	很不满意	不满意	无所谓	满意	很满意
	很不满意	2	0	0	0	0
	不满意	0	2	0	0	0
	无所谓	0	4	16	0	0
	满意	0	57	6	14	0
	很满意	17	14	4	1	5

Q7A/Q7B	网络档案信息检索结果的检准率低。 （检索出的结果中符合需要的比例低）				
网络档案信息检索结果的检准率高。（检索出的结果中符合需要的比例高）	满意度	很不满意	不满意	无所谓	满意	很满意
	很不满意	5	0	0	0	0
	不满意	0	1	0	0	0
	无所谓	0	0	16	4	0
	满意	7	43	10	14	0
	很满意	24	12	2	0	4

Q8A/Q8B	网络档案信息检索结果的检全率低 （检索出结果占总体相关档案的比例低）				
网络档案信息检索结果的检全率高（检索出结果占总体相关档案的比例高）	满意度	很不满意	不满意	无所谓	满意	很满意
	很不满意	1	0	0	0	0
	不满意	0	7	0	0	0
	无所谓	0	2	18	0	0
	满意	7	48	10	16	0
	很满意	20	5	4	0	4

续表 9-12

Q9A/Q9B	网络档案信息检索响应时间长,得到结果慢					
网络档案信息检索响应时间短,得到结果快	满意度	很不满意	不满意	无所谓	满意	很满意
	很不满意	2	0	0	0	0
	不满意	0	2	0	0	0
	无所谓	2	4	16	0	0
	满意	13	49	6	14	0
	很满意	23	5	0	2	4
Q10A/Q10B	网络档案信息检索不提供检索结果的排序、关联性分析等服务					
网络档案信息检索提供检索结果的排序、关联性分析等服务	满意度	很不满意	不满意	无所谓	满意	很满意
	很不满意	2	0	0	0	0
	不满意	0	2	0	0	0
	无所谓	0	0	18	0	0
	满意	2	48	15	20	0
	很满意	16	6	7	4	2
Q11A/Q11B	网络档案信息检索不提供档案原文的在线阅览服务					
网络档案信息检索提供档案原文的在线阅览服务	满意度	很不满意	不满意	无所谓	满意	很满意
	很不满意	2	0	0	0	0
	不满意	0	2	0	0	0
	无所谓	0	2	10	2	0
	满意	13	35	14	16	2
	很满意	23	9	6	0	6
Q12A/Q12B	网络档案信息检索结果不提供档案主题词、摘要、档号、编研成果等相关详细内容					
网络档案信息检索结果提供档案主题词、摘要、档号、编研成果等相关详细内容	满意度	很不满意	不满意	无所谓	满意	很满意
	很不满意	4	0	0	0	0
	不满意	0	2	0	0	0
	无所谓	1	1	14	0	0
	满意	4	48	16	11	0
	很满意	12	12	6	6	5

续表 9-12

Q13A/Q13B	网络档案信息检索结果不提供获取档案复制件、获取档案证明、档案实体预约查询、查询借阅等获取检索结果的延伸服务					
网络档案信息检索结果提供获取档案复制件、获取档案证明、档案实体预约查询、查询借阅等获取检索结果的延伸服务	满意度	很不满意	不满意	无所谓	满意	很满意
	很不满意	2	0	0	0	0
	不满意	0	4	0	0	0
	无所谓	0	0	26	0	2
	满意	2	39	16	15	0
	很满意	19	2	8	0	7
Q14A/Q14B	网络档案信息检索不提供基于手机或其他移动终端的App类型服务					
网络档案信息检索提供基于手机或其他移动终端的App类型服务	满意度	很不满意	不满意	无所谓	满意	很满意
	很不满意	0	2	2	0	0
	不满意	0	4	0	0	0
	无所谓	0	2	22	0	0
	满意	3	32	24	11	0
	很满意	16	9	6	3	6
Q15A/Q15B	网络档案信息检索不提供基于利用者注册信息的访问控制服务（不区分游客和内部人员）					
网络档案信息检索提供基于利用者注册信息的访问控制服务（游客可查阅公开档案，内部人员可查阅更多档案等）	满意度	很不满意	不满意	无所谓	满意	很满意
	很不满意	0	0	0	0	0
	不满意	0	8	8	6	0
	无所谓	2	6	14	0	0
	满意	6	35	22	15	0
	很满意	11	2	2	0	5
Q16A/Q16B	网络档案信息检索不提供基于利用者检索历史的个性化服务，如关联推荐等					
网络档案信息检索提供基于利用者检索历史的个性化服务，如关联推荐等	满意度	很不满意	不满意	无所谓	满意	很满意
	很不满意	2	0	0	0	0
	不满意	0	2	2	0	0
	无所谓	2	0	32	4	0
	满意	4	37	16	12	0
	很满意	15	4	2	2	6

第九章 新媒体环境下网络档案信息检索创新发展优化对策

续表 9-12

Q17A/Q17B	网络档案信息检索不提供与其他档案工作相关的宣传或广告					
网络档案信息检索提供与其他档案工作相关的宣传或广告	满意度	很不满意	不满意	无所谓	满意	很满意
	很不满意	2	0	0	4	0
	不满意	2	4	6	14	0
	无所谓	0	0	38	4	0
	满意	2	16	16	13	0
	很满意	8	0	4	2	3

第二步,根据第一步的二维满意度数据,针对 Q1A/Q1B 至 Q17A/Q17B 的每组问题,综合得出每一功能服务的六维权重分布,如表 9-13 所示。

表 9-13 Q1A/Q1B 至 Q17A/Q17B 需求类型综合分析表

功能服务序号	需求类型	魅力型(A)	期待型(O)	无差异型(I)	必备型(M)	反向型(R)	可疑结果(Q)	合计
Q1A/Q1B	综合数据	8	82	18	8	2	24	142
	综合比例	0.056	0.577	0.127	0.056	0.014	0.170	1
Q2A/Q2B	综合数据	16	82	12	4	6	22	142
	综合比例	0.113	0.577	0.085	0.028	0.042	0.155	1
Q3A/Q3B	综合数据	20	74	14	0	10	24	142
	综合比例	0.141	0.521	0.098	0	0.070	0.170	1
Q4A/Q4B	综合数据	20	78	14	4	0	26	142
	综合比例	0.141	0.550	0.098	0.028	0	0.183	1
Q5A/Q5B	综合数据	34	62	18	2	2	24	142
	综合比例	0.239	0.436	0.127	0.014	0.014	0.170	1
Q6A/Q6B	综合数据	10	88	16	4	0	24	142
	综合比例	0.070	0.620	0.112	0.028	0	0.170	1
Q7A/Q7B	综合数据	12	86	16	0	4	24	142
	综合比例	0.085	0.605	0.112	0	0.028	0.170	1
Q8A/Q8B	综合数据	14	80	18	2	4	24	142
	综合比例	0.098	0.563	0.127	0.014	0.028	0.170	1
Q9A/Q9B	综合数据	6	90	16	6	0	24	142
	综合比例	0.042	0.634	0.112	0.042	0	0.170	1
Q10A/Q10B	综合数据	22	72	18	0	0	30	142
	综合比例	0.155	0.507	0.127	0	0	0.211	1

续表 9-13

功能服务序号	需求类型	魅力型（A）	期待型（O）	无差异型（I）	必备型（M）	反向型（R）	可疑结果（Q）	合计
Q11A/Q11B	综合数据	20	80	10	2	2	28	142
	综合比例	0.141	0.563	0.071	0.014	0.014	0.197	1
Q12A/Q12B	综合数据	22	76	14	2	0	28	142
	综合比例	0.155	0.535	0.099	0.014	0	0.197	1
Q13A/Q13B	综合数据	24	62	26	0	2	28	142
	综合比例	0.170	0.437	0.183	0	0.014	0.196	1
Q14A/Q14B	综合数据	30	60	22	2	2	26	142
	综合比例	0.212	0.422	0.155	0.014	0.014	0.183	1
Q15A/Q15B	综合数据	24	54	14	8	14	28	142
	综合比例	0.170	0.380	0.099	0.056	0.099	0.196	1
Q16A/Q16B	综合数据	18	60	32	2	6	24	142
	综合比例	0.127	0.422	0.225	0.014	0.042	0.170	1
Q17A/Q17B	综合数据	20	26	38	0	32	26	142
	综合比例	0.141	0.183	0.268	0	0.225	0.183	1

第三步，在第二步的基础上，针对 Q1A/Q1B 至 Q17A/Q17B 的每组问题，计算该功能服务的 Better-Worse 系数，公式及得到的值如表 9-14 所示。

表 9-14 计算 Q1A/Q1B 至 Q17A/Q17B 功能服务的 Better-Worse 系数

功能服务序号	Better/SI = (A+O)/(A+O+M+I)	Worse/DSI = (-1)×(O+M)/(A+O+M+I)
Q1A/Q1B	0.776	-0.776
Q2A/Q2B	0.859	-0.754
Q3A/Q3B	0.870	-0.685
Q4A/Q4B	0.845	-0.707
Q5A/Q5B	0.828	-0.552
Q6A/Q6B	0.831	-0.780
Q7A/Q7B	0.860	-0.754
Q8A/Q8B	0.825	-0.719
Q9A/Q9B	0.814	-0.814
Q10A/Q10B	0.839	-0.643
Q11A/Q11B	0.893	-0.732

续表 9-14

功能服务序号	Better/SI = (A+O) / (A+O+M+I)	Worse/DSI = (-1) × (O+M) / (A+O+M+I)
Q12A/Q12B	0.860	-0.684
Q13A/Q13B	0.768	-0.554
Q14A/Q14B	0.789	-0.544
Q15A/Q15B	0.780	-0.620
Q16A/Q16B	0.696	-0.554
Q17A/Q17B	0.548	-0.310

第四步,统计开放式问题 Q18 "您认为网络档案信息检索还应当具备哪些功能、服务或表现"与 Q19 "您认为网络档案信息检索不应该出现哪些功能、服务或表现",得到的有效回答结果如表 9-15 所示。

表 9-15　Q18 与 Q19 有效回答统计表

问题	序号	表述	综合数据
Q18	1	基于利用者习惯的关联文献推荐	8
	2	人工服务	4
	3	语音检索	4
	4	专家解答	2
	5	使用说明或档案简介	2
	6	资源快速更新	2
	7	多渠道访问检索系统	2
Q19	1	无用链接或广告	18
	2	无访问控制或隐私保护	8
	3	无法显示全文	2

十一、需求分类的实证

根据 Better-Worse 系数的计算值,绘制北京市档案信息网的网络档案信息检索 17 项功能服务的 Better-Worse 系数散点图,如图 9-7 所示。17 个功能服务的 Better-Worse 系数以 Worse 系数的绝对值为 x 轴值,以 Better 系数值为 y 轴值分布。

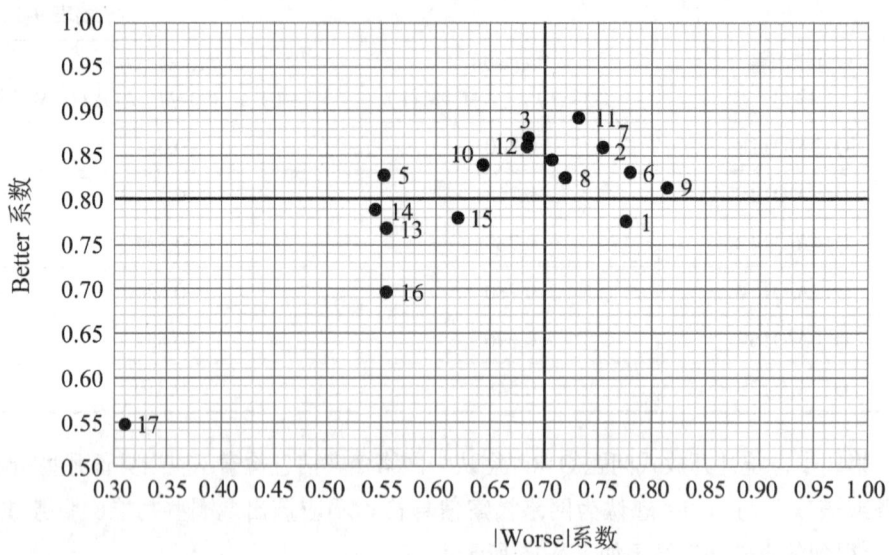

图 9-7　北京市档案信息网的网络档案信息检索功能服务 Better–Worse 系数散点图

在图中，去除偏离过远的 17 号散点后，取群聚数据点在 x 轴和 y 轴上的分布范围中位值（$x=0.7$，$y=0.8$），以其为原点确定坐标系，得到图中实线所示坐标。该坐标将散点图划分为四个象限：第一象限中落入功能 2、4、6、7、8、9、11，期望型需求；第二象限中落入功能 3、5、10、12，为魅力型需求；第三象限中落入功能 13、14、15、16，为无差异型需求；第四象限中落入功能 1，为必备型需求。功能 17 的 Better-Worse 系数距坐标轴原点出现很大偏离，而且其反向型特点显著，为反向型需求。

对北京市档案信息网的网络档案信息检索 17 个功能服务的需求类型进行统计，统计结果如表 9-16 所示。

表 9-16　北京市档案信息网的网络档案信息检索功能服务需求类型分类统计表

需求类型	序号	内容	Better 系数	Worse 系数
必备型	Q1	明确的访问网址或在档案网站上有醒目的访问入口	0.776	−0.776
期望型	Q2	24 小时检索服务	0.859	−0.754
	Q4	类似知网等文献库的高级检索功能	0.845	−0.707
	Q6	文字说明、检索手册、操作辅助、人工帮助等服务协助检索	0.831	−0.780
	Q7	结果的检准率	0.860	−0.754
	Q8	结果的检全率	0.825	−0.719
	Q9	检索响应时间	0.814	−0.814
	Q11	档案原文的在线阅览服务	0.893	−0.732

续表 9-16

需求类型	序号	内容	Better系数	Worse系数
魅力型	Q3	类似百度等搜索引擎的简单检索功能	0.870	-0.685
魅力型	Q5	基于自然语言表述的检索途径	0.828	-0.552
魅力型	Q10	检索结果的排序、关联性分析等服务	0.839	-0.643
魅力型	Q12	档案主题词、摘要、档号、编研成果等相关详细内容	0.860	-0.684
无差异型	Q13	获取档案复制件、获取档案证明、档案实体预约查询、查询借阅等获取检索结果的延伸服务	0.768	-0.554
无差异型	Q14	基于手机或其他移动终端的App类型服务	0.789	-0.544
无差异型	Q15	基于利用者注册信息的访问控制服务	0.780	-0.620
无差异型	Q16	基于利用者检索历史的个性化服务，如关联推荐等	0.696	-0.554
反向型	Q17	与其他档案工作相关的宣传或广告	0.548	-0.310

在同一类需求中，功能服务的 Better 系数值越大，其完成度越提高对利用者满意度的影响越大。例如，在期望型需求中，Q7"结果的检全率"的 Better 系数为 0.860，Q9"检索响应时间"的 Better 系数为 0.814，此时，提高 Q7 的完成度，对利用者满意度的影响大于提高 Q9 的完成度。

在同一类需求中，功能服务的 Worse 系数绝对值越大，其完成度越降低对利用者满意度的影响越大。例如，在无差异型需求中，Q15"基于利用者注册信息的访问控制服务"的 Worse 系数绝对值为 0.620，Q14"基于手机或其他移动终端的App 类型服务"的 Worse 系数绝对值为 0.544。此时，降低 Q15 的完成度，对利用者满意度的影响大于降低 Q14 的完成度。

第三节 创新发展具体优化建议

新媒体环境下网络档案信息检索创新发展优化对策提出的研究路线如图 9-8 所示。

通过本章第二节"对策提出的实证研究"得到网络档案信息检索利用者需求。根据所得到的网络档案信息检索各功能服务的需求类型结果，结合实际情况，对新媒体环境下网络档案信息检索创新发展提出具体优化建议。具体优化建议是战术层面的、微观的，其来源于实践，基于利用者角度提出，特点是操作性强。

根据新媒体环境下网络档案信息检索创新发展现状，结合第一节构建的网络档案信息检索模型以及创新发展的具体优化建议，总结提炼出新媒体环境下网络档案信息检索创新发展整体优化对策。整体优化对策是战略层面的、宏观的，针对档案工作，基于档案机构建设网络档案信息检索工具与平台的角度提出，特点是具有整体性。

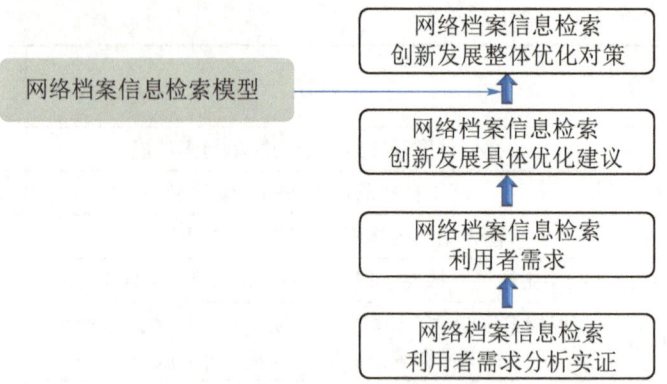

图 9-8　对策提出的研究路线图

一、必备型需求功能服务优化建议

检索入口明确易得

1. 建议来源

本条优化建议基于"Q1 网络档案信息检索提供明确的访问网址或在档案网站上有醒目的访问入口"提出。

2. 实证情况

实证中已经存在的功能。北京市档案信息网有明确的访问网址"http://www.bjma.gov.cn"。利用者通过各种搜索引擎可以容易地获得网站的链接正确访问。该网站首页上有较为醒目的"北京数字档案馆查阅系统"访问入口。利用者还可以通过首页上仅次于"首页"栏目的"数字档案馆"栏目访问该系统。

3. 优化建议

Q1 是利用者调查中唯一一条归入必备型的需求。必备型需求是利用者对功能或服务的基本需求,档案机构必须通过适当的方法予以满足。为此,档案机构要始终提供明确易得的检索入口,设在醒目位置或设置明显标识,确保网络利用者能够快捷、方便地进入检索工具。

4. 建议说明

在网络档案信息传播过程中,北京市档案馆是信息源。其对网络档案信息检索系统访问是否快捷、方便的态度,以及对利用者查找访问其网络档案信息检索系统常用途径的掌握,会影响检索入口的易得性。检索工具的入口不明确,会影响利用者的检索效率。检索工具访问步骤繁琐、入口不易得,会使得部分利用者干脆放弃检索,从而影响档案信息价值的发挥。

档案机构在发布和维护网络档案信息检索工具时,要持续关注并积极采取多途径措施提高其明确性与易得性。措施包括但不限于在网站首页设置醒目的检索工具入口标识；主动联系搜索引擎，在搜索结果中标注"官网""已验证"等第三方认证标签；持续关注在各主要搜索引擎中网络地址和链接的正确性；主动向其他档案网站、政府网站添加友情链接，提供网络档案信息检索工具的跳转方式等。

二、期望型需求功能服务优化建议

（一）提供全天候检索服务

1. 建议来源

本条优化建议基于"Q2 网络档案信息检索提供 24 小时检索服务"提出。

2. 实证情况

实证中已经存在的功能。"北京数字档案馆查阅系统"24 小时持续提供网络检索服务。

3. 优化建议

提供全天候检索服务属于期望型需求，是利用者主观意愿的需求。档案机构要积极主动关注，一旦提供就要尽可能地提高完成度。档案机构做好常规维护、容灾备份、安全防范等工作，保证"北京数字档案馆查阅系统"全天候正常运行，保障检索工具稳定地提供服务。

4. 建议说明

在检索需求信息传播过程中，基于新媒体环境的便利性，利用者作为信息源发起检索需求的灵活性大大增加，夜晚、周末等非工作时间也经常发起。网络档案信息检索的简单检索、高级检索和简要级次检索结果展示等大部分功能，都可以全天候根据规则正常进行，无须人工干预。但是，后台审查处理等有些网络档案信息检索功能或服务，提供全天候服务受限。对于此类功能服务，档案机构在检索资源信息传播过程中，在建立网站组织形成检索工具时，要做好规划提前设计，通过访问控制算法、档案信息分级、检索结果分级等规则与程序，确保检索工具作为接受者，在后台无人操作时，保持最基本、最安全、最可靠的正常运行水平。同时，档案机构日常维护好档案信息数据库、检索服务器、网络传输服务器等相关信息设备，做好档案信息备份，对可能存在的问题做好预案，设计好备用服务器与备用线路，做好应对重大事故的准备，尽量降低和避免因技术问题而中断检索服务。

（二）提供高级检索功能

1. 建议来源

本条优化建议基于"Q4 网络档案信息检索提供类似知网等文献库的高级检索功

能"提出。

2. 实证情况

实例实证中该功能部分存在，但尚有优化提升空间。"北京数字档案馆查阅系统"有高级检索方式，基于著录标引提供多途径检索，可以选择单库与跨库检索、选择所属档案馆、选择档案类别、选择著录级别是案卷信息还是文件信息，针对文件信息提供档号、题名检索途径。经调查实证，其高级检索中的单库检索功能使用正常，但跨库检索功能存在异常。如图9-9所示，在其"条件检索"中，选项"过滤条件"无可选内容从而无法使用，"组合检索"方式也不能正常使用。

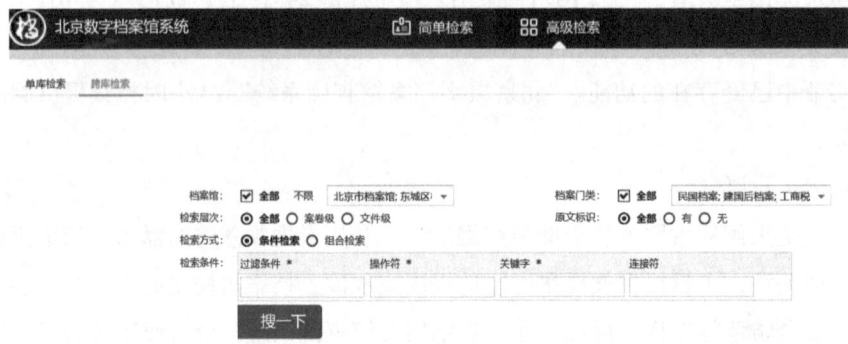

图9-9 北京市档案信息网的网络档案信息检索高级检索功能异常界面截图

3. 优化建议

提供高级检索功能属于期望型需求，是利用者主观意愿的需求。在组织网络档案信息检索工具时要积极主动关注，一旦提供就要尽可能地提高完成度。在确保网络档案信息检索工具各项功能正常使用的前提下，针对高级检索方式，应突破目录的限制，积极扩大检索途径，使得检索式的构建更加灵活，拓展高级检索功能。

4. 建议说明

在检索需求信息传播过程中，利用者是信息源，是生成信息和发起需求信息传播的实体。当利用者选择高级检索方式时，说明其对所需档案信息具有一定的预期，对档案信息检索具有一定程度的了解。因此，针对高级检索功能的使用者，一定要尽可能提高高级检索功能的完成度，提供的检索分类选项越细致，越能提高利用者的满意度。

对于实例而言，其网络档案信息检索工具针对高级检索功能中存在的跨库检索异常问题必须有效加以解决，并确保"条件检索""组合检索"真正可用，从而修正检索式构建基础，达到易懂易用。此外，高级检索功能中还可以增加更多分类选项，例如档案起始时间、终止时间、档案类型等，供利用者就档案的突出特征做选择。

提供并完善高级检索功能，可以丰富和完善检索式的构造生成方法，更好地满足利用者的需求。网络档案信息检索工具的高级检索功能不仅要基于档案著录标引形成的目录提供，还应基于档案内容拓展，增加全文检索功能。

（三）提供交互功能

1. 建议来源

本条优化建议基于"Q6 网络档案信息检索提供文字说明、检索手册、操作辅助、在线帮助等服务协助检索"提出。

2. 实证情况

实例实证中该功能部分实现。北京市档案信息网在"数字档案馆"栏目中提供了 500 字左右的馆藏介绍，对馆藏档案与相关数据进行了简要介绍。在检索界面醒目位置提供《北京国家综合档案馆开放档案文件级目录查询服务指南》并可下载。提供各馆电话供利用者向各馆联系查阅档案原文。网站为解答参考咨询提供专门的网页，如图 9-10 所示，供利用者填写姓名和联系方式，并通过标题和内容描述问题，向北京市档案馆发起异步的咨询或建议。上述是已实现功能，未实现功能有未提供"北京数字档案馆查阅系统"的在线手册，用于让利用者了解检索资源并指导利用者如何更好地开展检索。未提供即时交流工具无法实现即时的参考咨询服务。

图 9-10　北京市档案信息网咨询解答界面截图

3. 优化建议

提供交互功能属于期望型需求，是利用者主观意愿的需求。档案机构要积极主动关注，一旦提供就要尽可能地提高完成度。对于已有功能，馆藏介绍和服务指南内容还可更详细一些，尽量全面反映馆藏档案信息资源概况；对于未实现功能要尽量完善。一是提供在线手册检索服务指南，详细介绍可检索资源、检索工具的功能、检索操作过程和方法；二是提供即时交流工具，在工作时间内能够在线实时解答参考咨询，解决利用者遇到的问题和困难。

4. 建议说明

在检索需求信息传播过程中，利用者是信息源。随着参考型、休闲型利用需求的逐渐增加，存在利用者怀抱好奇心态开展检索，检索利用目标不明确的情况，利用者发起的检索需求信息不明确、表述不到位的情况也在增加。提供交互功能，完善馆藏介绍和检索服务指南，有利于激发利用者了解档案的兴趣，促进检索效率的提高。

应尽快制定"北京数字档案馆查阅系统"的检索服务指南，详细告知利用者检索工具的资源范围、功能操作、检索实例，以助利用者对于检索工具尽快熟悉和上手。当前参考咨询解答页面可继续保留沿用，同时，在新媒体环境下要尽可能缩短检索反馈信息传播的时间，提供类似微信、QQ等功能的即时交流工具，在法定工作时间内提供参考咨询服务，能够有效促进网络档案信息检索的发展。

（四）提高检准率

1. 建议来源

本条优化建议基于"Q7 网络档案信息检索结果的检准率高"提出。

2. 实证情况

作为评价档案信息检索效果的重要指标之一，检准率是利用者的期望。在北京市档案信息网的网络档案信息检索中，项目调查了简单检索方式中关键词检索途径的逻辑"与"检索式构造功能，检索结果基本符合逻辑"与"关系，检准率较高。

3. 优化建议

提高检准率属于期望型需求，是利用者主观意愿的需求。在组织网络档案信息检索工具时要积极主动关注，一旦提供就要尽可能地提高完成度。通过提高自然语言处理能力，准确分析语义逻辑，根据检索语言规范处理好同义词、近义词等概念间联系，不断优化检索匹配算法等技术和措施，不断提高检准率。

4. 建议说明

在检索需求信息传播过程中，网络档案信息检索工具是信息接受者。检索工具对于所接受的检索需求信息要准确分析，提高准确处理检索词的能力和正确构造检索式的能力。以《中国档案主题词表》《中国档案分类法》等规范化检索语言为基础，对输入的检索词进行规范，降低理解误差，提升概念的统一性。档案机构在组织和升级检索工具时，要及时采用新技术优化改进检索匹配算法，将检索范围限定在合理区间不轻易扩大。例如，对于近义词组合检索，在检索结果交集中默认选择较小范围；对于多个关键词输入，默认为"与"关系而非"或关系"，这些规则都有利于确保检索结果的准确性。

（五）提高检全率

1. 建议来源

本条优化建议基于"Q8 网络档案信息检索结果的检全率高"提出。

2. 实证情况

作为评价档案信息检索效果的重要指标之一，检全率同样是利用者的期望。对于检全率的实证，需要全面掌握数据库中的数据情况，只有相关档案工作者在具备条件的情况下通过检索结果测试计算检全率，笔者调研从利用者角度无法判断检全率的高低。

3. 优化建议

提高检全率属于期望型需求，是利用者主观意愿的需求。在组织网络档案信息检索工具时要积极主动关注，一旦提供就要尽可能地提高完成度。在著录标引工作中，要提升质量确保著录标引的信息与标识完整、准确。在网络档案信息检索中，检索工具要以规范化检索语言为基础，科学界定检索词的同义词、近义词等概念。在检索结果展示中，要根据相关度排列结果。

4. 建议说明

在检索资源信息传播过程中，著录标引是档案机构和档案工作者形成检索资源的过程，将信息源与信息联系起来。著录标引后形成的检索资源是检索资源信息传播过程中的信息，也是实现预期检索效果的基础。为此，提高检全率的前提是具有较高的著录标引质量。此外，在网络档案信息检索工具的信息处理过程中也有一些方法用于保证较高的检全率。检索工具要以《中国档案主题词表》等规范化检索语言为基础，充分考虑"众多自然语言的日常表述本质上是描述的同一概念"等情况，对检索词及其同义词、近义词一并进行检索，以保证实现利用者的真实检索需求。

在同一检索过程中，检全率与检准率是成反比关系的，不可能同时兼顾。对于提高检准率或是提高检全率，检索工具需要具有选择机制，或是根据某种概率自动侧重，或是请检索者干预，实现针对不同需求在二者间有所侧重。

（六）提升响应时间

1. 建议来源

本条优化建议基于"Q9 网络档案信息检索响应时间短，得到结果快"提出。

2. 实证情况

在北京市档案信息网的网络档案信息检索实证中，开展网络访问、选择检索条件、进行查找匹配、浏览原文信息等操作的平均响应时间在 0.5 秒左右，最长等待时间未超过 3 秒。检索结果输出快，响应时间相对短，利用者表示满意。

3. 优化建议

提升响应时间属于期望型需求，是利用者主观意愿的需求。在组织网络档案信息检索工具时要积极主动关注，一旦提供就要尽可能地提高完成度。在组织网络档案信息检索工具过程中，要优化数据存储结构、科学选择匹配算法。在执行查找过程中，要合理制定检索策略、充分发挥计算性能。在检索结果展示过程中，要确保网络传输能力。

4. 建议说明

网络档案信息检索的响应速度直接影响利用者的检索体验。档案机构要保障足够的传输带宽和稳定的网络环境。针对网络档案信息的庞大体量，检索工具要采用分布式存储结构提高存储能力。设计高效的检索遍历方法，例如采用哈希表改善档案目录存储等方法解决计算能力和响应时间需求之间的矛盾。不断增加可使用的物理计算能力，实现操作响应时间不超过 1 秒的阶段性目标，确保操作流程的顺畅。

（七）提供档案原貌

1. 建议来源

本条优化建议基于"Q11 网络档案信息检索提供档案原文的在线阅览服务"提出。

2. 实证情况

在北京市档案信息网的网络档案信息检索实证中，对于所检档案信息提供原文标识，如果勾选该标识，在检索结果中，有原文的可以在在线阅览档案原貌，形式为黑白二值扫描的图像。

3. 优化建议

提供档案原貌属于期望型需求，是利用者主观意愿的需求。在组织网络档案信息检索工具时要积极主动关注，一旦提供就要尽可能地提高完成度。档案机构应尽量扩大在线阅览档案原貌的范围，并继续改善阅览方式，从单纯图像走向为双层 PDF/OFD，从黑白图像走向彩色图像。

4. 建议说明

在检索结果信息传播过程中，网络档案信息检索工具是信息源，控制在线阅览原貌的范围。而检索工具的控制取决于 2 个要素：一是档案机构和档案工作者在组织网络档案信息检索工具时是否进行了档案内容信息的组织；二是检索时利用者是否具有访问相关档案内容的权限。要提供档案原貌，档案机构应及时开放档案并根据档案开放情况更新检索资源，扩大档案原文在线阅览范围。根据不断发展的标准改进档案扫描图像质量，对于有红头、红章、彩色笔迹或彩色图形图像的档案以彩色模式进行扫描,改善采用黑白二值图像单一展示档案原貌的现状。在检索工具中适当嵌入阅览器等小工具,实现对档案原貌的展示。对扫描图像进行 OCR 文字识别,采用双层 PDF/OFD 形式,在权限和条件允许的情况下实现档案全文的可检索、可摘录、可复制,增强档案检索结果的利用深度。在展示档案原貌过程中,适当采用优化压缩技术,以减少档案原文数据所占存储空间。

三、魅力型需求功能服务优化建议

(一)提供简单检索功能

1. 建议来源

本条优化建议基于"Q3 网络档案信息检索提供类似百度等搜索引擎的简单检索功能"提出。

2. 实证情况

实证中已经存在的功能。实证的简单检索功能界面简洁大方,如图 9-11 所示。它与各大搜索引擎的界面风格保持一致,提供单一文本输入框,利用者输入表达检索提问的关键词后,"北京数字档案馆系统"进行检索并返回检索结果。

图 9-11 北京市档案信息网的网络档案信息检索简单检索界面截图

3. 优化建议

提供简单检索功能属于魅力型需求。它是不被利用者过分期望,但一旦满足会让利用者格外兴奋的需求,对于此类功能服务要积极开发,率先落实。提供简单检索功能是一项基本的魅力型需求,完成度上要尽量做到界面简洁、输入方便,返回的检索结果丰富、全面。

4. 建议说明

在检索需求信息传播过程中，利用者是信息源。简单检索功能是信息源产生和传递检索需求的简便方式。当前的网络利用者均已能够进行搜索引擎的基本操作，网络档案信息检索工具的简单检索可以借鉴搜索引擎，以同样简洁直观的界面面向利用者，使之通过简单的文本输入框，得到准确丰富的检索结果。简单检索涉及自然语言处理，其相关语义分析的优化在下面"（二）可基于自然语言检索"分析建议中提出。

（二）可基于自然语言检索

1. 建议来源

本条优化建议基于"Q5 网络档案信息检索提供基于自然语言表述的检索途径（检索表达口语化）"提出。

2. 实证情况

实证中已经存在的功能。实证提供简单检索和高级检索两种检索方式。简单检索的关键词途径由利用者输入自然语言作为检索词。输入多个检索词时默认以空格作为逻辑"与"，两个空格间的文字视为一个检索词组配为检索式。而后，对利用者输入的检索式与检索资源信息进行完全匹配并输出检索结果。实证中的高级检索主要由利用者自主选择检索范围、选择逻辑运算符、选择特定有限的检索途径输入检索词进行检索。在简单检索和高级检索方式中，主要是简单检索功能实现基于自然语言检索。

3. 优化建议

可基于自然语言检索属于魅力型需求。它是不被利用者过分期望，但一旦满足会让利用者格外兴奋的需求，对于此类功能服务要积极开发，率先落实。

要关注语义检索、知识检索、自然语言处理技术的发展，在组织网络档案信息检索工具时，应用相关技术强化其语义分析功能，完善中文文本分词、同义词判断、近义词转化和语义权重计算等各类功能，加强自然语言处理，更好地理解利用者的检索需求。

4. 建议说明

在检索需求信息传播过程中，信息是检索需求，是传播的主要对象。档案机构和检索工具要以规范化检索语言为基础，在检索过程中加强对自然语言的规范化处理。

中文自然语言汉字众多、结构复杂、语义多变，机器理解具有较大难度。中文文本分词是自然语言处理的基本工作，基于常用词汇字典、规范化检索语言解析文本，划分词性，明确结构，建立索引。分词技术在理解名词主体、修饰词、否定与肯定副词词性的基础上、理解主谓宾句子结构的基础上形成基本实体或概念，并对相关同义词、近义词进行转化，最终确定检索式的实质内容用于查找匹配。

为了高效实现自然语言检索，档案机构在组织和维护网络档案信息检索工具过程中，要针对馆藏档案特点，依据标准规范建立规范化检索语言词汇字典，结合日常检索数据训练机器学习。并跟踪技术发展适时改进分词算法，提高知识组织水平，提升自然语言处理的适用性与准确性。自然语言检索的发展趋势是让网络档案信息检索工具达到基于语义自主理解检索需求，并返回正确的检索结果。

（三）优化检索结果处理

1. 建议来源

本条优化建议基于"Q10 网络档案信息检索提供检索结果的排序、关联性分析等服务"提出。

2. 实证情况

实证中该功能部分实现。实证的简要级次检索结果有 2 种处理功能：一是排序，按照时间或者档号进行升 / 降序排列；二是选择，选择有原文的档案进一步查看内容级次的档案原文。

3. 优化建议

优化检索结果处理属于魅力型需求。它是不被利用者过分期望，但一旦满足会让利用者格外兴奋的需求，对于此类功能服务要积极开发，率先落实。实证的检索结果中，可基于更多著录项目增加排序方法，增加筛选功能，增加描述性统计功能，增加关联性分析等检索结果处理功能。

4. 建议说明

在检索结果信息传播过程中，网络档案信息检索工具是信息源，利用者是接受者。网络档案信息检索工具对检索结果的展示与处理功能或服务，直接影响利用者对检索结果的认知程度。网络档案信息检索工具可适当增加相关度排列方法展示检索结果。例如，中文表达有一些特点，一般靠近句尾的词相对重要，可根据这些特点进行相关度权重计算，提供相关度排列。此类处理功能有助于利用者快速把握检索结果的相关程度。同为文献检索，中国知网检索结果的处理功能丰富而全面。类比其经验，网络档案信息检索工具适当增加基于各著录项目的检索结果统计。例如，根据档案类型，统计检索结果中有文书档案 32 份、照片档案 24 份；根据主题词，统计检索结果中含有"改革开放"一词的档案有 68 份。此类处理功能有助于利用者快速把握检索结果的整体概况。网络上有各种统计软件，其中统计产品与服务解决方案（Statistical Product and Service Solutions，简称 SPSS）是代表性的数据统计软件。类比其经验，网络档案信息检索工具适当增加基于各著录项目的检索结果关联性分析。例如，通过将关键词与年份进行关联发现，某年关于"一带一路"的档案数量剧增，可以得到相关知识即这一年"一带一路"相关政策开始大力推进。此类处理功能有助于利用者快速把握检索结果的特点，获得隐性知识。

（四）提供详细级次信息

1. 建议来源

本条优化建议基于"Q12 网络档案信息检索结果提供档案主题词、摘要、档号、编研成果等相关详细内容"提出。

2. 实证情况

实证中未提供该功能。实证中检索结果显示包括简要级次信息和内容级次信息。简要级次信息显示题名、档号、档案馆名称、起始时间、终止时间与原文标识。对于有原文标识的检索结果，实证提供内容级次信息即档案原文供在线阅览。实证不提供详细级次信息，利用者无法获得检索结果更为详细的著录内容。

3. 优化建议

提供详细级次信息属于魅力型需求。它是不被利用者过分期望，但一旦满足会让利用者格外兴奋的需求，对于此类功能服务要积极开发，率先落实。网络档案信息检索工具要在检索结果界面显示简单级次信息的同时，提供更加详细的著录信息。不仅包括档案主题词、摘要等内容描述信息，还要包括全宗、类别、案卷各著录级次的信息，还可链接到责任者介绍、组织机构职责等相关背景信息，还可关联相关编研成果等，提升利用者的检索体验。

4. 建议说明

在检索结果信息传播过程中，简单级次信息、详细级次信息、内容级次信息有各自的分工和作用。简单级次信息简要、紧凑地在有限的页面范围内展示更多检索结果，方便利用者概览全貌；详细级次信息全面描述一份档案，方便利用者深入了解。其中若关联相关编研成果，可以为利用者展开发散性探索创造条件，系统化地检索到更多信息紧密相关的档案；内容级次信息展示档案原貌，方便利用者掌握所需信息。档案机构和档案工作者在组织检索工具时，应结合考虑各种展示级次的作用进行相应设计。

四、无差异型需求功能服务优化建议

（一）检索结果获取

1. 建议来源

本条优化建议基于"Q13 网络档案信息检索结果提供获取档案复制件、获取档案证明、档案实体预约查询、查询借阅等检索结果获取的延伸服务"提出。

2. 实证情况

实证中该功能部分实现。北京市档案信息网提供预约查档服务，如图 9-12 所示。利用者选择该服务后，填写特定表格进行预约，而后按时间到馆查档。网络档案信息检索工具的检索结果不能针对具体的档案直接进行实体预约，也不提供查询借阅等延伸服务。

图 9-12 北京市档案信息网预约查档服务界面截图

3. 优化建议

检索结果获取属于无差异型需求,是对利用者体验没有显著影响的需求。如果想节约财力物力,则不需要分配过多精力和资源提供功能或服务。在网络档案信息检索工具的检索结果处理中,不需要提供实体预约、查询借阅等检索结果获取的延伸服务。但是,可以将检索结果的档号、题名等关键信息输出,用于实现与其他模块的联系。

4. 建议说明

实体预约、查询借阅属于档案利用业务环节的工作内容。在检索结果信息传播过程中,网络档案信息检索工具在展示检索结果时,可以适当考虑如何帮助利用者实现由检索向利用的顺利过渡。提供对检索结果的选择功能,对简要级次目录的批量导出功能,供利用者批量导出档号和题名等关键信息,可以使检索利用变得更加顺畅高效。

(二)提供移动服务

1. 建议来源

本条优化建议基于"Q14 网络档案信息检索提供基于手机或其他移动终端的 App 类型服务"提出。

2. 实证情况

实证中不提供该功能。北京市档案馆仅在网站提供"北京数字档案馆查阅系统"供检索,不提供基于手机等移动终端的 App 类型的档案信息检索服务。

3. 优化建议

提供移动服务属于无差异型需求,是对利用者体验没有显著影响的需求。如果想节约财力、物力,则不需要分配过多精力和资源来提供此功能或服务。从利用者需求来看,当前档案机构仍然可以以互联网络为主要渠道提供网络档案信息检索服务,不需要投入过分精力在 App 上实现检索服务。但是,档案机构可以适当运营微博、微信公众号、App 进行信息发布,积累新媒体服务经验,拉近与利用者的距离,为未来的移动检索服务打好基础。

4. 建议说明

网络档案信息检索是档案检索适应网络时代背景发展起来的。当网络时代发展成为新媒体时代，基于移动终端的 App 类服务实现移动检索是档案检索新的发展趋势。移动检索的本质是网络档案信息检索的实体及相关的 4 个信息传播过程从计算机桌面端移植到移动终端。

当前，受网速、服务水平等条件的制约，利用者对移动检索的需求尚不旺盛。档案机构要实现移动检索服务需要考虑投入与预期成效比，需要权衡人力物力投入和信息技术水平。但是，可以预见，随着 5G、6G 技术的发展，随着移动检索服务水平的提高，未来利用者对档案信息移动检索服务终会产生旺盛的需求。

档案机构可以通过运行微博、微信公众号、App 等新媒体发布信息、推广优秀编研成果、展览档案信息，积累新媒体运营经验。待时机与条件成熟时，对移动检索服务尝试进行创新。

（三）注册分类服务

1. 建议来源

本条优化建议基于"Q15 网络档案信息检索提供基于利用者注册信息的访问控制服务（游客可查阅公开档案，内部人员可查阅更多档案等）"提出。

2. 实证情况

实证中对该功能有实现途径，但未予真正实现。实证可以通过邮箱登录进行身份认证。其邮箱登录仅限于北京市公务员邮箱，如图 9-13 所示。但身份认证并未应用于北京市档案信息网的网络档案信息检索，其检索服务中不具备根据利用者身份权限进行访问控制、限定检索范围的功能。

图 9-13　北京市档案信息网邮箱登录界面截图

3. 优化建议

注册分类服务属于无差异型需求，是对利用者体验没有显著影响的需求。如果想节约财力物力，则不需要分配过多精力和资源来提供此功能或服务。在当前网络档案信息检索尤其是因特网上的检索中，检索工具默认利用者为普通利用者，一般均是赋予最低权限检索开放公开的档案信息。对于此类检索服务，档案机构一般提供开放公开的档案信息数据库并不设访问控制。但是，在内部局域网、政务内网、政务外网的档案信息检索中，均要保证在服务器内设有访问控制，以确保档案信息安全。针对特殊检索需求，需要档案工作者审核确认授权，才能进一步提供利用。

4. 建议说明

档案具有政治性、机要性和保密性，密级不同的档案利用范围不同、利用条件不同、系统设计不同、传输要求不同。同时，网络环境复杂，安全可控是网络档案信息检索实现的根本前提。网络档案信息检索不仅是因特网上的服务，还是面向内部局域网、政务内网、政务外网、互联网等4个层次的分层服务。在检索资源信息传播过程中，档案机构必须做好访问控制。

档案机构要依据国家相关规定，设计好网络档案信息检索访问控制的机制、整体框架、规则方法、技术细节，并予以实现。网络档案信息检索默认授予利用者最低权限，限定其在完全开放公开的档案信息范围内进行检索。确有需要时，利用者进行注册登录，通过身份认证后在档案工作者的审核确认授权、监督机制控制下进行网络档案信息检索。

（四）提供个性化服务

1. 建议来源

本条优化建议基于"Q16 网络档案信息检索提供基于利用者检索历史的个性化服务，如关联推荐等"提出。

2. 实证情况

实证中未实现该功能。北京市档案信息网在首页提供大型活动信息和编研成果精品展示。其网络档案信息检索工具不记录检索历史，不提供个性化服务。

3. 优化建议

提供个性化服务属于无差异型需求，是对利用者体验没有显著影响的需求。如果想节约财力、物力，则不需要分配过多精力和资源来提供此功能或服务。当前的网络档案信息检索利用者基数不足，个性化检索需求亦不旺盛。此时，档案机构无需追求个性化服务。但是，档案机构可以尝试实现利用者身份注册功能，探索基于检索历史开展档案利用者分析。

4. 建议说明

从实证调研发现，当前档案利用者对网络档案信息检索普遍不够了解，真正进行检索的人次不多。北京市档案信息网不提供利用者注册登录功能，因而无法追踪利用者的检索历史及相关数据。从网络信息检索技术发展趋势看，基于利用者检索历史精准分析利用者需求，进而提供个性化检索服务，是新媒体环境下网络档案信息检索的未来发展之路。

当前，利用者的个性化服务需求尚不旺盛。档案机构可以根据后台数据从整体上展开利用者分析，发现利用者需求特点，探索网络档案信息检索规律。根据发现的时间规律、检索热点等适时调整优化网络档案信息检索服务。未来条件成熟时，档案机构可以开展关联推荐、个性化推送，主动满足利用者的需求。促使网络档案信息检索从无差别服务发展到个性化服务，由被动服务转为主动服务。

五、反向型需求功能服务优化建议

避免广告宣传

1. 建议来源

本条优化建议基于"Q17 网络档案信息检索提供与其他档案工作相关的宣传或广告"提出。

2. 实证情况

实证中实现的功能。北京市档案信息网除了网络档案信息检索工具外，在首页以及各个栏目中正常提供其他档案信息和档案工作相关内容。整个网站内没有商业广告和各类弹窗，在网络档案信息检索工具中没有无关内容。

3. 优化建议

广告宣传属于反向型需求，是完成度与利用者满意度成反比的需求。针对此类需求应及时发现、尽量规避。在网络档案信息检索过程中，要坚决避免出现广告等分散利用者注意力的内容。

4. 建议说明

在网络档案信息检索中，广告和弹窗会遮盖内容信息、干扰利用者的操作、降低检索体验。利用者如操作不当错误点击，会转入其他页面，从而打断检索的流畅性。档案机构在组织网络档案信息检索工具时，要坚决避免广告宣传，确保检索工具的独立性与功能的单一性。

六、其他功能服务优化建议

提供在线反馈功能

1. 建议来源

本条优化建议针对基于贝罗传播模式形成的网络档案信息检索模型提出。

2. 实证情况

参考实证提供交互功能的情况，可以发现，在网络档案信息检索中，实证的检索反馈信息传播过程不完善。

3. 优化建议

在线反馈功能是由即时的、异步的多种渠道和多模块构成的整体。档案机构要基于在线互动反馈与离线留言反馈的结合提供反馈功能，并且通过链接关联多种渠道将反馈功能送达利用者手边。参考前文"二、期望型需求功能服务优化建议——（三）提供交互功能"进行优化。

4. 建议说明

在时序上，检索反馈信息传播过程是网络档案信息检索最终的信息传播过程，对利用者检索感受的影响较大。做好检索反馈工作，能让利用者感觉受到重视、增加认同感，还可直接收获取利用者的意见建议。在检索反馈信息传播过程中，利用者是信息源。利用者检索反馈中包含的体验感受、意见建议是优化网络档案信息检索的重要信息和依据。

在线反馈功能包括两大模块：一是在线互动反馈模块。类比于网络购物的在线客服，在工作时间内，应有档案工作者在线接收利用者的反馈信息，并以即时通信方式第一时间进行回复。二是离线留言反馈模块。实证的参考咨询解答已经实现本模块。在非工作时间内，利用者可以填写表格反馈信息，后台档案工作者定期收集整理这些信息，对有必要回复的异步地予以回复。

第四节　创新发展整体优化对策

新媒体环境下网络档案信息检索创新发展整体优化对策的结构如图 9-14 所示。

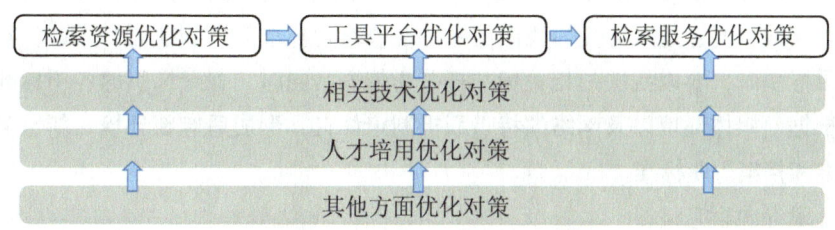

图 9-14　整体优化对策结构示意图

检索资源优化对策、工具平台优化对策、检索服务优化对策直接促进新媒体环境下网络档案信息检索的创新发展。新媒体环境下其他方面优化对策、人才培用优化对策、相关技术优化对策渐次对上支撑并共同成为对前 3 个对策的基础支撑，间接地促进新媒体环境下网络档案信息检索的创新发展。

一、检索资源优化对策

（一）资源建设优化对策

1. 搞好档案信息资源建设

网络档案信息检索的检索资源是档案专业领域特定的信息资源，主要来源于档案信息资源建设，是档案信息资源的子集。为此，要实现网络档案信息检索资源优化必须搞好档案信息资源建设，实现存量档案的数字化和增量档案的电子化。

2. 实现多源档案信息集成

网络档案信息检索的检索资源优化应实现集约效应和规模效应，即集多源档案信息使之达到一定的规模。多源档案信息一是多个档案机构的档案信息，二是根据检索需求尽量做好网络档案信息等其他信息的收集。

3. 做好各类档案信息组织

根据利用者的需求和网络档案信息检索工具的需要，采取适当方法对各类档案信息进行有效组织。档案信息组织主要是采用数据库方式，全面揭示档案信息内容和特征，高效进行档案信息建库及排序。档案信息组织还要根据需要，适当采用超文本方式、主页方式组织网络中的档案信息，实现超文本和超媒体检索。此外，还要注意结合地理信息系统等新媒体环境中新的信息组织方式实现各类档案信息组织，为多途径、多方式检索奠定基础。

（二）著录标引优化对策

1. 执行标准规范

进行档案著录标引要以标准规范为指引和依据，严格执行标准规范，这样才能确保质量，实现共享利用。在执行标准规范上要了解国际标准、贯彻国家和行业标准。了解国际标准是为了拓宽视野、掌握前沿的原则与方法。国际标准不能直接指导我国实践，要经过采标变为我国国家标准或行业标准后才能执行。因此，具体执行著录标引时，要以我国的相关标准规范为依据。同时，著录标引的各项标准规范也应根据新媒体环境以及网络的特点积极制定修订，形成适应新环境、新形势的国家标准和档案行业标准。

2. 确保内容完整

当前，作为检索资源的档案信息在著录标引方面还普遍存在著录内容不完善、不充分的现象。确保内容完整是指著录标引形成的档案信息内容应全面、完整、准确。著录标引人员要进一步提高对著录标引工作重要性的认识，认真学习并严格遵守相关标准规范，提高网络档案信息检索资源的质量。

3. 坚持形式统一

坚持形式统一是指坚持采用统一格式将著录标引的成果转化为网络档案信息检

索的资源数据。数据格式若不统一，存在差异，会导致网络档案信息无法集成，难以共享互通。因此，各档案机构要做好标准化工作和协调工作，确保网络档案信息数据格式的一致性。对于集成检索平台而言，保持形式统一更加重要。

（三）内容信息优化对策

1. 保持档案原貌

保持档案原貌是原汁原味地显示档案全文信息。对于存量纸质档案应以数字化手段通过扫描以保持原貌的方式录入原文信息，作为网络档案信息的重要组成部分。对于有红头、红章、彩色笔迹或彩色图形图像的页面应选择彩色扫描方式。新媒体环境为网络档案信息提供了充足的存储空间，这为在检索结果中保持档案原貌提供了可能。档案工作者要结合实际情况，丰富档案原文信息、提高检索资源质量。

2. 文本内容识别

文本内容识别主要是对扫描后的档案原文进行 OCR 文字识别，从图像中自动识别档案文本内容，而后采用 OFD 双层文件、PDF 双层文件保存档案原文。以此为基础的档案文本内容可以实现全文检索，提高网络档案信息检索利用的深度。当前，全文检索技术已经成熟，档案机构应积极地尽快实现全文检索，使网络档案信息检索从二次信息走向一次信息、从信息服务迈向知识服务。

3. 开发声像档案

各档案馆馆藏档案中包括大量的历史照片档案、录音档案、录像档案等声像档案，这些档案在网络档案信息检索中作为检索资源所占的比例非常低。而近年来其检索利用需求却在不断增加。网络档案信息检索要探索开发声像档案之路，做好相关声像档案资源建设和组织，使之成为可供检索的检索资源。

二、工具平台优化对策

（一）检索工具优化对策

1. 优化系统设计

在网络档案信息检索工具开发中，系统设计是关键一环。无论何时开发升级网络档案信息检索工具，都要在原有基础上优化系统设计。优化系统设计是采用科学合理的原则、方法、技术，从整体设计上明确网络档案信息检索工具与平台的框架结构、功能模块、操作流程、技术要求等内容，并确保整体设计能够得以有效实现。

2. 深化需求分析

深化需求分析是深化对于利用者输入的检索提问的分析处理功能。网络档案信息检索工具应能在结构层面有效地分析，并探索通过自然语言处理功能在语义层面深入分析需求，充分了解利用者的检索需求，构建规范的检索式。

3. 强化查找功能

强化查找功能是为利用者提供更多查找选择。网络档案信息检索工具应能基于档案目录信息和档案内容信息进行查找，扩大查找匹配的范围，尤其是实现内容检索，基于摘要内容、全文内容、图像内容、声音片段、影像内容增加匹配查找功能。

4. 丰富结果输出

丰富结果输出是指在网络档案信息检索结果中，能够采用多种方式和手段提供更加全面的处理功能和充分的信息。既要实现简要级次、详细级次和内容级次相结合的结果输出，又要可以对检索结果进行分析，多渠道、多方式地加深利用者对检索结果的理解和认识。

（二）检索平台优化对策

1. 实现全面集成

网络档案信息检索平台是以实现集成为最终目标的，集成是新媒体环境下网络档案信息检索的重要思路和主要方法。网络档案信息检索平台优化要实现全面的集成，既集成各机构、各类型的档案信息资源，又集成检索功能与相关功能，同时集成各类服务，形成开放协同的生态系统，达到一站检索、一索即得，将网络档案信息检索的优势真正发挥到最佳状态。

2. 完善平台构建

完善平台构建是指档案机构要从平台定位、整体设计、技术实现3个方面完善新媒体环境下网络档案信息检索平台的构建。在新媒体环境下，网络档案信息检索往往不是通过单一的检索工具实现，而是将检索功能或检索工具集成在更大的平台上。平台是网络档案信息检索发挥档案信息价值的基础，完善平台构建应积极扩大辐射范围，科学发挥集成功能，完整实现档案信息检索。

3. 保障网络环境

保障网络环境是指档案机构对网络自身的运行、检索工具平台与网络的衔接等工作切实做好保障。确保检索工具平台与网络互通互联，明确所用网络的特点及其维护的范围、方式和内容。

三、检索服务优化对策

（一）利用者服务优化对策

网络档案信息检索要进一步面向利用者优化服务。基于利用者注册、利用者调查、与利用者交互、建立和维护利用者库等途径和方式做好利用者分析，明确利用者的类型、所检索的客体、检索主要任务、关注的检索指标，逐步完善利用者画像，获知利用者的基本素质与检索需求，有针对性地采取优化措施完善分内容服务、分层服务、分级服务、分域服务、分众服务、分类服务、个性化服务。

（二）知识服务优化对策

1. 检索历史分析

当前网络档案信息检索工具应能从整体上记录检索历史数据。将来网络档案信息检索工具应能针对利用者个人记录检索历史数据。基于所记录的检索历史数据，开展检索历史分析。把握网络档案信息检索的时间规律、热点内容，并结合馆（室）藏档案的内容与特点，有针对性地提供检索资源，优化网络档案信息。这是网络档案信息检索实现个性化服务、知识服务的基础。

2. 关联信息推荐

网络档案信息检索工具根据当前检索结果，推荐相关档案信息或相关知识信息。通过关联信息推荐全面地满足利用者的检索需求。这是新媒体环境下实现基于利用者分析的档案信息检索精准服务的基本措施。

3. 个性信息推送

网络档案信息检索工具基于利用者的订阅，或是基于利用者注册登录信息和利用者个人检索历史数据等分析出利用者检索行为特点、兴趣偏好、检索需求、检索习惯，定期推送相关档案信息或相关知识信息。通过定期推送主动满足利用者的检索需求，这是新媒体环境下实现基于利用者分析的档案信息检索个性化服务的措施。

4. 知识检索实现

知识检索的实现方法有基于信息检索结果的知识挖掘、基于知识的信息检索、基于知识库的知识检索、智能检索 4 个层次。网络档案信息检索可根据当前实践情况适当提供知识检索服务。

知识检索离不开知识组织，知识组织是从档案信息资源中发现知识。网络档案信息检索要积极探索实现知识组织的路径、技术、方法，积极将知识组织落地实现。基于知识组织系统，结合自然语言处理、语义分析、机器学习、知识图谱等技术和方法，进行知识提取、知识描述与知识融合，积极构建档案知识库。

知识检索是知识服务的前提和路径。对于知识组织的成果档案知识库，要尝试使其在更广的范围和更大的平台发挥作用，从而促进新媒体环境下网络档案信息检索服务更上一层楼，向知识服务迈近。

（三）交流互动优化对策

在网络档案信息检索的交流互动过程中，一方面要采取措施加强利用者对检索的反馈；另一方面档案机构要畅通渠道及时获取利用者对检索的反馈。应明确新媒体环境下网络档案信息检索优化方向，积极采取改进措施提供即时交互功能，提高检索反馈的时效性。

四、相关技术优化对策

（一）前沿技术应用优化对策

本书重点研究的全文检索技术、多媒体检索技术、信息检索可视化技术、跨媒体智能检索技术均属于网络档案信息检索的前沿技术。它们属于高级检索功能，检索需求基于自然语言表述乃至图像、声音、影像片段表述，适当有效地应用这些技术有利于实现多样的检索途径，提高检准率。

1. 全文检索技术应用优化对策

鉴于网络利用者对全文利用的需求量大且全文检索技术较为成熟，网络档案信息检索应全面提供全文检索功能，加快档案信息检索速度，提高检准率和易用性。

2. 多媒体检索技术应用优化对策

多媒体检索技术正在发展当中，网络档案信息检索针对声像档案应大力开展检索资源建设并可以提供多媒体检索功能，探索内容检索方式方法，提高多媒体档案信息检索的全面性、准确性、时效性，使利用者更加方便、直观、迅速地获取多样化的、图文并茂的档案信息，提高多媒体档案信息的利用率，让尘封在密集架与存储阵列中的多媒体档案信息"活"起来。多媒体检索技术的深化将在新媒体时代改变网络档案信息检索的生态，加强网络档案信息检索的前沿性、服务性和重要性，更好地服务于社会。

3. 信息检索可视化技术应用优化对策

信息检索可视化技术尚处在发展初期，其中有个别技术相对成熟，也已经出现了应用探索。网络档案信息检索可以根据实际情况，针对特定的应用场景，实现档案资源分布可视化、检索提问可视化、查检过程可视化、检索结果可视化、交互可视化、利用者分析可视化、档案检索统计可视化7个方面中的某一方面，提升网络档案信息检索的实用性、易用性和亲和力。

4. 跨媒体智能技术应用优化对策

跨媒体智能技术是未来发展方向，当前其他领域已经在探索实现并取得了初步成果。有条件的档案机构可以与相应技术机构合作探索跨媒体智能技术在网络档案信息检索中的应用并进行技术实现，提升知识服务水平和能力，开拓网络档案信息检索的新局面，为未来探索一条发展道路。

（二）存储技术优化对策

1. 改善存储结构

改善存储结构是指随着网络档案信息数据量的增长，存储结构必须突破当前集中存储服务器存放数据的性能瓶颈，适当采用分布式存储技术等改善原有的存储结构。目的是加强网络档案信息检索存储系统的可靠性和安全性，满足大规模数据存储的需要。

2. 升级存储方式

升级存储方式是根据现实情况增强新媒体环境下的档案信息存储能力，采用先进的存储设备、存储技术和适当的存储方式，完善档案信息存储系统功能，做好数据备份与恢复，保证网络档案信息存储的安全性、可靠性，并实现可管理、可扩展。

（三）查找技术优化对策

1. 改进遍历算法

网络档案信息检索工具根据利用者输入的检索词或对自然语言分析理解得到的语义化检索词，去遍历数据库进行查找匹配。改进遍历算法是改进完成查找操作的遍历算法，提高网络档案信息检索匹配结果的能力。改进遍历算法要结合档案信息著录结果、信息存储结构、检索历史等多方面因素。

2. 增强权重计算

网络档案信息检索工具在得到检索结果后应能按照相关度排序。增强权重计算即增加检索结果与检索需求相关度的权重计算，以便帮助利用者快速选择定位检索结果。

（四）网络技术优化对策

1. 研究移动检索

从长远看，移动检索是一个发展趋势。档案机构可以先行研究探索移动检索，了解相关技术发展与应用，体验移动功能为网络档案信息检索创造的特定条件、提出的特殊要求，研究移动检索平台与角色的定位，数量与规模的可能性，资源与加工程度的特点与需求，途径与功能的特色。同时，适当运营微博、微信公众号、App进行信息发布，积累新媒体服务经验。一旦利用者对移动检索的需求变得旺盛，便可迅速将网络档案信息检索由计算机桌面向移动端延展。

2. 形成可靠信息

形成可靠信息是指网络档案信息检索工具基于检索结果形成符合网络环境传输要求的信息。可靠信息是采用科学的技术满足网络档案信息检索统一标准的信息，也是满足网络环境数据要求的信息。

3. 安全传输信息

安全传输信息是指确保网络档案信息安全、准确、高效地在网络中传输，在传输过程不易受到干扰、不易遭受窃取，达到网络档案信息的高效传递。

五、人才培养优化对策

（一）档案专业人才优化对策

1. 加强人才培养

在新媒体环境下，加强对网络档案信息检索专业人才的培养，扩大人才培养基数、丰富人才培养层次并有针对性地培养人才。扩大人才培养基数有助于建设档案专业人才群体和团队；丰富人才培养层次有助于形成合理的人才梯队；有针对性地培养人才有助于解决网络档案信息检索人才紧缺的问题。

2. 提高人才素养

采取多种措施提高网络档案信息检索人才的专业素养、信息技术素养和管理素养。专业素养的提高有助于提升人才完成档案工作的质量；信息技术素养的提高有助于提升人才与新媒体环境结合、与网络结合的工作能力；管理素养的提高有助于全面提升新媒体环境下网络档案信息检索的管理水平。

（二）信息技术人才优化对策

1. 补充档案专业知识

为网络档案信息检索工作中涉及的信息技术人才补充档案专业知识，提高其将所熟知的信息技术与档案检索相结合的工作能力，从而促进网络与档案信息检索的结合发展。

2. 拓展通识技术水平

拓展信息技术人才对各类通识技术的认知，促进其在了解新媒体环境、计算机技术、网络技术的基础上了解网络档案信息检索技术的发展方向，保持较高的技术水准。

六、其他方面优化对策

（一）强化理论指导

理论与实践是相统一的，理论产生于实践并反作用于实践。电子文件著录理论、电子文件元数据理论、档案信息组织理论、档案知识服务理论等电子文件理论、新技术相关理论的发展，对于网络档案信息检索实践都具有指导作用。相关理论可以拓展发展思路、勾画预期愿景、绘制路径通途，网络档案信息检索要研究相关理论、践行相关理论，从而向着正确的目标发展，取得更好的效果，达到更高的高度。

（二）强化政策指导

在战略层面，档案主管部门要进行顶层设计，制定新媒体环境下网络档案信息检索的有关政策，以指导该项工作的发展，并督导政策的贯彻执行。例如，对于全国范围内网络档案信息检索集成平台的建设，要从顶层进行设计，开展政策指导，才能真正落地实现。而对于网络档案信息检索的研发和维护资金，也需要政策保障。只有强化政策指导才能促进新媒体环境下网络档案信息检索的健康发展。

（三）加强宣传推广

档案机构和档案工作者通过新媒体加强网络档案信息检索的宣传推广，让更多潜在利用者了解和认识网络档案信息检索，增强其社会影响力。

（四）强化机制保障

网络档案信息检索的实现，需要一整套的保障机制，包括但不限于通过档案信息资源建设、档案著录标引、档案知识组织、数据库建设、检索资源存储、档案数据标准化有效组织检索资源；做好工具研发与平台集成，提供有效检索工具；搞好顶层设计、组织保障、经费保障、人才保障、运维保障、安全保障等。只有强化机制保障，才能使网络档案信息检索持续、高效地提供服务。

结束语

新媒体还在迅猛发展，其领域宽广、技术多样、变革频生。新媒体时代是新的时代，网络化、数字化、便捷化、互动性、个性化、多元化是这个时代的特征。

在新媒体环境下，网络档案信息检索面临的是全新的发展环境，将在继承以往档案检索良好基因的基础上发展为全新的生态系统。网络档案信息检索需求还会不断有新的发展，检索工具平台、检索功能、检索技术、检索理论、检索保障工作的创新发展仍将继续深化、优化。档案信息检索工具与平台不断升级、档案信息检索功能不断拓展、档案信息检索技术应用不断加强、档案信息检索理论不断深化发展、档案信息资源建设和检索保障工作不断推进、档案利用者的参与程度不断加强。档案机构要更加关注检索者的体验，使检索工具更加人性化，调动利用者参与的积极性与主动性，使网络档案信息检索工具与平台持续地良性地创新发展，以专业的服务内容、完善的服务功能、良好的服务手段、完美的服务方式展现在网络中，呈现在广大利用者面前，更好地服务人民、服务社会、服务党和国家，从传统档案检索的红海走向新媒体环境下网络档案信息检索的蓝海。

参 考 文 献

[1] 曹加恒.新一代多媒体技术与应用[M].武汉：武汉大学出版社，2006.
[2] 冯惠玲.档案文献检索[M].北京：高等教育出版社，1999.
[3] 冯惠玲.电子文件管理教程[M].北京：中国人民大学出版社，2001.
[4] 冯惠玲.电子文件管理教程[M].北京：中国人民大学出版社，2017.
[5] 国家档案局经科司.企业电子文件归档和电子档案管理试点技术系统卷[M].北京：中国文史出版社，2021.
[6] 国家档案局技术部.档案信息资源开发利用试点经验汇编[M].北京：中国档案出版社，2008.
[7] 洪漪.档案信息组织与检索[M].武汉：武汉大学出版社，1998.
[8] 黄丽华，等.档案数字化：风险与管理[M].北京：中国人民大学出版社，2017.
[9] 胡昌平.现代信息管理机制研究[M].武汉：武汉大学出版社，2004.
[10] 吕元智.基于语义关联的数字档案资源跨媒体知识集成服务研究[M].上海：上海世纪图书出版公司，2021.
[11] 李颖.新媒体环境下档案公共服务机理与策略研究[M].北京：人民出版社，2021.
[12] 刘越男，马林青.2010—2015年电子文件管理发展与前沿报告[M].北京：电子工业出版社，2016.
[13] 马克思，恩格斯.马克思恩格斯选集第3卷[M].北京：人民出版社，2012.
[14] 吴宝康.档案学概论[M].北京：中国人民大学出版社，1998.
[15] 王兰成.信息检索：原理与技术[M].北京：高等教育出版社，2015.
[16] 肖秋会.档案信息检索[M].武汉：武汉大学出版社，2011.
[17] 杨公之.档案信息化建设实务[M].北京：中国档案出版社，2003.
[18] 叶继元.信息组织[M].2版.北京：电子工业出版社，2015.
[19] 尹韵公，等.中国新媒体发展报告（2011）[M].上海：社会科学文献出版社，2011.
[20] 周铭.档案检索：理论与方法[M].北京：中国社会科学出版社，2015.
[21] 张琪玉.档案检索[M].北京：书目文献出版社，1993.
[22] 赵屹，汪艳.新媒体环境下的档案信息服务[M].上海：上海世纪图书出版公司，2015.
[23] 赵屹.数字时代的文件与档案管理[M].上海：上海世纪图书出版公司，2014.
[24] 赵屹.档案信息网络化建设[M].北京：北京图书馆出版社，2003.
[25] 赵屹.电子政务环境下电子公文的流程与控制[M].北京：军事科学出版社，2009.
[26] 张正强.电子文件管理[M].北京：解放军出版社，2004.
[27] 中国人工智能2.0发展战略研究项目组.中国人工智能2.0发展战略研究（上册）[M].杭州：浙江大学出版社，2019.
[28] 戴维·比尔曼.电子证据：当代机构文件管理战略[M].王健，等译.北京：中国人民大学出版社，2000.
[29] 戴维·温伯格.新数字秩序的革命[M].张岩，译.北京：中信出版社，2008.
[30] Johnna Percell, Lindsay C. Sarin, Paul T. Jaeger, et al. Re-envisioning The MLS：Perspectives on the Future of Library and Information Science Education[M]. UK：Emerald Publishing Limited, 2018.

[31] 鲍勇剑.协同论：合作的科学：协同论创始人哈肯教授访谈录[J].清华管理评论，2019（11）：6-19.

[32] 卞咸杰.基于LINQ技术的数字档案检索研究[J].档案学研究，2012（2）：69-72.

[33] 曹航，陈燕萍.基于用户体验的省级档案信息网站Web界面优化研究[J].山西档案，2016（5）：53-55.

[34] 常志.谈我国档案存贮和检索的现代化：对全息存贮和电子检索的一点浅见[J].档案学通讯，1981（4）：65-66.

[35] 陈慧瑛.智慧档案数字先行：绍兴市档案信息化建设转型升级的探索实践[J].浙江档案，2013（12）：14-15.

[36] 陈芙蓉，武永娜.档案信息化建设中数据描述标准研究[J].档案学研究，2005（3）：24-28.

[37] 陈海岩.基层单位档案室检索工具体系[J].中国医药指南，2011，9（22）：353-354.

[38] 丛佳，李莉，刘凌慧子.云南茶马古道档案资源专题数据库构建研究[J].兰台世界，2021（12）：65-69.

[39] 崔屏.美国国家档案馆ARC检索系统的专名索引研究[J].兰台世界，2004（12）：26-30.

[40] 邓君，盛盼盼，王阮，等.用户感知视角下档案网站服务质量测评实证研究[J].图书情报工作，2018，62（1）：33-39.

[41] 邓茹仁，伍应环.QLA-Means：检索结果聚类方法[J].计算机工程与设计，2017（4）：1067-1080.

[42] 丁立新，祝鑫一.信息构建对档案网站检索系统建设的启示[J].兰台世界，2011（24）：47.

[43] 董月兰.试谈市政园林档案专题数据库的建设[J].浙江档案，2008（8）：42-43.

[44] 杜晓利.富有生命力的文献研究法[J].上海教育科研，2013（10）：1.

[45] 段荣婷.MARC AMC与EAD档案著录标准比较研究[J].情报学报，2003，22（3）：329-335.

[46] 段荣婷.基于简约知识组织系统的主题词表语义网络化研究：以《中国档案主题词表》为例[J].中国图书馆学报，2011，37（3）：54-65.

[47] 冯姣，陆昶谕.基于残差注意力网络的跨媒体检索方法[J].计算机科学，2021，48（S1）：122-126.

[48] 高文博.数据时代我国档案专题数据库建设探析[J].黑龙江档案，2020（2）：14-15.

[49] 何嘉荪，等.保存电子文件背景信息的重要手段：再论全宗、案卷形态的异化.档案学通讯，2001（5）：43.

[50] 何畏.我省初步建成全省馆藏婚姻档案共享专题数据库[J].云南档案，2020（10）：11.

[51] 贺缠虎.分类法在数字档案信息资源组织中的应用[J].兰台世界，2015（8）：28-29.

[52] 胡瑞.民国档案文件级目录著录探析：以永康为例[J].浙江档案，2021（3）：52-53.

[53] 胡一鸣.炼油催化剂档案专题数据库的建设及应用[J].化工进展，2021（S2）：192-197.

[54] 黄冠迪.论系统论八原理的整体结构：评《系统论——系统科学哲学》[J].系统科学学报，2022，30（1）：11-16.

[55] 黄丽香.日记档案信息的检索与利用[J].兰台世界，2019（S1）：131-132.

[56] 黄林，罗棱，李敏，等.基于RFID技术的电力智慧档案馆建设[J].电力与能源，2018，39（3）：380-382，386.

[57] 黄如花.美国国家档案馆档案数据库检索系统的检索[J].图书情报知识，2004（5）：

39-40.
[58] 黄霄羽,郭煜晗,王丹,等.档案馆应用社交媒体创新档案服务的内容[J].北京档案,
　　　2017（1）：15-19.
[59] 黄永勤.档案社会化媒体信息资源整合框架设计研究[J].档案学通讯,2016（4）：74-80.
[60] 黄永勤,黄丽萍.名人档案知识地图设计研究[J].浙江档案,2015（7）：6-9.
[61] 嵇凤云,试论电子档案时代来源原则的继承与发展[J].图书情报知识,2004（4）：
　　　28-31.
[62] 祭鸿雁.电子文件著录反思[J].山西档案,2002（4）：13-15.
[63] 蒋冠,李晓.美、英、澳三国国家档案馆网站数字档案资源服务情况调查与分析[J].
　　　档案学研究,2013（5）：82-90.
[64] 蒋卉.归档文件目录著录质量分析和业务操作[J].档案与建设,2013（11）：67-68.
[65] 景慧昀,魏薇,周川,等.人工智能安全框架[J].计算机科学,2021,48（7）：1-8.
[66] 蓝天.对档案网站知识检索系统现状的分析[J].档案与建设,2009（9）：25-26.
[67] 雷洁,赵瑞雪,李思经,等.科研档案管理知识图谱构建研究[J].科技管理研究,
　　　2020,40（11）：162-169.
[68] 雷洁,李思经,赵瑞雪,等.面向科研档案管理的知识图谱构建与应用研究[J].数字
　　　图书馆论坛,2020（5）：8-15.
[69] 李爱华.档案元数据研究综述[J].河南广播电视大学学报,2014（1）：107-109.
[70] 李春艳.从电子文件管理的角度研究《档案著录规则》[J].档案与建设,2005（11）：20-
　　　21,26.
[71] 李华.关于我国档案网站检索查询功能的调查分析[J].黑龙江科技信息,2011
　　　（23）：142.
[72] 李建锋,朱亚楠,陈丽萍.电力科研院所历史档案著录实践[J].中国档案,2021（9）：
　　　62-63.
[73] 李建立.美国档案信息全文著录系统：EAD的形成与发展[J].中国档案,2001（10）：
　　　48-50.
[74] 李明华.在全国档案局长馆长会议上的工作报告[J].中国档案,2019（4）：20-28.
[75] 李培峰,朱巧明,杨季文.基于异构数据库的档案检索系统的设计与实现[J].情报学
　　　报,2005,24（1）：47-52.
[76] 李群,刘维荣.图书、档案、情报一体化管理在欧美发展的新趋势[J].四川图书馆学
　　　报,2006（2）：68-74.
[77] 李思艺.档案著录工具在数字记忆构建中的应用研究[J].档案与建设,2020（2）：4-8.
[78] 李婉月,张薇,潘亚男.档案知识组织方法与技术探讨[J].档案,2014（3）：56-58.
[79] 李喜萍.试论主题词标引在公文与档案检索中的作用及其对检索的影响[J].档案学研
　　　究,2009（2）：25,29-30.
[80] 李晓玲,李小冰,崔利云.论互联网档案信息检索方法[J].档案,2002（6）：17-19.
[81] 李晓艳,陈晓媛.新媒体环境下网络档案信息检索的创新[J].山西档案,2018（3）：
　　　45-47.
[82] 李学静,谢蓉.信息可视化与Web信息检索[J].图书馆理论与实践,2004（3）：94-96.
[83] 李振福,李香栋.系统哲学视角下的协同论与"通实力"研究[J].系统科学学报,
　　　2020,28（4）：29-34.
[84] 梁孟华.面向利用者的数字档案资源跨媒体知识集成服务研究[J].档案学研究,2016

(6): 49-54.

[85] 梁永军. 立足津门 服务一方: 天津市档案部门档案开放鉴定工作侧记 [J]. 中国档案, 2016 (11): 33-35.

[86] 刘国宇, 刘锐凤, 徐璇. 固定资产投资项目档案检索 [J]. 兰台世界, 2021 (S1): 53-54.

[87] 刘嘉. 元数据: 理念与应用 [J]. 中国图书馆学报, 2001 (9): 32-35.

[88] 刘静一. 如何检索因特网上的国外档案信息资源? [J]. 中国档案, 2000 (1): 48-49.

[89] 刘静一. 解读美国数字档案馆的核心技术: EAD技术 [J]. 档案学通讯, 2003, (3): 82.

[90] 刘丽云. 档案信息资源开发: 社会可持续发展的基础工程 [J]. 当代建设, 2000 (3): 60-61.

[91] 刘契. 数字化档案著录的新方法: 本体论 [J]. 浙江档案, 2006 (10): 34-35.

[92] 刘晓娟, 周建华. 数字资源可视化的理论、技术及方法研究 [J]. 情报杂志, 2015 (2): 168-193.

[93] 刘晓影. 知识图谱在人物档案利用中的应用研究 [J]. 档案天地, 2018 (8): 39-41.

[94] 刘越男. 关于档案网络检索标准建设的思考 [J]. 档案学通讯, 2003 (6): 37-40.

[95] 刘越男. 电子文件著录问题初探 [J]. 档案与建设, 2001 (2): 35-39.

[96] 吕元智. 数字档案资源跨媒体语义检索实现框架与关键问题研究 [J]. 档案学研究, 2014 (2): 65-70.

[97] 吕元智. 数字档案资源跨媒体语义关联聚合实现策略研究 [J]. 档案学研究, 2015 (5): 60-65.

[98] 马仁杰, 谭亚楠, 王沐辉. 论我国档案检索工作中存在的问题与改进对策 [J]. 档案学通讯, 2016 (3): 42-45.

[99] 马寅源. 国内外档案多级著录的比较研究 [J]. 档案学研究, 2017 (2): 51-56.

[100] 毛天宇. 基于知识组织的档案知识库构建思路探析 [J]. 山东档案, 2015 (2): 16-18.

[101] 牛金芳. 浅论元数据与知识管理的关系 [J]. 大学图书馆学报, 2001 (3): 36-38.

[102] 牛力, 刘慧琳, 王保国. 数字人文视角下典藏资源多维度标签本体构建 [J]. 情报科学, 2021, 39 (11): 30-37, 59.

[103] 牛力, 王为久, 黄蕊, 等. 面向政府决策的档案知识库构建研究 [J]. 档案学通讯, 2015 (4): 56-60.

[104] 裴燕生. 档案网站检索查询功能的建设 [J]. 机电兵船档案, 2004 (6): 34-38.

[105] 仇芮珍. 档案馆网站档案检索系统探究 [J]. 四川档案, 2010 (2): 40-41.

[106] 沙洲. 人工智能在档案工作中的应用研究 [J]. 档案与建设, 2018 (2): 36-39.

[107] 尚珊, 高文静. 国内外档案著录准则比较研究 [J]. 档案学通讯, 2014 (2): 100-104.

[108] 史晓康. 英国国家档案馆的网络档案信息检索 [J]. 兰台世界, 2018 (9): 44-47.

[109] 史晓康. 新加坡国家档案馆的网络档案信息检索 [J]. 山西档案, 2019 (4): 99-108.

[110] 史晓康. 网络档案信息检索服务调查分析: 以省级档案局 (馆) 为例 [J]. 山西档案, 2019 (3): 23-28.

[111] 苏丽梅. 浅谈档案著录标引的质量指标 [J]. 档案管理, 2002 (1): 27.

[112] 孙大东, 李真儿. 问题与策略: 我国省级综合档案馆微信公众号移动服务研究 [J]. 档案管理, 2021 (2): 100-102.

[113] 孙瑾. 军队档案专题数据库建设现状及存在问题: 兼论数据组织阶段质量控制 [J]. 档案学研究, 2013 (3): 41-45.

[114] 孙鸣蕾, 房小可, 陈忻. 数字人文视角下名人档案知识图谱构建研究: 以作家档案为

例［J］.山西档案，2020（6）：79-88.

［115］孙学政.高校学籍档案单机可视化检索实证研究［J］.档案管理，2019（3）：46-48.

［116］孙雪霞.档案网站检索策略研究［J］.科技信息（科学教研），2007（23）：254.

［117］孙逊.档案可视化信息检索之路径［J］.湖北档案，2008（11）：14-16.

［118］孙洋洋.《档案著录规则》（GB/T18—1999）的对比研究和修订建议［J］.北京档案，2020（8）：19-23.

［119］田原.西卡罗莱纳大学档案馆改进档案检索方法［J］.档案学通讯，1981（3）：82.

［120］仝艳锋，张志军，乐淑芳.档案检索效率评价指标献疑［J］.兰台世界，2006（24）：14-15.

［121］屠跃明，杨福平.档案信息融汇服务系统平台建设中几个关键问题的思考［J］.档案与建设，2014（3）：4-7.

［122］王晨.省级档案网站资源检索现状及其问题研究［J］.浙江档案，2016（9）：10-12.

［123］王大青.国际档案著录标准体系研究［J］.档案与建设，2013（3）：23-27.

［124］王电化，钱涛，钱立新，等.面向档案的知识图谱构建方法研究［J］.湖北科技学院学报，2020，40（1）：127-130.

［125］王劲松.开展网络档案信息服务的几点建议［J］.中国地名，2010（10）：60.

［126］王兰成.科技档案异构数据整合及其检索的研究［J］.中国科技资源导刊，2009，41（5）：36-41.

［127］王兰成.论实现异构档案信息整合的信息组织与检索技术［J］.档案学研究，2011（2）：55-59.

［128］王兰成.异构档案信息互操作及其自动转换器的研究［J］.情报学报，2002（3）：278-283.

［129］王兰成.知识集成环境下的档案信息组织与检索发展［J］.档案学研究，2008（5）：45-50.

［130］王兰成，冯文杰，田梅.基于档案MARC元数据实现多级WEB信息检索的研究［J］.情报学报，2003，22（2）：136-141.

［131］王兰成，冯文杰，田梅.基于中国档案主题词表的自动标引控制研究［J］.情报学报，2002（2）：177-180.

［132］王兰成，刘晓亮.数字档案环境下新媒体资源开发及交流平台构建研究［J］.浙江档案，2015（12）：8-10.

［133］王兰成，张文友，田梅.中国档案置标著录Web检索系统的研究与实现［J］.情报学报，2004，23（5）：600-604.

［134］王萍，宋雪雁.档案元数据（EAD）开发工具及其应用评价［J］.图书情报工作，2009（6）：139-142.

［135］王若明.浅谈大数据关键技术［J］.物联网技术，2019（6）：117-118.

［136］王树徽，闫旭，黄庆明.跨媒体分析与推理技术研究综述［J］.计算机科学，2021，48（3）：79-86.

［137］王小健，刘延平.面向智慧城市的智慧档案馆建设［J］.档案与建设，2015（5）：16-20.

［138］王艳.论政府信息公开与网络档案信息资源整合［J］.办公室业务，2012（7）：74.

［139］王玉波.21世纪信息检索技术展望［J］.情报资料工作，2000（1）：14-17.

［140］王应解.基于数字档案馆的知识组织［J］.北京档案，2008（1）：23-26.

［141］王泳霁.档案文献检索系统的评价标准与检索效率［J］.知识文库，2015（20）：15.

[142] 魏扣，李子林，金畅.社交媒体环境下档案知识聚合服务实现架构研究［J］.档案学通讯，2018（6）：61-66.

[143] 魏晓红，黄利芒.广深沿江高速公路深圳段竣工档案信息化管理［J］.公路与汽运，2011（4）：248-250.

[144] 魏艳平，苏建功.分类主题一体化是档案检索语言的发展趋势［J］.山西档案，2005（S1）：25-26.

[145] 吴具植.用 ASP+Indexing Service 自建档案信息检索系统［J］.中文信息，2003（4）：100-102.

[146] 吴永琪.科研档案的著录及计算机处理［J］.北京档案，2003（4）：26-27.

[147] 熊回香，施旖.基于社交媒体的档案服务研究［J］.档案学研究，2016（4）：63-68.

[148] 徐维.元数据：电子文件管理的关键所在［J］.山西档案，2000（4）：13.

[149] 杨海棠.WEBSOM：一种新的网络信息组织方法［J］.情报理论与实践，2002（5）：385-386.

[150] 杨晶晶.港航工程项目档案知识智能服务［J］.中国档案，2017（4）：60-61.

[151] 杨颖，崔雷.基于共词分析的学科结构可视化表达方式的探讨［J］.现代情报，2011（1）：91-96.

[152] 杨占华，杨燕.SOM 神经网络算法的研究与进展［J］.计算机工程，2006（16）：201-228.

[153] 叶培华，王萍.编码档案著录标准（EAD）的开发、实施和评价［J］.现代图书情报技术，2004（3）：25-28.

[154] 尹林梅.档案检索工具及其体系探讨［J］.黑龙江史志，2013（23）：105.

[155] 于进川，姚乐野.EAD 标准及其改进设计：网络环境下档案著录标准研究［J］.情报杂志，2003（10）：109-110+113.

[156] 袁顺佳.我国数字档案馆检索服务调研：以 10 家数字档案馆为重点调研对象［J］.兰台内外，2019（6）：21-22.

[157] 张文友，徐维.《国际标准——团体、个人和家族档案规范记录著录规则》的制定及其结构特点［J］.档案与建设，2001（2）：55-56.

[158] 张斌，魏扣，郝琦.面向决策的档案知识库构建研究［J］.图书情报工作，2016，60（5）：118-124.

[159] 张斌，郝琦，魏扣.基于档案知识库的档案知识服务研究［J］.档案学通讯，2016（3）：51-58.

[160] 张斌，高晨翔，牛力.对象、结构与价值：档案知识工程的基础问题探究［J］.档案学通讯，2021（3）：18-26.

[161] 张洁，彭佳，郑巧英.图书馆学与档案学双重视角下的科学手稿组织方法研究［J］.图书馆杂志，2016，35（3）：74-79.

[162] 张琪玉.自然语言与人工语言对应转换：情报检索语言走向自动化之路［J］.中国图书馆学报，1996（1）：40.

[163] 张瑞，水静.基于移动设备的数字图书馆检索新技术研究［J］.现代情报，2013（11）：49-51.

[164] 张文友.论网上档案电子检索工具标准：《档案置标著录（EAD）》［J］.档案学通讯，2001（3）：22-24.

[165] 张晓，汤莉华.数字档案馆检索工具［J］.档案管理，2003（6）：14.

[166] 张旭旭, 成军. 多媒体信息检索技术在档案管理中的应用 [J]. 档案学研究, 1998 (1): 69.

[167] 张学福. 信息检索可视化基本问题研究 [J]. 中国图书馆学报, 2006 (3): 37-40.

[168] 张妍妍. 澳大利亚国家档案馆网站档案著录与检索初探 [J]. 北京档案, 2015 (3): 39-41.

[169] 张园. 基于领域本体的档案信息检索系统构建研究 [J]. 中国档案, 2013 (3): 69-71.

[170] 张战争, 王大青, 赵爱萍. 中国档案著录标准与国际档案著录标准必著项比较 [J]. 档案管理, 2013 (4): 27-29.

[171] 张正强. 论《国际标准——档案著录规则（总则）》的主要著录规则、特点及启示 [J]. 档案学研究, 2013 (3): 75-80.

[172] 张正强. 电子档案著录的研究 [J]. 浙江档案, 2000 (6): 7-8.

[173] 张正强. 论电子文件管理元数据标准体系的构建 [J]. 浙江档案, 2011 (11): 27-30.

[174] 张正强. 基于本体的电子文件元数据：智慧档案馆建设的关键与核心 [J]. 山西档案, 2019 (5): 5-12.

[175] 赵大辉. 档案分类法在网络信息组织中的作用 [J]. 民营科技, 2012 (7): 154.

[176] 赵广才, 刘凯旋. 专题索引的标识选择 [J]. 机电兵船档案, 2000 (2): 37-38.

[177] 赵建国, 周健. 军队机关公文主题词标引：问题、分析与对策 [J]. 数字图书馆论坛, 2015 (10): 58-62.

[178] 赵进龙, 霍明明. RFID 技术在档案信息检索中的应用研究 [J]. 电子世界, 2016 (14): 53.

[179] 赵生辉. "多民族语言档案主题词表"编制建议及构想 [J]. 档案, 2019 (5): 16-22.

[180] 赵雪. 从检索服务角度分析我国档案网站的现状及发展 [J]. 北京档案, 2002 (9): 18-20.

[181] 赵屹. Web 2.0 应用：网络档案信息服务的新模式：以美国国家档案与文件署 NARA 为例 [J]. 档案学研究, 2013 (5): 74-81.

[182] 赵屹. 国际标准化组织 ISO 电子档案管理相关标准 [J]. 兰台世界, 2018 (3): 13-24.

[183] 赵屹. 论新修订的《中华人民共和国档案法》的新意 [J]. 山西档案, 2020 (5): 17-23.

[184] 赵屹. 上海城市数字化转型背景下档案事业发展研究 [J]. 档案学研究, 2022 (1): 73-78.

[185] 赵屹. 网络档案信息检索的元数据设计 [J]. 山西档案, 2020 (1): 54-61.

[186] 赵屹. 网络环境下档案信息的发布和利用 [J]. 档案学通讯, 2004 (4): 53-57.

[187] 赵屹. 我国档案网站检索系统的不足与发展策略：以美国国家档案馆的 ARC 系统为参照 [J]. 档案学研究, 2014 (2): 57-64.

[188] 赵屹. 我国档案网站建设情况综述 [J]. 档案学研究.2013, (4): 55-63.

[189] 赵屹, 陈晓晖. 可资借鉴的国外档案网站特色分析 [J]. 档案管理, 2010 (1): 68-72.

[190] 赵屹, 陈晓晖. 美国网络档案信息检索系统 ARC [J]. 北京档案, 2003 (7): 44-45.

[191] 赵屹, 陈晓晖, 朱九兰. 美国档案工作与信息服务社会化 [J]. 档案学通讯, 2001 (2): 71.

[192] 赵屹, 宋晓颖. 网络环境下档案信息利用服务创新研究 [J]. 档案与建设, 2013 (7): 10-22.

[193] 曾婷, 杨帆, 王恒. 国土规划数字档案资源的数据挖掘与可视化 [J]. 兰台世界, 2019 (S1): 191-192.

[194] 钟庆虹，乔晓东，张运良，等．基于LDA2Vec和残差网络的跨媒体融合方法研究［J］．数据分析与知识发现，2019（10）：78-88．
[195] 周铭，康蠡，王娅．档案检索学科形成与发展刍议［J］．档案学通讯，2009（6）：27-30．
[196] 周铭，黄燕玲．谈谈几种常用档案索引的编制方法［J］．云南档案，2007（1）：14-16．
[197] 周铭，赵慧慧，应海燕．论我国档案界对情报语言学发展的理论贡献［J］．档案学通讯，2008（3）：25-27．
[198] 周铭，彭文英．档案检索语言发展趋势论略［J］．云南档案，2005（3）：15-17．
[199] 周楠．面向科研决策的档案知识库构建研究［J］．资源信息与工程，2019（3）：173-175．
[200] 周毅．知识服务：档案管理部门的新目标［J］．中国档案，2002（5）：48-50．
[201] 朱水芳，童海．图书情报检索语言与档案检索语言之比较［J］．科技信息，2013（1）：248-249，266．
[202] 卓昀侃，綦金玮，彭宇新．跨媒体深层细粒度关联学习方法［J］．软件学报，2019，30（4）：884-895．
[203] 埃莱娜·瓦萨尔，苏菲·戴纳-迪亚洛，周宇芬．从职能到行业：欧洲著录师行业的兴起与发展［J］．国际博物馆（中文版），2017（Z2）：54-63．
[204] 库克．电子文件与纸质文件观念：后保管及后现代主义社会里信息与档案管理中面临的一场革命［J］．刘越男，编译．山西档案，1997（2）：7-13．
[205] 威廉·莫斯．中国印象［J］．档案工作，1993（9）．
[206] Bailón-Moreno, R., Jurado-Alameda, E., Ruiz-Baños, R., et al. Analysis of the field of physical chemistry of surfactants with the Unified Scientometric Model. Fit of relational and activity indicators［J］. Scientometrics, 2005, 63（2）: 259-276.
[207] Chiang K, Olsen J, Garrison W V, et al. Beyond the Data Archive: The Creation of an Interactive Numeric File Retrieval System［J］. Library Hi Tech, 1993, 11（3）: 57-72.
[208] Douglas J, Macneil H. The Generic Evolution of Calendars and Inventories at the Public Archives of Canada, 1882-ca. 1975［J］. American Archivist, 2014, 77（1）: 151-174.
[209] Ellul Charlene, Azzopardi Joel, Abela Charlie. Notary Pedia: A knowledge graph of historical notarial manuscripts［J］. Lecture Notes in Computer Science, 2019: 626-645.
[210] Florez-Lopez R. Managing logistics customer service under uncertainty: An integrative fuzzy Kano framework［J］. Information Sciences, 2012, 202（10）: 41-57.
[211] Hayato Ohawda, Fumio Mizoguchi.Intergrating information visualization and retrieval for WWW information discovery［J］. Theoretical Computer Science, 2003（292）: 547-571.
[212] Joorabchi, Arash, Mahdi, et al. Classification of scientific publications according to library controlled vocabularies［J］. Library Hi Tech, 2013, 10（1）: 57-72.
[213] Jordan, Mark. The CARL metadata harvester and search service［J］. Library Hi Tech, 2006, 24（2）: 197-210.
[214] Khan S, Kanturska U, Waters T, et al. Ontology-assisted provenance visualization for supporting enterprise search of engineering and business files［J］. Advanced Engineering Informatics, 2016, 30（2）: 244-257.
[215] Koch Inês, Freitas Nuno, Ribeiro Cristina, et al. Knowledge Graph Implementation of Archival Descriptions Through CIDOC-CRM［J］. Lecture Notes in Computer Science, 2019: 99-106.
[216] Lowe D G.Distinctive Image Features from Scale-Invariant Keypoints［J］.International

Journal of Computer Vision, 2004, 60（2）: 91-110.

［217］Motschnig R, Holzinger A.Student-centered teaching meets new media: concept and ease study［J］. IEEE Educational Technology& Society, 2002（5）: 160-172.

［218］Norvig P, Relman D A, Goldstein D B, et al. 2020 visions［J］. Nature, 2010, 463（1）: 26-32.

［219］Nesmith T. Archives from the bottom up: social history and archival scholarship［J］. Archivaria, 1982（14）: 5-43.

［220］Pan Y H.Heading toward Artificial Intelligence 2.0［J］. Engineering, 2016（2）: 409-413.

［221］Peng Y X, QI J W, Huang X. Current Research and Prospects on Multimedia Content Understanding［J］. Journal of Computer Research and Development, 2019, 56（1）: 183-208.

［222］Miao Q L, Li Q D. Amazing: A sentiment mining and retrieval system［J］. Expert Systems with Applications, 2009（3）: 7192-7198.

［223］Ray, Uzwyshyn. Multimedia visualization and interactive systems［J］. Library Hi Tech, 2007（6）: 16.

［224］Sayyed, Rahmatollah, Fattahi, et al. Using data island method for creating metadata records with indexability and visibility of tag names in web search engines［J］. Library Hi Tech, 2014, 32（1）: 83-97.

［225］ShrivastavS, Kumar S, Kumar K. Towards an ontology based framework for searching multimedia contents on the web［J］. Multimedia Tools and Applications, 2017, 76（18）: 18657-18686.

［226］Shin J, Jung Y . A Study on the Design of a Topic Map-based Retrieval System for the Academic Administration Records of Universities［J］. Journal of Korean Society of Archives & Records Management, 2016, 16（1）: 175-193.

［227］Victoria L, Lemieux. Using information visualization and visual analytics to achieve a more sustainable future for archives: A survey and critical analysis of some developments［J］. Comma, 2012（2）: 55-70.

［228］Victoria Lemieux. Visual analytics, cognition and archival arrangement and description: studying archivists' cognitive tasks to leverage visual thinking for a sustainable archival future［J］. Archival Science, 2015（15）: 25-49.

［229］Wang M, Chen L. The General Higher-Order Neural Network Model and Its Application to the Archive Retrieval in Modern Guangdong Customs Archives［J］. IEEE Access, 2020, PP（99）: 1-1.

［230］Yu H, Ko H. Integrating Kano model with strategic experiential modules in developing ICT - enabled services［J］. Management Decision, 2012, volume 50（1）: 7-20（14）.

［231］高彩燕.中外公共档案馆在线信息服务的比较研究［D］.太原：山西大学，2015.

［232］高松.网络信息检索效果评价及其优化研究［D］.长春：吉林大学，2002.

［233］郭雪薇.档案知识图谱构建技术研究［D］.北京：中国电子科技集团公司电子科学研究院，2019.

［234］贾琼.基于关联数据的历史档案资源聚合研究［D］.长春：吉林大学，2021.

［235］梁丽婷.网络环境下档案信息服务创新研究［D］.合肥：安徽大学，2013.

［236］刘虎.省域异构数字档案馆建设［D］.济南：山东大学，2013.

[237] 刘华珍.档案信息检索研究成果的统计分析［D］.沈阳：辽宁大学，2014.

[238] 刘为.基于语义网的傣族历史档案信息资源开发研究［D］.昆明：云南大学，2018.

[239] 陆铭.基于本体的档案馆藏资源语义知识库构建研究［D］.长春：吉林大学，2019.

[240] 马凌云.基于Web的照片档案数据库建设研究［D］.武汉：武汉大学，2004.

[241] 穆向阳.图博档数字资源统一组织与服务模式融合研究［D］.南京：南京大学，2014.

[242] 仇芮珍.我国档案信息分类标准研究［D］.合肥：安徽大学，2010.

[243] 宋志萍.政务档案领域本体构建研究［D］.沈阳：辽宁大学，2021.

[244] 孙治文.革命战争历史档案知识图谱构建与实现［D］.长春：吉林大学，2021.

[245] 温涛.数字档案馆档案编目和资料著录系统的构建［D］.西安：陕西师范大学，2014.

[246] 吴楠.基于移动智能终端的档案信息服务研究［D］.南宁：广西民族大学，2016.

[247] 武华维.基于主题模型与知识图谱的电子公文主题标引方法研究［D］.北京：中国科学院大学，2020.

[248] 王上铭.专题档案资源库建设研究［D］.南京：南京大学，2015.

[249] 王燕静.我国档案检索学科研究进展分析［D］.昆明：云南大学，2016.

[250] 熊华兰.基于语义本体的数字档案资源知识管理模型研究［D］.沈阳：辽宁大学，2019.

[251] 于文斌.网络环境下档案著录标准分析：以档案编码著录标准（EAD）为例［D］.济南：山东大学，2009.

[252] 张蕾.基于Lucene的电子档案检索系统的设计与实现［D］.西安：西安电子科技大学，2010.

[253] 赵红颖.图书档案资源数字化融合服务实现研究［D］.长春：吉林大学，2015.

[254] 郑博.我国档案众包实现研究［D］.保定：河北大学，2017.

[255] 霍夏.数字档案专题数据库建设质量控制研究［G］//2012年中国航空学会管理科学分会学术交流会论文集.北京：中国航空学会管理科学分会，2012.

[256] 闫冬，张皓晨.档案知识服务研究述评［G］//中国档案研究（第三辑）.沈阳：辽宁大学出版社，2017：132-152.

[257] 特里·库克.1898年荷兰手册出版以来档案理论与实践的相互影响［G］//黄霄羽译.第十三届国际档案大会文件报告集.北京：档案出版社，1997：163.

[258] Taylor R S. Information use environments［G］//Dervin B, Voigt M J. Progress in communication sciences. Norwood, NJ: Ablex Publishing Corp. 1991：217-255.

[259] 李持真，张隽.查档"零上门"找档"零漏点"取档"零跑路"服务"零差别"浙江嘉兴460多万市民可通过手机查询14类民生档案开放数据［N］.中国档案报，2017-07-06（2）.

[260] 李明华.在全国档案局长馆长会议上的讲话［N］.中国档案报，2019-04-11（2）.

[261] 郑金月.坚持为民导向用数字技术赋能查档服务——浙江省档案馆创建全国示范数字档案馆掠影［N］.中国档案报，2020-06-08（1）.

[262] 奥尔加·弗拉科夫斯卡娅.从关联的信息到关联的数据：为未来著录档案［N］.杨太阳编译.中国档案报，2014-01-24（3）.

[263] 上海市徐汇区档案馆.坚持目标导向、问题导向，建设高标准数字档案馆——上海市徐汇区数字档案馆建设情况汇报［R］，2016-09-27.

[264] 夏广平.新时代数字档案转型发展探索——以上海市档案馆新馆信息化建设为例［R］，2021-06-16.

[265] 赵屹. 电子档案管理经典文献导读 [R], 2021-04-06.

[266] 佚名. 2021全国两会,"档案事业"写进政府工作报告![EB/OL].(2021-03-06)[2022-01-30]. https://new.qq.com/omn/20210306/20210306A01UKI00.html.

[267] 百度百科. 语义检索 [EB/OL].[2021-04-15]. http://baike.baidu.com/item/%E8%AF%AD%E4%B9%89%E6%A3%80%E7%B4%A2/56499992?anchor=1#1.

[268] 百度百科. 用户画像 [EB/OL].[2022-05-05]. http://baike.baidu.com/item/%E7%94%A8%E6%88%B7%E7%94%BB%E5%83%8F/22085710.

[269] 北京丰台法院."云查档"疫情期间档案工作不断档[EB/OL].(2020-06-10)[2022-01-30]. https://mp.weixin.qq.com/s?__biz=MzA5NzA2MzI1MA==&mid=2649980799&idx=2&sn=3b06134ca9a985f451ac50f469d534c6&chksm=88a14742bfd6ce54cde8cb55dbf7b6dfa4771efddd0d074e0d26b3e8cefaa60796201.

[270] 光明日报. 互动性是新媒体的一个核心关键词[EB/OL].(2014-07-16)[2015-05-16]. http://www.mjceo.com/index/20140716/10000161526.html.

[271] 国家档案局. 中办国办印发《"十四五"全国档案事业发展规划》[EB/OL].[2021-9-10]. https://www.saac.gov.cn/daj/yaow/202106/899650c1b1ec4c0e9ad3c2ca7310eca4.shtml.

[272] 国家档案局政策法规研究司. 2020年度全国档案主管部门和档案馆基本情况摘要(二)[EB/OL].(2021-08-06)[2022-04-22]. http://www.saac.gov.cn/daj/zhdt/202108/6262a796fdc3487d93bfa7005acfe2ae.shtml.

[273] 国家统计局. 档案统计数据 [EB/OL].(2019-06-30)[2020-02-08]. http://data.stats.go.cn/easyquery.htm?cn=COl&zb=A0Q0Y&sj=2018.

[274] 海南日报. 海南省档案馆档案数字化进度过半 [EB/OL].(2021-08-19)[2022-05-02]. http://baijiahao.baidu.com/s?id=1708511233727056447&wfr=spider&for=pc&searchword=%E6%A1%A3%E6%A1%88%E6%95%B0%E5%AD%97%E5%8C%96%E7%8E%87.

[275] 华春雨."十二五"时期我国档案信息化建设快速发展 [EB/OL].[2018-10-02]. http://www.gov.cn/xinwen/201512/28/content_5028625.htm.

[276] IT巅峰技术. Elasticsearch(二):核心[EB/OL].[2019-10-03]. http://zhuanlan.zhihu.com/p/425310915.

[277] 江苏省张家港市民生档案共享服务工作纪实[EB/OL].(2019-10-29)[2022-05-05]. http://www.dang-an.com/ch/news_focus/2019/1029/4572.html.

[278] 南方都市报. 他用AI修复技术让李大钊陈延年们露出微笑,怎么做到的?[EB/OL].(2021-07-01)[2022-05-06]. https://www.163.com/dy/article/GDRA9DM005129QAF.html.

[279] 青岛市档案馆. 不断探索档案开放鉴定的新路径[EB/OL].(2016-11-21)[2022-02-05]. https://www.saac.gov.cn/daj/c100302/201611/23ecbb8570134609bf6c57263166373f.shtml.

[280] 青岛市档案馆. 青岛档案历史知识库在金宏网开通启用[EB/OL].(2020-11-02)[2021-04-20]. http://m.qingdao.gov.cn/n1722/n24624145/n24631595/n24631609/n24631637/120908121147831147.html.

[281] 青岛新闻网. 青岛市历史知识库发布通过手机可寻城市记忆[EB/OL].[2021-04-20]. http://module.iqilu.com/baidunews-eco/showbaidu/id/3578771.

[282] 上海档案信息网. 嘉定区档案馆2018年档案利用分析报告[EB/OL].(2019-03-20)[2022-01-30]. https://www.archives.sh.cn/bbdt/201903/t20190320_44057.html.

[283] 腾讯网. CNNIC发布第49次中国互联网络报告[EB/OL].[2022-03-18]. http://wx.qq.

com/cmsid/20220316A00F8R00.

[284] 杨洁.首批51项!长三角"一网通办"来了,办些啥、怎么办?[EB/OL].(2019-05-22)[2022-03-10].http://newsxmwb.xinmin.cn/xmyan/2019/05/22/31532767.html.

[285] 佚名.大连市自贸片区创新推出"掌上云查档"新模式[EB/OL].(2022-01-12)[2022-04-21].http://www.dljp.gov.cn/gk/002011/002011003/002011003/2002011003004/20220112/e627cabc-fee1-4620-a5b4-a57ab91ffd51.html.

[286] 知乎.语音识别原理[EB/OL].[2019-10-03].http://zhuanlan.zhihu.com/p/462740581.

[287] 知乎.声纹识别发展综述[EB/OL].[2019-10-03].http://zhuanlan.zhihu.com/p/67563275.

[288] 中华人民共和国国务院.国务院关于印发《新一代人工智能发展规划》的通知[EB/OL].[2021-08-01].http://www.gov.cn/zhengce/content/2017-07/20/content_5211996.htm.

[289] 中国档案报.提升档案信息化发展水平实现远程复社会共享——河南省数字档案馆建设概述[EB/OL].(2020-06-12)[2021-04-18].http://www.saac.gov.cn/daj/c100226/6d0ad86e8a4443e187bbe67908b4ffab.shtml.

[290] Alfie Paul.Fun with OPA[EB/OL].(2011-05-06)[2022-05-11].http://text-message.blogs.archives.gov/2011/05/06/fun-with-opa.html.

[291] CSDN.Elastic生态圈介绍[EB/OL].[2019-10-03].http://blog.csdn.net/qq_36918149/article/details/104221539.

[292] CSDN.Lucene学习总结之一:全文检索的基本原理[EB/OL].[2019-10-03].blog.csdn.net/forfuture1978/article/details/4711308.

[293] CSDN.Solr架构图整理[EB/OL].[2019-10-03].http://blog.csdn.net/zhufenglonglove/article/details/51831845.

[294] CSDN.全文检索及其过程[EB/OL].[2019-04-22].http://blog.csdn.net/jinking01/article/details/89022659.

[295] CSDN.图像检索:基于内容的图像检索技术[EB/OL].[2021-04-03].http://blog.csdn.net/weixin_41521681/article/details/111187898.

[296] CSDN.视频内容检索概述[EB/OL].[2019-10-03].http://blog.csdn.net/weixin_45016866/article/details/117232899.

[297] Duff W M,Carter J,Cherry J M,et al.From coexistence to convergence:studying partnership and collaboration among libraries,archives and museums[EB/OL].[2020-06-02].http://www.informationr.net/ir/18-3/paper585.html.

[298] Europeana.About us[EB/OL].(2019-05-22)[2022-03-10].http://www.europeana.eu/en/about-us.

[299] Hamma K.Standards.What's new Europes Cultural and Scientific Heritage in a Digital World[EB/OL].[2020-06-27].http://www.eudico.de/download/vortraege/hamma_berlin.pdf.

[300] ICA.ICA-AtoM Project[EB/OL].[2022-05-03].http://www.ica-atom.org.

[301] NAA.About RecordSearch[EB/OL].[2021-11-06].http://recordsearch.naa.gov.au/SearchNRetrieve/Interface/HelpRecordSearch.aspx.

[302] NARA.About the National Archives Catalog[EB/OL].[2022-02-10].https://www.archives.gov/research/catalog.

[303] NARA.API for the National Archives Catalog[EB/OL].[2022-04-04].http://www.nara.gov/research/catalog/help/api.

[304] NARA.Online Tools.[2019-06-05].https://www.archives.gov/research/start/online-tools.

［305］NARA. What is the National Archives Catalog［EB/OL］.［2019-06-20］. https://www.archives.gov/research/catalog/help/search-tips.html#opasearch.

［306］NAS. About Us［EB/OL］.［2019-04-19］. http://www.nas.gov.sg/About-Us/Mandate.

［307］NLB. Frequently Asked Questions［EB/OL］.［2019-06-20］. http://search.nlb.gov.sg/FAQs.

［308］OCLC. Archivegrid［EB/OL］.［2022-05-11］. http://www.oclc.org/research/areas/research-collections/archivegrid.html#main-content.

［309］Padawan75. 语义网、本体、OWL 基础知识梳理［EB/OL］.（2020-08-06）[2021-04-07］. http://blog.csdn.net/padawan75/article/details/107834548.

［310］SK_Lavender.MDS（multidimensional scaling）多维尺度分析［EB/OL］.（2016-12-08）［2021-12-22］. https://blog.csdn.net/u010705209/article/details/53518772.

［311］TNA. About our role［EB/OL］.［2019-06-05］. http://www.nationalarchives.gov.uk/about/our-role/.

［312］TNA. Bigger Bolder Better［EB/OL］.［2019-06-05］. https://blog.nationalarchives.gov.uk/blog/discovery-bigger-bolder-better/.

［313］TNA. Discovery finding archives［EB/OL］.［2019-06-20］. https://blog.nationalarchives.gov.uk/blog/discovery-finding-archives/.

［314］TNA.Discovery Help［EB/OL］.［2019-06-05］. http://www.nationalarchives.gov.uk/help-with-your-research/discovery-help/.

［315］中华人民共和国国家标准. 电子文件存储与交换格式版式文档［S］. GB/T 33190-2016，2016.

［316］中华人民共和国国家标准. 电子文件归档与电子档案管理规范［S］.GB/T 18894-2016，2016.

［317］ISO. Document management -- Electronic document file format for long-term preservation -- Part 1：Use of PDF 1.4（PDF/A-1）［S］. ISO 19005-1：2005，2005.

附 录
网络档案信息检索问卷调查

您好!

非常感谢您在百忙之中抽空填写这份调查问卷。

您只需要根据您的真实经历和对于问题描述的直观感受进行填写即可。

我们将严格保护您的调查问卷,涉及的信息和数据仅作为研究使用。

基本信息

1. 您的性别[单选题]

○男

○女

2. 您的年龄[单选题]

○ 20 岁以下

○ 20～29 岁

○ 30～39 岁

○ 40～49 岁

○ 50 岁以上

3. 您的文化程度[单选题]

○大学本科

○硕士研究生

○博士研究生

○其他

4. 您了解档案检索吗?[单选题]

○非常了解

○了解

○一般

○不了解

○完全不了解

5. 您了解"北京数字档案馆查阅系统"吗？[单选题]
○非常了解
○了解
○一般
○不了解
○完全不了解

如果您在网络档案信息检索时遇到以下问题中描述的情况，请根据您的真实感受选择相应的选项。

（每一组问题分别有两种情况，相互独立，请单独考虑）

1A. 网络档案信息检索提供明确的访问网址或在档案网站上有醒目的访问入口。[单选题]
○很不满意
○不满意
○无所谓
○满意
○很满意

1B. 网络档案信息检索不提供明确的访问网址或在档案网站上无醒目的访问入口。[单选题]
○很不满意
○不满意
○无所谓
○满意
○很满意

2A. 网络档案信息检索提供 24 小时检索服务。[单选题]
○很不满意
○不满意
○无所谓

○满意

○很满意

2B. 网络档案信息检索不提供 24 小时检索服务。[单选题]
○很不满意
○不满意
○无所谓
○满意
○很满意

3A. 网络档案信息检索提供类似百度等搜索引擎的简单检索功能。[单选题]
○很不满意
○不满意
○无所谓
○满意
○很满意

3B. 网络档案信息检索不提供类似百度等搜索引擎的简单检索功能。[单选题]
○很不满意
○不满意
○无所谓
○满意
○很满意

4A. 网络档案信息检索提供类似知网等文献库的高级检索功能。[单选题]
○很不满意
○不满意
○无所谓
○满意
○很满意

4B. 网络档案信息检索不提供类似知网等文献库的高级检索功能。[单选题]
○很不满意
○不满意

○无所谓

○满意

○很满意

5A. 网络档案信息检索提供基于自然语言表述的检索途径（检索表达口语化）。[单选题]

○很不满意

○不满意

○无所谓

○满意

○很满意

5B. 网络档案信息检索不提供基于自然语言表述的检索途径（检索表达口语化）。[单选题]

○很不满意

○不满意

○无所谓

○满意

○很满意

6A. 网络档案信息检索提供文字说明、检索手册、操作辅助、人工帮助等服务协助检索。[单选题]

○很不满意

○不满意

○无所谓

○满意

○很满意

6B. 网络档案信息检索不提供文字说明、检索手册、操作辅助、人工帮助等服务协助检索。[单选题]

○很不满意

○不满意

○无所谓

○满意

附录　网络档案信息检索问卷调查

　　○很满意

7A. 网络档案信息检索结果的检准率高（检索出结果中符合需要的比例高）。[单选题]
　　○很不满意
　　○不满意
　　○无所谓
　　○满意
　　○很满意

7B. 网络档案信息检索结果的检准率低（检索出结果中符合需要的比例低）。[单选题]
　　○很不满意
　　○不满意
　　○无所谓
　　○满意
　　○很满意

8A. 网络档案信息检索结果的检全率高（检索出结果占总体相关档案的比例高）。[单选题]
　　○很不满意
　　○不满意
　　○无所谓
　　○满意
　　○很满意

8B. 网络档案信息检索结果的检全率低（检索出结果占总体相关档案的比例低）。[单选题]
　　○很不满意
　　○不满意
　　○无所谓
　　○满意
　　○很满意

367

9A. 网络档案信息检索响应时间短,得到结果快。[单选题]
○很不满意
○不满意
○无所谓
○满意
○很满意

9B. 网络档案信息检索响应时间长,得到结果慢。[单选题]
○很不满意
○不满意
○无所谓
○满意
○很满意

10A. 网络档案信息检索提供检索结果的排序、关联性分析等服务。[单选题]
○很不满意
○不满意
○无所谓
○满意
○很满意

10B. 网络档案信息检索不提供检索结果的排序、关联性分析等服务。[单选题]
○很不满意
○不满意
○无所谓
○满意
○很满意

11A. 网络档案信息检索提供档案原文的在线阅览服务。[单选题]
○很不满意
○不满意
○无所谓
○满意
○很满意

11B. 网络档案信息检索不提供档案原文的在线阅览服务。[单选题]
○很不满意
○不满意
○无所谓
○满意
○很满意

12A. 网络档案信息检索结果提供档案主题词、摘要、档号、编研成果等相关详细内容。[单选题]
○很不满意
○不满意
○无所谓
○满意
○很满意

12B. 网络档案信息检索结果不提供档案主题词、摘要、档号、编研成果等相关详细内容。[单选题]
○很不满意
○不满意
○无所谓
○满意
○很满意

13A. 网络档案信息检索结果提供获取档案复制件、获取档案证明、档案实体预约查询、查询借阅等检索结果获取的延伸服务。[单选题]
○很不满意
○不满意
○无所谓
○满意
○很满意

13B. 网络档案信息检索结果不提供获取档案复制件、获取档案证明、档案实体预约查询、查询借阅等检索结果获取的延伸服务。[单选题]
○很不满意

○不满意

○无所谓

○满意

○很满意

14A. 网络档案信息检索提供基于手机或其他移动终端的 App 类型服务。[单选题]

○很不满意

○不满意

○无所谓

○满意

○很满意

14B. 网络档案信息检索不提供基于手机或其他移动终端的 App 类型服务。[单选题]

○很不满意

○不满意

○无所谓

○满意

○很满意

15A. 网络档案信息检索提供基于利用者注册信息的访问控制服务（游客可查阅公开档案，内部人员可查阅更多档案等）。[单选题]

○很不满意

○不满意

○无所谓

○满意

○很满意

15B. 网络档案信息检索不提供基于利用者注册信息的访问控制服务（不区分游客和内部人员）。[单选题]

○很不满意

○不满意

附录　网络档案信息检索问卷调查

○无所谓
○满意
○很满意

16A. 网络档案信息检索提供基于利用者检索历史的个性化服务，如关联推荐等。[单选题]
○很不满意
○不满意
○无所谓
○满意
○很满意

16B. 网络档案信息检索不提供基于利用者检索历史的个性化服务，如关联推荐等。[单选题]
○很不满意
○不满意
○无所谓
○满意
○很满意

17A. 网络档案信息检索提供与其他档案工作相关的宣传或广告。[单选题]
○很不满意
○不满意
○无所谓
○满意
○很满意

17B. 网络档案信息检索不提供与其他档案工作相关的宣传或广告。[单选题]
○很不满意
○不满意
○无所谓
○满意
○很满意

18. 您认为网络档案信息检索还应当具备哪些功能、服务或表现？［简答题］
_____
_____
_____

19. 您认为网络档案信息检索不应该出现哪些功能、服务或表现？［简答题］
_____
_____
_____

后 记

1997年，笔者硕士研究生毕业后留校任教，所承担的第一门课是为档案学专业本科生开设的"档案检索"课。该课所用教材为我系老主任张琪玉教授所著《档案检索》，由书目文献出版社于1993年出版。"窗前兀兀青灯在，犹记当年夜读书"，为了上好课，我不知将那本《档案检索》翻来覆去地读了多少遍，彼时教案初为手写，后来我将其输入计算机，27年前的教案至今犹存。自那时起，档案检索就融入笔者的专业学术生涯，伴随左右。档案检索一直也是我院信息资源管理专业（原图书情报与档案管理专业）研究的一个强项，张正强教授、王兰成教授在这一研究领域成果丰硕，他们一直是我学习的榜样，也对我从事档案检索研究产生重要影响。2017年，笔者申请的国家社会科学基金项目"新媒体环境下网络档案信息检索创新发展研究"得以立项（项目编号17BTQ016），2022年结项，评价为良好。该项目促使我对档案检索的研究迈上了一个新台阶。能够主持该项目让我倍感荣幸，同时也深为惶恐，因为档案检索越来越与新技术的发展深度绑定，而技术的发展日新月异、一日千里，让人深感学如不及，犹恐失之。已经记不清在研究中处理了多少遇到的问题、经历了多少难眠之夜，而今，由项目成果转化而成的这本书终于得以呈现在各位尊敬的读者面前。

本书以新媒体环境下档案信息检索的变化与创新发展为研究内容。鉴于新媒体环境下的档案信息检索以网络为主要实施途径和信息传播途径，为此，本书聚焦于网络档案信息检索的创新发展研究。

本书内容共九章，分为提出问题、整体分析问题、分面分析问题与解决问题、整体解决问题四个部分。第一章和第二章是提出问题部分，通过研究新媒体环境的形成与发展、档案检索实践与研究的发展，发现新媒体环境对网络档案信息检索实践与研究的冲击和引发的问题，分析新媒体环境的发展对网络档案信息检索的影响；通过新媒体环境下网络档案信息检索实践与研究发展，探讨当前实践发展与理论研究中存在的不足，从而提出问题——新媒体环境下网络档案信息检索是如何创新发展的、应该怎样优化创新发展。第三章是整体分析问题部分，分析在新媒体环境下网络档案信息检索需求有了哪些新发展。这些需求的发展变化是新媒体环境下网络档案信息检索创新发展的原动力，促使网络档案信息检索全面创新发展。第四章至第八章是分面分析问题与解决问题部分，这五章是本书的核心内容，既分析问题也解决问题，从检索工具平台、检索功能、检索技术、检索理论、检索保障工作五个方面分析新媒体环境下网络档案信息检索创新发展的现状、已经取得的创新发展和未来创新发展的方向与趋势。第九章是整体解决问题部分，在引入 KANO 需求分析模型、构建网络档案信息检索模型的基础上，提出网络档案信息检索需求分析方法，对方法进行实证研究后提出新媒体环境下网络档案信息检索创新发展的具体优化建议和整体优化对策。笔者热切期待本书能为档案机构网络档案信息检索工具平台的建设及其发展方向的预期提供参考与借鉴，为各院校档案学专业教育提供阅读材料。

本书的研究和撰写分工如下：主体框架的确定、主要内容的撰写由赵屹完成；郭晓云撰写第六章第二节全文检索技术应用和第三节多媒体检索技术应用的内容；吴健鹏开展问卷调查并撰写第九章新媒体环境下网络档案信息检索创新发展优化对策的内容；黄永勤开展文献调研并撰写第二章第二节研究文献综述的内容；史晓康开展网络调查并撰写第二章第一节实践发展现状的内容；沙洲撰写第六章第五节跨媒体智能技术应用的内容；孙筠撰写第七章第四节档案信息组织理论的部分内容；郑伽撰写第七章第五节档案知识服务理论的部分内容。上述作者提交的内容由赵屹在统稿时根据需要进行了部分修改。本书的作者依次为赵屹、郭晓云、吴健鹏、黄永勤、史晓康、沙洲、孙筠、郑伽。另外，王嘉男、崔屏、张茜、宋莹为本书的完成进行了资料收集与整理，是本书的贡献者。

感谢全国哲学社会科学规划办公室批准项目研究，使得本书得以问世。感谢国防大学政治学院科研学术处对项目的管理和支持。感谢单位领导和同事对本书研究的支持和鼓励。感谢华南理工大学出版社使本书得以付梓出版。感谢出版社编辑付出的辛苦而高效的工作。感谢苏州大学社会学院张照余教授百忙之中拨冗为本书作序。感谢我们调研过的对象、访问过网站的信息提供者以及所有引文和参考文献的作者。

新媒体技术还在飞速发展，网络的影响日益扩大，档案信息检索还有很多问题需要研究。本书只是一个阶段的研究成果，其内容随着档案检索的发展亟待加深和提高。书中的疏漏和不妥之处，恳请各位读者斧正！

赵　屹

2023 年 12 月 16 日于上海